suhrkamp taschenbuch
wissenschaft 2357

AF626597

Das Buch des ehemaligen Bundesverfassungsrichters Dieter Grimm besitzt eine doppelte Aktualität: Es erscheint zum siebzigjährigen Bestehen des höchsten deutschen Justizorgans und zugleich in einer Zeit, in der Verfassungsgerichte in verschiedenen Ländern unter politischem Druck stehen und durch die Beschneidung ihrer Befugnisse oder die Berufung von Richtern auf Regierungslinie um ihre Kontrollfunktion sowie ihre Unabhängigkeit gebracht worden sind. Fragen der Verletzlichkeit von Verfassungsgerichten kommen ebenso zur Sprache wie das Dauerproblem der Verfassungsgerichtsbarkeit, ob sie als rechtlich oder politisch zu charakterisieren ist und wie sie sich mit dem Demokratieprinzip vereinbaren lässt.

Dieter Grimm ist Professor für Öffentliches Recht an der Humboldt-Universität zu Berlin sowie Permanent Fellow und ehemaliger Rektor des Wissenschaftskollegs zu Berlin. Von 1987 bis 1999 war er Richter des Bundesverfassungsgerichts. Im Suhrkamp Verlag sind u. a. erschienen: *Deutsche Verfassungsgeschichte 1776-1866* (es 1271), *Die Zukunft der Verfassung* (stw 968) und *Die Zukunft der Verfassung II. Auswirkungen von Europäisierung und Globalisierung* (stw 2027).

Dieter Grimm

Verfassungsgerichtsbarkeit

Suhrkamp

2. Auflage 2022

Erste Auflage 2021
suhrkamp taschenbuch wissenschaft 2357
© Suhrkamp Verlag Berlin 2021
Alle Rechte vorbehalten, insbesondere das der Übersetzung,
des öffentlichen Vortrags sowie der Übertragung
durch Rundfunk und Fernsehen, auch einzelner Teile.
Kein Teil des Werkes darf in irgendeiner Form
(durch Fotografie, Mikrofilm oder andere Verfahren)
ohne schriftliche Genehmigung des Verlages reproduziert
oder unter Verwendung elektronischer Systeme
verarbeitet, vervielfältigt oder verbreitet werden.
Umschlag nach Entwürfen
von Willy Fleckhaus und Rolf Staudt
Druck und Bindung: C. H. Beck, Nördlingen
Dieses Buch wurde klimaneutral produziert:
climatepartner.com/14438-2110-1001.
Printed in Germany

ISBN 978-3-518-29957-9

Inhalt

V. Institutionelles

VI. Europa: Gerichtskonkurrenzen

VII. Gegner

Vorwort

Vor 70 Jahren, im September 1951, nahm das Bundesverfassungsgericht seine Tätigkeit auf. Dass es ein Bundesverfassungsgericht geben sollte, stand schon seit 1949 fest. Der Parlamentarische Rat hatte es so beschlossen. Es war eine unkontroverse Entscheidung. Das Schicksal der Weimarer Verfassung stand den Abgeordneten noch deutlich vor Augen. Wenn es sich nicht wiederholen sollte, musste es eine Instanz geben, die die Verfassung im Streitfall durchsetzen konnte. Was bei der Verabschiedung der Weimarer Verfassung nicht geglückt war, wurde 30 Jahre später Wirklichkeit.

Parteienstreit gab es erst nach der Verabschiedung des Grundgesetzes, als der erste Bundestag die Einzelheiten festlegen musste, den Sitz des Gerichts, seine Organisation, seine Befugnisse, soweit sie nicht schon im Grundgesetz bestimmt worden waren, und vor allem seine personelle Besetzung. Am 28. September 1951 wurde es feierlich eröffnet. Aber seine erste Entscheidung datiert bereits vom 9. September 1951. Da war es sogleich mitten in der Politik. Mit einer einstweiligen Anordnung setzte es die Volksabstimmung über die Gründung des Südweststaats, das heutige Baden-Württemberg, aus, die am 16. September 1951 stattfinden sollte. Man konnte also den Festakt nicht abwarten.

Die Einrichtung eines solchen Gerichts war alles andere als selbstverständlich. Eine ähnliche Institution gab es damals nur in Österreich. Freilich existierte der Supreme Court der Vereinigten Staaten von Amerika. Aber er war kein Verfassungsgericht, sondern der oberste Gerichtshof in sämtlichen Rechtsstreitigkeiten. Seine Bekanntheit verdankte er allerdings gerade den Urteilen in verfassungsrechtlichen Fragen. Schon vor dem Inkrafttreten des Grundgesetzes war in Italien, dem anderen Verlierer des Zweiten Weltkriegs, die Einrichtung eines Verfassungsgerichts beschlossen worden. Zustande kam es allerdings erst viel später als das Bundesverfassungsgericht. Weitere Länder mit Verfassungsgerichten gab es nicht. Frankreich und einige Staaten in der französischen Verfassungstradition schlossen die Verfassungsgerichtsbarkeit sogar ausdrücklich aus.

Was aus dem Gericht werden würde, war vor 70 Jahren noch

nicht absehbar. Heute halten Juristen, Politologen und Historiker es für die folgenreichste Innovation des Grundgesetzes. Es hat sich zu einem starken Akteur entwickelt, dessen Wirkung nicht auf den innerrechtlichen Bereich beschränkt bleibt, sondern, gemäß der politikregulierenden Funktion der Verfassung, in die Politik hineinreicht und die Handlungsbedingungen der politischen Akteure, Parlament, Regierung, Parteien, verändert hat. Eine Beschreibung der Bundesrepublik, gleich ob historisch, soziologisch oder politisch, wäre ohne das Bundesverfassungsgericht und seine Rechtsprechung unvollständig.

Das 70-jährige Jubiläum hat den Anstoß zu diesem Buch gegeben. Es enthält verschiedene Arbeiten zur Verfassungsgerichtsbarkeit, die mich immer wieder, teils grundsätzlich, teils aus aktuellem Anlass, beschäftigt hat. Der älteste Beitrag wurde vor 45 Jahren geschrieben. Seitdem ist viel passiert. Das Grundproblem der Verfassungsgerichtsbarkeit, ihr politischer oder rechtlicher Charakter und ihre Vereinbarkeit mit dem Demokratieprinzip, bleibt aber unverändert. Deswegen wird die Arbeit auch heute noch zitiert. Das rechtfertigt ihre Aufnahme in diesen Band. Die weitaus größere Zahl der Arbeiten ist aber nach 2000 entstanden.

In der Zwischenzeit gehörte ich selber für mehr als zwölf Jahre dem Gericht an. Seitdem fließen auch Erfahrungen und Einsichten aus der Binnenperspektive in die Beiträge ein. Es fließen aber auch Erkenntnisse aus den zahlreichen Kontakten mit ausländischen Verfassungsgerichten und Verfassungsrichtern ein. Viele Eigenarten des deutschen Wegs werden erst durch den Vergleich als solche erkennbar. Im Übrigen ist der Verfassungsvergleich und innerhalb seiner der Gerichts- und Rechtsprechungsvergleich ein boomendes wissenschaftliches Feld geworden, auf dem das Bundesverfassungsgericht als eines der führenden Gerichte eine erhebliche Rolle spielt.

Das Buch erscheint zu einem Zeitpunkt, da die Verfassungsgerichtsbarkeit, die in der zweiten Hälfte des 20. Jahrhunderts einen ungeahnten Aufschwung erlebte, wieder verstärkt der Kritik, vor allem aber erheblichem politischen Druck ausgesetzt ist. Verfassungsgerichte werden personell auf Regierungslinie gebracht oder in ihren Funktionen beschnitten. Ich betrachte die Verfassungsgerichtsbarkeit als eine Errungenschaft, die in vielen Ländern der Erde den Verfassungen erst Relevanz verliehen hat. Gerade deswegen ist sie gefährdet. Sie ist aber auch selber nicht ungefährlich, wenn sie ihre Funktion missversteht oder überzieht. In diesem Band geht es daher auch um die Bewahrung der Errungenschaft vor Fehlentwicklungen.

Berlin, im Frühjahr 2021
Dieter Grimm

I.
Zum Auftakt

1.

Das Bundesverfassungsgericht im Überblick

I. Bedeutung des Gerichts

Das Bundesverfassungsgericht gilt als eines der führenden Verfassungsgerichte oder Höchstgerichte mit verfassungsgerichtlicher Kompetenz in der Welt. Es war nicht nur Vorbild für zahlreiche Verfassungsgerichte, die nach dem Zusammenbruch diktatorischer, autoritärer, militaristischer und rassistischer Regime in der zweiten Hälfte des 20. Jahrhunderts entstanden. Auch seine Rechtsprechung hat viele jüngere Verfassungsgerichte oder Menschenrechtsgerichte beeinflusst. Bedeutsame dogmatische Neuerungen gingen von ihm aus, unter denen das Prinzip der Verhältnismäßigkeit nur das bekannteste ist. David Robertson schreibt in seinem Vergleich der Rechtsprechung von acht Höchstgerichten: »Dieses Gericht ist so wichtig, dass jede synoptische Diskussion auf die häufige Erwähnung des deutschen Ansatzes angewiesen ist.«[1] Alec Stone Sweet nennt das Bundesverfassungsgericht »das wohl mächtigste und einflussreichste Verfassungsgericht der Welt«.[2]

II. Einrichtung des Gerichts

Das Bundesverfassungsgericht war in Art. 93 des Grundgesetzes vorgesehen, kam aber erst zwei Jahre nach Inkrafttreten des Grundgesetzes zustande, weil die Ausarbeitung des Bundesverfassungsgerichtsgesetzes kontrovers war und sich hinzog. Die erste Entscheidung des Gerichts datiert vom 9. September 1951. Im Rückblick erscheint das Bundesverfassungsgericht als die bedeutendste Neuerung des Grundgesetzes. Die deutschen Verfassungen des 19. Jahr-

1 *David Robertson*, The Judge as Political Theorist. Contemporary Constitutional Review, 2010, S. 79, s. auch S. 40 (wenn nicht anders angegeben, stammen alle Übersetzungen von Zitaten von D. G.).

2 *Alec Stone Sweet*, Constitutional Courts, in: *Michel Rosenfeld/András Sajó* (Hrsg.), The Oxford Handbook of Comparative Constitutional Law, 2012, S. 823.

hunderts kannten kein solches Gericht.[3] Verfassungsgerichtsbarkeit schien unvereinbar mit dem monarchischen Prinzip. Die Paulskirchen-Verfassung, die während der Revolution von 1848/49 ausgearbeitet worden war und auf dem Prinzip der Volkssouveränität beruhte, enthielt dagegen Bestimmungen über ein Reichsgericht mit verfassungsgerichtlichen Funktionen. Zu seiner Einrichtung kam es jedoch wegen des Scheiterns der Revolution nicht. Das Reichsgericht des Kaiserreichs war kein Verfassungsgericht, sondern das oberste Gericht in Zivil- und Strafsachen.

Die Weimarer Verfassung von 1919 sah neben dem Reichsgericht einen Staatsgerichtshof vor, dessen Kompetenzen jedoch im Wesentlichen auf Föderalismusstreitigkeiten und Amtsenthebungsverfahren begrenzt waren. Die Frage, ob die Justiz allgemein oder wenigstens das Reichsgericht die Befugnis zur Normenkontrolle hatte, war umstritten. Das Reichsgericht nahm diese Befugnis für sich in Anspruch, machte aber so gut wie keinen Gebrauch davon. Während der Weimarer Republik entwickelte sich indessen eine lebhafte Debatte über die Einrichtung einer voll ausgebildeten Verfassungsgerichtsbarkeit, deren Protagonisten Hans Kelsen als Befürworter und Carl Schmitt als Gegner waren.[4] Die Debatte führte jedoch nicht zur Einrichtung eines Verfassungsgerichts. Gesetzgeberische Initiativen blieben auf halbem Weg stecken.

Der nationalsozialistische Staat hatte keine Verfassung, geschweige denn ein Verfassungsgericht. Aber die Selbstzerstörung der Weimarer Demokratie und die totalitäre Herrschaft des Nationalsozialismus weckten das Bedürfnis nach einer voll ausgebildeten Verfassungsgerichtsbarkeit nach dem Untergang des Dritten Reichs. Im Parlamentarischen Rat herrschte Einigkeit darüber, dass

3 Vgl. *Ulrich Scheuner*, Die Überlieferung der deutschen Staatsgerichtsbarkeit im 19. und 20. Jahrhundert, in: *Christian Starck* (Hrsg.), Bundesverfassungsgericht und Grundgesetz, Bd. I, 1976, S. 1.

4 *Hans Kelsen*, Wesen und Entwicklung der Staatsgerichtsbarkeit, Veröffentlichungen der Vereinigung der Deutschen Staatsrechtslehrer (VVDStRL) 5 (1929), S. 30; *Carl Schmitt*, Der Hüter der Verfassung, Archiv des öffentlichen Rechts 15 (1929), S. 161 (erweitert zum Buch unter demselben Titel 1931); in Erwiderung darauf *Hans Kelsen*, Wer soll der Hüter der Verfassung sein?, 1931. Vgl. *Dieter Grimm*, Recht oder Politik? Die Kelsen-Schmitt-Kontroverse zur Verfassungsgerichtsbarkeit und die heutige Lage, in diesem Band Nr. 5; *Helge Wendenburg*, Die Debatte um die Verfassungsgerichtsbarkeit und der Methodenstreit der Staatsrechtslehre in der Weimarer Republik, 1984.

die neue Verfassung wirksam sein sollte und deswegen auf Durchsetzungsmechanismen angewiesen war. Diese Überzeugung fand Ausdruck in den Bestimmungen der Art. 1 Abs. 3 und 20 Abs. 3 GG, die dem Grundgesetz Verbindlichkeit für sämtliche Staatsgewalten und Staatsakte verliehen, und in den Bestimmungen der Art. 92 bis 94 sowie 99 und 100 GG über das Bundesverfassungsgericht, die im Parlamentarischen Rat ohne nennenswerte Kontroverse angenommen wurden.[5]

III. Verfassungsrechtlicher Status des Gerichts

Im Grundgesetz wird das Bundesverfassungsgericht im Kapitel IX über die rechtsprechende Gewalt eingeordnet. Das führte zu der Frage, ob es lediglich ein weiteres Gericht innerhalb der Justiz sei oder ob seine Befugnis, Akte der obersten Staatsorgane auf ihre Verfassungsmäßigkeit zu überprüfen, es selber in den Rang eines obersten Staatsorgans, gleich dem Bundespräsidenten, dem Bundestag, dem Bundesrat und der Bundesregierung, erhob. Die Antwort auf diese Frage hatte praktische Konsequenzen. Die Gerichte sind in ihrer Rechtsprechung unabhängig, was Organisation und Ausstattung angeht, aber dem Bundesministerium der Justiz unterstellt. Namentlich das Budget wird den Gerichten vom Ministerium zugeteilt. Das Bundesverfassungsgericht bekam diese Abhängigkeit zu Beginn seiner Tätigkeit zu spüren, als das Ministerium die notwendige Ausstattung des Gerichts verzögerte oder verwässerte.

Das Gericht argumentierte daher in einem Memorandum, dass seine Position und Funktion, so wie sie im Grundgesetz festgelegt worden seien, ihm den Status eines obersten Verfassungsorgans der Bundesrepublik und infolgedessen Unabhängigkeit vom Bundesministerium der Justiz gebe.[6] Die Regierung, insbesondere das Jus-

5 Vgl. *Heinz Laufer*, Verfassungsgerichtsbarkeit und politischer Prozess, 1968; zur Geschichte des Bundesverfassungsgerichts ferner *Justin Collings*, Democracy's Guardians, 2015; *Michaela Hailbronner*, Traditions and Transformations. The Rise of German Constitutionalism, 2015; zur frühen Rechtsprechung *Florian Meinel* (Hrsg.), Verfassungsgerichtsbarkeit in der Bonner Republik, 2019. Als Gesamtüberblick vgl. *Robert Chr. van Ooyen/Martin H. W. Möllers* (Hrsg.), Handbuch Bundesverfassungsgericht im politischen System, 2. Aufl., 2015.

6 Die relevanten Dokumente bei *Gerhard Leibholz*, Der Status des Bundesverfas-

tizministerium, bestritt das vehement. Die Auseinandersetzung fiel mit den ersten Verfahren von großer politischer Bedeutung zusammen, bei denen sowohl Regierung als auch Opposition versuchten, das Gericht für ihre Auffassungen zu instrumentalisieren.[7] In dieser Situation gelang es dem Bundesverfassungsgericht jedoch, sich als neutrales Organ oberhalb der Parteien zu etablieren, das verfassungsrechtliche Streitigkeiten ohne Rücksicht auf die Erwartungen der Politik allein nach dem Recht entschied.[8] Die Regierung gab daher schließlich dem Druck der Opposition und der Länder nach, die die Position des Gerichts unterstützten. Das Bundesverfassungsgerichtsgesetz wurde im Sinn des Memorandums geändert. Versuche Bundeskanzler Adenauers, die Richterwahl stärker unter die Kontrolle der Parlamentsmehrheit zu bringen, scheiterten.

IV. Befugnisse des Gerichts

Anders als beispielsweise der Supreme Court der Vereinigten Staaten ist das Bundesverfassungsgericht auf verfassungsrechtliche Streitigkeiten spezialisiert. Es folgt damit dem österreichischen Modell der Verfassungsgerichtsbarkeit von 1920. Das sogenannte einfache Recht ist dagegen Sache der sogenannten Fachgerichte mit ihren fünf Zweigen: ordentliche Gerichtsbarkeit für Zivil- und Strafsachen, Verwaltungsgerichtsbarkeit, Arbeitsgerichtsbarkeit, Sozialgerichtsbarkeit und Finanzgerichtsbarkeit. Lange Zeit war das Bundesverfassungsgericht unter den Verfassungsgerichten der Welt dasjenige mit den meisten Zuständigkeiten, teilweise geregelt im Grundgesetz selbst, teilweise im Bundesverfassungsgerichtsgesetz. Einige nach dem Zusammenbruch des Sozialismus errichtete Verfassungsgerichte übertrafen es aber zeitweise, etwa indem auch nicht unmittelbar Betroffene die Möglichkeit der Verfassungsklage erhielten (*actio popularis*) wie in Ungarn oder die Verfassungsrichter aus eigener Initiative tätig werden durften wie in Russland.

Im Einzelnen hat das Bundesverfassungsgericht etwa zwanzig

sungsgerichts und Rechtsgutachten betreffend die Stellung des Bundesverfassungsgerichts, Jahrbuch des öffentlichen Rechts 6 (1957), S. 109.

7 Vgl. die Dokumentation in *Friedrich August Frh. von der Heydte* (Hrsg.), Der Kampf um den Wehrbeitrag, 3 Bde., 1952-1958.

8 Vgl. *Collings* (Fn. 5), S. 9-28.

Zuständigkeiten. Die wichtigsten sind die Normenkontrolle in zwei Formen, zum einen als abstrakte auf Antrag der Bundesregierung, einer Landesregierung oder eines Viertels der Bundestags-Abgeordneten; zum anderen als konkrete auf Antrag der Fachgerichte. Fachgerichte haben die Verfassungsmäßigkeit derjenigen Gesetze, welche sie anwenden wollen, zu prüfen, können sie aber nicht selbst für verfassungswidrig erklären. Sie müssen die Frage der Verfassungsmäßigkeit von Gesetzen, auf deren Gültigkeit es für den anhängigen Rechtsstreit ankommt, vielmehr dem Bundesverfassungsgericht vorlegen. Das Verfassungsgericht entscheidet ferner über Verfassungsstreitigkeiten zwischen verschiedenen Bundesorganen sowie zwischen Bund und Ländern. Überdies wird es auf Verfassungsbeschwerden hin tätig, die jedermann erheben kann, der sich vom Staat in einem seiner Grundrechte verletzt fühlt.

Die Verfassungsbeschwerde richtet sich üblicherweise gegen Einzelakte und nur ausnahmsweise gegen Gesetze. Die zulässige Verfassungsbeschwerde kann aber zu einer Inzidentprüfung der Gesetze führen, die dem Rechtsstreit zugrunde liegen, weil Grundrechtseingriffe nur aufgrund einer gesetzlichen Grundlage zulässig sind, die ihrerseits nicht gegen das Grundgesetz verstößt. Die Verfassungsbeschwerde ist die bei weitem häufigste Verfahrensart. Etwa 98 % der jährlich eingehenden Verfahren (derzeit ca. 6000) entfallen auf Verfassungsbeschwerden. In Fällen der abstrakten Normenkontrolle, des Organstreits und des Föderalismusstreits ist das Bundesverfassungsgericht erste und letzte Instanz, während sich konkrete Normenkontrollen aus einem bei den Fachgerichten anhängigen Rechtsstreit ergeben und Verfassungsbeschwerden die Erschöpfung des Rechtswegs voraussetzen. Eine unmittelbare Anrufung des Bundesverfassungsgerichts für den Einzelnen ist nur ausnahmsweise zulässig, zum Beispiel, wenn die Beschwer bereits im Gesetz selber, nicht erst in seiner Anwendung liegt oder wenn die Beschreitung des Rechtswegs unzumutbar erscheint.

V. Zusammensetzung des Gerichts und Berufung der Richter

Das Bundesverfassungsgericht besteht aus zwei Senaten mit je acht Richtern. Die Richter müssen mindestens 40 Jahre alt sein und eine juristische Ausbildung abgeschlossen haben. Sechs der 16 Richter sind aus den Reihen der Bundesrichter an den fünf obersten Bundesgerichten zu rekrutieren. Die Richter werden auf zwölf Jahre ohne Wiederwahl berufen, höchstens aber bis zum 68. Lebensjahr. Neben den sechs Bundesrichtern wirken gewöhnlich eine Reihe von Professoren der Rechtswissenschaft sowie Juristen aus weiteren Berufen, zum Beispiel der Ministerialbürokratie, der Anwaltschaft etc., am Gericht. Stets war auch eine kleine Zahl von Personen mit politischer Erfahrung als Abgeordnete oder Minister im Gericht.

Die Richter werden zur Hälfte vom Bundestag und zur Hälfte vom Bundesrat gewählt. Die Wahl verlangt eine Zweidrittelmehrheit. Dieses Erfordernis hat in der Vergangenheit zu einem informellen Einverständnis zwischen den beiden großen Parteien CDU und SPD geführt, dem zufolge sie die Vorschlagsrechte gleichmäßig unter sich verteilen. Da die Regierungen in der Bundesrepublik gewöhnlich Koalitionsregierungen sind, hat es sich zudem eingespielt, dass der größere Koalitionspartner dem kleineren ein Vorschlagsrecht abtritt. Die Nominierung garantiert freilich nicht die Wahl des Kandidaten. Ihr folgt vielmehr in der Regel eine Verhandlung zwischen den Parteien, bei der ein Veto nicht ungewöhnlich ist. Die Verhandlungen finden hinter verschlossenen Türen statt. Das dort erzielte Einvernehmen wird üblicherweise in der formellen Wahl einstimmig akzeptiert.[9]

Dem System ist oft ein Mangel an Transparenz vorgehalten worden. Es hat jedoch bis heute verhindert, dass einseitige Parteigänger zu Mitgliedern des Gerichts gewählt wurden, und dadurch zu der relativ hohen professionellen Qualität der Richter beigetragen. Gruppen von Richtern, die sich über die Lösung eines Falles vor der förmlichen Beratung verständigen oder die routinemäßig geschlossen abstimmen, haben sich nicht gebildet. Strittige Urteile, bei denen die Differenz entlang der Parteilinie läuft, sind extrem

9 Die einzige ausführliche Untersuchung ist veraltet, s. *Werner Billing*, Das Problem der Richterwahl zum Bundesverfassungsgericht, 1969.

selten. Zu den Funktionsbedingungen der Praxis gehörte es allerdings, dass CDU/CSU und SPD zusammen über die für die Richterwahl nötige Zweidrittelmehrheit verfügten. Nach dem Wegfall dieser Voraussetzung sind Änderungen des informellen Verfahrens nicht ausgeschlossen.

VI. Internes Verfahren des Gerichts

Das Bundesverfassungsgericht ist ein »Zwillingsgericht«. Die Aufgabenverteilung zwischen den beiden Senaten richtet sich nach Sachgebieten. Im Fall von Konflikten über die Zuständigkeit entscheidet ein Ausschuss. Will ein Senat von der Rechtsprechung des anderen abweichen, ist er verpflichtet, das Plenum des Gerichts anzurufen, das die Kontroverse bindend für beide Senate entscheidet. Der Fall tritt allerdings selten ein. Bei abstrakten Normenkontrollen, Föderalismusstreitigkeiten und Organstreitigkeiten muss eine mündliche Verhandlung stattfinden, für konkrete Normenkontrollen und Verfassungsbeschwerden ist das nicht vorgeschrieben. Mündliche Verhandlungen sind gering an Zahl, wecken aber, wenn sie stattfinden, erhebliches öffentliches Interesse.

Zur Bewältigung der großen Zahl von Verfassungsbeschwerden und der nicht geringen Zahl konkreter Normenkontrollen steht dem Gericht ein vereinfachtes Verfahren zur Verfügung. Wenn der Fall keine neuen verfassungsrechtlichen Fragen aufwirft, entscheiden sogenannte Kammern aus drei Verfassungsrichtern. Die Entscheidung setzt Einstimmigkeit voraus. Wird Einstimmigkeit nicht erreicht, geht die Entscheidungsbefugnis auf den Senat über. Die Verfassungswidrigkeit von Gesetzen kann nur der Senat beschließen. Auf Senatsentscheidungen entfallen weniger als 1 % aller Eingänge. Senatsentscheidungen werden ausnahmslos in der Amtlichen Sammlung veröffentlicht.[10]

Im Gericht hat sich die Praxis von Berichterstattern für die eingehenden Fälle entwickelt.[11] Die Fälle werden unter den Bericht-

10 Entscheidungen des Bundesverfassungsgerichts. Herausgegeben von den Mitgliedern des Bundesverfassungsgerichts (bis 2020 153 Bände, erschienen im Verlag Mohr Siebeck, Tübingen).

11 Ein guter Überblick über das gerichtsinterne Verfahren bei *Gertrude Lübbe-Wolff*, Wie funktioniert das Bundesverfassungsgericht?, 2015; ferner *Uwe Kranenpohl*,

erstattern nach Sachmaterien verteilt, wobei dafür Sorge getragen wird, dass jeder Richter in etwa die gleiche Zahl von Verfahren zu bearbeiten hat. Aufgabe der Berichterstatter ist die Vorlage eines Votums, in dem der Fall samt seiner Vorgeschichte und den eingeholten Stellungnahmen dargestellt wird und über frühere Entscheidungen zu denselben oder verwandten Problemen, Meinungen der Rechtswissenschaft, zunehmend auch die Einstellung ausländischer Gerichte informiert wird. Das Votum endet mit einem Entscheidungsvorschlag, enthält jedoch keinen Urteilsentwurf. In Kammersachen, die üblicherweise ohne Beratung im Umlaufverfahren entschieden werden, legt der Berichterstatter einen vollständigen Begründungsentwurf bei.

Die Senate beraten dagegen auf der Grundlage des Berichterstattervotums, und zwar in der Regel ausführlich. Die Beratung endet mit einer Entscheidung. Aufgabe des Berichterstatters ist es dann, auf der Grundlage der Beratung den Entscheidungsentwurf zu verfassen, selbst wenn er bei strittigen Entscheidungen in der Minderheit geblieben sein sollte. Der Entscheidungsentwurf wird in einer zweiten Beratung, der sogenannten Leseberatung, diskutiert und gegebenenfalls inhaltlich oder sprachlich verändert. Jeder Richter verfügt über sogenannte wissenschaftliche Mitarbeiter, derzeit vier pro Richter, die an der Entscheidungsvorbereitung mitwirken. Die Mehrzahl von ihnen sind selber Richter an Untergerichten, an die sie nach einer gewöhnlich zweijährigen Abordnung an das Bundesverfassungsgericht zurückkehren.

Im Gericht kann man eine generelle Bereitschaft beobachten, zu einer von allen getragenen Lösung der Fälle zu kommen, jedoch keinen Druck in dieser Hinsicht.[12] Kompromissbereitschaft gilt nicht als Untugend. Es ist normal, dass Richter aufgrund der Diskussion im Senat ihre anfängliche Ansicht ändern. Argumente zählen. Die Offenheit hat jedoch Grenzen. Rechtsüberzeugungen lassen nicht jeden Kompromiss zu. Bleibt ein Fall im Senat strittig, wird förmlich abgestimmt. Die Feststellung der Verfassungswidrig-

Hinter dem Schleier des Beratungsgeheimnisses, 2010; *Ralf Rogowski/Thomas Gawron* (Hrsg.), Constitutional Courts in Comparison: The US Supreme Court and the German Federal Constitutional Court, 2002.

12 Vgl. aus der eigenen Erfahrung des Autors *Dieter Grimm*, Ich bin ein Freund der Verfassung. Wissenschaftsbiographisches Interview mit *Oliver Lepsius*, *Christian Waldhoff* und *Matthias Roßbach*, 2017, S. 215 ff.

keit des zur Prüfung gestellten Staatsakts bedarf einer Mehrheit. In den seltenen Fällen des Gleichstandes bleibt der Staatsakt bestehen.

Abweichend von der kontinentalen Tradition, dass Gerichte mit einer Stimme und anonym sprechen, ist dem Bundesverfassungsgericht seit 1971 die Veröffentlichung abweichender Meinungen gestattet. Abweichende Meinungen sind jedoch, verglichen etwa mit dem amerikanischen Supreme Court, selten. Richter, die in der Minderheit waren, fühlen sich, anders als ihre amerikanischen Kollegen, nicht verpflichtet, ihre Auffassung mitzuteilen. Manche Richter veröffentlichen nie abweichende Meinungen. Aber auch Richter, die häufiger dissentieren, tun es gewöhnlich nicht öfter als einmal pro Jahr. Infolgedessen ist das Fehlen von abweichenden Meinungen kein Beweis für Einstimmigkeit. Bisweilen geben die Senate das Abstimmungsergebnis bekannt, jedoch gewöhnlich ohne Namensnennung.

VII. Rechtsprechung des Gerichts

1. Methode der Verfassungsinterpretation

Jede Darstellung der Methode der Verfassungsinterpretation hat mit der Schwierigkeit zu kämpfen, dass Gerichtsurteile gewöhnlich zu methodologischen Fragen schweigen. Auch Untersuchungen über die Methode des Gerichts sind nicht häufig.[13] Immerhin kann so viel gesagt werden: Das Bundesverfassungsgericht hat mit dem formalen Verfassungsverständnis gebrochen, das sich im Kaiserreich gebildet hatte und noch in der Weimarer Republik vorherrschte, wenn auch nicht mehr unangefochten. Es pflegt ein materiales Verfassungsverständnis und versteht das Grundgesetz als »living constitution«. Das bedeutet nicht, dass die Geschichte des Grundgesetzes oder die Vorstellungen seiner Autoren bedeutungslos wären. Das Gericht ist sich insbesondere bewusst, dass das Grundgesetz nur dann verstanden werden kann, wenn es als Ant-

13 Vgl. aber *Michael Wrase*, Zwischen Norm und sozialer Wirklichkeit, 2016; *ders.*, Die Methode der Grundrechtsinterpretation, in: *Dieter Grimm* (Hrsg.), Vorbereiter-Nachbereiter? Studien zum Verhältnis von Verfassungsrechtsprechung und Verfassungsrechtswissenschaft, 2019, S. 307.

wort auf das Schicksal der Weimarer Verfassung und die nationalsozialistische Herrschaft betrachtet wird.

Wohl aber fehlen im Gericht die in den USA prominent vertretenen methodologischen Schulen des *original meaning* oder *original intent*, denen zufolge die Auslegung von Verfassungsnormen an die Absichten der Verfassungsväter oder die damalige Wortbedeutung gebunden ist. Desgleichen folgt das Gericht nicht dem juristischen Positivismus, der als Mittel zur Sinndeutung von Rechtsnormen nur Wortbedeutung und Logik gelten ließ. Originalismus und Positivismus fehlt die Möglichkeit, den Sinn verfassungsrechtlicher Regelungen interpretativ an neue Herausforderungen anzupassen, die sich aus dem sozialen Wandel ergeben. Sie stehen im Gegensatz zu der Idee von einer »living constitution«.

Der methodologische Ansatz des Bundesverfassungsgerichts lässt sich vielmehr am besten durch drei Elemente charakterisieren. Erstens werden die Bestimmungen des Grundgesetzes nicht isoliert voneinander, sondern im Zusammenhang mit der Verfassung insgesamt betrachtet. Zweitens geht das Bundesverfassungsgericht wert- oder funktionsorientiert vor. Insbesondere die Grundrechte werden als juristischer Ausdruck von Werten verstanden. Für die Interpretation einiger Grundrechte wie zum Beispiel der Medienfreiheit und für die Interpretation der meisten Struktur-, Organisations- und Verfahrensbestimmungen spielt die Funktion, die sie erfüllen sollen, eine entscheidende Rolle. Ziel der Interpretation ist es, dem Wert oder der Funktion einer Verfassungsnorm den größtmöglichen Effekt unter den jeweils gegebenen Bedingungen zu sichern.

Da dieses Ziel aber nur erreicht werden kann, wenn man den Ausschnitt der sozialen Wirklichkeit, auf den eine Verfassungsnorm sich regelnd bezieht, bei der Interpretation berücksichtigt, wird drittens die Analyse der sozialen Wirklichkeit unerlässlich, wofür das Gericht sich gelegentlich externen Sachverstands bedient.[14] Da

14 Vgl. *Dieter Grimm*, Notwendigkeit und Bedingungen interdisziplinärer Forschung in der Rechtswissenschaft, in: *Stephan Kirste* (Hrsg.), Interdisziplinarität in den Rechtswissenschaften, 2016, S. 21; *ders.*, Entscheidungsfolgen als Rechtsgründe. Zur Argumentationspraxis des deutschen Bundesverfassungsgerichts, in: *Gunther Teubner* (Hrsg.), Entscheidungsfolgen als Rechtsgründe, 1995, S. 139; *Brun-Otto Bryde*, Tatsachenfeststellungen und soziale Wirklichkeit in der Rechtsprechung des Bundesverfassungsgerichts, in: *Peter Badura/Horst Dreier* (Hrsg.), Festschrift 50 Jahre Bundesverfassungsgericht, Bd. I, 2001, S. 533.

sich die soziale Wirklichkeit in ständigem Wandel befindet, gewinnt die Verfassungsinterpretation auf diese Weise einen dynamischen Grundzug, der mehrfach zur Entwicklung ungeschriebener Grundrechte geführt hat, die formal betrachtet aus geschriebenen Grundrechten abgeleitet wurden, in der Sache aber neue Garantien darstellen wie zum Beispiel das Recht auf informationelle Selbstbestimmung oder das sogenannte Computer-Grundrecht. Das Gericht ist sich aber bewusst, dass es sozialen Wandel gibt, auf den man wegen der Eindeutigkeit des Grundgesetzes nicht im Wege der Verfassungsinterpretation, sondern nur durch förmliche Verfassungsänderung reagieren kann.

2. Grundrechte

Auf der Grundlage dieses Ansatzes hat das Bundesverfassungsgericht eine Anzahl bedeutender Innovationen der Verfassungsinterpretation entwickelt, vor allem im Bereich der Grundrechte,[15] aber auch für den Organisationsteil der Verfassung. Viele dieser Innovationen wurden in ausländische Verfassungen oder von ausländischen Verfassungsgerichten oder Höchstgerichten aufgenommen. Der einflussreichste Beitrag der deutschen Verfassungsrechtsprechung zum globalen Konstitutionalismus ist der Grundsatz der Verhältnismäßigkeit.[16] Dieser Grundsatz kommt zur Anwendung, wenn Grundrechte durch Gesetz oder aufgrund eines Gesetzes beschränkt werden. Ein Gesetz, das ein Grundrecht beschränkt, muss nicht nur die Schrankenbestimmungen des Grundgesetzes beachten, sondern zusätzlich der Verhältnismäßigkeitsprüfung standhalten.

Die Prüfung vollzieht sich in vier Schritten. Einer Grundrechtsbeschränkung muss erstens ein legitimer Zweck zugrunde liegen. Als legitim gilt dabei jeder Zweck, der nicht vom Grundgesetz missbilligt wird. Das gesetzliche Mittel muss zweitens zur Erreichung des Zwecks geeignet und drittens auch erforderlich sein. Gibt es Mittel, die den Zweck des Gesetzes mit geringerer Grund-

15 Ein Überblick bei *Dieter Grimm*, The Role of Fundamental Rights after Sixty-Five Years of Constitutional Jurisprudence in Germany, 13 International Journal of Constitutional Law (2015), S. 9.

16 Vgl. etwa *Aharon Barak*, Proportionality, 2012 (dort S. 182 eine Landkarte, die die Ausbreitung des Verhältnismäßigkeitsprinzips zeigt).

rechtsbeeinträchtigung erreichen, sind diese zu wählen. Wenn diese Voraussetzungen erfüllt sind, ist viertens zu prüfen, ob das Gesetz einen angemessenen Ausgleich zwischen der Einbuße, die das beschränkte Grundrecht erleidet, und dem Nutzen für das Rechtsgut, in dessen Interesse die Grundrechtsbeschränkung vorgenommen wurde, gefunden hat. Bei diesem konkurrierenden Rechtsgut wird es sich häufig selbst wieder um ein Grundrecht handeln.

Zu den weiteren Innovationen gehört die Deutung des Grundrechts auf freie Entfaltung der Persönlichkeit in Art. 2 Abs. 1 GG als allgemeines Freiheitsrecht, das jede erdenkliche menschliche Handlung schützt, die nicht den Schutz eines spezielleren Grundrechts genießt. Der Grundrechtsschutz wird dadurch umfassend. Wann immer ein staatlicher Akt sich beschränkend oder erschwerend auf individuelles Verhalten auswirkt, kann er mit der Verfassungsbeschwerde angegriffen werden. Ferner hat das Bundesverfassungsgericht den Grundrechtsschutz von der einseitigen Fixierung auf den Staat gelöst und den Grundrechten auch Bedeutung für die Beziehungen der Privatpersonen untereinander beigemessen (sogenannte Drittwirkung der Grundrechte), jedoch nicht indem es privates Handeln an die Grundrechte bindet, sondern indirekt indem das Privatrecht im Lichte des betroffenen Grundrechts ausgelegt werden muss (sogenannte Ausstrahlungswirkung der Grundrechte).

Des Weiteren verpflichten die Grundrechte den Staat nicht mehr nur, selber die grundrechtlich garantierte Freiheit zu respektieren. Er muss sie auch aktiv vor denjenigen Gefahren schützen, die von privater Seite ausgehen (sogenannte Schutzpflicht). Die Schutzpflicht hat der klassischen Abwehrfunktion der Grundrechte eine positive Funktion hinzugefügt. Während die Grundrechte in ihrer negatorischen Funktion den Staat verpflichten, Handlungen, die eine Verletzung des Grundrechts bedeuten würden, zu unterlassen, verpflichten ihn die Grundrechte in ihrer positiven Dimension, zum Schutz vor Bedrohungen der Freiheit, die nicht vom Staat, sondern von Privaten ausgehen, tätig zu werden. Adressat der Schutzpflicht ist der Gesetzgeber, mit der Folge, dass das Bundesverfassungsgericht das Parlament zur Gesetzgebung verpflichten kann.

3. Organisationsstruktur

Was den Organisationsteil des Grundgesetzes betrifft, ist die Rechtsprechung des Bundesverfassungsgerichts vor allem dadurch charakterisiert, dass sie sich von dem formalen Verständnis der Grundprinzipien abgewandt hat, das während des Kaiserreichs vorherrschte und auch in der Weimarer Republik noch Bestand hatte. Im Unterschied dazu entwickelte es ein materiales Verständnis von Demokratie, Rechtsstaat und Bundesstaat. Der Rechtsstaat erschöpft sich dann nicht mehr in der Gesetzmäßigkeit der Verwaltung, sondern erstreckt seine Anforderungen auch auf die Gerechtigkeit der Gesetze. Das Bundesstaatsprinzip verlangt nicht nur die Beachtung der Kompetenzgrenzen, sondern auch ein vertrauensvolles Zusammenwirken (Prinzip der Bundestreue).

Vor allem aber wird die Demokratie nicht mehr auf das Mehrheitsprinzip verkürzt und durch periodische Wahlen als erfüllt angesehen. Die Wahlen müssen vielmehr auch in einem substantiellen Sinn frei sein. Dazu gehören gleiche Chancen für Mehrheit und Minderheit. Viele Wahlgesetze und Gesetze zur Parteienfinanzierung, mit denen die etablierten Parteien sich zu begünstigen und gegen Wettbewerb abzuschirmen versuchten, sind daher vom Bundesverfassungsgericht für verfassungswidrig erklärt worden. Ferner gehört dazu ein freier öffentlicher Diskurs, der wiederum auf Freiheit der Kommunikationsmedien beruht, die ebenfalls substantiell zu verstehen ist und verlangt, dass die demokratische Gesellschaft diejenigen Informationen erhält, welche sie für eine demokratische Partizipation benötigt. Verlangt wird weiterhin, dass die gewählten Organe über genügend Kompetenzen verfügen, um den Wählerwillen in politische Entscheidungen umzusetzen. Das hat insbesondere für die Abtretung von Hoheitsrechten an die EU Bedeutung erlangt.

VIII. Rechtliche Wirkungen der Urteile

Die Entscheidungen des Bundesverfassungsgerichts sind abschließend. Auf der nationalen Ebene gibt es keine Rechtsmittel gegen sie. Sie binden gemäß § 31 Bundesverfassungsgerichtsgesetz die Verfassungsorgane des Bundes und der Länder sowie alle Gerichte und Behörden. Betrifft die Entscheidung die Gültigkeit von Gesetzen, so hat sie selber Gesetzeskraft. Der Tenor solcher Entscheidungen wird im Bundesgesetzblatt verkündet. Allerdings verfügen Verfassungsgerichte nicht über die Zwangsmittel des Staates. Da das Verfassungsrecht das Verhalten der obersten Staatsorgane regelt, fallen hier, anders als beim gewöhnlichen Gesetzesrecht, Adressat und Garant der Urteile in eins. Daraus resultiert ihre spezifische Verletzlichkeit. Verfassungsgerichte sind daher auf die Folgebereitschaft der anderen Staatsorgane angewiesen.

Wenn ein Gesetz gegen das Grundgesetz verstößt, ist es gemäß § 78 Bundesverfassungsgerichtsgesetz für nichtig zu erklären.[17] Die Nichtigkeit wirkt auf den Zeitpunkt des Inkrafttretens zurück (*ex tunc*). In der Praxis hat sich allerdings herausgestellt, dass die Rechtsfolge der Nichtigkeit nicht für alle Entscheidungen, die die Verfassungsmäßigkeit eines Gesetzes betreffen, passt. Deswegen haben sich verschiedene Zwischenformen entwickelt. So erscheint beispielsweise bei Gesetzen, die Staatsleistungen gleichheitswidrig gewähren, die Nichtigkeit als Überreaktion, weil der Gesetzgeber stets zwei Möglichkeiten hat, den Verstoß zu heilen: er kann die Staatsleistung auf die übergangene Gruppe ausdehnen oder sie völlig einstellen. In derartigen Fällen wird das Gesetz für verfassungswidrig, aber nicht nichtig erklärt. Der Gesetzgeber erhält die Möglichkeit, es in einer angemessenen Zeitspanne zu korrigieren.

In Fällen, in denen die Nichtigerklärung des verfassungswidrigen Gesetzes größeren Schaden stiften würde als seine befristete Fortgeltung, kann diese zugelassen werden. Gesetze mit rückwirkender Kraft können unter der Bedingung aufrechterhalten werden, dass der Gesetzgeber Übergangsregelungen für die Betroffenen einfügt. Schließlich kann es vorkommen, dass die Verfassungswidrigkeit eines Gesetzes im Zeitpunkt der gerichtlichen Entscheidung ungewiss ist und von der zukünftigen Entwicklung der Verhältnisse abhängt. In solchen Fällen wird der Gesetzgeber verpflichtet, die Entwicklung zu beobachten und gegebenenfalls die notwendigen Konsequenzen zu ziehen. Ein weiteres Mittel zur Vermeidung einer Nichtigerklärung ist die verfassungskonforme Auslegung. Dieser Weg wird allerdings nicht beschritten, wenn Anhaltspunkte dafür

17 Vgl. generell *Thomas Gawron/Ralf Rogowski*, Die Wirkung des Bundesverfassungsgerichts, 2007.

vorhanden sind, dass diese Auslegung nicht dem Willen des Gesetzgebers entspricht.

IX. Das Gericht im politischen System

Das Bundesverfassungsgericht ist zu einem gewichtigen Faktor der deutschen Politik geworden.[18] Seine bloße Existenz bewirkte einen Wandel des politischen Systems. Ein neuer Akteur betrat die Szene und veränderte die Bedingungen, unter denen die traditionellen Staatsgewalten Parlament und Regierung sowie die in ihnen tätigen politischen Parteien agieren. Der politische Prozess endet nicht mehr mit einer Entscheidung der politischen Staatsorgane. Deren Entscheidungen können vielmehr einer verfassungsrechtlichen Prüfung durch das Bundesverfassungsgericht unterzogen werden. Diese Möglichkeit muss daher schon im Vorbereitungsstadium politischer Entscheidungen bedacht werden. Gefragt wird dann nicht nur, ob eine beabsichtigte Maßnahme gerecht, zweckmäßig, finanzierbar ist, die Wahlchancen verbessert oder was sonst unter politischen Gesichtspunkten relevant erscheint. Zusätzlich muss vielmehr überlegt werden, ob die politische Maßnahme auch verfassungsmäßig ist.

Heute entgeht kaum eine politische Entscheidung von einigem Gewicht der verfassungsgerichtlichen Prüfung. Wenn eine umstrittene Maßnahme dem Bundesverfassungsgericht nicht von den politischen Institutionen vorgelegt wird, erreicht sie das Gericht früher oder später im Weg der konkreten Normenkontrolle oder der Verfassungsbeschwerde. Fälle von solch großer Bedeutung wie die Ratifikation des Lissabon-Vertrages oder der Euro-Rettung gelangten über Verfassungsbeschwerden an das Gericht. Der ständige Zufluss von Verfahren sorgt dafür, dass das Gericht in den Medien präsent ist und die Relevanz des Grundgesetzes für das Publikum

18 Vgl. *Donald P. Kommers*, Judicial Politics in West Germany, 1976; *Matthias Jestaedt/Oliver Lepsius/Christoph Möllers/Christoph Schönberger*, Das entgrenzte Gericht, 2011; *Christoph Möllers*, The Scope and Legitimacy of Judicial Review in German Constitutional Law, in: *Hermann Pünder* und *Christian Waldhoff* (Hrsg.), Debates in German Public Law, 2014, S. 3; *van Ooyen/Möllers* (Fn. 5); *Hans Vorländer* (Hrsg.), Die Deutungsmacht der Verfassungsgerichtsbarkeit, 2006.

erfahrbar wird. Gericht und Verfassung verstärken sich dadurch wechselseitig.

Die Autorität, die das Gericht sich im Lauf der Zeit erworben hat, ist außerordentlich hoch.[19] In Meinungsumfragen erscheint es regelmäßig als diejenige Institution, welche das höchste Vertrauen in der Bevölkerung genießt. Damit ist nicht gesagt, dass das Gericht oder seine Urteile von Kritik verschont blieben. Aber bis jetzt hat die Kritik an einzelnen Entscheidungen oder ganzen Rechtsprechungslinien des Gerichts nicht seine Legitimität als Institution in Frage gestellt. Der Politik ist die Wertschätzung, welche das Gericht in der Bevölkerung genießt, bewusst. Offene Missachtung verfassungsgerichtlicher Urteile würde sich nicht auszahlen. Auf diesem Boden konnte etwas so Ungewöhnliches wie Verfassungspatriotismus und Integration durch Verfassung gedeihen.[20]

Die Relevanz des Grundgesetzes und die Prominenz des Bundesverfassungsgerichts haben jedoch ihren Preis. Sie bilden eine ständige Einladung, jedes Anliegen und jedes Interesse in eine verfassungsrechtliche Forderung zu kleiden. Das führt nicht nur zu einer ständig wachsenden Zahl von Verfahren, vor allem Verfassungsbeschwerden, von denen viele keine ernsthafte verfassungsrechtliche Frage aufwerfen, sondern auch zu dem Bestreben, allen möglichen politischen und sozialen Belangen Anerkennung im Grundgesetz zu verschaffen. Nicht zuletzt hat es eine starke Verrechtlichung des politischen Diskurses zur Folge. Politische Kontroversen werden schnell auf Verfassungsfragen verengt. Befürworter einer politischen Maßnahme stellen diese nicht nur als notwendig oder nützlich, sondern auch als verfassungsrechtlich geboten dar, während ihre Gegner sie nicht nur als ungerecht, unzweckmäßig, zu kostspielig, sondern als verfassungswidrig bekämpfen.

Alles in allem nimmt das Bundesverfassungsgericht im politi-

19 Vgl. *Hans Vorländer*, Das Vertrauen in das Bundesverfassungsgericht, in: *ders.*, Deutungsmacht (Fn. 8), S. 259; *Georg Vanberg*, The Politics of Constitutional Review in Germany, 2005; *Oliver Lembcke*, Hüter der Verfassung, 2007; *Michael Wrase/Christian Boulanger* (Hrsg.), Die Politik des Verfassungsrechts, 2013.

20 Vgl. *Jan-Werner Müller*, Verfassungspatriotismus, 2007; *Hans Vorländer* (Hrsg.), Integration durch Verfassung, 2002; *Dieter Grimm*, Integration durch Verfassung, Leviathan 32 (2004), S. 448; *Gunnar Folke Schuppert/Christian Bumke* (Hrsg.), Bundesverfassungsgericht und gesellschaftlicher Grundkonsens, 2000; *Gawron/Rogowski*, Wirkung (Fn. 17).

schen Prozess eine vergleichsweise aktive Rolle ein. Auf einer Skala zwischen *judicial activism* und *judicial restraint* würde das Gericht zweifellos auf der aktivistischen Seite stehen. Das Medium des Aktivismus ist die Verfassungsinterpretation. Das Bundesverfassungsgericht neigt zu einer weiten und dynamischen Interpretation des Grundgesetzes. Auf diese Weise vergrößert es mit jeder Erweiterung oder Vertiefung der Bedeutung verfassungsrechtlicher Normen aber zugleich seinen eigenen Einfluss. Es verschiebt nicht nur die Grenze zwischen einfachem Recht und Verfassungsrecht sowie zwischen Verfassungsgerichtsbarkeit und Fachgerichten, sondern ebenso zwischen den Bereichen der Politik und denen des Rechts.[21]

Es wäre allerdings zu einfach, diese Wirkung einem institutionellen Eigeninteresse der Richter zuzuschreiben, wie es Politikwissenschaftler gern tun. Vielmehr muss zwischen Intention und Effekt unterschieden werden. Die Intention ist die Sicherung der Wirksamkeit der Verfassung unter den Bedingungen beschleunigten sozialen Wandels. Die Wirkung ist der Bedeutungsgewinn des Gerichts. Gleichwohl ist die ständige amerikanische Sorge um die Vereinbarkeit von *judicial review* und Demokratie in Deutschland weniger ausgeprägt.[22] Eine Erklärung mag darin liegen, dass in den USA die Demokratie der Verfassungsgerichtsbarkeit vorausging, so dass diese oft als Bedrohung jener empfunden wird, während in Deutschland (und anderen europäischen Staaten) die Verfassungsgerichtsbarkeit eine Antwort auf das Scheitern der Demokratie in der ersten Hälfte des 20. Jahrhunderts war und deswegen vorwiegend als Schutz der Demokratie betrachtet wird.

21 *Christine Landfried*, Bundesverfassungsgericht und Gesetzgeber, 1984; *Gunnar Folke Schuppert/Christian Bumke*, Die Konstitutionalisierung der Rechtsordnung, 2000.

22 Vgl. *Dieter Grimm*, Verfassungsgerichtsbarkeit im demokratischen System, in diesem Band, Nr. 2; *ders.*, Constitutional Adjudication and Democracy, in diesem Band, Nr. 3; ferner *Ulrich Haltern*, Verfassungsgerichtsbarkeit, Demokratie und Mißtrauen, 1998; *Sascha Kneip*, Verfassungsgerichte als demokratische Akteure, 2009.

X. Bundesverfassungsgericht und europäische Gerichte

In einem politisch und rechtlich immer stärker integrierten Europa verlieren die nationalen Verfassungen an Bedeutung und damit gleichfalls die nationalen Verfassungsgerichte.[23] Davon wird auch das Bundesverfassungsgericht nicht verschont. Im selben Maß, in dem Deutschland Hoheitsrechte an die Europäische Union überträgt, verliert auch das Bundesverfassungsgericht Terrain. Es kann die Übertragung von Hoheitsrechten anhand des Grundgesetzes überprüfen, aber nicht die Ausübung der übertragenen Kompetenzen durch Organe der Europäischen Union. Sie unterliegt nicht den Anforderungen der nationalen Verfassungen, sondern richtet sich nach den Europäischen Verträgen.

Infolge der Europäisierung muss das Bundesverfassungsgericht seine Befugnisse nun mit zwei europäischen Gerichten teilen, dem Europäischen Gerichtshof für Menschenrechte (EGMR) und dem Gerichtshof der EU (EuGH). Der Grenzverlauf zwischen diesen Gerichten und dem Bundesverfassungsgericht (sowie den Höchstgerichten anderer Staaten) ist keineswegs eindeutig. Beide europäischen Gerichte beanspruchen das Recht, Entscheidungen der nationalen Institutionen einschließlich solcher des Bundesverfassungsgerichts auf ihre Vereinbarkeit mit der Europäischen Menschenrechtskonvention (EMRK) oder dem Unionsrecht zu prüfen. Das Bundesverfassungsgericht nimmt diesen Anspruch nicht unbeschränkt hin, sondern bezieht ihm gegenüber Position. Dabei muss aber zwischen den beiden europäischen Gerichten unterschieden werden.

1. Europäischer Gerichtshof für Menschenrechte

Die EMRK überschreitet den Rahmen des traditionellen Völkerrechts insofern, als sie Einzelpersonen ermächtigt, Mitgliedstaaten des Europarats wegen Menschenrechtsverletzungen vor dem

23 *Dieter Grimm*, Die Bedeutung nationaler Verfassungen in einem vereinten Europa, in: *ders.*, Die Zukunft der Verfassung II, 2012, S. 92; *ders.*, Die Rolle der nationalen Verfassungsgerichte in der europäischen Demokratie, in diesem Band, Nr. 15; *ders.*, Was ist politisch an der Verfassungsgerichtsbarkeit?, in diesem Band, Nr. 4.

EGMR zu verklagen. Sie bleibt aber insofern im Rahmen des traditionellen Völkerrechts, als Entscheidungen des EGMR keine unmittelbare Wirkung in den Mitgliedstaaten entfalten. Der EGMR ist kein Appellationsgericht. Er kann nur deklaratorische Urteile fällen, die für Deutschland völkerrechtlich verbindlich sind, aber nationales Recht und nationale Rechtsakte nicht außer Kraft setzen. Deutschland hat die EMRK im Rang von einfachem Gesetzesrecht ratifiziert.

Daraus folgt, dass Deutschland ein Urteil des EGMR nicht befolgen kann, wenn dadurch das Grundgesetz verletzt würde. Zum Konflikt kommt es zunehmend in Fällen, die aus Privatrechtsstreitigkeiten hervorgehen, so dass beide Streitparteien sich auf Grundrechte berufen können und die nationalen Gerichte einen vernünftigen Ausgleich zwischen den konkurrierenden Grundrechten finden müssen. Der EGMR prüft solche Urteile trotz der Regel in Art. 53 EMRK, der ihm eine Unterschreitung des nationalen Grundrechtsschutzes verbietet. Wenn das europäische Gericht zu der Auffassung gelangt, der vom nationalen Gericht gefundene Ausgleich verstoße gegen die EMRK, schwächt es aber automatisch dasjenige Grundrecht, welches auf der nationalen Ebene Vorrang genoss, und stärkt umgekehrt dasjenige, welches vor den nationalen Gerichten zurückstehen musste.

Das Bundesverfassungsgericht hat seine Befugnis bekräftigt, Urteile des EGMR auf ihre Vereinbarkeit mit dem Grundgesetz zu prüfen.[24] Es macht allerdings klar, dass es diese Befugnis europafreundlich ausüben wird. Falls eine Interpretation des Grundgesetzes möglich erscheint, die den Konflikt mit der EMRK in der Auslegung durch den EGMR vermeidet, wird diese Interpretation zugrunde gelegt. Was die deutschen Fachgerichte betrifft, hat das Bundesverfassungsgericht sie verpflichtet, Entscheidungen des EGMR zu berücksichtigen. Zur Befolgung sind sie aber nur verpflichtet, wenn sie mit dem Grundgesetz vereinbar sind und den im deutschen Recht entwickelten Interessenausgleich nicht empfindlich stören.

24 BVerfGE 111,307 (2004) – Görgülü.

2. Gerichtshof der EU

Anders verhält es sich in der Beziehung zwischen dem Bundesverfassungsgericht und dem EuGH. Der EuGH geht von dem unbedingten Vorrang des Unionsrechts vor dem nationalen Recht einschließlich des nationalen Verfassungsrechts aus. Seiner Ansicht nach verliert nationales Recht, das Unionsrecht widerspricht, automatisch seine Anwendbarkeit. Das Bundesverfassungsgericht akzeptiert den Vorrang des Unionsrechts grundsätzlich, aber nicht ausnahmslos. Seiner Ansicht nach kann zum einen nur kompetenzgemäßes Unionsrecht den Vorrang begründen. Hat die EU *ultra vires* gehandelt, finden die auf der Kompetenzüberschreitung beruhenden Rechtsakte keine Anwendung in Deutschland. Zum anderen muss der Vorrang des Unionsrechts vor der Identität des Grundgesetzes zurückstehen.

Der EuGH stimmt mit dem Bundesverfassungsgericht darin überein, dass nur europäische Rechtsakte, die auf einer übertragenen Kompetenz beruhen, in den Genuss des Anwendungsvorrangs kommen. Er beansprucht aber die alleinige Befugnis festzustellen, ob ein *ultra-vires*-Akt vorliegt, während das Bundesverfassungsgericht in Bezug auf Deutschland das letzte Wort für sich reklamiert. Die Differenz gründet in unterschiedlichen Auffassungen von dem Geltungsgrund des Unionsrechts. Während der EuGH annimmt, dass sich das Unionsrecht vom Willen der Mitgliedstaaten emanzipiert hat und aus einer eigenständigen Quelle fließt, besteht das Bundesverfassungsgericht darauf, dass Unionsrecht seine Anwendung in Deutschland dem deutschen Rechtsanwendungsbefehl verdankt, den der Bundestag im Ratifizierungsgesetz erteilt, und deswegen nur so weit reichen kann wie dieser Anwendungsbefehl.

Das Bundesverfassungsgericht hat allerdings zu verstehen gegeben, dass es seine Befugnis nur bei eindeutigen Verletzungen der europäischen Verträge durch europäische Institutionen einschließlich des EuGH ausüben wird und auch in diesen Fällen nur dann, wenn der Verstoß zu einer Gewichtsverschiebung von den Mitgliedstaaten zur EU führt. Es hat außerdem versichert, dass es vor einer Entscheidung über die Anwendbarkeit von Unionsrechtsakten in Deutschland dem EuGH Gelegenheit geben wird, seine Auffassung darzulegen. Es fühlt sich jedoch nicht an dessen Auffassung gebunden. Im Jahr 2020 ist es im Streit um die Vertragsgemäßheit des PSP-Programms der Europäischen Zentralbank erstmals zu einer Weigerung des Bundesverfassungsgerichts gekommen, dem EuGH zu folgen.[25]

Selbst europäischen Rechtsakten, die sich auf eine übertragene Kompetenz stützen können, wird die Anwendbarkeit in Deutschland aber verweigert, wenn sie mit der Identität des Grundgesetzes unvereinbar sind. Das Bundesverfassungsgericht beruft sich dabei auf Art. 4 Absatz 2 EUV, wonach die EU die nationale Identität der Mitgliedstaaten respektiert, wie sie in deren grundlegenden verfassungsrechtlichen Strukturen zum Ausdruck kommt. Die Identität des Grundgesetzes wird im Wesentlichen mit denjenigen Grundsätzen gleichgesetzt, die von der sogenannten Ewigkeitsklausel des Art. 79 Abs. 3 GG umfasst werden und auch Verfassungsänderungen nicht zugänglich sind.

Insbesondere ist es die Existenz und Wirksamkeit der Grundrechte, die zur Identität des Grundgesetzes gehört. Diese Auffassung führte zu den berühmten Solange-Entscheidungen des Bundesverfassungsgerichts.[26] Wie das Gericht dort erklärte, werde es europäische Rechtsakte auf ihre Vereinbarkeit mit den deutschen Grundrechten prüfen, solange es auf der europäischen Ebene an einem vergleichbaren Grundrechtsschutz mangele. Was die Gegenstände des Grundrechtsschutzes betrifft, besteht seit dem Inkrafttreten der Grundrechtecharta der EU keine Besorgnis mehr. Defizite erscheinen aber noch immer bei der Auslegung und Anwendung der Grundrechte möglich.

In Ergänzung dieser Rechtsprechung hat das Bundesverfassungsgericht jüngst erklärt, nationales Recht, welches europäische Richtlinien umsetzt, an den europäischen Grundrechten zu messen, soweit das nationale Recht vollständig vom Europarecht determiniert ist und dem nationalen Gesetzgeber folglich keinen Spielraum lässt. Soweit die nationale Umsetzung europäischer Richtlinien nicht vollständig vom Unionsrecht determiniert ist, wird das nationale Recht an den Grundrechten des Grundgesetzes gemessen, während der EuGH alles nationale Recht, das auch nur einen Bezug zum Europarecht hat, den europäischen Grundrechten unterstellen will und den nationalen Grundrechten nur eine

25 BVerfGE 154,17 (2020).

26 BVerfGE 32,271 (1974) – Solange I; 73,339 (1986) – Solange II.

parallele Anwendung gestattet, vorausgesetzt, sie führe nicht zu einem anderen Ergebnis als die Anwendung der Charta.[27]

Zwischen dem Bundesverfassungsgericht und dem EuGH gibt es also Konfliktpotential, das unvermeidlich ist, wenn zwei Gerichte den Anspruch erheben, gleichzeitig für denselben Sachverhalt zuständig zu sein. Im Staat kann es zwar auch Meinungsverschiedenheiten von Gerichten in derselben Sache geben, aber keine rechtlich unlösbaren, weil die nationale Justiz hierarchisch strukturiert ist. An einer solchen Hierarchie fehlt es im Verhältnis von nationalen und supranationalen Gerichten. Die EU ist kein Staat. Die Spannung muss also ausgehalten und durch wechselseitige Zuhörbereitschaft und Rücksichtnahme produktiv gewendet werden. Davon können dann beide Rechtsordnungen profitieren.

27 BVerfGE 152,152 (2019) – Recht auf Vergessen I; 152,216 (2019) – Recht auf Vergessen II; BVerfG, Urteil vom 1. 12. 2020 – Europäischer Haftbefehl III; EuGH, Åkerberg Fransson, C 617/10 (2013); Melloni, C 399/11 (2014).

II.
Verfassungsgerichtsbarkeit und Demokratie

2.
Verfassungsgerichtsbarkeit im demokratischen System

1. Der normative Auftrag des Bundesverfassungsgerichts

Verfassungsgerichte verändern die Entscheidungsstruktur von Regierungssystemen. Das haben die jüngsten Verfassungsprozesse über die Hochschulreform, die Ostverträge und den Schwangerschaftsabbruch in Erinnerung gerufen.[1] Die Erfahrung ist freilich nicht neu. So wie jetzt die innen- und außenpolitischen Reformen der sozial-liberalen Koalition mit Verfassungsklagen bekämpft worden sind, waren in den fünfziger Jahren die deutschland- und verteidigungspolitischen Grundentscheidungen der unionsgeführten Mehrheit Gegenstand gerichtlicher Nachprüfung.[2] Dagegen fehlte es in der Zwischenphase verminderter Aktivität auf Seiten der Regierungsparteien und vermehrter Konformität auf Seiten der Opposition auch weitgehend an Versuchen, politische Maßnahmen mit Hilfe des Bundesverfassungsgerichts zu verhindern oder zu erzwingen.[3] Man kann daran erkennen, dass gerade in Zeiten zugespitzter Richtungskonflikte die politische Auseinandersetzung nicht mit der parlamentarischen Entscheidung endet, sondern vor Gericht fortgesetzt wird. Juristische Siege sollen politische Nieder-

1 BVerfGE 35,79 (Hochschulrecht); 35,280 und 36,1 (Grundlagenvertrag); 39,1 (Fristenlösung); 40,141 (Ostverträge). *Ulrich Scheuner*, Die staatsrechtliche Stellung der Bundesrepublik, DöV 1973, S. 581, hat in diesem Zusammenhang von »einer in der Bundesrepublik befestigten Neigung der Politiker, im Kern politische Fragen verfassungsrechtlich auszutragen«, gesprochen; ähnlich auch *Fritz Scharpf*, Die politischen Kosten des Rechtsstaats, 1970, S. 38.

2 BVerfGE 1,281, 1,396 und 2,143 (Wehrbeitrag); 1,351 (Petersberger Abkommen); 4,157 (Saar-Statut). Bei der atomaren Bewaffnung wählte die Opposition den Weg von Volksbefragungen, wurde aber vom BVerfGE daran gehindert, ihr Vorhaben auszuführen, BVerfGE 8,104 und 122.

3 In diesem Zeitraum kommt nur der Fernsehstreit, BVerfGE 12,205, den o.a. Prozessen gleich. Zur Abhängigkeit der verfassungsgerichtlichen Aktivität vom Grad der parteipolitischen Polarisierung vgl. auch *Erwin Melichar*, Verfassungsgerichtshof und Legislative, Gedächtnisschrift für René Marcic, Bd. I, 1974, S. 555 (S. 558 ff.). Die Prognose von *Helmut Ridder*, Bundesverfassungsgericht, Staatslexikon Bd. 9, 1969, S. 290, beruhte auf dieser Konstellation und konnte sie daher nicht überdauern.

lagen wettmachen. Das GG mit seiner beispiellosen Kompetenzfülle für das Bundesverfassungsgericht[4] hält den Rechtsweg weit offen. Das letzte Wort im staatlichen Willensbildungsprozess spricht auf diese Weise ein Organ, das weniger politisch als fachlich legitimiert ist und keiner demokratischen Kontrolle unterliegt.

Diese für ein demokratisches System an sich überraschende Regelung wird nur aus der Überzeugung ihrer Begründer verständlich, dass es sich bei der Verfassungsrechtsprechung nicht um eine voluntative, sondern eine kognitive Tätigkeit handele.[5] Rechtsprechung war für sie stets durch Recht programmiert und daher außerstande, eigene Ordnungsvorstellungen zu verwirklichen. So gesehen entscheiden Gerichte nicht eigentlich, sie bringen lediglich Vorentscheidungen zur Geltung. Das gilt unabhängig vom Gegenstand der Rechtsprechung. Auch die richterliche Prüfung gesetzgeberischer Akte am Maßstab der Verfassung ist selbst nicht Politik, sondern politisch neutrale Kontrolle. Ihre Existenz bedeutet zwar einen Machtverlust für die demokratisch legitimierten Organe, jedoch nur den Verlust der Macht, sich ungestraft verfassungswidrig zu verhalten. Eine solche Sicherung des GG gegen Zerstörungen von innen wurde als unerlässlich empfunden, nachdem die jüngste Vergangenheit gelehrt hatte, dass eine demokratische Verfassung, die ihre Inhalte zur Disposition des Gesetzgebers stellt, gerade diejenigen Wertpositionen, derentwegen sich Demokratie als Herrschaftsform empfiehlt, im Krisenfall nicht zu bewahren vermag. Verfassungsgerichtsbarkeit erschien im Lichte dieser Erfahrungen nur als die logische Konsequenz jeder ernstgenommenen Verfassung, wie es ihre wirkungsvollsten Befürworter schon immer behauptet hatten.[6]

Das Selbstverständnis des Bundesverfassungsgerichts entspricht den Intentionen seiner Gründer. Im Statusbericht von 1952 heißt es, dass die Tätigkeit des Gerichts zwar in den politischen Raum

4 Vergleichende Darstellungen bei *Hermann Mosler* (Hrsg.), Verfassungsgerichtsbarkeit in der Gegenwart, 1962, und *Mauro Cappelletti*, Judicial Review in the Contemporary World, 1971.

5 Vgl. die ausführliche Schilderung bei *Heinz Laufer*, Verfassungsgerichtsbarkeit und politischer Prozeß, 1968, S. 35 ff.

6 Vgl. etwa *Alexander Hamilton*, Federalist Nr. 78; *Hans Kelsen*, Wesen und Entwicklung der Staatsgerichtsbarkeit, Veröffentlichungen der Vereinigung der Deutschen Staatsrechtslehrer (VVDStRL) 5 (1929), S. 30 ff., bes. S. 78 ff.

»hineinrage«, aber nicht politisch sei, weil sie zum Maßstab allein das dem politischen Kampf entzogene Verfassungsrecht nehme.[7] Nach der einprägsamen Formel von Leibholz, der das Selbstverständnis des Bundesverfassungsgerichts maßgeblich geprägt hat, vollzieht sich vor dem Bundesverfassungsgericht kein »Streit um das Recht«, sondern ein »Streit nach dem Recht«.[8] Ebenso beschreibt die juristische Lehr- und Studienliteratur die Funktion des Bundesverfassungsgerichts überwiegend als Kontrolle staatlicher Macht unter dem speziellen Gesichtspunkt ihrer verfassungskonformen Ausübung.[9] Damit legt auch sie die Vorstellung eines Organs nahe, das punktuell und retrospektiv fremde Entscheidungen an vorgegebenen Kriterien überprüft, ohne selbst Entscheidungen zu fällen. Die Kritik, die anfangs die Verfassungsgerichtsbarkeit in Fortsetzung der Vorkriegsdiskussion noch an ihren Rückwirkungen auf das politische System insgesamt gemessen hatte,[10] verengte

7 Der Status des Bundesverfassungsgerichts, JöR NF 6 (1957), S. 109-221 (121 ff.), fortgeschrieben durch *Gerhard Leibholz* in: Das Bundesverfassungsgericht, 1963, S. 61, und Das Bundesverfassungsgericht 1951-1971, 1971, S. 31. Auch in der Judikatur wird bekräftigt, dass von politischer Entscheidung keine Rede sein könne, »weil die Normenkontrolle in ihrer abwehrenden Funktion wesensmäßig etwas Anderes ist als die rechtsetzende Funktion des Gesetzgebers«, BVerfGE 3,225 (236). Zur Statusfrage eingehend *Laufer*, S. 254 ff.

8 JöR NF 6, S. 126. Vgl. neben den Statusberichten etwa Die Stellung des Bundesverfassungsgerichts im Rahmen des Bonner Grundgesetzes, PVS 3 (1962), S. 13; Verfassungsgerichtsbarkeit im demokratischen Rechtsstaat. in: *Gerhard Leibholz*, Strukturprobleme der modernen Demokratie, Neuausg. der 3. Aufl. 1974, S. 168; ferner verschiedene Beiträge in englischer Sprache in: *Gerhard Leibholz*, Politics and Law, 1965. Vgl. zum Selbstverständnis auch die Reden der Präsidenten *Hermann Höpker Aschoff*, *Josef Wintrich* und *Gebhard Müller* in: Das Bundesverfassungsgericht, 1963, sowie *Walter Seuffert*, Die Abgrenzung der Tätigkeit des Bundesverfassungsgerichts gegenüber der Gesetzgebung und der Rechtsprechung, NJW 1969, S. 1369.

9 Vgl. die Ausführungen bei *Theodor Maunz*, Deutsches Staatsrecht, 20. Aufl. 1975, S. 277 ff.; *Konrad Hesse*, Grundzüge des Verfassungsrechts, 8. Aufl. 1975, S. 29 ff., 226 ff.; *Ekkehart Stein*, Staatsrecht, 4. Aufl. 1975, S. 61 f., 241 ff.; *Karl Doehring*, Staatsrecht der Bundesrepublik Deutschland, 1976, S. 188, 198 ff., 227; *Ernst Friesenhahn*, Die Verfassungsgerichtsbarkeit in der Bundesrepublik Deutschland, 1963; *Hans Spanner*, Das Bundesverfassungsgericht, 1972; *Wolfgang Heyde/Peter Gielen*, Die Hüter der Verfassung, 1973; *Horst Säcker*, Das Bundesverfassungsgericht, 1975.

10 So insbesondere in der Gefolgschaft Carl Schmitts die konservativere Richtung der Staatsrechtslehre, die in der Verfassungsgerichtsbarkeit eine Bedrohung für

sich bald auf die dogmatische Würdigung einzelner Urteile. Die in der Weimarer Republik begonnene Auseinandersetzung um ihre juristische oder politische Natur wurde in der Bundesrepublik zugunsten des Rechts beendet.[11] Ein Widerspruch zwischen Verfassungsgerichtsbarkeit und Demokratie konnte auf diese Weise nicht entstehen. Die juristische Literatur sieht sich insoweit von dem umfänglichsten politologischen Werk über das Bundesverfassungsgericht noch überboten: Verfassungsgerichtsbarkeit erscheint hier geradezu als Bedingung von Demokratie.[12]

Einheit und Stärke des Staates sah, z. B. *Werner Weber*, Spannungen und Kräfte im westdeutschen Verfassungssystem, 1951, S. 31 f.; *Hans Schneider*, Gerichtsfreie Hoheitsakte, 1952, S. 32; aber auch *Hans Peter Ipsen*, Über das Bonner Grundgesetz, 1950, S. 20. Überblick bei *Rudolf Dolzer*, Die staatstheoretische und staatsrechtliche Stellung des Bundesverfassungsgerichts, 1972, S. 39 ff. Ferner einige Autoren, die in den USA mit der politologischen Betrachtungsweise vertraut geworden waren, wie *Karl Loewenstein*, Justice, in: *Edward H. Litchfield* (Hrsg.), Governing Postwar Germany, 1953, S. 262; *Arnold J. Heidenheimer*, The Governments of Germany, 1965, S. 151.

11 Das geschah nur selten so explizit wie bei *Leibholz* (Fn. 8) oder *Friedrich Klein*, Bundesverfassungsgericht und richterliche Beurteilung politischer Fragen, 1966, und äußerte sich meist im stillschweigenden Verzicht auf strukturell-funktionale Analysen. Zum »standespolitischen« Hintergrund dieser Theorien vgl. *Otwin Massing*, Recht als Korrelat der Macht?, in: *Gert Schäfer/Carl Nedelmann* (Hrsg.), Der CDU-Staat, Ausg. 1969, S. 217 f., S. 221. Zur Weimarer Diskussion vgl. vor allem *Heinrich Triepel/Hans Kelsen*, Wesen und Entwicklung der Staatsgerichtsbarkeit, Veröffentlichungen der Vereinigung der Deutschen Staatsrechtslehrer (VVDStRL) 5 (1929), S. 2 und S. 30, sowie *Carl Schmitt*, Der Hüter der Verfassung, 1931, 2. Aufl. 1969. Dazu *Hartmut Maurer*, Das richterliche Prüfungsrecht zur Zeit der Weimarer Verfassung, DöV 1963, S. 683.

12 *Laufer*, S. 154. Noch überschwänglicher ist freilich das Lob der Verfassungsgerichtsbarkeit bei *René Marcic*, Vom Gesetzesstaat zum Richterstaat, 1957; *ders.*, Verfassung und Verfassungsgericht, 1963; *ders.*, Der verborgene Souverän, Politische Studien 16 (1965), S. 667. Die Politikwissenschaft hat im Übrigen der Verfassungsgerichtsbarkeit nicht annähernd so viel Aufmerksamkeit geschenkt wie den traditionellen Organen. Neben *Laufer*, der außer seinem materialreichen, aber wenig problembewussten Buch (dazu meine Rezension in Die Zeit vom 23. 5. 1969, S. 61) dem BVerfGE verschiedene Aufsätze gewidmet hat – so in: Festschrift für Gerhard Leibholz II, 1966, S. 427; Probleme der Demokratie heute, PVS-Sonderheft 2 (1970), S. 226; *Winfried Steffani* (Hrsg.), Parlamentarismus ohne Transparenz, 1971, S. 216 –, sind vor allem zu erwähnen *Otwin Massing*, Recht als Korrelat der Macht? (Fn. 11); *ders.*, Das Bundesverfassungsgericht als Instrument sozialer Kontrolle, in: Probleme der Demokratie heute, PVS-Sonderheft 2 (1970), S. 180; *Winfried Steffani*, Verfassungsgerichtsbarkeit und demo-

2. Die faktische Funktion des Bundesverfassungsgerichts

Die verfassungsrechtliche Regelung beruht ebenso wie das Selbstverständnis des Gerichts und die Ansicht der Lehre auf der Prämisse normativer Bindung der Rechtsprechung. Gerade sie wird aber heute weit pessimistischer beurteilt als noch bei Inkrafttreten des GG. Die Methodenlehre lässt keinen Zweifel mehr daran, dass Rechtsanwendung sich nicht in einer logisch-deduktiven Operation erschöpft.[13] Da die Rechtsordnung nicht lückenlos und die soziale Wirklichkeit nicht statisch ist, fehlt für einen Streitfall oft die passende Norm, und selbst einschlägige Vorschriften erlauben nur selten eine direkte Subsumtion. Vielmehr schiebt sich zwischen Rechtsetzung und Rechtsanwendung vermittelnd eine Phase, in der, angeleitet und begrenzt vom Normtext, der konkrete Entscheidungssatz im Blick auf das Normziel und den normativ geregelten Sachbereich erst hergestellt werden muss. Dogmatik wirkt dabei entlastend und rationalisierend, vermag aber die Normfortbildung und -konkretisierung nicht überflüssig zu machen. Für das Verfassungsrecht gilt dies in besonders hohem Maß.[14] Auf breite Zustimmung angewiesen und als Rahmen und Richtlinie künftiger Sozialgestaltung gedacht, ist es notwendig offener und vager als Gesetzesrecht. Bezogen auf einen dynamischen Sozialbereich von hoher Eigengesetzlichkeit, dabei erschwert änderbar, lässt sich sein Sinn weniger statisch halten. Die Staatsgewalt selbst konstituierend und regulierend, kann es nicht ohne Rücksicht auf Folgen und Befolgung ausgelegt werden. All diese Umstände rechtfertigen zwar

kratischer Entscheidungsprozeß, Aus Politik und Zeitgeschichte B 21 (1968); *Rudolf Wildenmann*, Die Rolle des Bundesverfassungsgerichts und der Deutschen Bundesbank in der politischen Willensbildung, 1969. Eine Literaturübersicht bei *Rudolf Schäfer*, Politikwissenschaftliche Analysen des Bundesverfassungsgerichts, NPL 19 (1974), S. 209.

13 Vgl. dazu vor allem *Horst Ehmke*, Prinzipien der Verfassungsinterpretation, VVDStRL 20 (1963), S. 53; *Hesse*, Grundzüge, S. 20 ff.; *Martin Kriele*, Theorie der Rechtsgewinnung, 1967; *Friedrich Müller*, Normstruktur und Normativität, 1969; *Josef Esser*, Vorverständnis und Methodenwahl in der Rechtsfindung, 1970.

14 Zu den Besonderheiten des Verfassungsrechts vgl. etwa *Ehmke*, VVDStRL 20, S. 64 ff.; *Hesse*, Grundzüge, S. 11 ff.; *Dieter Grimm*, Recht und Politik, JuS 1969, S. 509. Zur Notwendigkeit richterlicher Fortbildung des Verfassungsrechts näher *Dieter Grimm*, Die Fristenlösungsurteile in Österreich und Deutschland und die Grundrechtstheorie, JBl. 1976, S. 74.

nicht den Schluss, dass mit den Unklarheiten der Dezisionismus beginne,[15] widerlegen aber doch die Annahme, die Rechtsprechung sei normativ durchgängig determiniert.

Zu den Einschränkungen, die sich aus der Natur der Rechtsanwendung ergeben, treten weitere, die in der Natur der Rechtsanwender liegen. Richter sind, wie die Rechtssoziologie aufgedeckt hat, bei der Entscheidungsfindung in geringerem Maß von Normen geleitet, als die Entscheidungsbegründung erkennen lässt.[16] Die Urteile werden vielmehr von nicht-normativen Faktoren persönlicher, sozialer und situativer Art mitgeprägt. Insofern ist das wissenschaftliche Interesse an Rekrutierung und beruflicher Sozialisation der Richterschaft durchaus begründet. Es wäre aber verfehlt, deswegen auf die Linie der amerikanischen Justizforschung einzuschwenken, die unter dem Programm »From Public Law to Judicial Behavior«[17] der Norm gar keine Bedeutung für den Richterspruch mehr beilegt. Als reiner Erkenntnisakt lässt sich Rechtsprechung freilich ebensowenig ausgeben; vielmehr gehen in der richterlichen Entscheidung kognitive und volitive Elemente eine schwer trennbare Verbindung ein. Das bedeutet, dass bei der Anwendung von Recht stets auch Recht erzeugt wird. Diese Feststellung trifft grundsätzlich auf alle Zweige der Justiz zu, gilt wegen

15 So *Schmitt*, Hüter, S. 30 ff. Ähnlich heute wieder rechte und linke Kritiker der Verfassungsrechtsprechung, etwa *Ernst Forsthoff*, Rechtsstaat oder Richterstaat?, in: Rechtsstaat im Wandel, 2. Aufl. 1976, S. 249 ff., und *Massing*, PVS-Sonderheft, S. 197 f.

16 Dazu sind in den USA, beginnend mit *C. Herman Pritchett*, The Roosevelt Court: A Study in Judicial Politics and Values, 1948, umfassende Forschungen angestellt worden, vgl. etwa den Sammelband von *Joel B. Grossman/Josef Tanenhaus* (Hrsg.), Frontiers of Judicial Research, 1969. In Deutschland sind die amerikanischen Forschungen vor allem von *Manfred Weiß*, Die Theorie der richterlichen Entscheidungstätigkeit in den Vereinigten Staaten von Amerika, 1971, und *Hubert Rottleuthner*, Richterliches Handeln, 1973, bekanntgemacht worden.

17 So der Titel des Einleitungsaufsatzes von *Glendon Schubert* in dem von ihm herausgegebenen Sammelband Judicial Decision-Making, 1963. Auf das BVerfGE hat diese Methode angewandt *Donald P. Kommers*, The Federal Constitutional Court in the West German Political System, in: *Grossman/Tanenhaus*, Frontiers, S. 73. Die Justizforschung folgt damit unausgesprochen dem Schmittschen Dezisionismus und braucht dann freilich nicht mehr nach den Interpretationsmethoden, sondern nur noch nach den Interpreten zu fragen, vgl. dazu *Ulrich Scheuner*, Probleme und Verantwortungen der Verfassungsgerichtsbarkeit in der Bundesrepublik, DVBl. 1952, S. 293.

der Eigenart von Gegenstand und Normenmaterial für die Verfassungsgerichtsbarkeit aber in besonders hohem Grade: Während im Allgemeinen die Fallentscheidungskomponente vorherrschend bleibt, gewinnt bei der Normenkontrolle die Regelungskomponente das Übergewicht. Das gebräuchliche Unterfangen, sie mit Hilfe des Alternativenschemas von Recht und Politik begrifflich zu erfassen, muss daher scheitern. Verfassungsrechtsprechung enthält unvermeidlich Elemente von beidem.[18]

Diese Erkenntnis der Methodenlehre hat Folgen für die Funktionenlehre. Sie berührt ja die Erwartung, die übrigen Staatsorgane würden vom Bundesverfassungsgericht nur in ihre verfassungsrechtlich vorgezeichneten Schranken verwiesen. Ist Verfassungsrechtsprechung aber normativ nicht restlos determiniert, dann liegt in der Schrankenfeststellung immer auch ein Stück Schrankensetzung. Der Kontrollbegriff erfasst sie daher nur zum Teil.[19] Die faktische Funktion des Bundesverfassungsgerichts im Regierungssystem kann aus dem Verfassungstext allein nicht abgelesen, sondern muss in der politischen Wirklichkeit ermittelt werden. Rekonstruiert man in dieser Absicht den politischen Entscheidungsprozess unter dem Blickwinkel des Verfassungseinflusses, so zeigt sich, dass im Regelfall nicht Verfassungsnormen, sondern gesellschaftliche oder administrative Bedürfnisse und parteipolitische Programme den Anstoß zu Maßnahmen geben. Dementsprechend stehen bei der Vorbereitung von Plänen, Gesetzen, Verträgen etc. Ziel- und

18 Vgl. *Grimm*, JuS 1969, S. 507 ff.; *Karl Doehring*, Der »Pouvoir neutre« und das Grundgesetz, Der Staat 3 (1964), S. 215 f., 219. Die Unfruchtbarkeit der vor allem von *Leibholz*, JöR 6, S. 121 f., betonten Dichotomie von Recht und Politik wird in neueren Arbeiten zur Verfassungsgerichtsbarkeit deutlicher gesehen als früher, vgl. etwa *Dolzer*, bes. S. 56 ff.; *Gunnar Folke Schuppert*, Die verfassungsgerichtliche Kontrolle der Auswärtigen Gewalt, 1973, S. 117 ff., bes. S. 129; *Franz-Christoph Zeitler*, Verfassungsgericht und völkerrechtlicher Vertrag, 1974, S. 153 ff., bes. S. 167; aus der politologischen Literatur *Massing*, CDU-Staat, S. 211 ff., S. 241 f.; *Thomas Ellwein*, Das Regierungssystem der Bundesrepublik Deutschland, 3. Aufl. 1973, S. 445.

19 Das betont besonders *Wildenmann*, S. 12 ff. Vgl. ferner *Wilhelm Henke*, Verfassung, Gesetz und Richter, Der Staat 3 (1964), S. 451; *Dolzer*, S. 30. Zum Ungenügen der isoliert normativen Betrachtungsweise auch *Massing*, PVS-Sonderheft, S. 181 ff., und *Dolzer*, S. 68 f.; Bemühungen um eine multifunktionale Sicht bei *Ekkehart Stein*, Verfassungsgerichtsbarkeit, in: *Axel Görlitz* (Hrsg.), Handlexikon zur Rechtswissenschaft, Ausg. 1974, S. 485. Generell *Gerd Winter*, Vorüberlegungen zu einer politischen Theorie der Justiz, DöV 1972, S. 485.

Zweckmäßigkeitsfragen im Vordergrund. Die Verfassung tritt aber als korrigierendes Datum hinzu. In den politischen Entscheidungsablauf sind zu diesem Zweck spezifisch juristische Prüfungsinstanzen wie ministerielle Rechtsabteilungen, Justizministerien, parlamentarische Rechtsausschüsse eingebaut, die die Beachtung der verfassungsrechtlichen Grenzen sichern sollen. Evidente Verfassungsverstöße kommen daher unter normalen Bedingungen selten vor. Wird das Bundesverfassungsgericht angerufen, so handelt es sich meist um Fälle begründeten Zweifels. Das ist seit der Veröffentlichung der Abstimmungsverhältnisse und Minderheitsvoten auch äußerlich sichtbar.

Das Gericht wiederholt also eine Prüfung, die in den gesetzesvorbereitenden und gesetzgebenden Organen mehr oder weniger intensiv bereits stattgefunden hat.[20] Durch den Organwechsel erhöht sich zwar die Chance der Objektivität, es ändern sich aber nicht die Bedingungen von Verfassungsinterpretation: wenn das Bundesverfassungsgericht unter Berufung auf das GG Entscheidungen des Gesetzgebers revidiert, rückt es im gleichen Maß, wie die Aussagekraft von Verfassungsnormen abnimmt, in dessen Funktion ein und wird selbst legislatorisch tätig.[21] Sein Spielraum ist dabei freilich enger, weil es auf Initiativen von außen warten

20 Ähnlich *Henke*, Der Staat 3, S. 448. Vgl. auch *Kriele*, S. 195 ff.

21 Die Ansichten über die Qualifizierung der Verfassungsgerichtsbarkeit gehen stark auseinander. Aus der neueren Literatur wie hier z. B. *H. Krüger*, Verfassungswandlung und Verfassungsgerichtsbarkeit, Festgabe für Rudolf Smend, 1962, S. 161; *ders.*, Allgemeine Staatslehre, 1964, S. 708; *Henke*, Der Staat 3, S. 449 ff.; *Christoph Böckenförde*, Die sogenannte Nichtigkeit verfassungswidriger Gesetze, 1966, S. 67; *Felix Ermacora*, Verfassungsrecht durch Richterspruch, 1968, S. 17 und 28; *Scharpf*, S. 99 f. Fn. 122; *Forsthoff*, Der Staat der Industriegesellschaft, 1971, S. 133 ff., S. 145; *ders.*, Rechtsstaat oder Richterstaat?, S. 249 f.; *Dolzer*, S. 71; *Schuppert*, S. 163 f. Die Gegenposition wird pointiert von *Karl August Bettermann*, Rechtsprechung, rechtsprechende Gewalt, Ev. Staatslexikon, 1966, Sp. 1711 ff., bezogen: »Die Unterscheidung zwischen Rechtsetzung und Rechtsanwendung ist ebenso eindeutig wie einleuchtend.« Für ein Rechtsprechungsorgan auch z. B. *Dian Schefold*, Normenkontrolle und politisches Recht, JuS 1972, S. 3, 6, 9; *Hesse*, Grundzüge, S. 227; *Jost Delbrück*, Quo vadis Bundesverfassungsgericht? Festschrift für Eberhard Menzel, 1975, S. 87. Dort jeweils auch Nachweise aus der älteren Literatur. Die Begriffsbildung zeichnet sich freilich gerade in diesem Punkt nicht durch besondere Klarheit aus. Insbesondere bleibt häufig offen, ob die Einordnung aus deskriptiver oder präskriptiver, institutioneller oder funktioneller Sicht getroffen wird.

muss, allein den verfassungsrechtlichen Aspekt umstrittener Gesetze prüfen darf und diese bei Beanstandungen grundsätzlich nur aufheben, aber nicht reformulieren kann. Deswegen hat man die Verfassungsrechtsprechung gelegentlich als »negative Gesetzgebung« bezeichnet.[22] Das ist jedoch nur bedingt richtig; denn obschon die Urteile des Bundesverfassungsgerichts unmittelbar nur auf die rückwirkende Vernichtung einzelner Vorschriften zielen, erstrecken sie mittelbar doch Wirkungen in die Zukunft. Bestimmte Gestaltungsvarianten werden der politischen Willensbildung dauerhaft entzogen, andere womöglich vorgeschrieben. Dadurch ändern sich die Rahmenbedingungen künftiger Politik. Parlament und Regierung finden Strukturdaten vor, die das Bundesverfassungsgericht gesetzt hat.[23] Die Trennung von programmierender legislatorischer und programmierter richterlicher Entscheidung ist in der Verfassungsrechtsprechung durchbrochen. Die Urteile des Bundesverfassungsgerichts fungieren als Programme für den Gesetzgeber.

3. Verfassungsgerichtsbarkeit und Demokratieprinzip

Dieser empirische Befund ist normativ keineswegs bedeutungslos. Er untergräbt ja die Vorstellung problemloser Harmonie zwischen Verfassungsgerichtsbarkeit und Demokratie, von der man bei Erlass des GG ausging. Das Verhältnis zwischen beiden muss unter Berücksichtigung der Realanalyse neu bestimmt werden. Das kann von Seiten der Staatsrechtslehre freilich nur im Rahmen des grundgesetzlichen Demokratiebegriffs geschehen. Wie die Verfassungsgerichtsbarkeit unter einem anderen Demokratiebegriff zu beurteilen wäre, steht hier nicht zur Debatte.[24] Das GG führt, wie

22 So z. B. nach dem Vorgang von *Kelsen*, VVDStRL 5, S. 54, *Manfried Welan*, Der Verfassungsgerichtshof – eine Nebenregierung?, in: *Heinz Fischer* (Hrsg.), Das politische System Österreichs, 1974, S. 281; *Melichar*, Gedächtnisschrift für René Marcic, Bd. I, S. 556.

23 So besonders *Wildenmann*, S. 12; *Massing*, CDU-Staat, S. 229 f.; *Helmut Ridder*, In Sachen Opposition: Adolf Arndt und das Bundesverfassungsgericht, Festschrift für Adolf Arndt, 1969, S. 327; *Welan*, S. 275, 291.

24 Zur Abhängigkeit der Verfassungsgerichtsbarkeit vom Demokratiebegriff vgl. *Steffani*, S. 6 f.; ferner *Paul Feuchte*, Das demokratische Prinzip und die Rechtsprechung in Verfassungssachen, DöV 1964, S. 433.

alle Demokratien, die Staatsgewalt auf das Volk zurück. Eigene Entscheidungsbefugnisse sind diesem aber nur in der Wahl eingeräumt, im Übrigen handeln repräsentative Organe in seinem Auftrag. Die Verfassung sorgt jedoch dafür, dass diese keine unbeschränkte Macht besitzen und kritisierbar, kontrollierbar und auswechselbar bleiben. Das geschieht vor allem durch Ausgrenzung individueller Freiräume und Gewährleistung eines gesellschaftlichen und politischen Pluralismus, der auch den Wahlen erst Entscheidungs- und nicht nur Akklamationscharakter verleiht. Wie man heute weiß, bilden diese Vorkehrungen keine hinreichenden, wohl aber notwendige Bedingungen von Demokratie. Freilich lässt sich ein solches System, das die Meinungs- und Interessenpluralität und damit den Konflikt als legitim betrachtet, nur aufrechterhalten, wenn Rahmen und Austragungsmodus von Konflikten außer Streit stehen. Werden diese selbst zum Streitobjekt, drohen schwere Funktionsstörungen.

Indem das GG die normativen Bedingungen von Demokratie einem besonderen Organ zur Überwachung anvertraut, mindert es die Gefahr von Basiskonflikten und verstärkt die demokratische Verfassung.[25] Das lässt sich anhand eines hypothetischen Vergleichs mit einem System ohne ausdifferenzierte Verfassungsgerichtsbarkeit verdeutlichen. Dort setzt sich bei Meinungsverschiedenheiten über den Sinn der Verfassung regelmäßig die Interpretation der Mehrheit durch. Das ist deswegen nicht unproblematisch, weil auch verfassungstreue Regierungen dazu neigen, die generellen verfassungsrechtlichen Grenzen staatlicher Tätigkeit im Lichte ihrer konkreten politischen Absichten auszulegen. Der Basiskonsens zwischen den rivalisierenden politischen Kräften, ohne den ein demokratisches System nicht überleben kann, wird dadurch angegriffen. Konflikte im verfassungsrechtlichen Rahmen weiten sich leicht zu Konflikten über den verfassungsrechtlichen Rahmen aus. Die Krisenanfälligkeit des politischen Systems steigt. Dagegen bewirkt die Existenz eines Verfassungsgerichts, dass die Frage der Verfassungsmäßigkeit politischer Vorhaben relativ frühzeitig und relativ unparteilich thematisiert wird und die sonst dominierenden Gesichtspunkte der Zielsetzung, Mittelwahl, Finanzierbarkeit, Konsensbeschaffung etc. ergänzt. Umgekehrt sind die politischen

25 So auch *Hesse*, Grundzüge, S. 226.

Organe verfassungsrechtlich bedenklichen Pressionen von Parteigremien oder Interessengruppen weniger ausgesetzt, wenn sie auf eine entgegenstehende Verfassungsrechtsprechung verweisen können. Auf diese Weise wird Konfliktstoff bereits durch die Antizipation der verfassungsgerichtlichen Kontrolle abgebaut.[26]

Legitimationskrisen, die trotz antizipierter Kontrolle auftreten, sind mit Hilfe einer am Gruppenkonflikt unbeteiligten Instanz leichter zu bewältigen.[27] Stark umstrittene politische Maßnahmen gewinnen, vom Bundesverfassungsgericht auf den Boden des GG zurückgeführt, entweder zusätzliche Legitimität oder scheiden als illegitim endgültig aus dem Kreis der zulässigen Möglichkeiten aus. Auf diese Weise wird nicht nur Unsicherheit beseitigt und die Grundübereinstimmung zwischen den Parteien wiederhergestellt, sondern auch Massenkonsens aufrechterhalten. Wie es scheint, reichen gerade dazu die Legitimations- und Motivationsmittel »demokratisch-labil gesteuerter Systeme mit hoher struktureller Variabilität«[28] in Krisenfällen nicht aus. Verfassungsgerichte fungieren dann, indem sie die kontingente Parteipolitik auf verbindliche Gemeinschaftswerte beziehen, als Legitimitätsreserve. Sie tragen damit zur Integration und Stabilisierung pluralistischer politischer Systeme bei, verhindern aber auch ein wandlungsfeindliches Verständnis von Integration und Stabilität, wenn sie persönliche und politische Freiheiten gegen Restriktionen verteidigen, nicht organisationsfähige und daher im pluralistischen System vernachlässigte Interessen stützen und politischen Minderheiten oder Newcomern Einflusschancen gegen die Oligarchisierungstendenzen der etablierten Gruppen offenhalten.[29] Der Legitimierungseffekt hängt

26 Ähnlich *Zeitler*, S. 49; *Massing*, PVS-Sonderheft, S. 190 f.; *Steffani*, S. 6 f.

27 Zum Folgenden vgl. etwa *Massing*, CDU-Staat, S. 232 ff.; *ders.*, PVS-Sonderheft, S. 185 ff., 190 ff., allerdings unter dem negativen Vorzeichen der »overprotection« (dazu S. 212 f., Fn. 52); ferner *Niklas Luhmann*, Legitimation durch Verfahren, 1969, S. 100 ff.; *Welan*, S. 280 ff.

28 *Niklas Luhmann*, Funktionen der Rechtsprechung im politischen System, in: Dritte Gewalt heute? 1969, S. 13 (jetzt auch in: *Luhmann*, Politische Planung, 2. Aufl. 1975, S. 46). Zum gesteigerten Legitimationsbedarf vgl. *Claus Offe*, Strukturprobleme des kapitalistischen Staates, 1972; *Jürgen Habermas*, Legitimationsprobleme im Spätkapitalismus, 1973, und neuestens *Peter Graf Kielmansegg* (Hrsg.), Legitimationsprobleme politischer Systeme, 1976.

29 Vgl. zur Offenhaltung des politischen Prozesses die Wahlrechts- und Parteienjudikatur des BVerfGE, etwa BVerfGE 1,208 (Sperrklauseln), 3,19 (Unterschrifts-

langfristig freilich davon ab, dass die Entscheidungen den Betroffenen akzeptabel erscheinen.[30] Dabei fällt nicht zuletzt ins Gewicht, inwieweit ihre Ableitung aus dem GG plausibel gemacht werden kann.

Wenn es auf diesem Wege auch zu einer informellen Rückkopplung der institutionell unabhängig gestellten Verfassungsgerichtsbarkeit kommt, so muss doch ihre demokratische Ambivalenz bewusst bleiben.[31] Damit ist nicht so sehr die Gefahr einzelner Fehlentscheidungen gemeint. Fehlentscheidungen bilden ein generelles Risiko von Letztzuständigkeit, und das Bundesverfassungsgericht verdankt seine Existenz gerade dem Schwund des Vertrauens in die Letztzuständigkeit des parlamentarischen Gesetzgebers.[32] Es geht vielmehr darum, dass sich eine mit gutem Grund demokratisch nicht verantwortliche Instanz über den Willen der demokratisch legitimierten Organe hinwegsetzen kann, ohne in der Verfassung stets eine äquivalente Bindung zu finden. Darin liegt der Unterschied zur übrigen Justiz, die nicht weniger sozialgestaltend tätig

quoren), 7,99 (Sendezeiten), 8,51 (Spenden), 20,56 (Parteienfinanzierung), 24,300 (Wahlkampfkosten). Zur Stützung organisationsunfähiger oder -schwacher Interessen vgl. etwa BVerfGE 3,225 (Gleichberechtigung), 25,167 (Unehelichenrecht) und in gewisser Weise auch 39,1 (ungeborenes Leben). Die Ansicht von *Wolfgang Hoffmann-Riem*, Beharrung oder Innovation, Der Staat 13 (1974), S. 359, Verfassungsgerichte könnten die Defizite des Pluralismus nicht korrigieren, ist daher in dieser Pauschalität nicht zutreffend. Dazu auch *Peter Häberle*, Die offene Gesellschaft der Verfassungsinterpreten, JZ 1975, S. 303 f., und *Massing*, PVS-Sonderheft, S. 223 Fn. 119.

30 Dieser komplizierte Vorgang ist im Einzelnen noch aufhellungsbedürftig, vgl. einstweilen die Bemerkungen bei *Walter F. Murphy/Josef Tanenhaus*, Public Opinion and the United States Supreme Court, in: *Grossman/Tanenhaus*, Frontiers, S. 273; *Luhmann*, Legitimation durch Verfahren, bes. S. 107 ff., 121 ff.; *Massing*, PVS-Sonderheft, S. 192 f.

31 In einigen Darstellungen, beispielsweise bei *Laufer, Heyde/Gielen, Säcker*, lässt sich davon aber kaum etwas ahnen. Dagegen weisen auf die demokratische Ambivalenz ausdrücklich hin *Peter Badura*, Die Rechtsprechung des Bundesverfassungsgerichts zu den verfassungsrechtlichen Grenzen wirtschaftspolitischer Gesetzgebung im sozialen Rechtsstaat, AöR 92 (1967), S. 382 f.; *Wildenmann*, S. 5 ff.; *Hoffmann-Riem*, Der Staat 13, S. 360 f.

32 Dieser datiert nicht erst aus der Endphase der Weimarer Republik, sondern hat tiefer liegende Ursachen, vgl. dazu *Leibholz*, Strukturprobleme, S. 170; *Erhard Denninger*, Freiheitsordnung – Wertordnung – Pflichtordnung, JZ 1975, S. 548; vgl. auch die polit-ökonomischen Erklärungsversuche bei *Massing*, PVS-Sonderheft, S. 188 ff., ferner *Forsthoff*, Rechtsstaat oder Richterstaat? S. 251 ff.

wird und bei beschleunigtem sozialen Wandel und begrenzter gesetzgeberischer Kapazität sogar zunehmend als Komplementärgesetzgeber fungieren muss,[33] vom Parlament aber jederzeit korrigiert werden darf. Dagegen besteht die einzige Korrekturmöglichkeit gegenüber dem Bundesverfassungsgericht in der Verfassungsänderung. Sie ist indes durch Art. 79 III GG gegenständlich beschränkt und – soweit zulässig – gerade in Perioden großer Richtungskonflikte wenig wahrscheinlich. Sofern man Verfassungsrechtsprechung gleichwohl für prinzipiell rational statt dezisionistisch hält, ist das demokratische Manko nicht derart, dass man per Saldo nur für ihre Abschaffung plädieren könnte.[34] Zwischen Demokratie und Verfassungsgerichtsbarkeit herrscht aber ein labiles Gleichgewicht. Das eigentliche Demokratieproblem der Verfassungsgerichtsbarkeit liegt deswegen in der Wahrung dieses Gleichgewichts.

4. Funktionsgrenzen der Verfassungsgerichtsbarkeit

Wenn das Bundesverfassungsgericht die demokratisch legitimierten Organe in ihre verfassungsrechtlichen Schranken verweisen kann, selbst dagegen keiner Kontrolle unterliegt, so ist es deswegen doch kein schrankenloses Organ, seine Selbstbeschränkung folglich auch kein freiwilliges Zugeständnis, sondern ein verfassungsrechtliches Erfordernis.[35] Die Schranken der Verfassungsgerichtsbarkeit sind

33 Näher *Dieter Grimm*, Rechtswissenschaft und Geschichte, in: *Dieter Grimm* (Hrsg.), Rechtswissenschaft und Nachbarwissenschaften, Bd. II, 1976, S. 10 ff. Speziell für das Verfassungsrecht *Grimm*, JBl. 1976, S. 75 ff.

34 Ähnlich *Ehmke*, VVDStRL 20, S. 66 f. Wohl aber gibt es Erwägungen, die abstrakte Normenkontrolle als die am stärksten legislatorische Tätigkeit des BVerfGE aufzugeben, so bei *Ehmke*, S. 67, unter Berufung auf *Max Imboden*, Normenkontrolle und Verfassungsinterpretation, Festschrift für Hans Huber, 1961, S. 133, 146 ff., und zuletzt bei *Dolzer*, S. 116 ff.

35 Wie hier bes. *Schuppert*, S. 207 ff., S. 219; anders anscheinend *Zeitler*, S. 176 ff. Aus der Rechtsprechung des BVerfGE geht das nicht immer mit Deutlichkeit hervor. Auch die jüngste Äußerung: »Der Grundsatz des judicial self-restraint, den sich das Bundesverfassungsgericht *auferlegt*, bedeutet nicht eine Verkürzung oder Abschwächung seiner [...] Kompetenz, sondern den *Verzicht*, ›Politik zu treiben‹, d. h. in den von der Verfassung geschaffenen und begrenzten Raum freier politischer Gestaltung einzugreifen« (BVerfGE 36,1 (14) Hervorhebung von mir), verwendet Worte, die eher den Eindruck freiwilliger als normativ gebotener Beschränkung erwecken.

aber nicht aus einem vorgeblichen Wesen der Justiz oder einem dem positiven Recht vorausliegenden Begriff von Gewaltentrennung zu gewinnen,[36] sie müssen in der Funktionsverteilung des GG aufgesucht werden. Dabei können freilich die Wirkungsbedingungen verfassungsrechtlicher Normen und Institutionen nicht außer Acht bleiben. Sosehr das GG auch ein reines Kontrollorgan anstrebte, so wenig vermag es doch daran zu ändern, dass Verfassungsrechtsprechung de facto Teilhabe an der Gesetzgebung ist. Die normative Intention beansprucht aber Geltung, sobald der Sachzwang endet, die Sozialgestaltung der Rechtsprechung also nicht mehr notwendig innewohnt. Wenn Verfassungsrechtsprechung schon zwangsläufig politische Optionen einschließt, so fehlt dem Bundesverfassungsgericht jedenfalls die Kompetenz zu Entscheidungen mit überschießend politischer Tendenz. Daraus lassen sich vorläufig zwei Schlüsse ziehen. Erstens handelt es nur soweit legitim, wie es sich im Bereich methodologisch gesicherter Konkretisierung des Verfassungsrechts bewegt. Überall wo das GG die selbständige Ausfüllung des normativen Rahmens erlaubt, verlangt das Demokratieprinzip, dass nur diejenigen Organe entscheiden, welche in der Wahl wiederum zur Verantwortung gezogen werden können. Zweitens hat es den Gesetzgeber nicht zu präjudizieren, sondern zu korrigieren. Es darf also nur in dem Maß tätig werden, wie ein Kontrollfall eingetreten ist.[37]

Im Gegensatz hierzu wird von der Verfassungsgerichtsbarkeit bisweilen jedoch die Maximaldurchsetzung von Verfassungszielen

36 Diesen Versuch unternimmt vor allem *Gerd Roellecke*, Politik und Verfassungsgerichtsbarkeit, 1961. Dagegen besonders *Zeitler*, S. 145 ff., 152, 156 ff. Vgl. weiter *Doehring*, Der Staat 3, S. 211 f.; *Luhmann*, Funktionen der Rechtsprechung, S. 9 ff.; *Schuppert*, S. 162 ff., 213; *Delbrück*, Festschrift für Eberhard Menzel, S. 86 f., und, wenn auch im Verfolg nicht konsequent, *Dolzer*, S. 89.

37 *Ehmke*, VVDStRL 20, S. 73, spricht in diesem Zusammenhang von funktionell-rechtlichen Interpretationsprinzipien, die neben den materiell-rechtlichen zu berücksichtigen sind. Der Primat des Gesetzgebers ist als ein solches funktionell-rechtliches Prinzip heute ganz überwiegend anerkannt, wenn in der Herleitung, Intensität der Betonung und Konkretisierung auch Unterschiede bestehen. Über Ausnahmen sogleich. Präzisierungs- und Differenzierungsversuche bei *Häberle*, JZ 1975, S. 303 f.; *ders.*, NJW 1976, S. 542 f.; *Delbrück*, Festschrift für Eberhard Menzel, S. 88 ff., und jüngst *Martin Kriele*, Recht und Politik in der Verfassungsrechtsprechung, NJW 1976, S. 777. Zur Rangfolge von Primär- und Kontrollentscheidung besonders *Zeitler*, S. 151.

erwartet, falls es den politischen Organen an der entsprechenden Bereitschaft fehlt. Insbesondere hat Ridder dem Bundesverfassungsgericht vorgeworfen, dass es seine verfassungsrechtlichen Möglichkeiten nicht ausschöpfe und die Zurückhaltung gegenüber dem Gesetzgeber zum Schaden der Entfaltung des GG übertreibe.[38] Es stelle damit eine Prämie auf den Machtbesitz aus, statt sich als Instrument der Opposition zu verstehen. Ähnliche Einwände sind für einzelne Bereiche der Rechtsprechung, namentlich für die Konkretisierung des allgemeinen Gleichheitssatzes und des Sozialstaatsprinzips, erhoben worden. Ein Gesetz verletzt nach Auffassung des Bundesverfassungsgerichts Art. 3 nur dann, wenn für eine Differenzierung, die es trifft, keinerlei rationale Gründe ersichtlich sind. Der Gleichheitssatz wird auf diese Weise nicht zum Hebel sozialen Ausgleichs, sondern fungiert nur als Begründungsgebot für Ungleichbehandlungen. Die Sozialstaatsklausel ist für das Bundesverfassungsgericht zwar eine wichtige Auslegungsmaxime, ihre Realisierung steht aber dem Gesetzgeber zu. Sie hat daher bei der verfassungsrechtlichen Überprüfung staatlicher Maßnahmen nur sparsam und meist affirmativ Verwendung gefunden. Die Kritik sieht darin den Rückzug auf eine minimalistische Position.[39] Sie stellt dem anerkannten Fall der Verfassungsverletzung durch Überschreitung einer Handlungsschranke oder Missachtung eines Handlungsauftrags also ein verfassungswidriges Verhalten durch

38 *Ridder*, Festschrift für Adolf Arndt, S. 322. Vgl. auch *Adolf Arndt* selbst, dem zufolge das BVerfGE »allzu zögernd von seinen Vollmachten Gebrauch macht« (NJW 1960, S. 1608).

39 Vgl. zum Gleichheitssatz BVerfGE 1,14 (52); 3,162 (182), st. Rspr.; Rechtsprechungsübersicht bei *Ernst Werner Fuß*, Gleichheitssatz und richterliche Normenkontrolle, JZ 1962, S. 565, 595, 737; *Hans Zacher*, Soziale Gleichheit, AöR 93 (1968), S. 341; zur Sozialstaatsklausel 1, S. 97 (105), Rechtsprechungsübersicht bei *Werner Weber*, Die verfassungsrechtlichen Grenzen sozialstaatlicher Forderungen, Der Staat 4 (1965), S. 409, bes. S. 419 ff.; *Zacher*, AöR 93, S. 341; *Werner Schreiber*, Das Sozialstaatsprinzip des Grundgesetzes in der Praxis der Rechtsprechung, 1972, bes. S. 95 ff., und *Klaus-Albrecht Gerstenmaier*, Die Sozialstaatsklausel des Grundgesetzes als Prüfungsmaßstab im Normenkontrollverfahren, 1975, S. 35 ff., S. 93 ff. Eine gewisse Wende der Rechtsprechung kündigt sich in BVerfGE 33,303 (Numerus Clausus) an. Die Kritik übermäßiger Zurückhaltung des Gerichts vor allem bei *Zacher*, AöR 93, S. 357 ff., 371 ff. Den gegenteiligen Vorwurf erhebt *Friedrich Klein*, Zum Begriff und zur Grenze der Verfassungsgerichtsbarkeit, DöV 1964, S. 471.

Nichtausschöpfung einer Gestaltungsermächtigung zur Seite, das gleichfalls vom Bundesverfassungsgericht zu korrigieren wäre.

Die Berechtigung der Kritik hängt von der Frage ab, welche Funktion Verfassungen im politischen Prozess erfüllen sollen. Ist das GG ein gesellschaftspolitisches Programm, das Parlament und Regierung in die Tat umzusetzen haben, dann muss das Bundesverfassungsgericht den Verfassungsvollzug überwachen und gesetzgeberische Lösungen, die hinter dem Verfassungsauftrag zurückbleiben, verhindern. Legt die Verfassung dagegen lediglich die Spielregeln und Schranken der politischen Gestaltung fest, dann kann auch das Bundesverfassungsgericht nur eine Grenzkontrolle vornehmen, nicht aber bestimmte Entscheidungsinhalte durchsetzen. Es herrscht heute weitgehend Einigkeit darüber, dass das GG einen Mittelweg einschlägt.[40] Einerseits begnügt es sich nicht mit der Aufstellung von Verfahrensregeln und Tätigkeitsschranken, sondern enthält überdies Zielvorgaben und Handlungsaufträge. Andererseits lässt es bei der Erfüllung von Aufträgen und der Konkretisierung von Zielen aber einen Spielraum, den die verschiedenen politischen Kräfte je nach ihrem Programm in dieser oder jener Weise nutzen können. Insofern ist Politik auch im Verfassungsstaat nicht bloß Verfassungsvollzug, sondern eigenständige Entscheidung unter der Verfassung, die vor dem Wähler verantwortet werden muss. Dementsprechend lässt sich auch die Verfassungsgerichtsbarkeit nicht auf Grenzkontrollen beschränken. Zu ihren Aufgaben gehört überdies die Prüfung, ob Verfassungsziele außer Acht gelassen oder Verfassungsaufträge nicht erfüllt worden sind. Sie hat aber keine Vollmacht zur Durchsetzung verfassungsrechtlicher Maximalmöglichkeiten.

Ridders Appell an das Bundesverfassungsgericht, seine »politische Marge« auszuschöpfen, entstammt allerdings der Sorge, die politischen Kräfte des Landes könnten die Maximierung der verfassungsrechtlichen Ziele ganz aufgeben. Er erging nicht zufällig

40 Vgl. zur Verfassungstheorie *Dieter Grimm*, Verfassungsfunktion und Grundgesetzreform, AöR 97 (1972), S. 499 ff. m. w. N. Ferner *Peter Badura*, Verfassung und Verfassungsgesetz, Festschrift für Ulrich Scheuner, 1973, S. 19, und in diesem Zusammenhang besonders *Herbert Krüger*, Verfassungswandlung und Verfassungsgerichtsbarkeit, Festgabe für Rudolf Smend, 1962, S. 157; *Peter Lerche*, Das Bundesverfassungsgericht und die Verfassungsdirektiven, AöR 90 (1965), bes. S. 369; *Denninger*, JZ 1975, S. 549.

zu einer Zeit, als die Opposition die einzige Möglichkeit, selbst die Mehrheit zu erringen, in einer weitgehenden Anpassung an die Regierung erblickte. Es steht außer Frage, dass diese Haltung ein Demokratie-Defizit in der Bundesrepublik hinterließ. Mit Ridders Empfehlung, wonach das Bundesverfassungsgericht »hätte leisten können, was die als Minderheit frustrierte und mit historischen Hypotheken, als deren Alternative nur die Selbstaufgabe als Opposition erschien, belastete parlamentarische Opposition im pathologischen Spätzustand des [...] parlamentarisch-demokratischen Systems nicht mehr leisten konnte«,[41] wäre dieses Defizit aber nicht gedeckt, sondern nur umgebucht worden. Die politische Zielbestimmung hätte sich in einem Bereich, den das GG der Mehrheitsentscheidung anheimstellt, auf ein Organ verlagert, das von Mehrheiten gerade nicht abhängt. Dieser Mangel kann auch dadurch nicht kompensiert werden, dass die gerichtliche Entscheidung den Verfassungszielen im konkreten Fall näher kommt als die parlamentarische, denn es gehört zur Qualität politischer Entscheidungen im demokratischen System, dass sie in der Wahl zu verantworten sind.[42] Andernfalls würde ein momentaner Gewinn an demokratischer Substanz mit einem langfristigen Abbau demokratischer Strukturen bezahlt.

5. Die Entscheidungspraxis des Bundesverfassungsgerichts

Das Bundesverfassungsgericht ist sich des Problems bewusst und versichert, die Grenze zwischen Verfassungsgerichtsbarkeit und Gesetzgebung zu wahren. Seine Haltung kommt in zwei ständig wiederkehrenden Grundsätzen zum Ausdruck, der verfassungskonformen Auslegung und der Respektierung der gesetzgeberischen Gestaltungsfreiheit. Nach dem ersten Grundsatz wird ein Gesetz nicht aufgehoben, »wenn es im Einklang mit der Verfassung ausgelegt werden kann«.[43] Einer gesetzgeberfeindlichen Verwendung

41 *Ridder*, Festschrift für Adolf Arndt, S. 331.

42 Dieses Argument hat in der Methodendiskussion lange Zeit kaum eine Rolle gespielt, wie *Scharpf*, S. 49, mit Recht bemerkt. Vgl. jetzt aber z. B. *Ehmke*, VVDStRL 20, S. 73 ff.; *Hesse*, Grundzüge, S. 29, S. 179 f., 229; *Schuppert*, S. 161 ff., 213 ff.; *Denninger*, JZ 1975, S. 548.

43 BVerfGE 2,266 (282), st. Rspr. Dazu *Hans Spanner*, Die verfassungskonforme

des Prinzips ist dadurch vorgebeugt, dass die verfassungskonforme Auslegung keinesfalls »das gesetzgeberische Ziel in einem wesentlichen Punkte verfehlen oder verfälschen« darf.[44] Nach dem zweiten Prinzip richtet sich die gerichtliche Prüfung nur darauf, ob ein Gesetz den verfassungsrechtlichen Rahmen sprengt. Das Bundesverfassungsgericht habe »aber nicht darüber zu befinden, ob der Gesetzgeber im Einzelnen die zweckmäßigste, ›vernünftigste‹ oder ›gerechteste‹ Lösung gefunden hat«.[45] Das gilt für die gesetzgeberische Zwecksetzung ebenso wie für die Wahl der Mittel. Zwar prüft das Gericht nicht nur die rechtlichen, sondern auch die tatsächlichen Erwägungen des Gesetzgebers nach, doch soll nicht schon ein Irrtum, etwa über die Wirksamkeit des Mittels oder die Entwicklung des betroffenen Sachbereichs, die Regelung verfassungswidrig machen. Keinesfalls genügen bloße Bedenken zur Aufhebung eines Gesetzes. Untätigkeit bildet nur bei klaren Handlungsaufträgen einen Verfassungsverstoß.[46] Das Bundesverfassungsgericht bekennt sich damit auf vielfältige Weise zum *judicial self-restraint*, wie er als Korrelat des richterlichen Prüfungsrechts oft gefordert und seit dem Grundvertrags-Urteil auch ins offizielle Vokabular übernommen worden ist.[47]

Auslegung in der Rechtsprechung des Bundesverfassungsgerichts, AöR 91 (1960), S. 503; *Hesse*, Grundzüge, S. 31 ff. m. w. N.

44 BVerfGE 8,28 (34).

45 BVerfGE 3,162 (182), st. Rspr. Die Terminologie des BVerfGE schwankt, häufig ist vom »gesetzgeberischen Ermessen« die Rede, dazu *Lerche*, AöR 90, S. 343 ff.; *Forsthoff*, Staat der Industriegesellschaft, S. 142 ff.

46 Zur verfassungsgerichtlichen Überprüfung der Mittelwahl vgl. etwa BVerfGE 13,237 (241); 21,150 (157); 36,1 (17 ff.). Überblick bei *Eberhard Grabitz*, Der Grundsatz der Verhältnismäßigkeit in der Rechtsprechung des Bundesverfassungsgerichts, AöR 98 (1973), S. 568. Zur Kontrolle tatsächlicher Erwägungen und Prognosen des Gesetzgebers vgl. vor allem BVerfGE 7,377 (410 ff.), Überblick bei *Klaus Jürgen Philippi*, Tatsachenfeststellungen des Bundesverfassungsgerichts, 1971. Vgl. ferner *Hans W. Baade*, Social Science Evidence and the Federal Constitutional Court of West Germany, The Journal of Politics 23 (1961), S. 421. Zu den Folgen von gesetzgeberischen Irrtümern oder Fehlprognosen vgl. etwa BVerfGE 25,1 (12 f.) und 36,1 (18 f.); zur Unerheblichkeit bloßer Bedenken BVerfGE 9,167 (174); 12,281 (296); zum gesetzgeberischen Unterlassen BVerfGE 1,100 f.; zu den Verfassungsaufträgen BVerfGE 6,257 (264 ff.) und *Lerche*, AöR 90, S. 341, sowie *Kriele*, NJW 1976, S. 781 f.

47 BVerfGE 36,1 (14 f.). Besonders nachdrücklich für *self-restraint* zuletzt *Dolzer*, vor allem S. 86, 95 (dort S. 100 ff. gegen die ganz überwiegende Meinung – vgl. zuletzt *Rüdiger Zuck*, Political-Question-Doktrin, Judicial self-restraint und das

Deswegen erübrigt sich allerdings nicht die Frage, ob das Gericht seine eigenen Vorsätze auch hält. Daran sind schon mehrfach Zweifel aufgekommen.[48] Eine umfassende Analyse der Judikatur unter dem Gesichtspunkt des Verhältnisses zum Gesetzgeber fehlt aber noch. Wenngleich sie hier nicht detailliert nachgeholt werden kann, lassen sich doch einige Tendenzen benennen. Die Zurückhaltung scheint bei der Kontrolle außen-, wirtschafts- und sozialpolitischer Maßnahmen in der Tat groß; sie nimmt ab, je stärker die persönlichen Freiheitsrechte betroffen sind, und fehlt auch, wenn das Parlament in eigener Sache entscheidet.[49] Solche Abstufungen legt das GG selbst nahe, im Einzelnen wären sie einer Untersuchung wert. Offenbar bezieht das Bundesverfassungsgericht den *self-restraint* aber nur auf die Annullierung, nicht dagegen die bloße Beanstandung von Gesetzen. Diese verbindet es neuerdings zunehmend mit der, zuweilen terminierten, Aufforderung an den Gesetzgeber, eine verfassungskonforme Regelung zu treffen, für die es nicht selten sogleich Vorschläge unterbreitet.[50] Gestützt

Bundesverfassungsgericht, JZ 1974, S. 361 m. w. N. – auch ein Plädoyer für die Übernahme der *political-question*-Doktrin), und *Schuppert*, S. 207 ff. Zur Problematik neuestens *Kriele*, NJW 1976, S. 777.

48 Vgl. etwa *Ehmke*, VVDStRL 20, S. 57 ff.; *Hesse*, Grundzüge, S. 24 f.

49 Zur Judikatur in außenpolitischen Angelegenheiten vgl. den Überblick bei *Zeitler*, S. 27 ff.; zur Wirtschaftsgesetzgebung bei *Badura*, AöR 92, S. 382; zum Grundrechtsbereich bei *Grabitz*, AöR 98, S. 568, bes. S. 590 ff., 602 ff., 608. Zu ähnlichen Feststellungen kommt *Roland Geitmann*, Bundesverfassungsgericht und »offene« Normen, 1971, S. 136 ff. Vgl. jetzt auch *Kriele*, NJW 1976, S. 780 ff. Entscheidungen des Parlaments »in eigener Sache« finden sich vor allem in Wahlrechts- und Parteifragen, vgl. dazu den Überblick bei *Jochen Frowein*, Bundesverfassungsgericht und Wahlrecht, AöR 99 (1974), S. 72, und *Hanns-Rudolf Lipphardt*, Die Gleichheit der politischen Parteien vor der öffentlichen Gewalt, 1975, S. 163 ff. Zuletzt das Diätenurteil, BVerfGE 40,296, dazu *Häberle*, NJW 1976, S. 537, bes. S. 542 f.; vgl. ferner *Hans Herbert v. Arnim*, Abgeordnetenentschädigung und Grundgesetz, 1975, bes. S. 70 ff.

50 Beginn mit BVerfGE 6,257 (265 f.). Das geschieht meistens, wenn das BVerfGE ein Gesetz entweder für »noch nicht« verfassungswidrig hält oder für verfassungswidrig zwar erklärt, mit Rücksicht auf die Konsequenzen aber nicht aufhebt, vgl. dazu *Hans H. Klein*, Bundesverfassungsgericht und Staatsraison, 1968; *Peter Wittig*, Politische Rücksichten in der Rechtsprechung des Bundesverfassungsgerichts, Der Staat 8 (1969), S. 137; *Wiltraut Rupp-von Brünneck*, Darf das Bundesverfassungsgericht an den Gesetzgeber appellieren? in: Festschrift für Gebhard Müller, 1970, S. 355; zuletzt *Hartmut Maurer*, Zur Verfassungswidrigerklärung von Gesetzen, Festschrift für Werner Weber, 1974, S. 345. In Österreich wird die

auf ein wertbezogenes oder institutionelles Grundrechtsverständnis können solche Vorschläge sich zu Leitlinien der Strukturentwicklung ganzer Sozialbereiche ausweiten und unter Umständen bis zur Vorschrift bestimmter Mittel reichen. Hier hat das Gericht gerade in jüngster Zeit seine bisherige Rechtsprechung weit überholt.[51] Begründet wird diese faktische Gesetzesinitiative mit der Vermeidung weiterer Prozesse in derselben Sache, auch einem »Recht« des Gesetzgebers zu erfahren, welcher Gestaltungsspielraum ihm verbleibe.[52] Zwar entfalten die richterlichen Hinweise in der Regel keine Bindungswirkung; bei dem Bestreben des Gesetzgebers, seine Entscheidungen möglichst gerichtsfest zu machen, haben aber die Obiter Dicta des Bundesverfassungsgerichts noch immer die gesetzliche Neuregelung präjudiziert.

Kommt bereits hier die Tendenz zum Ausdruck, die Wirkung einer Entscheidung über den Anlassfall hinaus zu erstrecken, so zeigt sich diese Neigung dort noch deutlicher, wo das Bundesverfassungsgericht das Entscheidungsthema selbständig erweitert und bei Gelegenheit eines Rechtsstreits verwandte, prozessual aber nicht aufgeworfene Fragen mitentscheidet. So sind jüngst zwei sehr speziell gelagerte Randfälle zum Erlass umfassender Grundsatzurteile über politisch höchst kontroverse Fragen benutzt worden. Im Radikalenbeschluss hat das Gericht, nachdem es zuvor seine strengen Zulassungsanforderungen an konkrete Normenkontrollen erheblich gelockert hatte, ausführlich zum Verhältnis von Parteienprivileg und Beamtenpflichten Stellung bezogen, obwohl der abgewiesene Bewerber gar keiner Partei angehörte.[53] Ähnlich verhielt es sich im Diätenurteil. Dort war der eigentliche Streitfall – die Inkompatibilität von Mandat und leitender Position in einem privatrechtlichen Unternehmen, an dem die öffentliche Hand mehrheitlich beteiligt ist – vorab erledigt worden. Das Bun-

Funktion des Appells von den Tätigkeitsberichten übernommen, die der VfGH jährlich der Regierung zuzuleiten hat, vgl. *Melichar*, Gedächtnisschrift für René Marcic Bd. I, S. 571 f.

51 Vgl. *Grabitz*, AöR 98, S. 568; *Ernst-Wolfgang Böckenförde*, Grundrechtstheorie und Grundrechtsinterpretation, NJW 1974, S. 1529; *Kriele*, JZ 1975, S. 223 f.; *Denninger*, JZ 1975, S. 548. Generell *Helmut Goerlich*, Wertordnung und Grundgesetz, 1973.

52 *Rupp-von Brünneck*, Festschrift für Gebhard Müller, S. 367.

53 BVerfGE 39,334. Zur Zulässigkeitsfrage vgl. *Rüdiger Zuck*, Zur Bindungswirkung der Radikalenentscheidung des BVerfGE, JuS 1975, S. 695.

desverfassungsgericht nahm jedoch den Reststreit über Verdienstausfallentschädigungen zum Anlass, den Status der Abgeordneten generell zu klären, und verpflichtete den saarländischen Landtag, noch vor der nächsten Wahl ein Gesetz zu erlassen, dessen Grundzüge es im Urteil vorzeichnete.[54] Die beiden Fälle verraten nebenbei, dass die Gebundenheit an Anträge, die die Literatur gern für den begrenzten Einfluss des Gerichts ins Feld führt, seine politische Aktivität weniger hindert, als es auf den ersten Blick scheinen mag.

Dieselbe Haltung kehrt schließlich in dem ebenfalls wachsenden Bestreben wieder, die rechtliche Bindungswirkung verfassungsgerichtlicher Urteile möglichst auszudehnen.[55] Als Handhabe dafür fungiert § 31 BVerfGG. Das Bundesverfassungsgericht versteht ihn so, dass Verbindlichkeit nicht nur dem Entscheidungstenor, sondern auch der aus den tragenden Gründen resultierenden Auslegung des GG zukomme.[56] Damit geht es über den anerkannten Grundsatz hinaus, wonach ein für sich allein nicht aussagekräftiger Tenor unter Zuhilfenahme der Gründe interpretiert werden darf, und verleiht auch seinen Rechtsauffassungen gesetzesgleiche Geltungskraft, soweit sie die Entscheidung tragen. Wann das der Fall ist, bestimmt wiederum das Bundesverfassungsgericht. Im Urteil über die Ostverträge sind auf diese Weise sämtliche Entscheidungsgründe zu tragenden erklärt worden.[57] Die anhand eines Einzelfalles gewonnene Interpretation wirkt damit auf alle »Parallel-, Folge- und Verbundfälle«[58] ungeachtet besonderer Umstände oder künftiger Entwicklungen fort, ohne dass noch eine eigenständige politische Entscheidung statthaft wäre. Misst man den Grad richterlicher Zurückhaltung gegenüber dem Gesetzgeber nicht nur an dem Verhältnis von bestätigten zu aufgehobenen Gesetzen, sondern auch an diesen verfahrensrechtlich oder faktisch erreichten Vorstrukturierungen des Gesetzgebungsprozesses, so bedarf die Selbsteinschätzung des Bundesverfassungsgerichts einer Korrektur.

54 BVerfGE 40,296.

55 Dazu vor allem *Wolfgang Hoffmann-Riem*, Beharrung oder Innovation – Zur Bindungswirkung verfassungsgerichtlicher Entscheidungen, Der Staat 13 (1974), S. 335 m. w. N.

56 BVerfGE 1,14 (37); ausführlicher 3,261 (264 f.); st. Rspr.

57 BVerfGE 36,1 (36).

58 *Hoffmann-Riem*, Der Staat 13, S. 336, 339; vgl. auch *Delbrück*, Festschrift für Eberhard Menzel, S. 93 f.

Sosehr das Gericht auch zögert, Entscheidungen der politischen Organe aufzuheben, so wenig steht es doch an, dem politischen Prozess vorzugreifen und selbst gesetzgeberische Funktionen zu übernehmen.[59]

6. Auswirkungen auf das Regierungssystem

Da die Politologen das Bundesverfassungsgericht den Juristen überlassen haben, diese aber eine rechtsimmanente Betrachtung pflegen, sind die Auswirkungen der gerichtlichen Praxis auf den politischen Entscheidungsprozess der Bundesrepublik bisher kaum untersucht. Will man sie kennenlernen, so muss man bei der Feststellung anknüpfen, dass Rechtserzeugung im gerichtlichen Verfahren auf Kosten der Rechtserzeugung im politischen Prozess geht. Beide bringen für diese Aufgabe aber sehr unterschiedliche Voraussetzungen in technischer wie in politischer Hinsicht mit. Rechtserzeugung verlangt heute angesichts der Vielzahl und Komplexität der Anforderungen ein hochdifferenziertes und hochkooperatives System zur Wahrnehmung der Probleme, Bestimmung der Ziele und Prioritäten und Entwicklung effektiver Lösungen. Über ein solches Instrumentarium verfügt am ehesten die Regierung. Deswegen liegt bei ihr auch das Schwergewicht der Initiierung und Ausarbeitung legislatorischer Maßnahmen. Demgegenüber fällt dem Parlament hauptsächlich die Aufgabe zu, für Transparenz und Kontrolle des Entscheidungsprozesses zu sorgen.[60] Im Parlament kann die Minderheit von der Mehrheit die Offenlegung ihrer Absichten und Interessen erzwingen, Prioritätenwahl, Zielsetzung und Mitteladäquanz kritisieren und mit politischen Alternativen konfrontieren. Die parlamentarische Verhandlung regt dadurch zugleich die öffentliche Meinungsbildung und die Artikulation solcher Interessen an, die sich nicht unmittelbar Einfluss auf den Gesetzgebungsprozess verschaffen konnten.

59 Ähnliche Beurteilung bei *Scheuner*, DöV 1973, S. 583; *Kriele*, JZ 1975, S. 222 ff.; *Delbrück*, Festschrift für Eberhard Menzel, S. 103 ff.

60 Vgl. zum Gesetzgebungsprozess *Dieter Grimm*, Aktuelle Tendenzen in der Aufteilung gesetzgeberischer Funktionen zwischen Parlament und Regierung, ZParl. 1970, S. 448 m. w. N.; *Winfried Steffani*, Parlamentarische Demokratie, in: *ders.* (Hrsg.), Parlamentarismus ohne Transparenz, 1971, S. 17.

Das Bundesverfassungsgericht hat kein gleichwertiges Verfahren anzubieten.[61] Beauftragt mit der Prüfung politischer Entscheidungen auf ihre Verfassungsmäßigkeit, wählt es seine Informationen normativ vermittelt aus. Ziel, Zweckmäßigkeit, Folgekosten einer Maßnahme werden nicht umfassend, sondern nur in ihren juristisch relevanten Aspekten erörtert. Verhandelt das Gericht aufgrund einer Vorlage nach Art. 100 I GG oder einer Verfassungsbeschwerde, so tritt eine zusätzliche Informationsverengung durch den Streitgegenstand ein. Das schließt nicht aus, dass das Gericht sich im Einzelfall sorgfältiger informiert oder gar zuverlässiger prognostiziert als der strukturell überlegene Gesetzgeber.[62] Selbst dann fehlt es aber an der spezifisch vom parlamentarischen Prozess vermittelten Transparenz. Der juristische Argumentationsrahmen verhindert, dass die dem Rechtsstreit zugrundeliegenden politischen Kontroversen in vollem Umfang aufgedeckt und ausgetragen werden. Prozessunbeteiligte finden wenig Gelegenheit, Wünsche oder Bedenken zum Entscheidungsthema anzumelden. Der öffentlichen Kritik sind die im fachlichen Gewand auftretenden Entscheidungen oft unzugänglich. Ohnedies kann sich das Bundesverfassungsgericht, von Wahlen nicht bedroht, gegen die öffentliche Meinung stärker immunisieren als die politischen Organe. Trotz der schmäleren Informations- und Partizipationsbasis lassen sich seine Entscheidungen aber, auch bei Irrtum oder veränderter Sachlage, schwerer revidieren als parlamentarische.

Führt ein solches Verfahren nicht nur zur Aufhebung verfassungswidriger Gesetze oder zur Anmahnung verfassungsrechtlicher Aufträge, sondern auch zur Verallgemeinerung fallbezogener Ergebnisse oder gar zur Vorwegnahme gesetzgeberischer Entscheidungen, so sinkt die ohnehin mancherlei Restriktionen unterworfene Handlungsfähigkeit des politischen Systems.[63] Soziale Konflikte werden

61 Vgl. dazu *Herbert Krüger*, Verfassungswandlung und Verfassungsgerichtsbarkeit, Festgabe für Rudolf Smend, 1962, S. 162 ff.; *Luhmann*, Legitimation durch Verfahren, S. 231, 237 ff.; *Schuppert*, S. 168 ff.; *Hoffmann-Riem*, Der Staat 13, S. 359, aber auch die optimistische, freilich auf den technischen Aspekt beschränkte Beurteilung bei *Philippi*, S. 28 ff., 57 ff., 162 ff., 168 ff. Sein stärkster Beleg ist das Apothekenurteil, BVerfGE 7,377, das jedoch gerade unter funktionellrechtlichem Aspekt stark kritisiert worden ist, vgl. etwa *Ehmke*, VVDStRL 20, S. 95 ff.; *Ulrich Scheuner*, Das Grundrecht der Berufsfreiheit, DVBl. 1958, S. 849.

62 Dazu ausführlich *Philippi*.

63 Vgl. zum Folgenden besonders *Massing*, PVS-Sonderheft, S. 190 ff., 195 ff., und

absorbiert, ehe sie politisch ausgetragen sind. Das liegt freilich oft genug im Interesse der politischen Organe, die auf diese Weise Risiken vermeiden und Verantwortung auf ein politisch unangreifbares Organ abwälzen können. Mögen sie damit kurzfristig auch ihre Position stärken, so schwächen sie sich langfristig doch umso sicherer, weil Sozialbereiche, die einmal der gerichtlichen Gestaltung überlassen worden sind, der politischen kaum zurückgewonnen werden können. Innovatorisches Verhalten scheidet dann weitgehend aus, Wandlungsbedürfnisse lassen sich als verfassungsfeindlich abschrecken. Die Systemstabilisierung durch Verfassungsrechtsprechung kann in Erstarrung umschlagen, wie es die USA schon einmal erlebt haben. Hier kommt ein Zusammenhang zwischen der Expansion von Verfassungsgerichten und dem häufig beklagten Gewichtsverlust der Parlamente zum Vorschein,[64] vor dem prozessökonomische Rechtfertigungsargumente zweitrangig werden. Verfassungsgerichtsbarkeit, die ihre Funktionsgrenzen überschreitet, hat einen demokratischen Preis. Ihre Beachtung ist deswegen nicht nur Sache des richterlichen Berufsethos. Wo institutionelle Kontrollen enden, werden vielmehr die informellen durch Wissenschaft und Öffentlichkeit umso wichtiger.[65]

Hoffmann-Riem, Der Staat 13, S. 340 ff., 357 ff.; *Luhmann*, Funktionen der Rechtsprechung, S. 11 f.; auch *Dolzer*, S. 113 ff. Auf den Zusammenhang zwischen einer Perfektionierung des Rechtsstaats und einem Verfall an effektiver demokratischer Führung weist auch *Scharpf*, S. 79, hin. In dem jüngsten Beitrag von *Kriele*, NJW 1976, S. 777 (bes. S. 779 »Obiter Dicta«) kommt dieser Aspekt zu kurz.

64 Darauf weisen vor allem *Massing*, PVS-Sonderheft, S. 194 ff., und *Hoffmann-Riem*, Der Staat 13, S. 358 ff., hin.

65 Wichtige Bemerkungen dazu bei *Häberle*, Die offene Gesellschaft der Verfassungsinterpreten, JZ 1975, S. 297.

3.
Weder Widerspruch noch Bedingung: Verfassungsrechtsprechung und Demokratie

I. Weltweite Anerkennung, prekärer Status

Verfassungsrechtsprechung ist so alt wie demokratische Verfassungen. Aber für lange Zeit blieben die Vereinigten Staaten von Amerika mit dem Unterfangen, demokratische Entscheidungen einer verfassungsrechtlichen Kontrolle zu unterziehen, allein. Während Verfassungen schon im 19. Jahrhundert weit verbreitet waren, dauerte es fast 200 Jahre, bis sich auch die Verfassungsgerichtsbarkeit weltweit durchgesetzt hatte.[1] Im 19. Jahrhundert war es nur die Schweiz, die ihrem Obersten Gericht verfassungsgerichtliche Kompetenzen übertrug, aber Bundesgesetze von der Normenkontrolle ausnahm. Weitere Versuche, Verfassungsgerichte einzuführen, schlugen fehl, so auch in Deutschland, wo die Paulskirchen-Verfassung von 1849 ein Verfassungsgericht vorsah, das aber nicht zustande kam, weil die Revolution scheiterte und die wiedererstarkten Monarchen der Verfassung die Anerkennung versagten.

Der Grund für die Ablehnung der Verfassungsgerichtsbarkeit im 19. Jahrhundert war ihre Unvereinbarkeit mit dem Prinzip der monarchischen Souveränität, das damals in den meisten europäischen Staaten vorherrschte. Als die monarchische Souveränität der Volkssouveränität weichen musste wie in Frankreich 1791 und erneut 1871 und nach dem Ersten Weltkrieg in weiteren europäischen Staaten, wurde die Verfassungsgerichtsbarkeit vielfach als Widerspruch zur Demokratie betrachtet. Das Parlament als Repräsentant des Volkes sollte keiner externen Kontrolle unterstellt werden. Eine Ausnahme bildete Österreich, das in der Verfassung von 1920 ein auf Verfassungsfragen spezialisiertes Gericht mit der Befugnis zur Normenkontrolle errichtete. Nach dem Zweiten Weltkrieg wurde dieser neue Typ von Verfassungsgerichtsbarkeit zum Modell für zahlreiche andere Staaten, insbesondere solche mit Civil-Law-Sys-

1 Vgl. *C. Neal Tate/Torbjörn Vallinder* (Hrsg.), The Global Expansion of Judicial Review, 1995.

temen. In Österreich steht dieses Gericht neben weiteren spezialisierten obersten Gerichten, während in den meisten anderen Staaten, die in der zweiten Hälfte des 20. Jahrhunderts zur Verfassungsgerichtsbarkeit übergingen, das Verfassungsgericht an die Spitze der Gerichtshierarchie rückte.

In Deutschland fachten das österreichische Beispiel und die anhaltende Krise der Weimarer Republik eine intensive Diskussion über Verfassungsgerichtsbarkeit an, in der Hans Kelsen, der die österreichische Verfassung entworfen hatte, und Carl Schmitt die führenden Antipoden waren.[2] Kelsen, der von seiner Theorie des Stufenbaus der Rechtsordnung ausging, hielt Verfassungsgerichtsbarkeit für eine logische Konsequenz des Konstitutionalismus. Wenn das Gesetz unter der Verfassung steht und Geltung nur beanspruchen kann, sofern es sich im verfassungsrechtlichen Rahmen hält, bedurfte es einer Institution, die prüfen konnte, ob der Rahmen überschritten worden war. Dafür kam nur ein Gericht in Frage. Schmitt fürchtete, dass Verfassungsgerichtsbarkeit sowohl der Legislative als auch der Judikative zum Nachteil gereiche. Verfassungsgerichtsbarkeit werde unvermeidlich zu einer Juridifizierung der Politik und einer Politisierung der Justiz führen. Im Ergebnis blieb es indes bei dem im Wesentlichen auf Föderalismusstreitigkeiten beschränkten Staatsgerichtshof. Jedoch beanspruchte das Reichsgericht die Befugnis zur Normenkontrolle.

Es bedurfte erst der Diktaturen des 20. Jahrhunderts mit ihrer Negation grundrechtlich gesicherter Individualfreiheit, damit der Vorbehalt gegen die Verfassungsgerichtsbarkeit überwunden und der Weg zur Verfassungsrechtsprechung geöffnet wurde. Die Bundesrepublik und Italien errichteten Verfassungsgerichte in ihren Nachkriegs-Verfassungen. Spanien und Portugal folgten im Anschluss an die Revolutionen der 1970er Jahre. Nach dem Fall der

2 *Hans Kelsen*, Wesen und Entwicklung der Staatsgerichtsbarkeit, Veröffentlichung der Vereinigung der Deutschen Staatsrechtslehrer (VVDStRL) 5 (1929), S. 5. *Hans Kelsen*, Wer soll der Hüter der Verfassung sein?, Die Justiz 1930/31, S. 576; *Carl Schmitt*, Das Reichsgericht als Hüter der Verfassung, in: Die Reichsgerichtspraxis im deutschen Rechtsleben, Bd. I, 1929, S. 154; *Carl Schmitt*, Der Hüter der Verfassung, Archiv des öffentlichen Rechts 55 (1929), S. 161; *Carl Schmitt*, Der Hüter der Verfassung, 1931. Eine Diskussion bei *Helge Wendenburg*, Die Debatte um die Verfassungsgerichtsbarkeit und der Methodenstreit der Staatsrechtslehre in der Weimarer Republik, 1984.

kommunistischen Regime, die – mit der frühen Ausnahme Jugoslawiens und der späten Polens – in strikter Gegnerschaft zu jeglicher Kontrolle der Staatstätigkeit durch unabhängige Gerichte standen, sahen alle früheren Mitgliedstaaten der Sowjetunion und des Ostblocks Verfassungsgerichte vor. Verfassungsgerichte entstanden ferner in Asien und Lateinamerika und schließlich auch im post-kolonialen Afrika, besonders effektvoll in Südafrika nach dem Ende des Apartheidregimes. In Ländern der englischen Rechtstradition wie Kanada, Indien und Australien, aber auch Israel begannen die obersten Gerichte sich der Verfassung anzunehmen.[3]

Es gibt freilich auch Staaten, darunter solche mit langer demokratischer Tradition wie Großbritannien und die Niederlande, die Verfassungsgerichte immer noch ablehnen, und zwar gerade aus demokratischen Gründen. In mehreren vormals sozialistischen Ländern befinden sich die eben erst errichteten Verfassungsgerichte bereits wieder unter Druck, teilweise von Seiten der Politik, die für die Verfassungsgerichtsbarkeit gewesen war, um sich von den alten Zuständen zu distanzieren, sie aber weniger schätzte, wenn sie sich gegen ihre eigenen Absichten richtete. Widerstand geht bisweilen auch von den traditionellen obersten Gerichten aus, die sich nicht damit abfinden können, nun ins zweite Glied verwiesen zu sein. Doch auch in jenen Ländern, in denen Existenz und Kompetenzen der Verfassungsgerichte prinzipiell anerkannt sind, wird die Frage nach der Legitimation und der Vereinbarkeit mit der Demokratie nicht selten gestellt. Das gilt insbesondere für die USA mit ihrer endlosen Debatte über die »counter-majoritarian difficulty«,[4] aber

3 Die ältere Literatur zur Ausbreitung und Organisation der Verfassungsgerichtsbarkeit ist durch die Entwicklung seit 1990 überholt. Eine neuere Übersicht etwa bei *Karl-Georg Zierlein*, Die Bedeutung der Verfassungsrechtsprechung für die Bewahrung und Durchsetzung der Staatsverfassung, Europäische Grundrechte-Zeitschrift 1991, S. 301; beschränkt auf bestimmte Regionen: *Christian Starck/Albrecht Weber* (Hrsg.), Verfassungsgerichtsbarkeit in Westeuropa, 2 Bde., 1986; *Hans-Rudolf Horn/Albrecht Weber* (Hrsg.), Richterliche Verfassungskontrolle in Lateinamerika, Spanien und Portugal, 1989; *Alexander v. Brünneck*, Verfassungsgerichtsbarkeit in westlichen Demokratien, 1992; *Douglas Greenberg* et al. (Hrsg.), Constitutionalism and Democracy: Transitions in the Contemporary World, 1993; *Jochen Abr. Frowein/Thilo Marauhn* (Hrsg.), Grundfragen der Verfassungsgerichtsbarkeit in Mittel- und Osteuropa, 1998. Zum norwegischen Fall s. *Mads Andenas/Ingeborg Wilberg*, The Constitution of Norway, 1987, S. 99.

4 Beginnend mit *Alexander M. Bickel*, The Least Dangerous Branch, 1962.

in gewissem Maße auch für Länder wie Deutschland oder Frankreich, zumindest dann, wenn die Gerichte unpopuläre Entscheidungen gefällt haben.

Die Beziehung zwischen Verfassungsgerichtsbarkeit und Demokratie bleibt daher prekär und ist immer wieder Gegenstand von Debatten.[5] Einige Theoretiker fürchten, dass eine ausufernde Verfassungsrechtsprechung der Demokratie immer engere Fesseln anlegt. Andere sind umgekehrt besorgt, dass eine entfesselte Demokratie die verfassungsrechtlichen Barrieren überrennt. In diesem Beitrag soll demgegenüber gezeigt werden, dass zwischen Verfassungsgerichtsbarkeit und Demokratie weder ein fundamentaler Widerspruch noch eine notwendige Verbindung besteht. Verfassungsgerichtsbarkeit hat eine Reihe demokratischer Vorteile, birgt aber auch demokratische Risiken. Daher ist die Frage, ob ein Land die Verfassungsgerichtsbarkeit einführt oder ablehnt, keine prinzipielle, sondern eine pragmatische. Die Antwort verlangt eine Abwägung zwischen Vorteilen und Risiken. Sie kann nach Zeit und Ort variieren, jedes Land muss seine eigene Lösung finden. Wegen der prekären Situation des demokratischen Konstitutionalismus in vielen Teilen der Welt und der Richtung, welche die Parteipolitik in manchen etablierten Demokratien nimmt, scheinen aber mehr Argumente für als gegen die Verfassungsgerichtsbarkeit zu sprechen.

II. Weder unvereinbar noch notwendig

1. Kein Widerspruch

Verfassungsgerichtsbarkeit ist mit Demokratie ebenso wenig unvereinbar wie Verfassungen. Demokratien beruhen auf dem Prinzip der Volkssouveränität. Dadurch unterscheiden sie sich von Herrschaftsformen, in denen die Souveränität bei einem erblichen Monarchen oder einer Elite liegt oder politische Herrschaft auf göttliche Einsetzung zurückgeführt wird. Demokratie ist aber nicht Selbstherrschaft des Volkes in dem Sinn, dass das Volk selbst

5 Vgl. etwa *Jon Elster/Rune Slagstad* (Hrsg.), Constitutionalism and Democracy, 1988; *Duncan Kennedy*, A Critique of Adjudication, 1997; *Ulrich R. Haltern*, Verfassungsgerichtsbarkeit, Demokratie und Misstrauen, 1998; *Mark Tushnet*, Taking the Constitution away from the Courts, 1999.

regiert. Je ausgedehnter das Herrschaftsgebiet ist und je weiter sich die Gesellschaft funktional differenziert, desto zwingender ist ein auf Politik spezialisiertes Funktionssystem. Regierungsfunktionen werden dann besonderen Organen oder Amtsträgern anvertraut, die ihre Herrschaftsbefugnisse vom Volk ableiten, sie im Namen des Volkes ausüben und die Art der Ausübung wiederum vor dem Volk rechtfertigen müssen.

Das Mittel, die Abhängigkeit der Regierenden vom Volk zu sichern, ist die Verfassung.[6] Sie ist unmittelbarer Ausdruck des Volkswillens oder wird dem Volk als Quelle der öffentlichen Gewalt wenigstens zugeschrieben. In der Verfassung legt das Volk die Bedingungen für die Ausübung der Staatsgewalt durch seine Repräsentanten fest. Damit das gelingt, ist die Verfassung mit Rechtsverbindlichkeit ausgestattet und geht den Herrschaftsakten der Repräsentanten einschließlich der Gesetzgebung im Rang vor. Die Verfassung fungiert auf diese Weise sowohl als Grundlage wie auch als Rahmen der Politik. Die Unterwerfung der Politik unter die vom Volk festgesetzten Bedingungen ist der Sinn der Verfassung. Sie ermöglicht daher die Unterscheidung von legitimer und illegitimer Herrschaft sowie zwischen kollektiv verbindlichen und ungültigen Herrschaftsakten.

Wie jede Rechtsnorm bindet das Verfassungsrecht seine Adressaten. Aber die Rechtsnorm vermag nicht zu garantieren, dass die Adressaten sie tatsächlich befolgen und, wenn sie dazu willens sind, sie auch richtig verstehen. Der Gefahr der Nichtbefolgung entgeht keine Rechtsnorm. Im Bereich des Verfassungsrechts ist sie aber besonders groß. Im Unterschied zum Gesetzesrecht, das von den Herrschenden ausgeht und das Volk bindet und bei Nichtbefolgung mit Zwangsgewalt durchgesetzt werden kann, sind die Adressaten des Verfassungsrechts die Inhaber der Zwangsgewalt selbst, so dass keine höhere Autorität existiert, die es ihnen gegenüber durchsetzen könnte. Wenn das Volk in Kenntnis dieser spezifischen Schwäche des Verfassungsrechts eine Institution vorsieht, welche den Sinn der Verfassung im Streitfall verbindlich feststellt und Akte der öffentlichen Gewalt auf ihre Vereinbarkeit mit der Verfassung überprüft, dann ist die Existenz eines solchen Organs und die Aus-

6 Zur Funktion der Verfassung s. *Dieter Grimm*, Die Zukunft der Verfassung, 2. Aufl., 1994.

übung der ihm übertragenen Befugnisse nicht undemokratisch, sondern gerade vom Willen des Volkes getragen.

Das gilt selbst dann, wenn der Verfassung ein rein majoritäres Verständnis von Demokratie zugrunde liegt. In dieser Form von Demokratie gilt der Wille der vom Volk gewählten Mehrheit bedingungslos. Was immer mit Mehrheit beschlossen wird, ist verbindlich. Verfassungen, die diesem Modell folgen, legen der Mehrheit keine inhaltlichen Fesseln an. Aber sie enthalten eine Reihe organisatorischer und prozeduraler Anforderungen an die Bildung des Mehrheitswillens, deren Verletzung die Mehrheitsentscheidung ungültig macht. Verfassungsgerichtsbarkeit bleibt dann wenigstens hinsichtlich dieser formalen Anforderungen möglich. Selbst wenn die Verfassung in Einzelfällen Abweichungen von ihren Anforderungen erlaubt, wie das in der Weimarer Republik der Fall war, kann immer noch überprüft werden, ob die Voraussetzungen für die in Weimar so genannte Verfassungsdurchbrechung vorlagen.

Davon abgesehen scheint es aber auch fraglich, ob sich ein rein formales Demokratieverständnis durchhalten lässt. Zum einen ist eine Demokratiekonzeption, die allein auf das Mehrheitsprinzip abstellt, nicht in der Lage, ebendieses Prinzip zu sichern. Sie kann eine Mehrheit rechtlich nicht daran hindern, das Mehrheitsprinzip durch Mehrheitsentscheidung abzuschaffen. Gerade das geschah 1933 in Deutschland, und die damals gemachte Erfahrung spielte eine erhebliche Rolle bei der Formulierung des Grundgesetzes. Zum anderen ist selbst eine rein majoritär verstandene Demokratie schwer vorstellbar ohne einige zusätzliche Garantien, die sichern, dass der Mehrheitswille tatsächlich auf das Volk zurückgeführt werden kann. Freie Wahlen sind das Minimum, aber die Freiheit der Wahl setzt wiederum die freie Bildung von Alternativen und die freie Kommunikation über diese voraus, ferner einen Schutz der Minderheit, der ihr die Chance erhält, demnächst ihrerseits zur Mehrheit zu werden. Wenn es sich hierbei um Voraussetzungen selbst eines rein majoritären Demokratieverständnisses handelt, können sie auch verfassungsgerichtlich durchgesetzt werden, ohne dass dadurch das demokratische Prinzip verletzt würde.[7]

7 Diesen Weg schlug beispielsweise der israelische Supreme Court, beginnend mit dem Kol Ha'am-Urteil, ein, s. Selected Judgements of the Supreme Court of Israel, Bd. 1, S. 90; Vgl. *David Kretzmer*, Democracy in the Jurisprudence of the Supreme Court of Israel, Israel Yearbook on Human Rights 26 (1987), S. 267.

In der Tat werden diese Voraussetzungen von Demokratie und meist auch weitere Garantien, die sich auf Leben, Freiheit und Eigentum der Individuen oder gesellschaftliche Institutionen wie Ehe und Familie beziehen, in den meisten modernen Verfassungen in Form von Grundrechten gesichert. Die Frage ist heute nicht mehr, ob demokratische Verfassungen Grundrechte enthalten sollten, sondern was grundrechtlichen Schutz, auch vor der gewählten Mehrheit, verdient. Zusätzlich zu den klassischen Freiheiten haben aber auch jüngere Rechte-Generationen Eingang in die Verfassungen gefunden. Sie sollen staatliches Handeln nicht nur begrenzen, sondern auch anleiten und einfordern. Unter der Geltung solcher Grundrechte ist die Mehrheit weder frei zu tun noch zu lassen, was sie will. Die Verfassung enthält vielmehr Aussagen darüber, was das Gemeinwohl zwingend erfordert. Gleichwohl nimmt die Existenz solcher Prinzipien und Grundrechte einer auf der Volkssouveränität beruhenden Verfassung nicht ihren demokratischen Charakter. Wenn sich das Volk dafür entscheidet, der gewählten Mehrheit materielle Grenzen zu ziehen, kann die gerichtliche Sicherung dieser Grenzen nicht als antidemokratisch angesehen werden.

Das Problem, dass im Konfliktfall immer eine vergangene Mehrheit eine gegenwärtige Mehrheit bindet, lässt sich allerdings nicht aus der Welt schaffen. Es ist in der Funktion der Verfassung begründet. Verfassungen erstrecken den historischen Konsens eines Volkes über Form und Grundsätze der Herrschafts- und Gesellschaftsordnung in die Zukunft und verleihen ihm rechtliche Geltung. Sie legen allgemeine Regeln für künftige politische Entscheidungen fest und entlasten dadurch den politischen Prozess von der Notwendigkeit, vor jeder Entscheidung ihre formalen und inhaltlichen Voraussetzungen neu diskutieren und bestimmen zu müssen. Außerdem erleichtert der Umstand, dass diese Voraussetzungen im Voraus ohne Bezug zu aktuellen Kontroversen festgelegt wurden, akzeptable Entscheidungen. Schließlich kann nur durch solche Regeln der Zweck der Verfassung, ein »government of laws and not of men« zu sichern, erreicht werden. Die geeignete Lösung für Konflikte zwischen historischem und aktuellem Konsens ist daher nicht die Missachtung der Verfassung, sondern die Verfassungsänderung.

2. Keine Notwendigkeit

Wenngleich also Verfassungsgerichtsbarkeit nicht unvereinbar mit Demokratie ist, ist sie doch nicht unverzichtbar für die Demokratie. Diejenigen, welche das leugnen und Verfassungsgerichtsbarkeit für eine notwendige Bedingung der Demokratie halten, bringen vor, dass demokratische Verfassungen ohne Institutionen zu ihrer Durchsetzung gegenüber den Regierenden wertlos sein. Dafür gibt es in der Tat zahlreiche historische Belege. Viele Verfassungen blieben weithin wirkungslos, weil es im Konfliktfall an Möglichkeiten fehlte, sie gegen widerstrebende Machthaber durchzusetzen. Das trifft sicherlich für die meisten prä-, pseudo- oder semi-demokratischen Verfassungen zu. Aber selbst demokratische Staatsorgane, die im Allgemeinen bereit sind, die Verfassung zu befolgen, können bei besonderen Anlässen in Versuchung kommen, sich über sie hinwegzusetzen, wenn sie der Verwirklichung ihrer politischen Ziele im Wege stehen.

Ebenso lassen sich jedoch Beispiele für demokratische Staaten anführen, in denen die Verfassung auch ohne Verfassungsgerichte im Großen und Ganzen von der Politik respektiert wird. Verfassungen sind nicht dazu verdammt, toter Buchstabe zu bleiben, wenn es kein Verfassungsgericht gibt. Die Beispiele hierfür mögen zwar seltener sein als die für den gegenteiligen Fall. Aber sie existieren. Niemand würde den demokratischen Charakter von Staaten wie Großbritannien oder den Niederlanden leugnen, die sich von der Verfassungsgerichtsbarkeit fernhalten. Die Gründe sind verschiedener Art. Zum einen werden demokratische Staatsorgane ihre verfassungsrechtlichen Bindungen kaum durchweg ignorieren. Zumindest funktioniert der politische Prozess meistens gemäß den organisatorischen und prozeduralen Vorschriften der Verfassung. Zum anderen sind Gerichte nicht die einzig möglichen Garanten der Verfassung. Die Interorgankontrolle, die mit der Gewaltenteilung einhergeht, effektive Medienkontrolle und der Rückhalt der Verfassung im Volk bilden weitere Garantien.

Letzten Endes hängt die Achtung von Recht im Allgemeinen und der Verfassung im Besonderen von Voraussetzungen ab, die tiefere Gründe als rechtliche Vorkehrungen haben. Die Bereitschaft, die Verfassung selbst dann zu befolgen, wenn dies die Verwirklichung politischer Absichten stört und wenn man mit ihrer

Missachtung nicht einmal ein großes Risiko einginge, ist eine kulturelle Errungenschaft. Diese Achtung des Rechts hat allerdings in einigen Gesellschaften tiefere Wurzeln geschlagen als in anderen. In den Ersteren werden Politiker von vornherein weniger versucht sein, ihre rechtlichen Bindungen abzustreifen, und geschähe es, wäre mit Widerstand im Publikum zu rechnen. Die Gefahr des Legitimationsentzugs wirkt dann als zusätzliche Stärkung der Verfassung. Als nach den Ereignissen von 1989/90 viele Parlamentsausschüsse, die für ihre Staaten neue Verfassungen ausarbeiteten, und viele Richter neuer Verfassungsgerichte bei Besuchen in Karlsruhe die Frage stellten, wie man sichern könne, dass sich die Politik an die Verfassung und die Entscheidungen des Verfassungsgerichts halte, musste man vor allem an den kulturellen Rückhalt von Verfassungen erinnern, den kein Verfassungsgericht ersetzen kann.

Kelsens Annahme, dass Verfassungsgerichtsbarkeit die logisch zwingende Folge des Konstitutionalismus ist, lässt sich daher kaum aufrechterhalten. Kelsen sah die Funktion der Verfassung hauptsächlich darin, dass sie die Erzeugung des Gesetzesrechts regelt, und schloss daraus, dass sie diese Funktion nur erfüllen könne, wenn die verfassungsrechtlichen Anforderungen gegenüber dem Gesetzgeber durchsetzbar seien. Einer Verfassung, die den Gesetzgebungsprozess regelt, ohne sich um die Befolgung der Regeln zu kümmern, fehlt nach seiner Vorstellung die volle Rechtsgeltung. Sie bedeute »nicht vielmehr als einen unverbindlichen Wunsch«.[8] Streng genommen betrachte sie ihre Vorschriften für den Gesetzgeber selbst nicht einmal als verbindlich, sondern stelle sie zur Disposition des Gesetzgebers. Für Kelsens Auffassung mögen manche historischen Beispiele sprechen. Tatsächlich wurden viele Verfassung in Ermangelung einer Durchsetzungsinstanz nicht ernst genommen. Besonders Länder ohne eingewurzelte demokratische oder konstitutionelle Traditionen, in denen die vorrechtlichen Sicherungen der Verfassung fehlen, sind dafür anfällig. Aber als generell gültig lässt sich die Aussage nicht halten.

Sie trifft umso weniger zu, als auch Verfassungsgerichte die Einhaltung der Verfassung durch die Regierenden nicht garantieren können. Sie erhöhen lediglich die Chance, dass die Verfassung re-

8 *Kelsen*, Staatsgerichtsbarkeit (Fn. 2), S. 78. Vgl. *Dieter Grimm*, Zum Verhältnis von Interpretationslehre, Verfassungsgerichtsbarkeit und Demokratieprinzip bei Kelsen, in diesem Band Nr. 8.

spektiert wird. Ebenso wie es ineffektive Verfassungen gibt, gibt es ineffektive Verfassungsgerichte. Verfassungsgerichte können so eng an die Politik gebunden sein, dass ihre Bereitschaft, Verfassungsverstöße wahrzunehmen und zu ahnden, von vornherein gering ist. Zudem bringt der bereits erwähnte Umstand, dass in Bezug auf Verfassungsrecht Adressaten und Garanten in eins fallen, Verfassungsgerichte in eine schwierige Lage. Wenn die höchsten Staatsorgane Gerichtsurteile ignorieren, haben die Richter kein Mittel, sie gegen den Willen der Politik durchzusetzen. In Verfassungsfragen gibt es keinen Gerichtsvollzieher. Daran zeigt sich, dass nicht allein der Konstitutionalismus, sondern auch die Verfassungsgerichtsbarkeit auf kulturellen Voraussetzungen beruht. Sie setzt eine politische Kultur voraus, in der es sich gehört, dass verfassungsgerichtliche Urteile von den Machthabern akzeptiert werden, und in denen die öffentliche Wertschätzung für die Verfassung so hoch ist, dass sich ihre Missachtung für die Politik nicht auszahlt.[9]

Politische Systeme mit oder ohne Verfassungsgerichtsbarkeit bilden daher unterschiedliche Ausformungen von Demokratie. Aber die Einstufung eines politischen Systems als demokratisch oder undemokratisch hängt nicht von der Einstellung zur Verfassungsgerichtsbarkeit ab. Dementsprechend ist weder das Vorhandensein noch das Fehlen eines Verfassungsgerichts Voraussetzung der Demokratie. Die Entscheidung für oder gegen Verfassungsgerichtsbarkeit ist deswegen keine prinzipielle, sondern eine pragmatische. Gewählt werden muss nicht zwischen Verfassungsgerichtsbarkeit und Demokratie, sondern zwischen zwei verschiedenen Typen von Demokratie. Die Entscheidung verlangt eine Abwägung der Vor- und Nachteile der Verfassungsgerichtsbarkeit für die Demokratie, die am besten aus einem Vergleich von politischen Systemen mit und ohne Verfassungsgerichtsbarkeit und einer Prüfung, ob die Nachteile ohne Schaden für die Vorteile klein gehalten werden können, gewonnen wird.

9 Vgl. *Herbert Jacob* et al. (Hrsg.), Courts, Law and Politics in Comparative Perspective, 1996.

III. Demokratische Vorteile und demokratische Risiken

1. Vorteile

Der Umstand, dass die staatlichen Organe und die politischen Parteien, die in ihnen wirken, ihren politischen Willen meist unabhängig von der Verfassung bilden, kann als Ausgangspunkt für den Vergleich dienen. Die Wahrnehmung, Bearbeitung und Lösung politischer Probleme ist nicht primär verfassungsgeleitet. Die Frage, ob ein politisches Vorhaben mit der Verfassung vereinbar ist, wird gewöhnlich erst in einem späteren Stadium des Entscheidungsprozesses gestellt. Die Verfassung fungiert dann als Korrektiv. Bei der Feststellung, was die Verfassung erlaubt oder versagt, verfügen die politischen Organe zwar nicht über andere Mittel als Juristen. Die Interpretationsmethoden sind für beide dieselben. Politik und Justiz unterscheiden sich aber in den Bedingungen, unter denen die Verfassungsfrage beantwortet wird. Im Politikbereich sind sie für unvoreingenommene Antworten weniger günstig.

Politiker agieren in einem kompetitiven Umfeld. Was hier zählt, ist politischer Erfolg, letztlich der Wahlgewinn. Das begünstigt die Neigung, die verfassungsrechtlichen Anforderungen den politischen Absichten unterzuordnen, nicht notwendig in dem Sinn, dass die Verfassung gar nicht beachtet würde, aber doch so, dass sie im Licht der politischen Pläne ausgelegt wird. Verfassungsgerichte folgen dagegen einer anderen Logik. Sie haben keine politischen Ziele und müssen keine Wahlen gewinnen. Sie sind auf Verfassungsauslegung spezialisiert. Es geht ihnen primär ums Recht. Sie müssen sich nicht gegen Wettbewerber behaupten. Ihre verfassungsrechtlich gesicherte Unabhängigkeit von der Politik erlaubt ihnen, den Sinn rechtlicher Vorschriften anhand professioneller Kriterien zu ermitteln, ohne dass sie deswegen Nachteile befürchten müssten. Die Wahrscheinlichkeit, dass die Intentionen der Verfassung und nicht die der Politik ausschlaggebend sind, wenn Verfassungskonflikte auftreten, ist daher bei der Justiz höher als bei der Politik.

In einem demokratischen System ohne Verfassungsgerichtsbarkeit kommen diese Vorteile des gerichtlichen Umgangs mit der Verfassung nicht zum Zuge. Ein politisches System, das auf Verfassungsgerichtsbarkeit verzichtet, hat es daher schwerer, der Neigung der politischen Akteure, die Verfassung im Lichte ihrer Politik zu interpretieren, etwas entgegenzusetzen. Ohne eine unabhängige Entscheidungsinstanz werden zudem Konflikte über die Verfassungsmäßigkeit politischer Vorhaben oder Maßnahmen regelmäßig zugunsten der jeweiligen Mehrheit ausgehen, weil keine Instanz da ist, welche sie hindern könnte, ihrem Verständnis der Verfassung zu folgen. Langfristig kann das zu einer Erosion des Grundkonsenses zwischen den politischen Rivalen führen, der in der Verfassung niedergelegt ist. Konflikte im Rahmen der Verfassung können sich zu Konflikten über die Verfassung ausweiten und am Ende sogar die Stabilität des demokratischen Systems gefährden.

Im politischen System mit Verfassungsgerichten führt dagegen die bloße Existenz eines solchen Gerichts mit der Kompetenz zur Prüfung politischer Entscheidungen auf ihre Verfassungsmäßigkeit dazu, dass die Verfassungsfrage relativ frühzeitig und relativ neutral im politischen Prozess gestellt wird. Allein die Existenz des Verfassungsgerichts zwingt die Politik, dessen Auffassung in Rechnung zu stellen, wenn sie Niederlagen vor dem Gericht vermeiden will. Die politische Sicht auf die Dinge erhält ein rechtliches Gegengewicht. Das Konfliktpotenzial verringert sich auf diese Weise. Wenn es trotz der antizipatorischen Mechanismen zu Verfassungskonflikten kommt, können sie in einer Weise beigelegt werden, welche die Integrationsfunktion der Verfassung nicht schädigt. Ihre Bedeutung wird verbindlich festgestellt. Die umstrittene Maßnahme gewinnt entweder zusätzliche Legitimität oder wird endgültig aus dem Vorrat der politischen Alternativen ausgesondert.

Die Verfassungsgerichtsbarkeit wirkt überdies als Gegengewicht gegen die Tendenz der Mehrheit, sich mittels des Gesetzgebungs- oder des Budgetrechts Vorteile im politischen Wettbewerb zu verschaffen. Wettbewerb ist aber der wichtigste Motor des demokratischen Prozesses und das wirksamste Mittel der Regierungskontrolle. Doch hängt der Kontrolleffekt davon ab, dass die Opposition über die entsprechenden Mittel verfügt. Das setzt wiederum voraus, dass die Mehrheit daran gehindert wird, ihren Machtvorsprung zum Nachteil der Minderheit auszunutzen. An einem Kontrollwillen der Minderheit fehlt es aber dort, wo Mehrheit und Minderheit gleiche Interessen haben. Das ist beispielsweise bei der Parteienfinanzierung der Fall. Ein weiteres gemeinsames Interesse zumindest der etablierten Parteien besteht darin, ihre legislativen oder administrativen Mittel zur Behinderung neu aufkommender

Konkurrenten einzusetzen. In all diesen Fällen sind Verfassungsgerichte die einzigen Instanzen, welche die Offenheit des demokratischen Prozesses sichern können.

Dasselbe gilt für die gesellschaftlichen Voraussetzungen der Demokratie. Periodische Wahlen und parlamentarische Debatten allein vermögen den demokratischen Prozess nicht in Gang zu halten. Vielmehr muss auch nach der Wahl ein ständiger Austausch zwischen den staatlichen Organen und ihrer gesellschaftlichen Basis stattfinden. Voraussetzung dafür ist, dass ein freier Meinungsaustausch gewährleistet ist und Interessen frei organisiert und artikuliert werden können. Da Mehrheiten immer in Versuchung sind, Kritik klein zu halten und ihre Anhänger zu begünstigen, muss die gleiche Freiheit gesichert werden. Verfassungsrechtlich geschieht dies durch Grundrechte, die von Anfang an zum Konstitutionalismus gehörten. Jedoch zeigt die Verfassungsgeschichte, dass gerade die Grundrechte von geringer praktischer Bedeutung waren, solange sie nicht auf gerichtliche Durchsetzung bauen konnten.

Schließlich kann die Verfassungsgerichtsbarkeit zur Legitimation des demokratischen Systems insgesamt beitragen. Offensichtlich fällt es pluralistischen Gesellschaften zunehmend schwer, in ausreichendem Maß Zustimmung und Engagement zu mobilisieren. Die Knappheit hängt auch damit zusammen, dass das Gemeinwohl von ständig wechselnden Mehrheiten definiert wird. Alles scheint kontingent. In einem gewissen Maß sind Verfassungsgerichte in der Lage, diesen Mangel zu kompensieren, indem sie hinter der verstörenden Kontingenz der Parteipolitik allgemeingültige Prinzipien und Normen sichtbar machen. Politiker können dann ihren eigenen Interessen oder denen ihrer Klientel nicht umstandslos nachgeben oder ihren momentanen Eingaben und Bedürfnissen folgen. Die Verfassung tritt dazwischen. Die Beschränkungen und Verpflichtungen, welche sie der Politik auferlegt, bleiben in Systemen mit Verfassungsgerichtsbarkeit keine bloßen Versprechungen. Politiker werden das Beharren auf den verfassungsrechtlichen Bindungen oft als lästig oder sogar unberechtigt empfinden. Was im Moment als Behinderung erscheint, trägt auf lange Sicht aber zur Akzeptanz demokratischer Politik bei.

Demokratischer Nutzen schließt jedoch demokratische Risiken nicht aus. Damit ist nicht die Möglichkeit falscher Entscheidungen gemeint. Kein politisches System kommt ohne Institutionen aus, die in ihrem Zuständigkeitsbereich das letzte Wort haben. Jedes politische System lebt deswegen mit dem Risiko falscher endgültiger Entscheidungen. Dieses lässt sich zwar durch institutionelle Arrangements eingrenzen, aber nicht vollständig vermeiden. Das Bundesverfassungsgericht verdankt seine Existenz und seine weitreichenden Befugnisse dem Versagen des Gesetzgebers als vormalig letzte Instanz. Das demokratische Risiko der Verfassungsgerichtsbarkeit liegt vielmehr in dem Fehlen demokratischer Kontrollen. Verfassungsgerichte können sich über den Willen der vom Volk gewählten Repräsentanten hinwegsetzen, ohne eine gleich starke Legitimation aufzuweisen und ohne ihre Entscheidungen vor dem Volk verantworten zu müssen. Das Letztere gilt selbst für Staaten, in denen die Richter vom Volk gewählt werden.[10]

Überdies wohnt der Verfassungsgerichtsbarkeit eine Tendenz zur Verrechtlichung des politischen Diskurses inne. Politiker, die ein politisches Vorhaben oder einen Gesetzentwurf bekämpfen, sind schnell bereit, diese als verfassungswidrig hinzustellen. Dadurch beschneiden sie nicht allein den politischen Teil der Diskussion, in dem es um Fragen der Zweckmäßigkeit, der Folgen oder der Kosten geht. Sie können auch die Verfassung gefährden, die von der Konsensbasis der politischen Rivalen zur Waffe in der politischen Auseinandersetzung wird. Sie droht zum bloßen Argument unter anderen im konfliktreichen Markt der Meinungen zu werden. Ohne integrierendes Dokument würde die »Vertextung des Staates«[11] aber an ihr Ende kommen. Deutschland mit seiner langen Tradition, politische Kontroversen juristisch zu verkleiden, kann als Beispiel dafür dienen.

Der Mangel an demokratischer Verantwortlichkeit wöge freilich nicht schwer, wenn Verfassungsrechtsprechung sich darin er-

10 Zu den Problemen, die sich aus der Volkswahl der Richter ergeben, s. *Steven P. Crowley*, The Majoritarian Difficulty: Elective Judiciaries and the Rule of Law, University of Chicago L. R. 62 (1995), S. 689.

11 Der Ausdruck bei *Niklas Luhmann*, Gesellschaftsstruktur und Semantik, Bd. 4, 1995, S. 114.

schöpfte, generelle Verfassungsnormen auf individuelle Fälle anzuwenden. Seit Montesquieu ist dies die übliche Rechtfertigung der richterlichen Unabhängigkeit. Richter sind an ihnen vorgegebene Normen gebunden und haben, wenn sie angerufen werden, nur deren Sinn festzustellen und sie auf Streitfälle anzuwenden. Die Gerichte entscheiden dann nicht eigentlich, sondern setzen nur Vorentscheidungen des Gesetzgebers durch. Wenn das zuträfe, würde die Verfassungsgerichtsbarkeit immer noch einen Machtverlust für die demokratisch legitimierten Organe bedeuten, aber doch nur den Verlust der Macht, sich ungestraft über die Verfassung hinwegzusetzen, die eine höhere demokratische Legitimation genießt als die Gesetze. Hier liegt der Grund dafür, dass man die Verfassungsgerichtsbarkeit nicht als Demokratieproblem betrachtete, als sie nach dem Zweiten Weltkrieg in Deutschland eingeführt wurde.

Heute wird nicht mehr bezweifelt, dass Rechtsnormen ihre Anwendung durch Gerichte nicht vollständig determinieren können. Nur in Ausnahmefällen lässt sich die Antwort auf eine Rechtsfrage unmittelbar dem Text der Norm entnehmen. Solche Fälle werden aber kaum den Weg ins Gericht finden. Normalerweise muss die generelle Norm durch Interpretation konkretisiert werden, bevor sie auf einen Fall angewendet werden kann. Dabei hat der Spielraum, den der Normtext dem Interpreten lässt, meist zur Folge, dass mehr als nur eine Antwort rechtlich möglich ist. Das gilt im Prinzip für alle Rechtsnormen. Es gilt aber in besonderer Weise für Verfassungsnormen. Verfassungen bilden die Konsensbasis für den Austrag politischer Gegensätze und benötigen deswegen breitere Zustimmung als Gesetzesrecht. Sie enthalten die Grundstrukturen der politischen Ordnung, innerhalb deren sich dann der demokratische Prozess vollzieht. Beides führt dazu, dass sie vager und offener ausfallen als Gesetze und dementsprechend in erhöhtem Maß auf Interpretation oder Konkretisierung angewiesen sind.[12]

Verfassungsnormen können also nicht ohne weiteres auf Streitfälle angewendet werden. Vielmehr muss ihr Sinn im Blick auf den zu entscheidenden Fall in einem mehr oder weniger komplizierten rechtlichen Begründungsgang ermittelt werden, bei dem manchmal

12 Zu Letzterem vgl. *Konrad Hesse*, Grundzüge des Verfassungsrechts der Bundesrepublik Deutschland, 20. Aufl., 1995, S. 24 ff.; kritisch *Ernst-Wolfgang Böckenförde*, Die Methoden der Verfassungsinterpretation, Neue Juristische Wochenschrift 1976, S. 2089.

die Grenzen zwischen Verfassungsauslegung und Verfassungsänderung schwer zu erkennen sind. Das gilt insbesondere für die wachsende Zahl von Fällen, in denen Vorschriften aus der Entstehungszeit der Verfassung auf neue Entwicklungen treffen, für die ihr Sinn erst bestimmt werden muss, vor allem im Bereich der besonders lapidar formulierten Grundrechte. Die Annahme, Verfassungsgerichtsbarkeit werfe kein Demokratieproblem auf, weil die Richter im Streitfall nur Vorentscheidungen des Volkes ohne eigenes Zutun durchsetzten, lässt sich angesichts dessen schwerlich aufrechterhalten. Eine scharfe Trennung zwischen Rechtsanwendung und Rechtsschöpfung erweist sich als unmöglich. In der Rechtsanwendung mischen sich kognitive und volitive Elemente. Die Rechtsbindungen, welche die Verfassung den Staatsorganen auferlegt, werden im Prozess der Interpretation zum Teil erst hergestellt.

Verglichen etwa mit dem amerikanischen Supreme Court geht das Bundesverfassungsgericht dabei verhältnismäßig weit. Nicht nur werden die Grundrechte so extensiv ausgelegt, dass praktisch keine Staatstätigkeit der richterlichen Kontrollbefugnis entgeht und das Gericht wie ein »censor of reasonableness of all governmental action«[13] auftritt. Es erstreckt den Grundrechtsschutz auch auf diejenigen Gefahren, welche den verfassungsrechtlich garantierten Freiheiten nicht vom Staat, sondern von privaten Akteuren und gesellschaftlichen Kräften drohen, und leitet daraus neben den klassischen Unterlassungspflichten auch Handlungspflichten des Gesetzgebers ab. Es nutzt seine Kompetenz also nicht nur dazu, bestimmte Akte des Staates für nichtig zu erklären, sondern zwingt ihn auch zum Handeln, wo er aus eigenem Antrieb nicht tätig werden möchte. So sind vom Bundesverfassungsgericht Gesetze nicht nur als verfassungswidrig aufgehoben worden, weil sie in der Beschränkung von Grundrechten zu weit gegangen waren, sondern auch weil sie zum Schutz der von dritter Seite bedrohten Grundrechte zu wenig getan hatten.

13 *David P. Currie*, The Constitution of the Federal Republic of Germany, 1994, S. 319. Zur Grundrechtsjudikatur s. *Dieter Grimm*, Human Rights and Judicial Review in Germany, in: *David M. Beatty* (Hrsg.), Human Rights and Judicial Review. A Comparative Perspective, 1994, S. 267; *Dieter Grimm*, Rückkehr zum liberalen Grundrechtsverständnis?, in: Zukunft (Fn. 6), S. 221; *Dieter Grimm*, Schutzrecht und Schutzpflicht, in: Festschrift für Ernst Gottfried Mahrenholz, 1994, S. 529.

Zwar sind die schöpferischen Anteile der Rechtsanwendung nicht auf die Verfassungsrechtsprechung beschränkt, sondern finden sich in unterschiedlichem Umfang auch bei der Anwendung von Gesetzesrecht. Aber zwischen Verfassungsrechtsprechung und Gesetzesanwendung besteht ein spezifischer Unterschied, der sich aus der Rangverschiedenheit der beiden Rechtsmassen ergibt. Wenn der Gesetzgeber meint, die Auslegung der Gesetze entspreche nicht seinem Willen oder wirke sich schädlich aus, kann er die Gesetze ändern und dadurch die gerichtliche Spruchpraxis umprogrammieren. In Bezug auf Gesetzesrecht behält der Gesetzgeber also das letzte Wort. Die Verfassung bindet dagegen den Gesetzgeber, und sie bindet ihn so, wie das Verfassungsgericht sie interpretiert. Divergieren die Vorstellungen von Gesetzgebung und Verfassungsgericht, hat das Gericht, nicht das Parlament das letzte Wort. Zwar können auch Verfassungsgerichte umprogrammiert werden, allerdings nur im Wege der Verfassungsänderung, die im Unterschied zur Gesetzesänderung eine Supermajorität erfordert. Es ist gerade diese durch die Normbindung nicht voll aufgefangene Macht der Normenkontrolle, die mit der Demokratie in Einklang gebracht werden muss.

IV. Vermeidbarkeit der demokratischen Risiken

1. Inhaltliche Ansätze

Eine derartige Harmonisierung erfordert eine Grenzziehung zwischen dem Eigenbereich der Legislative als unmittelbarer Repräsentantin des Volkes und dem des Verfassungsgerichts als Wächter der grundlegenden Werte, auf die sich das Volk in der Verfassungsgebung geeinigt hat. An Versuchen, die Grenze zu bestimmen, besteht kein Mangel. Am häufigsten sucht man sie aus der Differenz zwischen Recht und Politik abzuleiten. Die Gerichte sollen nur rechtliche Entscheidungen fällen und alle politischen Regelungen dem Gesetzgeber überlassen. Obwohl Recht und Politik nicht identisch sind, ist die Differenz zwischen ihnen doch zu unbestimmt, als dass sich das Abgrenzungsproblem mit ihrer Hilfe lösen ließe. Das hängt mit der Eigenart des Verfassungsrechts zusammen. Einerseits bildet es ein Ensemble von Rechtsnormen, die den Gesetzgeber binden, wenn er politische Entscheidungen fällt, und Verfassungsgerichte sind dazu da, die gesetzgeberischen Entscheidungen auf ihre Vereinbarkeit mit der Verfassung zu prüfen. Andererseits ist die Mehrzahl der Verfassungsnormen aber nicht so präzise, dass Verfassungsrechtsprechung nur als Vollstreckung des Volkswillens angesehen werden könnte.

Verfassungsrechtsprechung ist deswegen zwangsläufig politisch, und zwar in einem doppelten Sinn. Weil Verfassungsgerichte in politische Auseinandersetzungen eingreifen, entfalten sie erstens erhebliche politische Wirkungen. Sie entscheiden, welcher politische Akteur seinen Willen durchsetzen kann, zum Beispiel im Streit zwischen Parlament und Regierung, zwischen Mehrheit und Opposition, zwischen Bund und Ländern. Sodann hängt es letztlich von dem Gericht ab, ob der Gesetzgeber Vorhaben, die er politisch für notwendig hält, verwirklichen kann und ob er tätig werden muss, wo er es vorzöge, untätig zu bleiben. Zweitens sind Verfassungsgerichte bei Entscheidungen dieser Art vom Verfassungsrecht, das als Maßstab dient, nicht so weitgehend gebunden, dass der Einfluss politischer Elemente gänzlich ausgeschieden werden könnte. Den Richtern bleiben Räume, in die politische Beweggründe einfließen können. Man kann diese Räume einengen, aber nicht völlig verschließen.

Ein genaueres Kriterium scheint das Prinzip der Gewaltenteilung zu bieten. Aber obwohl alle demokratischen Verfassungen sich zu diesem Prinzip bekennen, weil es Schutz vor Machtkonzentration und Machtmissbrauch bietet, gibt es doch keine Version, die ein allgemeingültiges Kriterium zur Trennung von Gerichtsbarkeit und Gesetzgebung bereithält. Jede Verfassung folgt eigenen Vorstellungen, keine vermag die verschiedenen Organe strikt voneinander zu scheiden. Wenn sich eine Verfassung für Verfassungsgerichtsbarkeit und ihr Kernstück, die Normenkontrolle, entscheidet, räumt sie dem Verfassungsgericht unweigerlich einen Anteil an der Gesetzgebung ein – einen negativen, wenn das Gericht darauf beschränkt ist, Gesetze aufzuheben, einen positiven, wenn es außerdem befugt ist, die Legislative zum Handeln zu verpflichten. Gleichwohl kann die Verfassung nicht exakt bestimmen, wo die Macht der Legislative endet und die des Gerichts beginnt. Das entscheidet sich erst in der Interpretation der einschlägigen verfassungsrechtlichen Vorschriften.

Aus diesem Grund setzen einige Autoren ihre Hoffnung auf die Interpretationsmethode. Als rechtlich können dann nur solche Entscheidungen gelten, die den anerkannten Begründungsstandards genügen. Indessen ist auch die juristische Methodenlehre nicht in der Lage, eine befriedigende Antwort auf das Problem der Abgrenzung von Recht und Politik zu geben. Das soll nicht heißen, dass die juristische Methode ohne Bedeutung wäre. Sie trägt ohne Zweifel zur Rationalisierung des Prozesses der Rechtsanwendung und zur Vorhersehbarkeit der Entscheidungen bei. In der Regel gibt es aber nicht nur eine anerkannte juristische Methode. Vielmehr konkurrieren mehrere Methoden, so dass zwischen ihnen eine Wahl getroffen werden muss, die Einfluss auf die Sachentscheidung haben kann.[14] Juristische Methoden unterliegen dem Wandel, und oft sind es Gerichte, von denen methodologische Innovationen ausgehen, die später in den Kanon der anerkannten Methoden eingehen. Jedenfalls fehlt es den Interpretationsmethoden an demjenigen Grad von Genauigkeit und Verbindlichkeit, der eine klare Scheidung zwischen solchen Gerichtsentscheidungen, die sich im Bereich des Rechts halten, und solchen, die in den Bereich der Legislative übergreifen, erlauben würde.

Zu einer klaren Scheidung von rechtlichen und politischen Argumenten soll dagegen die in den USA viel diskutierte Methode des *original intent* führen.[15] Ihr zufolge dürfen Verfassungsnormen nur so ausgelegt werden, wie sie von den Verfassungsvätern beabsichtigt und verstanden wurden, so dass die Richterpersönlichkeit hinter den demokratisch legitimierten Verfassungsautoren völlig verschwindet. Bei näherem Hinsehen erweist sich die Interpretation gemäß dem *original intent* jedoch als Selbsttäuschung und in der Konsequenz sogar als Abwertung der Verfassung. Die Selbsttäuschung liegt in der Annahme, dass sich zweifelsfrei feststellen lasse, welche Absichten die Verfassungsschöpfer mit einer bestimmten Norm oder einer bestimmten Formulierung verfolgten. Die Schwierigkeit wächst noch, wenn angesichts neuartiger Probleme ermittelt werden soll, wie sie sich verhalten hätten, wenn die Pro-

14 Vgl. *Dieter Grimm*, Methode als Machtfaktor, in: Festschrift für Helmut Coing, Bd. I, 1982, S. 469.

15 Vgl. etwa *Antonin Scalia*, A Matter of Interpretation, 1997; *Werner Heun*, Original Intent und Wille des historischen Verfassungsgebers, Archiv des öffentlichen Rechts 116 (1991), S. 185.

bleme ihnen bekannt gewesen wären. Die Abwertung der Verfassung liegt darin begründet, dass die Richter bei strikter Anwendung der Methode auf alle Fragen, die bei der Ausarbeitung der Verfassung nicht vorhersehbar waren, die Antwort verweigern müssten. Die Anpassung der Verfassungsnormen an neue Herausforderungen – Fernsehen, Atomenergie, elektronische Datenverarbeitung – könnte nur im Wege der Verfassungsänderung geschehen, selbst in Fällen, in denen verfassungsrechtlich geschützte Werte von dem Wandel unmittelbar betroffen sind. Die Methode führt also zu einem Bedeutungsverlust der Verfassung. Sie hat daher auch keine Anhänger in Deutschland.

Angesichts dieser Befunde nehmen verschiedene Autoren ihre Zuflucht zum *judicial self-restraint*. Zurückhaltung ist indessen kein Kriterium, anhand dessen die Bereiche von Legislative und Verfassungsgericht abgegrenzt werden können. Sie richtet sich an die professionelle oder demokratische Ethik der Verfassungsrichter, möglicherweise auch an ihr Eigeninteresse an der Bewahrung der Institution, die gefährdet sein kann, wenn Gerichte in der Beschränkung oder Vorausbestimmung des politischen Prozesses zu weit gehen. Die Notwendigkeit solcher Appelle ist der beste Beweis für die Schwierigkeit bei der Findung brauchbarer Kriterien. Gäbe es solche Kriterien, wäre der Appell an den *self-restraint* überflüssig. Im Übrigen ist es schwer, Richter davon zu überzeugen, dass sie die Anforderungen, welche nach ihrer besten richterlichen Überzeugung aus der Verfassung folgen, gleichwohl nicht durchzusetzen sollen.

2. Funktionaler Ansatz

Erfolgversprechender für die Abgrenzung der verschiedenen Sphären scheint daher ein funktionaler Ansatz. Die Stichworte sind hier Handlung und Kontrolle. Die Verfassung regelt politisches Verhalten, indem sie es organisiert und begrenzt. Aber sie regelt es nicht derart, dass die Politik auf bloßen Verfassungsvollzug reduziert würde. Innerhalb des Rahmens, den die Verfassung der Politik zieht, ist diese frei, nach ihren Vorstellungen vom Gemeinwohl zu handeln. In der Wahl entscheidet sich, welche der konkurrierenden Vorstellungen den Vorzug erhält und welche Partei daher die Führungspositionen im Staat besetzen und ihr Programm verwirklichen darf. Demgegenüber sind Verfassungsgerichte dazu da, zu kontrollieren, ob die gewählten Staatsorgane bei der Festlegung und Durchführung ihrer politischen Ziele die verfassungsrechtlichen Prinzipien beachtet und die verfassungsrechtlichen Grenzen nicht überschritten haben.

Diese Funktionenteilung, der alle demokratischen Verfassungen folgen, die Verfassungsgerichte vorsehen, berührt nicht ihre Befugnis, den Sinn und die Reichweite von Verfassungsnorm zu bestimmen. Das ist die Kernkompetenz der Verfassungsrechtsprechung. Aber die Funktionenteilung hat zwei andere Konsequenzen. Erstens ist es nicht Sache der Verfassungsgerichte, die Ziele politischen Handelns zu bestimmen. Sie sind darauf beschränkt, politische Ziele an der Verfassung zu messen. Jenseits der Verfassung sind die politischen Präferenzen der Richter irrelevant. Zweitens darf die Reihenfolge von Handeln und Kontrolle nicht vertauscht werden. Verfassungsgerichte sind nicht dazu da, gesetzliche Regelungen vorzuzeichnen, sondern nur, solche Regelungen zu prüfen, wenn sie in Kraft gesetzt worden sind. Ein politisches Organ muss gehandelt haben, bevor seine Handlung verfassungsrechtlich überprüft werden kann. Handeln darf freilich nicht zu eng verstanden werden. Auch Unterlassen der Politik ist der Kontrolle nicht entzogen, wenn die Verfassung eine Verpflichtung zum Handeln enthält.

Die Funktion der verschiedenen Organe bestimmt auch ihre Ausstattung. Parlament und Regierung, die unter dem Druck zahlreicher komplexer Probleme stehen, benötigen einen hochdifferenzierten und kooperativen Apparat, sowohl für die Wahrnehmung als auch für die Lösung von Problemen. In Zeiten wachsender Staatsaufgaben und sinkender Steuerungsfähigkeit des Rechts erfolgt die Gesetzgebung eher in einem mehrseitigen Aushandlungsprozess als in einseitiger Dekretierung. Daher liegt das Schwergewicht der Gesetzesvorbereitung heute bei der Regierung mit ihren großen Wissens- und Kooperationsressourcen. Dagegen haben die Parlamente die Gesetzesinitiative weithin aus der Hand gegeben. Das parlamentarische Verfahren findet seine Rechtfertigung darin, dass es für Transparenz und Kontrolle sorgt. Die parlamentarische Minderheit kann die Mehrheit zwingen, ihre Pläne zu offenbaren und zu begründen und sie mit eigenen Alternativen zu konfrontieren. Gesellschaftliche Interessen werden in die Lage versetzt, sich einzuschalten, und die Medien können Gesichtspunkte in die Diskussion einführen, die andernfalls vernachlässigt würden.

Gerichte können diese Funktion nicht übernehmen. Ihnen fehlt sowohl die Fülle der Informationen als auch die Breite der Expertise, die bei den anderen Staatsorganen verfügbar ist. Empirisches Wissen wird zwar auch im verfassungsgerichtlichen Verfahren benötigt. Die sogenannten *legislative facts* spielen für die Normenkontrolle eine erhebliche Rolle. Aber der Wissensbedarf ist von vornherein normativ gefiltert. Aspekte der Effektivität und Zweckmäßigkeit, auch der sozialen Konsequenzen eines Gesetzes kommen allein unter normativen Gesichtspunkt in den Blick der Justiz. Prognosen künftiger Entwicklungen, die eine wachsende Rolle für die rechtliche Steuerung gesellschaftlicher Abläufe in Wohlfahrtsstaaten spielen, überfordern die Gerichte. Auch wenn es zutreffen mag, dass Verfassungsgerichte in dem einen oder anderen Fall auf einer breiteren Faktenbasis entschieden haben als der Gesetzgeber,[16] ändert das nichts an den generellen Restriktionen, unter denen die auf Rechtsfragen spezialisierten Verfassungsgerichte operieren.

Gerichtliche Verfahren können auch nicht denselben Grad an Transparenz herstellen oder dieselben Partizipationschancen eröffnen wie parlamentarische Verfahren. Die Funktion der Gerichte und die darauf zugeschnittenen Rahmenbedingungen lassen es nicht zu, dass die einem Rechtsstreit zugrundeliegenden politischen und sozialen Kontroversen zum Thema der Verhandlung werden. Das formalisierte Verfahren gibt Interessenten, die keine Parteien des Rechtsstreits sind, wenig Gelegenheit, ihre Auffassungen oder Interessen in das gerichtliche Verfahren einzuführen. Ein Feedback zwischen gerichtlichen Entscheidungen und gesellschaftlichen Reaktionen ist nicht vorgesehen. Die Öffentlichkeit kommt in der Regel erst nach dem Urteil ins Spiel, und ihre Einstellung dazu berührt die Gerichte auch weniger, da sie sich keiner Wahl stellen müssen und gegen Protest stärker abgeschirmt sind als politische Akteure. Deswegen eignen sich gerichtliche Verfahren für die Prüfung der Verfassungsmäßigkeit staatlicher Akte oder die Aufforderung zur Erfüllung von Verfassungspflichten, aber nicht zur politischen Zielsetzung oder zu Vorgaben für künftige Gesetze.

Schließlich muss auch bedacht werden, dass jede Frage, die im verfassungsgerichtlichen Verfahren entschieden wird, damit dem demokratischen Prozess entzogen ist. Wenn sich Gerichte verfrüht

16 Beispiele aus der Rechtsprechung des Bundesverfassungsgerichts bei *Klaus Jürgen Philippi*, Tatsachenfeststellungen des Bundesverfassungsgerichts, 1971.

in den politischen Prozess hineinziehen lassen, verkürzen sie die Diskussion gesellschaftlicher Konflikte und möglicher Lösungen um ihre politische Phase. Gleichzeitig kommen die Vorteile der politischen Diskussion – Öffentlichkeit, Transparenz, Partizipation, Rechenschaft – in gerichtlichen Verfahren zu kurz. Der juristische Diskurs kann sie nicht ersetzen. Die immerhin bestehende Möglichkeit, dass am Ende die gerichtliche Entscheidung für die Gesellschaft besser ist als die politische, kann die funktionalen Grenzen, welche die Verfassung zieht, nicht beiseiterücken. Das gilt auch für das Argument, dass angesichts parlamentarischen Zögerns ein Gerichtsurteil besser ist als gar keine Entscheidung. Wo verfassungsrechtliche Kriterien dafür, was »besser« ist, fehlen, ist die Politik frei zu handeln oder untätig zu bleiben, hat aber auch die Verantwortung für ihre Entscheidung zu tragen.

Der Vorwurf der Juridifizierung der Politik trifft aber nicht nur die Verfassungsgerichte. Oft ist es die Politik selbst, die ein Interesse am Überspringen der politischen Phase der Auseinandersetzung hat. Politiker können dann die Verantwortung für Maßnahmen, die unpopulär sind und Wählerstimmen kosten könnten, auf das Gericht abschieben. Allerdings profitiert die Politik davon meist nur kurzfristig. Auf lange Sicht kommt es zu einer Schwächung der Politik, weil Handlungsfelder, die einmal an das Gericht abgetreten worden sind, schlecht in die politische Arena zurückgeholt werden können. Die Spirale sieht so aus: Je mehr Entscheidungen der Verfassungsrechtsprechung überlassen werden, desto weniger Raum bleibt für politische Entscheidungen, desto geringer wird die Bedeutung der Wahl, desto schwerer wird die Durchsetzung von Innovationen oder Politikänderungen. Die Tendenz der Rechtsprechung zur Stärkung des Status quo entwertet den demokratischen Wettbewerb und fördert die Versteinerung der Verhältnisse. Am Ende können politische Blockaden und ein Legitimationsverlust für das ganze System stehen.

V. Kompensation des demokratischen Risikos

Das Konzept der konstitutionellen Demokratie ist von Begriffs wegen der Demokratie und dem Konstitutionalismus gleichermaßen verpflichtet. Doch erscheint die Verfassung in dieser Kombination als schwächerer Teil. Verfassungsgerichtsbarkeit ist der Versuch, diese Schwäche auszugleichen. Indem sie das tut, erzeugt sie jedoch ihrerseits demokratische Risiken. Gewichtet man ihre Vor- und Nachteile im Licht der vorangegangenen Überlegungen, scheint es aber nicht unmöglich, die Vorteile der Verfassungsgerichtsbarkeit zu bewahren und die Nachteile zumindest zu verringern. Eine Erfolgsgarantie gibt es allerdings nicht. Es handelt sich um ein prekäres Gleichgewicht, und zum großen Teil hängt es von den Richtern ab, ob der Ausgleich gelingt, da es überlegene Organe, die ein Verfassungsgericht bei seiner Rechtsprechung in Schranken weisen könnten, nicht gibt. Es ist daher verständlich, wenn trotz der weltweiten Ausbreitung der Verfassungsgerichtsbarkeit einige Gesellschaften dem politischen Prozess mehr vertrauen als dem gerichtlichen.

Staaten, für die die konstitutionelle Demokratie eine neue Errungenschaft ist und in denen die gesellschaftlichen Voraussetzungen der Demokratie noch unterentwickelt sind, aber auch Staaten, in denen die Verfassung bis vor kurzem keine Rolle spielte, weil die Regierenden sie missachten konnten, ohne deswegen das Volk gegen sich aufzubringen, wird der Verzicht auf Verfassungsgerichte schwerer fallen als Staaten, die über eine lange demokratische Tradition und eine generelle Achtung des Rechtsstaats verfügen. Die erstgenannten Staaten werden in der Regel stärker auf unabhängige Institutionen angewiesen sein, die auf die Durchsetzung der Verfassung spezialisiert sind und ihre Bedeutung dadurch für das Publikum sichtbar machen. Das ist einer unter mehreren Gründen dafür, dass so viele Staaten, die erst kürzlich zur Demokratie übergegangen sind, sich für die Verfassungsgerichtsbarkeit entschieden haben.

Verglichen mit der grundsätzlichen Frage, ob man überhaupt ein gerichtliches Organ zur Verfassungssicherung einrichten soll, ist die Frage, ob die Aufgabe einem speziellen Verfassungsgericht oder der allgemeinen Gerichtsbarkeit übertragen werden soll, von sekundärer Bedeutung. Beide Alternativen haben ihre Vor- und Nachteile.[17] Der Vorrang der Verfassung sowie der Spezialisierungs-

17 Ein Vergleich bei *Mauro Cappelletti*, Judicial Review in the Contemporary World, 1971; unter praktischen Gesichtspunkten vgl. *Dieter Grimm*, Probleme einer eigenständigen Verfassungsgerichtsbarkeit in Deutschland, in diesem Band Nr. 12.

grad des Verfassungsrechts sprechen für eine gesonderte Institution. Andererseits ist die gewöhnliche Gerichtsbarkeit womöglich besser geeignet, die verfassungsrechtlichen Anforderungen in das Gesetzesrecht zu integrieren und so Inkonsistenzen und die ständige Streitfrage nach der Grenze zwischen Verfassungsrecht und Gesetzesrecht zu vermeiden. Letztlich hängt die Entscheidung wohl davon ab, ob der ordentlichen Gerichtsbarkeit zugetraut wird, sich den verfassungsrechtlichen Anforderungen zu stellen und das Gesetzesrecht im Licht der Verfassung zu verstehen und gegebenenfalls die Rechtsprechung unter dem Einfluss der Verfassung zu ändern.

In neuen wie gefestigten Verfassungsstaaten ist die Verfassungsgerichtsbarkeit indes gleichermaßen in der Lage, einigen Defiziten moderner Demokratien zu begegnen. Es geht dabei vor allem um die Professionalisierung der Parteipolitik. Die Defizite ergeben sich gerade aus den demokratischen Werten der Responsivität und Verantwortlichkeit der Politik.[18] In demokratischen Staaten stehen die politischen Parteien als ihre wichtigsten Akteure ständig unter dem Imperativ des Wahlsiegs. Der Gewinn der Wahl ist Voraussetzung dafür, dass eine Partei ihr Personal in staatliche Führungspositionen bringen und ihr Programm in staatliches Handeln umsetzen kann. Daher ist es vom Standpunkt der politischen Parteien rational, alles zu tun, was zum Wahlsieg beiträgt, und alles zu vermeiden, was die Erreichung dieses Ziels gefährdet.

Der Imperativ hat freilich Kosten. Für die Parteien wird er zur Versuchung, sich in all jenen Funktionsbereichen Einfluss zu verschaffen, die für ihre Wahlchancen Bedeutung haben, aber gerade nicht an der Logik des Parteienwettbewerbs ausgerichtet sind wie die öffentliche Verwaltung, die Justiz und insbesondere die Medien. Gegenüber den Parteien versagen die verfassungsrechtlichen Vorkehrungen der Gewaltenteilung zum Teil, weil sie erst eingreifen, nachdem die Parteien sich mit Hilfe der Personalpolitik Einfluss in diesen Bereichen gesichert haben.[19] Ferner ist es die von den wiederkehrenden Wahlen erzwungene Konzentration der Parteien

18 Eine eingehendere Analyse der Schattenseiten der demokratischen Verantwortlichkeit bei *James G. March/Johan P. Olsen*, Democratic Governance, 1995, S. 144 ff.; *Haltern*, Verfassungsgerichtsbarkeit (Fn. 5), S. 398 ff.

19 Vgl. *Dieter Grimm*, Die politischen Parteien, in: *Ernst Benda/Werner Maihofer/Hans-Jochen Vogel* (Hrsg.), Handbuch des Verfassungsrechts, 2. Aufl., 1994, S. 599, 644 ff.

auf naheliegende Probleme und kurzfristige Erfolge, welche Prinzipien der Verfassung gefährden können. Vor der Wahl häufen sich daher Ereignisse, die den Parteien einen Nutzen versprechen, wenn er sich auch oft als nur symbolisch erweist. Nicht selten geht das auf Kosten grundlegender Ziele, die in der Verfassung verankert sind, aber zugunsten kurzfristiger Erfolge vernachlässigt werden.

Die Justiz operiert dagegen unter anderen Bedingungen. Sie muss sich für ihr Handeln nicht politisch verantworten, und gerade darin liegt im Lichte der Parteienproblematik ihr Vorteil. Politischer Erfolg ist kein Maßstab richterlichen Handelns. Im Allgemeinen verdanken Richter ihre Position nicht einer Wahl durch das Volk und sind in der Regel auch nicht auf eine Erneuerung ihrer Position angewiesen. Ihre Unabhängigkeit schützt sie vor Sanktionen, wenn ihre Entscheidungen unpopulär ausfallen. Meistens sind sie auch nicht darauf angewiesen, sich nach dem Ende ihrer Amtszeit eine neue Karriere aufzubauen. All das macht sie unabhängig von Massenzustimmung, auf die demokratische Politik angewiesen ist. Diese Immunisierung zusammen mit den professionellen Standards der richterlichen Tätigkeit ist die Grundlage ihrer Unabhängigkeit. Sie versetzt Verfassungsgerichte in die Lage, auf die Beachtung der langfristigen Prinzipien zu dringen, die den gesellschaftlichen Zusammenhalt stützen, und die Politik an ihre Verpflichtungen für die fernere Zukunft zu erinnern, jedenfalls soweit sie Ausdruck in der Verfassung gefunden haben.

III.
Verfassungsrechtsprechung: Recht oder Politik?

4. Was ist politisch an der Verfassungsgerichtsbarkeit?

Wenn es um Verfassungsgerichtsbarkeit und Verfassungsrechtsprechung geht, wird keine Frage so häufig gestellt wie die, ob es sich bei Verfassungsgerichten bzw. Höchstgerichten mit verfassungsgerichtlicher Funktion[1] um rechtliche oder politische Institutionen handele und ob Verfassungsrechtsprechung eine rechtliche oder eine politische Tätigkeit sei. In den USA ist die Frage so alt wie das Urteil des Supreme Court im Fall *Marbury v. Madison* aus dem Jahr 1803, in dem sich das Gericht die Befugnis zur Normenkontrolle beilegte. In Europa setzte die Diskussion mit der Errichtung des ersten spezialisierten Verfassungsgerichts in Österreich im Jahr 1920 ein. Die Debatte, die Hans Kelsen und Carl Schmitt in der Weimarer Republik über die Verfassungsgerichtsbarkeit führten, zieht in ihrer Grundsätzlichkeit noch immer das Interesse auf sich.[2]

Wie damals sind die Ansichten auch heute geteilt. Mit der Verfassungsgerichtsbarkeit beschäftigt sich sowohl die Rechtswissenschaft als auch die Politikwissenschaft. Während die Politikwissenschaftler in ihrer Mehrheit die Verfassungsgerichtsbarkeit für eine politische Institution halten, ist das bei Rechtswissenschaftlern tendenziell anders. Dass Gerichte und Richter auf der rechtlichen Natur von Verfassungsrechtsprechung bestehen, kann nicht überraschen. Aber auch die Mehrzahl der Rechtswissenschaftler neigt dieser Ansicht zu. Für die angelsächsische Welt gilt das allerdings nicht in gleicher Weise. Dort gehen auch zahlreiche Juristen davon aus, dass es sich bei der Verfassungsrechtsprechung um Politik in rechtlichem Gewand handele.

Dass die Antworten auf diese Frage so weit auseinanderfallen, gibt Anlass zu Zweifeln, ob sie richtig gestellt ist. Könnte es sein, dass sich Recht und Politik bei der Ausübung verfassungsgericht-

1 Im Folgenden wird vereinfachend von Verfassungsgerichten gesprochen.

2 *Hans Kelsen*, Wesen und Entwicklung der Staatsgerichtsbarkeit, Veröffentlichungen der Vereinigung der Deutschen Staatsrechtslehrer (VVDStRL) 5 (1929), S. 30; *Carl Schmitt*, Der Hüter der Verfassung, Archiv des öffentlichen Rechts, NF 16 (1929), S. 161; *ders.*, Der Hüter der Verfassung, 1931; *Kelsen*, Wer soll der Hüter der Verfassung sein?, 1931.

licher Kontrolle nicht ausschließen, sondern nebeneinander bestehen mit der Folge, dass jede Disziplin einen wichtigen Aspekt ihres Gegenstands übersieht, wenn sie auf der Dichotomie beharrt? Haben womöglich beide Disziplinen recht, aber nur zum Teil? Es ist unbezweifelbar, dass Verfassungsgerichte eine wichtige politische Rolle spielen, wenn sie über die Verfassungsmäßigkeit politischer Maßnahmen entscheiden. Ebenso offensichtlich ist aber, dass sich die Tätigkeit von Verfassungsrichtern von derjenigen von Politikern unterscheidet und dass gerade in ihrer Spezialisierung auf Rechtsfragen die entscheidende Differenz liegt.

Das spricht für eine Differenzierung der Frage, ob Verfassungsrechtsprechung rechtlicher oder politischer Natur ist. Statt pauschal nach dem Ob zu fragen, sollte man dem Inwiefern genauer nachgehen. Dabei empfiehlt es sich, zwischen der Institution der Verfassungsgerichtsbarkeit und der ihr zugedachten Funktion einerseits und einzelnen Verfassungsgerichten andererseits zu unterscheiden, die sich durchaus funktionswidrig verhalten können. Von den Gerichten sind wiederum ihre Urteile zu trennen, die unabhängig davon, ob die Institutionen sich funktionsgemäß oder funktionswidrig verhalten, auf ihren rechtlichen oder politischen Charakter untersucht werden können. In diesem Beitrag liegt der Schwerpunkt auf Institution und Funktion der Verfassungsgerichtsbarkeit, soweit sie funktionsgerecht ausgeübt wird.

Was ist also politisch an der Verfassungsgerichtsbarkeit? Mit Sicherheit ihr *Gegenstand*. Verfassungsgerichte haben die Aufgabe, die Vorschriften der Verfassung durchzusetzen. Die Verfassung wiederum ist dasjenige Recht, welches sich auf die Einrichtung und Ausübung politischer Herrschaft bezieht. Sie legt nicht nur die politische Grundstruktur eines Landes fest, sondern leitet und begrenzt auch politisches Handeln. Politische Entscheidungen können nur dann Geltung beanspruchen, wenn sie mit der Verfassung vereinbar sind. Die Gegenstände verfassungsgerichtlicher Kontrolle sind daher zwangsläufig politische Handlungen oder Unterlassungen, in der Regel Akte der obersten Staatsorgane einschließlich derjenigen, die ihre Legitimation vermittels Wahlen direkt vom Volk ableiten.

Allerdings sind nicht alle Entscheidungen von Verfassungsgerichten und noch weniger von obersten Gerichten mit verfassungsgerichtlicher Funktion politisch in diesem Sinn. Nur diejenigen Verfassungsgerichte, deren Zuständigkeit auf die Normenkontrolle beschränkt ist, haben es stets mit politischen Materien zu tun. Bei Gerichten mit weiteren Befugnissen betrifft dagegen nicht jeder verfassungsrechtliche Fall Handlungen der höchsten politischen Organe. Viele verfassungsrechtliche Rechtsbehelfe, namentlich die Individualbeschwerde, richten sich gegen Akte der Verwaltung oder Entscheidungen anderer Gerichte. Es ist jedoch die relativ kleine Zahl hochpolitischer Fälle, die das Bild der Verfassungsgerichte in der Öffentlichkeit prägt und der Vorstellung von dem politischen Charakter der Verfassungsrechtsprechung Nahrung gibt.

Unweigerlich politisch ist ferner die *Wirkung* verfassungsgerichtlicher Entscheidungen, soweit ihr Gegenstand politisch ist. Ob ein mit Mehrheit im Parlament verabschiedetes Gesetz in Kraft treten kann oder nicht, ist von beträchtlicher politischer Bedeutung. Das Gleiche gilt, wenn ein Verfassungsgericht darüber entscheidet, ob das Parlament einen von der Regierung abgeschlossenen internationalen Vertrag ratifizieren darf. Selbst der Exekutive vorbehaltene Akte wie die Entscheidung, sich an Friedensmissionen im Ausland zu beteiligen, können vom letzten Wort des Verfassungsgerichts abhängen. Entscheidungen über die Regeln des politischen Wettbewerbs wie etwa Wahlgesetze oder Gesetze über die Finanzierung von Wahlkämpfen haben enorme politische Konsequenzen. Nie war die politische Wirkung einer Gerichtsentscheidung offensichtlicher als im Fall *Bush v. Gore*.[3]

An der politischen Bedeutung der Verfassungsrechtsprechung ist also gar nicht zu zweifeln. Verfassungsgerichte können politisches Handeln unter Berufung auf die Verfassung sowohl verhindern als auch verlangen. Das ist keine Grenzüberschreitung, es ist der Sinn der Sache. Ein Verfassungsgericht, das politischen Fällen aus dem Weg ginge, verriete seine Aufgabe. Eine unpolitische Verfassungsgerichtsbarkeit gibt es nicht. Wer sich nicht damit abfinden kann, dass demokratisch getroffene Entscheidungen einer verfassungsgerichtlichen Kontrolle unterzogen werden dürfen, muss Verfassungsgerichtsbarkeit insgesamt ablehnen, dann aber auch bereit sein, den Preis der praktischen Irrelevanz der Verfassung für das politische Geschäft zu zahlen. Verfassungsrecht setzt sich nicht von selbst durch, und wenn man seine Befolgung denen anheimstellt, an die es sich richtet, wird das Recht meist den Kürzeren ziehen.

3 Bush v. Gore, 531 U.S. 98 (2000); 121 S. Ct. 525 (2000).

Die Untersuchung spitzt sich unter diesen Umständen auf die Frage zu, ob der *Vorgang* der Verfassungsrechtsprechung, also die Anwendung von Verfassungsnormen auf einen Streitfall, ebenfalls politischer Natur ist oder ob dieser als juristisch qualifiziert werden kann. Von der Antwort darauf hängt viel ab: Sollte sich die richterliche Entscheidungsfindung als politisch erweisen, würde dies die Rechtfertigung der Verfassungsgerichtsbarkeit wesentlich erschweren. Denn warum sollten politische Entscheidungen von großer Tragweite Akteuren anvertraut werden, die weder durch Wahlen legitimiert noch politisch verantwortlich sind? Umgekehrt würde aber auch die Errungenschaft der Verfassungsstaatlichkeit einen Rückschlag erleiden, wenn Verfassungsrecht nicht justiziabel wäre. Schließlich war es gerade die Ausweitung der Verfassungsgerichtsbarkeit in der zweiten Hälfte des 20. Jahrhunderts, die der Verfassung in vielen Ländern Bedeutung verlieh, in denen sie jahrzehntelang keine Rolle gespielt hatte.

Während sich der politische Charakter der ersten beiden Aspekte der Verfassungsrechtsprechung kaum leugnen lässt, ist dies bei dem dritten Aspekt, dem Vorgang der Rechtsprechung, anders. Ihrem Sinn nach ist sie Rechtsanwendung, also eine Tätigkeit, welche eine generell getroffene Vorentscheidung lediglich im konkreten Streitfall vollzieht. Dennoch regen sich Zweifel, weil die Vorentscheidung, die Verfassungsnorm, oft unklar ist und weil die Art und Weise, wie das verfassungsgerichtliche Urteil zustande kommt, intransparent erscheint. Offensichtlich ist allerdings, dass ein *Arenenwechsel* stattfindet, wenn ein politischer Akt vor einem Verfassungsgericht angegriffen wird. Es wechseln die Akteure, die Kriterien und das Verfahren. Die Politik wird vom Subjekt zum Objekt.

Waren die *Akteure* zuvor Politiker in den verschiedenen Rollen, in denen sie auftreten: als Regierung, Parlamentsmehrheit, Opposition usw., fallen sie nun aus der Rolle der Entscheidungsträger auf die Rolle von Antragstellern, Antragsgegnern, Äußerungsberechtigten zurück, während die Führung auf die Richter übergeht. Diese unterscheiden sich in vielerlei Hinsicht von Politikern: Sie sind professionelle Juristen. Die Anwendung von Rechtsnormen auf Sachverhalte ist ihr Metier. Ihr Amt erlangen sie üblicherweise nicht durch Volkswahlen. Deshalb müssen sie auch keinen Wahlkampf führen. Sie treten nicht mit einer Agenda an. Sie können nicht einmal aus eigener Initiative tätig werden, sondern müssen warten, bis ihnen Fälle vorgelegt werden. Bei der Entscheidung der Fälle sind sie nicht auf Konsens Dritter angewiesen.

Allerdings verdanken sie ihr Amt in der Regel einer politischen Entscheidung. Sie werden entweder vom Parlament gewählt oder vom Staatsoberhaupt oder dem Kabinett bestimmt; Misch- oder Zwischenformen, auch unter Beteiligung von Vertretern der Richterschaft oder des Juristenstandes, kommen vor. In jedem Fall hat die Politik aber einen erheblichen Einfluss auf das Personal der Höchstgerichte. Wegen der darin liegenden Gefahr für das ordnungsgemäße Funktionieren von Verfassungsgerichten enthalten Verfassungen häufig Schutzvorkehrungen, die verhindern sollen, dass die Wahl oder die Ernennung von Richtern allein in der Hand der regierenden Partei liegt. Übereinstimmung von Kontrolleur und Kontrolliertem führt leicht dazu, dass die Kontrolle untergraben wird.

Weiterhin schützt die Gewährleistung der Unabhängigkeit der Justiz vor der Politisierung der Gerichte. Einmal im Amt, sind Richter vor politischen Sanktionen geschützt. Sie sind weder weisungsgebunden noch können sie wegen ihrer Entscheidungen versetzt oder entlassen werden. Ihre Tätigkeit bleibt auf diese Weise von Wahlausgängen und Regierungswechseln unberührt. Die richterliche Unabhängigkeit ist mitnichten ein persönliches Privileg, sie existiert im Interesse des Rechts. Sie wird gewährleistet, damit Richter aufgrund rechtlicher Kriterien entscheiden können, ohne Nachteile fürchten zu müssen. Richter, die ihre Bindung an das Recht missachten, können bestraft werden. Versuche, Gerichte für politische, religiöse oder wirtschaftliche Interessen zu instrumentalisieren, sind illegitim. Die Gewaltenteilung ist an dieser Stelle strenger als zwischen Legislative und Exekutive.

Auch die *Kriterien* der Entscheidungen ändern sich: Waren in der politischen Arena Parteiprogramme und Parteitagsbeschlüsse, Gesichtspunkte der Zweckmäßigkeit oder Bezahlbarkeit und nicht zuletzt der Auswirkung der Entscheidung auf die Wahlchancen von Parteien maßgeblich, so ist in der juristischen Arena das Verfassungsrecht entscheidend. Damit ist nicht gesagt, Verfassungsrecht spiele im politischen Prozess keine Rolle. Gewöhnlich kommt es aber nicht von Beginn an zum Tragen, sondern tritt als Korrektiv hinzu, nachdem der politische Wille gebildet worden ist. Die Politik wirft die Verfassungsfrage auf, um sich rückzuversichern, dass das politisch Erwünschte auch rechtlich zulässig ist. Im verfassungsgerichtlichen Prozess wird die politisch nachrangige Frage dagegen zur vorrangigen. Drohte im Hintergrund nicht die verfassungsgerichtliche Kontrolle, käme der Verfassungsfrage im politischen Prozess wahrscheinlich kein großes Gewicht zu.

Entsprechend ändert sich das *Verfahren*. Ziel des verfassungsgerichtlichen Verfahrens ist die Feststellung, was die einschlägigen Bestimmungen der Verfassung bezüglich der zur Überprüfung gestellten politischen Entscheidung bedeuten und was daraus rechtlich folgt. Dem Ziel gemäß handelt es sich um einen Prozess, in dem ausschließlich rechtliche Argumente zulässig sind. Es mag zwar zweifelhaft sein, was als rechtliches Argument gelten kann und was nicht. Unzweifelhaft ist aber, dass nicht-rechtliche Argumente unzulässig sind. Die Frage, ob eine politische Maßnahme klug, nützlich oder bezahlbar ist, spielt keine Rolle, es sei denn, sie kann als rechtlich relevanter Gesichtspunkt reformuliert werden. Ebenso ist es im gerichtlichen Verfahren irrelevant, ob sich ein Urteil für politische Parteien, Unternehmer, Kirchen usw. nachteilig auswirkt.

Es lässt sich also zumindest sagen, dass das Vorgehen des Gerichts nicht in dem Sinn politisch ist, wie die Tätigkeit politischer Parteien, des Parlaments, der Regierung, internationaler Konferenzen politisch ist. Damit ist allerdings die Frage nach dem politischen oder juristischen Charakter der Verfassungsrechtsprechung noch nicht beantwortet. Fest steht bislang ja nur, dass die politische Auseinandersetzung mit der Klage bei Gericht in ein anderes Stadium eintritt, in dem sie unter veränderten Bedingungen und verengt auf die verfassungsrechtlichen Aspekte fortgeführt wird. Offen ist dagegen noch die Frage, ob die juristischen Akteure, die nunmehr entscheiden, an die juristischen Kriterien, die nunmehr maßgeblich sind, so gebunden sind oder sich so an sie binden lassen, dass kein Raum für politische Erwägungen bleibt.

Die Frage nach dem politischen oder rechtlichen Charakter der Verfassungsrechtsprechung kann folglich auf den Prozess der gerichtlichen Entscheidungsfindung selbst eingegrenzt werden. Ist dieser trotz der politischen Bedeutung von Gegenstand und Wirkungen verfassungsgerichtlicher Entscheidungen als rechtliche Operation einzustufen? Die empirische Beobachtung stößt hier an ihre Grenzen. Das hängt mit der Eigenart des Vorgangs zusammen. Fast überall unterliegt der Prozess der richterlichen Entscheidungsfindung dem Beratungsgeheimnis, so dass es schwierig ist, Aufschluss über die Art und Weise zu gewinnen, wie Richter zu ihren Entscheidungen gelangen. Nur in einer sehr kleinen Anzahl von Ländern, wie z. B. in Brasilien, finden die Beratungen von Gerichten öffentlich statt. Allerdings scheint in diesen Ländern die Beratung auch nicht der Ort der eigentlichen Entscheidungsfindung zu sein.[4]

Überdies spielt sich auch während der Beratung eines Falles ein Teil des Vorgangs in den Köpfen der Richter ab, so dass dem Beobachter bestenfalls richterliche Selbstdarstellungen zur Verfügung stehen, deren Verlässlichkeit aber zweifelhaft sein kann. Man würde von einem Richter kaum erwarten, dass er mitteilt, bei der Entscheidungsfindung von anderen als rechtlichen Motiven geleitet zu sein. Wegen dieser Intransparenz fließt in die wissenschaftliche Beschreibung richterlichen Verhaltens viel Spekulatives ein. Der wichtigste Teil der verfassungsgerichtlichen Tätigkeit, nämlich die Entscheidungsfindung, ob die Verfassung eine bestimmte politische Maßnahme erlaubt oder untersagt, bleibt für die Wissenschaft wie für die Öffentlichkeit eine *black box*.

Immerhin sind Teile des Prozesses der richterlichen Entscheidungsfindung zumindest einer indirekten Beobachtung zugänglich. Verfassungsgerichte müssen ihre Entscheidungen begründen und die Begründung veröffentlichen. Die Entscheidungsgründe werden als Erkenntnisakte, nicht als Willensakte dargestellt. In den Gründen erklärt das Verfassungsgericht, wie und warum sich sein Urteil aus der Verfassung ergibt. Common-Law-Länder gestatten weiter gehende Einblicke, da auch die überstimmten Richter ihre Auffassung mitteilen können und so Rückschlüsse auf die interne Diskussion ermöglichen. Dies ist in Civil-Law-Ländern selten. Selbst dort, wo – wie in Deutschland – Sondervoten bei verfassungsgerichtlichen Entscheidungen zulässig sind, wird diese Möglichkeit nicht häufig genutzt. Allein aus dem Fehlen von Sondervoten kann daher nicht etwa auf Einstimmigkeit geschlossen werden.

Es ist freilich bekannt, dass Herstellung und Darstellung einer Entscheidung auseinanderfallen können. In der Tat geht die Mehr-

4 Siehe *Virgilio Afonso da Silva*, Deciding without Deliberating, 11 I-CON 557 (2013).

heit der Politikwissenschaftler, aber auch eine ganze Reihe von Rechtswissenschaftlern vor allem in den Vereinigten Staaten davon aus, dass Richter bei der Entscheidungsfindung anders handeln, als sie in der Urteilsbegründung vorgeben. Sie werden als strategische Akteure betrachtet, die sich von persönlichen oder institutionellen Eigeninteressen, subjektiven Werten oder politischen Präferenzen leiten lassen. Nachdem die Entscheidung auf dieser Basis getroffen sei, würde sie so dargestellt, als ergäbe sie sich zwingend aus den Bestimmungen der Verfassung. Rechtlichen Regelungen kommt nach dieser Ansicht keine entscheidende Bedeutung für die richterliche Rechtsfindung zu. Dieser Ansatz wird als realistische Sichtweise auf das richterliche Verhalten beschrieben.

Ohne Zweifel gibt es Fälle, auf die diese Beschreibung zutrifft. Nicht jedes Gericht verhält sich funktionsgemäß. Wendet man sich einzelnen Gerichten zu, wird man gewiss Richter finden, die dem Recht wenig Beachtung schenken und stattdessen ihren eigenen Präferenzen oder Interessen folgen. Ebenso wird man Richter finden, die institutionelle Interessen der Justiz über richtige Rechtsanwendung stellen. Es mag auch Richter geben, die Konflikte mit mächtigen politischen Akteuren scheuen und sich bei der Beantwortung der aufgeworfenen verfassungsrechtlichen Fragen nach den explizit geäußerten oder antizipierten Erwartungen der Politik richten. Beispiele hierfür sind in Geschichte und Gegenwart in hinreichender Zahl zu finden. Fraglich ist jedoch, ob solche Verhaltensweisen justiztypisch oder pathologisch sind.

Es gibt zumindest einen Politikwissenschaftler, der den »realistischen« Ansatz entschieden ablehnt. Nachdem er die Entscheidungspraxis von acht Verfassungsgerichten untersucht hat, schreibt er: »Dieses Buch unterscheidet sich von den meisten Arbeiten von Politikwissenschaftlern über Gerichte, nicht weil ich andere Arbeiten für falsch halte, sondern weil für mich die juristische Argumentation im Vordergrund steht, die aus meiner Sicht die richterliche Tätigkeit ausmacht und die zentral für das Verständnis der Rolle ist, die Gerichte in komplexen Gesellschaften spielen. [...] Nach meiner Methode werden juristische Argumente ernst genommen, da diese zu den wichtigsten, wenn nicht sogar einzigen bestimmenden Faktoren gerichtlicher Entscheidungen zählen.« Er bevorzuge diesen Ansatz, »weil es einfach unglaubwürdig erscheint, dass so viele tausend professionell sozialisierte, fähige Männer und Frauen lügen oder sich selbst mit ihren Argumenten etwas vormachen sollten«.[5]

Das ist ein Plausibilitätsargument und als solches, verglichen mit empirischen Erhebungen, weniger überzeugend. Aber nicht jedes richterliche Verhalten lässt sich empirisch erfassen, und auch die Rechtsrealisten verfügen nicht über exklusive empirische Einsichten, sondern leiten ihre Erkenntnisse über richterliches Verhalten aus einer vorgefassten Prämisse, der *Rational-choice*-Theorie, ab. Es ist allerdings keineswegs klar, unter welchen Bedingungen, in welchem Umfang und in welchen Bereichen des gesellschaftlichen Lebens der *Rational-choice*-Ansatz eine vollständige und zuverlässige Erklärung menschlichen Verhaltens verspricht. Hinzu kommt, dass Sozialwissenschaftler oft nicht mit der spezifisch rechtlichen Argumentation, also der Art und Weise, wie eine konkret-individuelle Entscheidung aus einer abstrakt-generellen Norm abgeleitet wird, vertraut sind und deswegen dazu neigen, sie zu unterschätzen, wie *Robertson* richtig bemerkt.

Die folgende Diskussion bezieht sich auf den Richter-Typus, den *Robertson* vor Augen hat, also denjenigen Richter, der sich ernsthaft bemüht, verfassungsrechtliche Fragen aufgrund seiner juristisch erlangten Überzeugung von dem Sinn einer Norm zu entscheiden. Dieses Richterbild ist nicht als Idealtypus, sondern als Realitätsbeschreibung gemeint. Es entspricht meiner eigenen Erfahrung als Mitglied eines solchen Gerichts.[6] Die Karlsruher Richter versuchten stets, die Antwort auf eine verfassungsrechtliche Frage aus der Verfassung zu entwickeln. Ein Richter, der nicht in der Lage gewesen wäre, seine Auffassung mit rechtlichen Argumenten zu begründen, oder der politisch statt juristisch argumentiert hätte, wäre

5 *David Robertson*, The Judge as Political Theorist. Contemporary Constitutional Review, 2010, S. 21: »This book is rather different from most work by political scientists on courts, not because I think other work wrongly conceived, but because I am much more concerned with judicial argument, which I take to be the core of judges' activity, and central to understanding the role courts play in complex societies. […] My method is to take judicial argument seriously as one of the major, if not the sole, determinants of the decisions courts make. […] because it simply seems beyond credibility that so many thousands of professionally socialized able men and women should be lying or deluding themselves in their arguments.«

6 Vgl. »Ich bin ein Freund der Verfassung«. *Dieter Grimm* im Gespräch mit *Oliver Lepsius*, *Christian Waldhoff* und *Matthias Roßbach*, 2017.

diskreditiert gewesen. Es war gang und gäbe, dass Mitglieder des Gerichts ihre ursprüngliche Vorstellung von der richtigen Lösung aufgrund der in der Beratung vorgebrachten Argumente änderten.

Das bedeutet freilich nicht schon das Ende der Diskussion, denn der Versuch, verfassungsrechtliche Streitfragen juristisch zu entscheiden, könnte vergeblich sein, etwa weil der Richter dem Verfassungstext nicht genügend Anhaltspunkte entnehmen kann, um einen Fall auf rein rechtlicher Grundlage zu entscheiden, so dass Raum für andere Erwägungen bleibt. Daher muss der Fokus noch einmal verengt und die Frage gestellt werden, ob und inwieweit der Prozess der Anwendung einer Verfassungsnorm auf einen Fall in sich selbst ein politischer Akt ist. Damit verlagert sich das Problem von der Bereitschaft der Richter, sich von den Normen der Verfassung binden zu lassen, auf die Bindungsfähigkeit der Verfassungsnormen selbst.

Im Gegensatz zu Einzelweisungen, die sich auf eine bestimmte, bereits gegebene Situation beziehen und im Vollzug erschöpfen, gelten Rechtsnormen für eine unvorhersehbare Vielzahl zukünftiger Fälle. Deshalb müssen sie mehr oder weniger generell und abstrakt formuliert sein. Die Fälle, auf welche sie angewandt werden, sind dagegen stets individuell und konkret. Zwischen Norm und Fall tut sich daher eine Kluft auf. Das hat zur Folge, dass die Norm oft nicht umstandslos auf den Fall angewendet werden kann. Die Kluft muss vielmehr durch Auslegung überbrückt werden. Auslegung ist der Versuch festzustellen, was die abstrakte und generelle Norm für den individuellen und konkreten Fall bedeutet. In der Regel verlangt das vom Rechtsanwender, dass er aus der abstrakt-generellen Norm einen konkreteren Rechtssatz ableitet, der dann auf den Fall anwendbar ist.

Das kann je nach Alter und Bestimmtheit der Norm und Neuartigkeit und Komplexität des Falles schwerer oder leichter sein. Keine Rechtsnorm ist aber so klar, dass sie niemals Zweifel an ihrer Bedeutung für den Einzelfall aufkommen lässt. Ob eine Norm vage und unbestimmt formuliert ist, erkennt man beim Lesen des Normtextes. Ob eine Norm klar und eindeutig ist, kann hingegen nicht unabhängig vom Fall, auf den sie angewendet werden soll, festgestellt werden. Ein und dieselbe Norm kann im Hinblick auf einen Sachverhalt klar, auf einen anderen dagegen unklar sein. Zwar ist nicht ausgeschlossen, dass an der Bedeutung einer Norm für einen Fall keine vernünftigen Zweifel bestehen. Derartige Fälle kommen normalerweise aber gar nicht erst vor Gericht. Die meisten verfassungsgerichtlichen Verfahren entstehen gerade aus berechtigten Zweifeln an der Bedeutung von Verfassungsbestimmungen für den konkreten Fall.

Vage Rechtsnormen sind zudem im Verfassungsrecht häufiger als im Gesetzesrecht. Viele Verfassungsnormen sind Prinzipien und keine Regeln im Sinne von *Robert Alexys* Terminologie.[7] Die Kluft zwischen Norm und Fall ist daher meist größer als beim einfachen Recht. Dem Richter, der die Verfassung auf Streitfälle anwendet, eröffnen sich also Interpretationsspielräume. Sie lassen zwar keine beliebigen Deutungen zu, denn jeder Spielraum hat Grenzen, erlauben aber mehr als nur eine akzeptable Deutung. Die Füllung der Spielräume ist kein rein kognitiver Vorgang. Die Auslegung einer Norm erschöpft sich nicht in der Aufdeckung eines Sinns, der bereits zum Zeitpunkt des Erlasses in ihr deponiert wurde. Der Normkonkretisierung ist auch ein kreatives Element eigen. Der konkretisierte Normsatz wird nicht einfach gefunden, sondern bis zu einem gewissen Grad konstruiert, allerdings so, dass er in einer Argumentationskette auf die Norm zurückgeführt werden kann.

Reicht diese Tatsache aus, um zu beweisen, dass die Anwendung von Verfassungsnormen auf konkrete Fälle von Natur aus politisch ist? Wenn es zuträfe, dass bereits dort, wo die Bestimmtheit der Norm endet, die Rechtsprechung beginnt, politisch zu werden, wäre nicht nur die Verfassungsrechtsprechung, sondern jede Rechtsprechung politisch. Dies ließe jedoch die verschiedenen Einschränkungen außer Acht, denen Rechtsanwender unterliegen. Wie der Bereich der Unbestimmtheit gefüllt und wie eine vage Norm auf den zu entscheidenden Fall anwendbar gemacht wird, ist nicht dem richterlichen Belieben überlassen, sondern wird selbst wieder rechtlich gesteuert. Die Spielräume verengen sich durch die juristische Dogmatik, also in Wissenschaft und Praxis herausgebildete und überwiegend geteilte Auffassungen von der »richtigen« Auslegung, durch Präzedenzfälle und durch die Interpretationsmethode.

Mit der Dogmatik und mit Präzedenzfällen steht dem Rechtsanwender ein Speicher bewährter und anerkannter Interpretationen von Rechtsnormen und -begriffen zur Verfügung, auf den er für

7 *Robert Alexy*, Theorie der Grundrechte, 1985, S. 71 ff.

die Lösung wiederkehrender Rechtsprobleme zurückgreifen kann, anstatt bei jedem Fall gänzlich neue Lösungen entwickeln zu müssen. Juristische Methoden zeigen Wege auf, wie unbestimmt formulierte Normen rational konkretisiert werden können, ohne dass die Normbindung aufgegeben würde. Es ist eine der Aufgaben von Methodenlehren, rechtliche von nicht-rechtlichen Argumenten zu scheiden. Die juristische Ausbildung besteht zum Großteil darin, Studenten mit Dogmatik und Präzedenzfällen vertraut zu machen und ihnen die Fähigkeit zu einem objektivierten, rationalen Umgang mit Rechtsnormen zu vermitteln, die keiner unmittelbaren Anwendung auf einen konkreten Fall fähig sind.

Das dogmatische und methodologische Arsenal der Juristen ist reichhaltig. Die einschlägige Norm steht nicht für sich, sondern ist Teil eines größeren Normzusammenhangs. Oftmals liefert dieser systematische Zusammenhang weitere Informationen über die Bedeutung einer Vorschrift. Gleiches gilt für die Frage nach dem Zweck einer Norm. Gesetzgebung ist eine zweckgerichtete Tätigkeit. Jede Norm wird mit Blick auf eine bestimmte Wirkung geschaffen, die sie in der Realität entfalten soll. Ein Blick in die Gesetzgebungsgeschichte kann daher aufschlussreich sein. Wollte man alle rechtlichen Instrumente beschreiben, die helfen, den Sinn von Normen zu ermitteln, müsste man hier eine Methodologie der Verfassungsinterpretation einschieben.

Freilich binden weder Dogmatik noch Rechtsmethoden den Richter in der gleichen autoritativen Weise wie der Text der Norm. Dogmatik und Methodik sind das Ergebnis eines fortdauernden Prozesses der Arbeit am Recht, an dem Wissenschaftler und Praktiker beteiligt sind. Dieser Prozess ist selten unumstritten und nie abgeschlossen. Verschiedene Methoden konkurrieren miteinander, und das Ergebnis eines Rechtsstreits kann von der Methode abhängen, die das Gericht bevorzugt. Die Grenze zwischen rechtlichen und nicht-rechtlichen Argumenten kann von verschiedenen Methodenlehren unterschiedlich gezogen werden. So wurden teleologische Argumente etwa lange Zeit als nicht-rechtliche Argumente angesehen. Für die eine methodologische Schule ist die Anpassung alter Normen an moderne Herausforderungen Politik, für eine andere Recht.

Dessen ungeachtet sind sie rechtliche Methoden. Jede von ihnen formuliert Voraussetzungen, unter denen die Interpretation einer Norm Anspruch auf rechtliche Richtigkeit erheben kann. Aber da es keine externe Instanz gibt, die entscheiden könnte, welche Dogmatik und welche Methode die richtige ist, muss man schließen, dass es immer mehrere Interpretationen geben wird, ohne dass gesagt werden könnte, welche davon richtig und welche falsch ist. Fälle, in denen lediglich eine einzige Normauslegung Richtigkeit beanspruchen kann, sind seltene Ausnahmen. Für die überwiegende Mehrheit der Fälle, und sicherlich für diejenigen, die zum Gegenstand verfassungsrechtlicher Streitigkeiten werden, gibt es mehr als eine Lösung, die rechtlich vertretbar ist.

Dies darf jedoch nicht zu der Annahme eines »anything goes« verleiten. Es gibt Interpretationen, die eindeutig falsch sind, und zwar unabhängig davon, welche Dogmatik oder Methode vorherrscht. »Falsch« bedeutet in diesem Fall, dass die Interpretation außerhalb des Spielraums möglicher Interpretationen liegt. Befindet sich die Interpretation innerhalb dieses Spielraums, dann sind Meinungsverschiedenheiten zwischen Richtern über die richtige Lösung immer noch rechtliche Meinungsverschiedenheiten. Es bleibt aber dabei, dass die Begrenzung des Normgehalts und das Auffüllen des Raums, den eine Norm für die Interpretation belässt, dem Richter Entscheidungen abfordert, die nicht vollständig durch den Text der Norm determiniert sind.

Dies ermöglicht eine letzte Eingrenzung des Problems. Die Frage ist nun, was die Wahl zwischen verschiedenen rechtlich möglichen Lösungen bestimmt. Schlagen dort endlich politische Überzeugungen, Parteiaffiliationen, Eigeninteressen ungehindert durch? Soziologen, die Licht in die *black box* zu bringen versuchen, indem sie die Sozialdaten von Richtern erheben, scheinen das anzunehmen. Aber die Frage nach dem Elternhaus, der Religionszugehörigkeit, dem Familienstand, den Besitzverhältnissen und was sonst noch interessenbegründend sein mag, wäre ja nur dann aussagekräftig, wenn zwischen diesen Merkmalen und dem Entscheidungsverhalten eine Kausalbeziehung bestünde, wenn also ein katholischer Richter immer zugunsten der Kirche, ein Unternehmersohn gegen die Gewerkschaften, ein Hauseigentümer zugunsten der Vermieter urteilte.

Diesen Vulgärsoziologismus kann man auf sich beruhen lassen. Ernster ist dagegen jene soziologische Theorie zu nehmen, die zur Erklärung richterlichen Verhaltens nicht bei den subjektiven Interessen individueller Richter, sondern den objektiven Interessen ihrer Institution, der Justiz, ansetzt. Richter bestimmen und füllen danach den Interpretationsspielraum, den eine Norm lässt, in der Weise, dass ihre eigene Macht wächst. Das kann vorkommen. Doch unterschätzen diese Theorien die Eigenlogik des Rechtssystems und die relative Autonomie rechtlicher Prozesse. Sie unterscheiden auch nicht genügend zwischen Absicht und Wirkung. Die Absicht einer professionellen Behandlung von Rechtsfragen ist es, den Geltungsanspruch von Rechtsnormen bestmöglich einzulösen. Die Wirkung ist häufig eine Ausdehnung der Kontrollbefugnis des Gerichts.

Die Bestimmung und Füllung des Interpretationsspielraums macht also Entscheidungen nötig, die vom Normtext nicht völlig determiniert sind und deswegen ohne Verstoß gegen die Norm so oder anders ausfallen können. Wie kommen diese zustande? Vor allem sind es Vorverständnisse und Hintergrundannahmen, welche die Normkonkretisierung im Unbestimmtheitsbereich anleiten. Sie sollten nicht vorschnell für rein subjektiv gehalten werden. Viele sind überindividueller Natur. Zeitströmungen wie zum Beispiel veränderte Einstellungen etwa zu Geschlechterrollen oder sexueller Orientierung spielen eine Rolle und beeinflussen die Auslegung des höchst offenen Gleichheitssatzes. Verfassungsgerichte stehen nicht außerhalb der Gesellschaft, für die sie Recht sprechen. Sie sind dem Wandel der Anschauungen ebenso ausgesetzt, wie sie auf ihn einwirken.

Hintergrundannahmen können auch bestimmte Grundauffassungen über eine gerechte Gesellschaftsordnung betreffen, etwa die Frage, was dem Markt überlassen werden kann und was der Staat in eigene Regie nehmen muss. Sie können bedeutsam werden, wenn es darum geht, Beschränkungen der wirtschaftlichen Grundrechte verfassungsrechtlich zu beurteilen. Hintergrundannahmen können sich auf die Funktion von Verfassungen beziehen. Bilden sie lediglich eine Rahmenordnung der Politik oder enthalten sie Handlungsvorgaben für die Politik? Zu den Hintergrundannahmen kann ferner die Einstellung von Richtern zu ihrer eigenen Funktion im politischen System gehören und zum Beispiel für die Frage nach »judicial activism« oder »judicial self-restraint« bedeutsam werden.

Jeder Richter steht unter dem Imperativ, juristisch richtig zu entscheiden, ohne dass aber die Richtigkeit im Verfassungstext abschließend vorausbestimmt ist. Jeder Richter muss daher anerkennen, dass diejenigen, welche zu einem anderen Ergebnis kommen als er selbst, deswegen nicht notwendig juristisch falsch oder gar unjuristisch entschieden haben. Aus diesem Grund sind strittige Urteile oder Sondervoten kein Beweis dafür, dass es in Wahrheit gar nicht ums Recht geht. Über die richtige Deutung des geltenden Rechts kann legitimerweise gestritten werden. Die Gesellschaft darf ihre Gewissheitserwartungen an das Recht nicht unrealistisch überziehen. Die Rechtsgewissheit ist in der Regel nicht schon mit der Inkraftsetzung der Norm erreicht, sondern wird erst in der Anwendung auf den Fall vollendet.

Vorverständnisse und Vorstellungen wie die genannten sind unvermeidlich, solange das Urteilen nicht Robotern überlassen werden kann. Obwohl diese Annahmen nicht in einem engeren, textlichen Sinn rechtlich sind, kann man sie doch nicht einfach als außerrechtlich abtun. Sie sind durch die Aufgabe veranlasst, den Sinn einer Verfassungsbestimmung zu ermitteln, und sind in den Prozess der Verfassungsauslegung und Fallentscheidung integriert. Die Vorverständnisse oder Vorstellungen von der gesellschaftlichen Realität, in der die Normen ihre Wirkung entfalten sollen, fließen nicht umstandslos in die Rechtsfindung ein, sondern beeinflussen diese nur in einer normativ vermittelten und kanalisierten Art und Weise. Darüber hinaus werden subjektive Neigungen durch den Umstand abgemildert, dass die Interpretation einer Norm ein kollektives Unterfangen ist. Alle angeführten Argumente müssen von der Gruppe als rechtlich relevant akzeptiert werden.

Freilich lässt sich nie ausschließen, dass auch Verfassungsgerichte, die ihre rechtliche Funktion ernst nehmen, die schwer definierbare Grenze zwischen Verfassungsinterpretation und Verfassungsänderung überschreiten oder außer Tritt mit der Gesellschaft geraten, in deren Namen sie Recht sprechen. Dies macht Korrektive notwendig. Hierzu gehört die kritische Beobachtung durch die Rechtswissenschaft, die die Rechtsprechung auf ihre rechtliche Plausibilität und ihre logische Konsistenz hin prüft. Ein weiteres Korrektiv bildet die öffentliche Debatte, der die Richter durch die Medien ausgesetzt sind. Das heißt nicht, dass die Richter ihre Entscheidungen an der öffentlichen Meinung ausrichten sollten, wohl aber, dass sie aufgefordert sind, ihr Verhalten stets kritisch zu reflektieren.

Solche Einflüsse verfehlen keinesfalls ihre Wirkung auf die Verfassungsrichter. Richter wissen um die besondere Verletzlichkeit von Verfassungsgerichten, die daraus folgt, dass die Adressaten ihrer Urteile die obersten Staatsorgane sind. Es gibt folglich kein übergeordnetes Vollstreckungsorgan wie in Angelegenheiten des einfachen Rechts. Letztlich sind jedoch Gegengewichte notwendig, um den Risiken zu begegnen, die Verfassungsgerichte im Hinblick auf demokratische Legitimation kollektiv verbindlicher Entscheidungen darstellen. Die Praxis der Verfassungsgerichte muss daher politisch korrigierbar sein. Das Korrektiv besteht indes nicht darin, dass die Politik Urteile außer Kraft setzen oder ignorieren dürfte. Im Rechtsstaat gibt es keine rückwirkende, sondern nur eine prospektive Korrektur von Verfassungsrechtsprechung. Das Mittel dafür ist die Verfassungsänderung.

5. Recht oder Politik? Die Kelsen-Schmitt-Kontroverse zur Verfassungsgerichtsbarkeit und die heutige Lage

I. Die historische Kontroverse

In seiner 1928 erschienenen »Verfassungslehre« hatte Carl Schmitt für die Verfassungsgerichtsbarkeit nur ein paar verstreute Bemerkungen, meist im Kleindruck, übrig. Ein Jahr später war sie zu seinem Hauptthema geworden. 1929 publizierte er den Beitrag »Das Reichsgericht als Hüter der Verfassung« in der Reichsgerichts-Festschrift, der nach eigenem Bekunden im August 1928 abgeschlossen war, und einen weiteren Aufsatz mit dem Titel »Der Hüter der Verfassung« im Archiv des öffentlichen Rechts. Diesen weitete er 1931 zu einem Buch mit demselben Titel aus. Hatte das Thema plötzlich Brisanz gewonnen? War es gar erst nach der Arbeit an der Verfassungslehre, der Schmitt sich in der zweiten Hälfte des Jahres 1927 gewidmet hatte, ins Blickfeld der Staatsrechtslehre gerückt?

Nichts davon trifft zu. Das Thema stand seit den Beratungen der Weimarer Nationalversammlung auf der Tagesordnung.[1] Im Verfassungsausschuss fand der Preußsche Entwurf Kritik, weil er zwar einen Staatsgerichtshof, aber keine Normenkontrolle für Reichsgesetze, nur für Landesrecht vorsah. Der entsprechende Artikel folgte auf die Bestimmung »Reichsrecht bricht Landesrecht«, diente also ihrer Durchsetzung im Streitfall. Die Prüfungskompetenz sollte durch Gesetz einem obersten Gerichtshof des Reiches zugewiesen werden. Eine Kompetenz zur Prüfung von Reichsgesetzen hielt Preuß für überflüssig, weil in Deutschland ohnehin jeder Richter die Befugnis habe, Reichsgesetze auf ihre Verfassungsmäßigkeit zu überprüfen.

1 Verhandlungen der verfassunggebenden Deutschen Nationalversammlung, Bd. 336, S. 483 ff. Vgl. *Helge Wendenburg*, Die Debatte um die Verfassungsgerichtsbarkeit und der Methodenstreit der Staatsrechtslehre in der Weimarer Republik, 1984, S. 43 ff.; *Jörg-Detlef Kühne*, Die Entstehung der Weimarer Verfassung, 2018, S. 74 ff.; *Christoph Gusy*, 100 Jahre Weimarer Verfassung, 2018, S. 68 ff.

Das wurde von verschiedenen Ausschussmitgliedern bestritten, sogar als logisch unmöglich bezeichnet. Die Diskussion mündete in einen interfraktionellen Antrag, dem Staatsgerichtshof die Prüfung der Verfassungsmäßigkeit von Reichsgesetzen auf Antrag von einhundert Reichstags-Abgeordneten zu übertragen. Bei Stimmengleichheit zu vorgerückter Stunde, einige Ausschussmitglieder hatten die Sitzung bereits verlassen, wurde der Antrag nicht angenommen. Die Befürworter behielten sich vor, ihn in der nächsten Lesung und gegebenenfalls im Plenum weiterzuverfolgen. Dazu kam es aber in der Hektik der Schlussberatungen nicht mehr. Die Frage war also offengeblieben. Ihr widmete sich nun die Staatsrechtslehre mit besonderem Eifer. Von Hippel zählt nicht weniger als 65 Beiträge zu diesem Thema.[2] Unter anderem war es Gegenstand der Gründungskonferenz der Staatsrechtslehrervereinigung 1922 und mehrerer deutscher Juristentage.[3]

Die Aufmerksamkeit, welche gerade dieses Thema erregte, erklärt sich daraus, dass es politisch aufgeladen war. Dem richterlichen Prüfungsrecht wurde Bedeutung für das Schicksal des Verfassungsprojekts zugeschrieben. Dementsprechend verlief die Front entlang der Einstellung zur Weimarer Republik. Weimar-kritische konservative Juristen, die sich im Kaiserreich noch gegen das richterliche Prüfungsrecht ausgesprochen hatten, waren nun dafür, weil sie ein von linken Kräften beherrschtes Parlament fürchteten und in der konservativen Richterschaft ein Gegengewicht erblickten, während demokratisch gesinnte Juristen gerade dies fürchteten und zur Ablehnung des richterlichen Prüfungsrechts neigten, um die parlamentarische Gesetzgebung vor einer parlamentsskeptischen Justiz zu schützen. Die parlamentarische Demokratie war also der eigentliche Gegenstand des Streits, der sich nach dem Inkrafttreten der Verfassung in der Debatte um das richterliche Prüfungsrecht fortsetzte.

Die Diskussion war Carl Schmitt selbstverständlich bekannt. In der »Verfassungslehre« wird auf einige markante Beiträge Bezug genommen. Das Thema gewann allerdings durch die Rechtsprechung

2 *Ernst von Hippel*, Das richterliche Prüfungsrecht, in: *Gerhard Anschütz/Richard Thoma* (Hrsg.), Handbuch des Deutschen Staatsrechts, Bd. II, 1932, S. 554 f., Fn. 32 und 33.

3 *Richard Thoma*, Das richterliche Prüfungsrecht, AöR 43 (1922), S. 267; 32. DJT 1921; 33. DJT 1924; 34. DJT 1926.

erhöhte Bedeutung. In seinem aufsehenerregenden Urteil im Aufwertungsstreit nach der Hyperinflation nahm das Reichsgericht das Recht in Anspruch, Reichsgesetze nicht nur auf formelle, sondern auch materielle Vereinbarkeit mit der Verfassung zu prüfen.[4] Aber auch dieses Urteil lag bei der Niederschrift der »Verfassungslehre« bereits vor. Es war im November 1925 ergangen. Die Staatsrechtslehrertagung und der Deutsche Juristentag beschäftigten sich 1926 damit.[5] Der DJT sprach sich einstimmig für eine von den Berichterstattern Anschütz und Mende vorgeschlagene Verfassungsänderung aus. Ende 1926 wurde dem Reichstag ein entsprechender Gesetzentwurf des Reichsjustizministeriums zugeleitet.[6]

Auch politische Ereignisse, die Schmitts plötzlich erwachtes Interesse an der Verfassungsgerichtsbarkeit erklären könnten, sind zwischen der »Verfassungslehre« und dem AöR-Aufsatz nicht sichtbar. Zwar gingen die »Goldenen Jahre« der Weimarer Republik 1929 zu Ende. Doch standen der Sturz der letzten parlamentarischen Regierung und der Übergang zu den vom Wohlwollen und den Notstandsbefugnissen des Reichspräsidenten abhängigen Präsidialkabinetten noch bevor, als Schmitt sich intensiver der Verfassungsgerichtsbarkeit zuwandte. Es ist also wohl doch Hans Kelsens entschiedene Stellungnahme zugunsten der Verfassungsgerichtsbarkeit auf der Wiener Staatsrechtslehrertagung vom April 1928,[7] die Schmitt dazu herausforderte, seine Position zur Verfassungsgerichtsbarkeit näher zu bestimmen.[8]

4 RGZ 111, 320.

5 Die Gleichheit vor dem Gesetz im Sinn des Art. 109 der Reichsverfassung, Berichte von *Erich Kaufmann* und *Hans Nawiasky*, VVDStRL 3 (1927), S. 2-24 und 25-43; Empfiehlt es sich, die Zuständigkeit des Staatsgerichtshofs auf andere als die in Art. 19 Abs. 1 RV bezeichneten Verfassungsstreitigkeiten auszudehnen? 34. DJT 1926, Bd. II, S. 193-288.

6 Vgl. *Wendenburg*, Debatte (Fn. 1), S. 37 ff.; *Horst Dreier*, Verfassungsgerichtsbarkeit in der Weimarer Republik, Der Staat Beiheft 22 (2014), S. 363 ff. Der Entwurf kam in der 3. und 4. Legislaturperiode des Reichstags nicht zur Abstimmung und wurde danach nicht mehr eingebracht.

7 *Hans Kelsen*, Wesen und Entwicklung der Staatsgerichtsbarkeit, Veröffentlichungen der Vereinigung der Deutschen Staatsrechtslehrer (VVDStRL) 5 (1929), S. 30-88.

8 *Schmitt* gibt das selbst zu erkennen, s. Der Hüter der Verfassung, AöR 55 (1929), S. 181: Er schreibe das Folgende »unter Stellungnahme zu den Argumenten des Zweiten Berichterstatters jenes Staatsrechtslehrertages, H. Kelsen«.

In der »Verfassungslehre« war Schmitt an drei Stellen auf die Verfassungsgerichtsbarkeit zu sprechen gekommen. Bei der Erörterung des Begriffs »Verfassungsstreitigkeiten«, den die Weimarer Verfassung im Zusammenhang mit den Befugnissen des Staatsgerichtshofs verwandte, stellte er die Frage, ob es sich empfehle, Zweifel und Meinungsverschiedenheiten über die Auslegung der Verfassung in justizförmigen Verfahren zu erledigen.[9] Dafür, namentlich für die Prüfung der Verfassungsmäßigkeit von Gesetzen, komme ein Staatsgerichtshof oder Verfassungsgericht in Betracht. Diese Lösung erklärte Schmitt in Übereinstimmung mit den Referenten des 33. und des 36. Deutschen Juristentages für naheliegend. Dann folgte jedoch ein Vorbehalt: Ein derartiger Gerichtshof sei »in Wahrheit eine hochpolitische Instanz«,[10] und zwar deswegen, weil er auch, ja sogar vor allem, diejenigen Zweifel und Meinungsverschiedenheiten zu entscheiden hätte, welche sich aus den dilatorischen Formelkompromissen der Weimarer Verfassung ergäben.

Dilatorische Formelkompromisse sind in Schmitts Terminologie Bestimmungen, die eine bei der Verfassungsgebung nicht gelöste Streitfrage durch formelhafte Wendungen überbrücken mit der Folge, dass richterliche Entscheidungen über sie in Wahrheit nachgeholte Sachentscheidungen seien. Schmitt fügt hinzu, es sei unmöglich, Rechtsfragen von politischen Fragen zu trennen. Daher sei es »ehrlicher«, solche Entscheidungen einer politischen statt einer juristischen Instanz zu übertragen. Dann folgt die bekannte und in allen folgenden Veröffentlichungen wiederholte Wendung: »Sonst besteht die Gefahr, dass statt einer Juridifizierung der Politik eine [...] Politisierung der Justiz eintritt.«[11]

Der zweite Rekurs auf die Verfassungsgerichtsbarkeit wird von dem Satz eingeleitet: »Echte Verfassungsstreitigkeiten sind immer politische Streitigkeiten.«[12] Schmitt fährt fort, die Entscheidung bei Zweifeln und Meinungsverschiedenheiten über die Verfassungsmäßigkeit von Gesetzen durch ein besonderes Gericht sei »keine echte Prozessentscheidung«. Darunter versteht er Urteile, wie sie in Straf- oder Zivilprozessen gefällt werden. Trotzdem sei sie von Interesse, weil dadurch die allgemeine Prüfungskompetenz

9 *Carl Schmitt*, Verfassungslehre, 1928, S. 117 f.
10 Ebenda, S. 118.
11 Ebenda, S. 119.
12 Ebenda, S. 136.

der Gerichte beschränkt werde. Ein Gebot des Rechtsstaats, wie viele meinten, sei die gerichtliche Normenkontrolle aber nicht. Sie setze die Trennung von Recht und Politik voraus, die es nicht gebe. »Eine Entscheidung über ›Verfassungsmäßigkeit‹ ist niemals eine unpolitische Entscheidung.«[13] Konsequenzen werden daraus in der »Verfassungslehre« nicht gezogen.

Im Zusammenhang mit der Gewaltenteilung kritisiert Schmitt schließlich das Urteil des Reichsgerichts von 1925,[14] denn die Frage sei nicht, ob verfassungswidrige Gesetze ungültig seien – das verstehe sich von selbst –, sondern wer zuständig sei, dies zu entscheiden. Das Reichsgericht habe seine Zuständigkeit nicht ausreichend begründet. Trotzdem wolle er das richterliche Prüfungsrecht bejahen, weil es die Gewaltenteilung nicht tangiere. Die Justiz wirke hier nicht auf die Legislative ein. Auch wenn sie Zweifel über die Gültigkeit von Gesetzen entscheide, »geht sie aus der reinen Normativität nicht heraus; sie hemmt, aber sie befiehlt nicht«.[15] Fehle es aber an einem »Eingriff« in die Gesetzgebung, könne die Gewaltenteilung durch das richterliche Prüfungsrecht nicht verletzt werden.

So weit Schmitts Auffassung vor Kelsens Intervention. Sie ist hier etwas ausführlicher wiedergegeben, weil man bei einer Frage, auf die in einer Verfassungslehre eine systematisch begründete Antwort zu erwarten gewesen wäre, einem nicht recht schlüssigen, sogar widersprüchlichen Carl Schmitt begegnet. Die Gründe liegen im Dunkeln. Auch Volker Neumann, der zu bedenken gibt, »dass Schmitt die Rücksicht auf seine konservativen Fachgenossen, denen er in der politisch brisanten Frage nach einem richterlichen Prüfungsrecht nicht in den Rücken fallen wollte, wichtiger war als theoretische Konsequenz«,[16] hat seine Erklärung nicht belegt, sie bleibt eine Mutmaßung.

Ganz anders Hans Kelsen. Er ist der entschiedenste und in seiner Argumentation konsequenteste Befürworter der Verfassungsgerichtsbarkeit. Ihm wird das Verdienst zugeschrieben, Urheber der spezialisierten Verfassungsgerichtsbarkeit mit der Normenkontrolle als zentraler Kompetenz zu sein und sie in der österreichischen

13 Ebenda, S. 136 f.

14 Ebenda, S. 195 f.

15 Ebenda, S. 196.

16 *Volker Neumann*, Carl Schmitt als Jurist, 2015, S. 224.

Bundesverfassung vom Oktober 1920, die auf seine Entwürfe zurückgeht, befestigt zu haben. Schneller als Österreich war allerdings die Tschechoslowakei, die das Modell ohne Kelsens Mitwirkung in ihrer Verfassung vom Februar 1920 verwirklicht hatte. Zur Erklärung ist auf die günstigen Vorbedingungen für eine Verfassungsgerichtsbarkeit in der Habsburgermonarchie hingewiesen worden.[17] Schon seit der Dezember-Verfassung von 1867 gab es dort einen gut ausgebildeten Rechtsschutz gegen den Staat einschließlich des Grundrechtsschutzes, doch ohne Gesetzesprüfung. Ebenso waren Forderungen nach einer Verfassungsgerichtsbarkeit schon im 19. Jahrhundert laut geworden.

In Kelsens Entwürfen für die Bundesverfassung werden sie aufgegriffen, allerdings, wie neuere Forschungen ergeben haben, mit ganz anderer Intention und in ganz anderer Ausgestaltung, als sie später in die Verfassung eingingen.[18] Die Gesetzesprüfung war in seinen Entwürfen auf Landesgesetze beschränkt und diente wie in der Weimarer Verfassung dazu, den Vorrang des Bundesrechts zu sichern. Das rief jedoch den Widerstand der Länder hervor, der nur dadurch überwunden werden konnte, dass ihnen das Recht zugestanden wurde, auch Bundesgesetze auf ihre Verfassungsmäßigkeit prüfen zu lassen. Niemand habe sich dagegen so lange gesträubt wie Kelsen, schreibt Ewald Wiederin.[19] Er geht so weit zu sagen, dass die späteren wissenschaftlichen Ausführungen Kelsens nur der Versuch gewesen seien, für die verfassungsrechtliche Regelung einen theoretischen Rahmen zu entwerfen. Seine richterliche Tätigkeit in dem neuen Verfassungsgericht habe dem keineswegs entsprochen.[20]

Kelsens Position kann wegen ihrer Klarheit und Stringenz knapp zusammengefasst werden. Das Prinzip, aus dem er seine

17 Vgl. *Gerald Stourzh*, »Schutz der Verfassung« in der österreichischen Dezemberverfassung von 1867, Der Staat Beiheft 22 (2014), S. 223; *ders.*, Hans Kelsen, Die österreichische Bundesverfassung und die rechtsstaatliche Demokratie, in: Die Reine Rechtslehre in wissenschaftlicher Diskussion, 1982, S. 7.

18 Vgl. *Ewald Wiederin*, Der österreichische Verfassungsgerichtshof als Schöpfung Hans Kelsens und sein Modellcharakter als eigenständiges Verfassungsgericht, Der Staat Beiheft 22 (2014), S. 283 (ergänzt aufgrund neuen Archivmaterials in einem Vortrag »Vergessene Wurzeln der gerichtlichen Normenkontrolle«, gehalten im Verfassungsgerichtshof am 28. 1. 2020).

19 Ebenda, S. 297.

20 Ebenda, S. 304.

Auffassung entwickelt, ist der Stufenbau der Rechtsordnung.[21] Das Recht regelt seine eigene Erzeugung. Jeder staatliche Akt, der rechtliche Anerkennung und Befolgung beansprucht, muss durch eine Norm höheren Ranges autorisiert sein und sich im Rahmen der Autorisierung halten. Gesetze haben folglich nur dann rechtliche Gültigkeit, wenn sie auf einer verfassungsrechtlichen Kompetenz beruhen und die Kompetenzgrenzen wahren. Rechtsetzung und Rechtsanwendung sind daher nicht absolute, sondern nur relative Gegensätze. Jedem Rechtsakt wohnt ein rechtsschöpferisches und ein rechtsanwendendes Element inne. Lediglich der Spielraum verengt sich von oben nach unten. Für den Gesetzgeber ist er groß, für Gerichte kleiner, für Vollzugsakte am geringsten.

Diese Bedingung rechtmäßigen staatlichen Handelns ist für Kelsen aber nur dann gewährleistet, wenn über ihre Einhaltung nicht die verfassungsgebundene politische Instanz, also das Parlament, sondern eine andere, vom Parlament unabhängige Instanz wacht.[22] Diese darf auch nicht auf die Feststellung der Verfassungswidrigkeit des Gesetzes beschränkt sein, sondern muss es aufheben dürfen, weil Kelsen an der Bereitschaft des Parlaments zur Selbstkorrektur aufgrund eines bloß deklaratorischen Einspruchs zweifelt. Da es dabei um Rechtsfragen geht, drängt sich die Justiz auf. Ob jedes Gericht oder ein spezielles Gericht die Aufgabe erfülle, sei sekundär und pragmatisch zu entscheiden. Kelsen selbst zog ein spezielles Gericht der inzidenten Normenkontrolle vor.

Funktional betrachtet, ist die verfassungsgerichtliche Normenkontrolle für ihn Teil der Gesetzgebung. Eine Instanz, die ermächtigt ist, Gesetze aufzuheben, partizipiert an der gesetzgebenden Gewalt, wenngleich nur negativ. Im Unterschied zur Erzeugung eines Gesetzes, bei der die politische Freiheit die rechtliche Bindung überwiegt, kehrt sich das Verhältnis bei der Aufhebung eines Gesetzes im Wege der verfassungsgerichtlichen Rechtmäßigkeitskontrolle um. Hier überwiegt das rechtsanwendende Element. Die politischen Motive, welche die Erzeugung des Gesetzes bestimmten, interessieren hier nicht. Insofern ist die Verfassungsrechtsprechung »echte Gerichtsbarkeit«.[23]

Im Unterschied zu Schmitt zweifelte Kelsen also nicht daran,

21 *Kelsen*, Staatsgerichtsbarkeit, S. 31 ff.

22 Ebenda, S. 53 ff.

23 Ebenda, S. 56.

dass die Aufhebung oder Nichtanwendung eines Gesetzes einen Eingriff in die gesetzgebende Gewalt des Parlaments darstellt, allerdings einen gerechtfertigten. Bestehe diese Möglichkeit nicht, fehle der Verfassung die volle Rechtsverbindlichkeit. Dann folgen die Worte, welche nicht weniger bekannt sind als Schmitts Warnung vor Juridifizierung und Politisierung: Ohne Verfassungsgerichtsbarkeit bedeute die Verfassung »nicht viel mehr als einen unverbindlichen Wunsch«. Da ja auch die Aufrechterhaltung verfassungswidriger Gesetze einen Rechtsgrund benötige, der allein aus der Verfassung kommen könne, ließen sich verfassungsrechtliche Vorgaben für Gesetze beim Fehlen einer Verfassungsgerichtsbarkeit nur als »Alternation« verstehen: »entweder so, aber wenn nicht so, dann auch – beinahe beliebig – anders«.[24]

Carl Schmitt war der Wiener Staatsrechtslehrertagung offenbar ferngeblieben. Er hatte es also versäumt, sich mit Kelsen direkt auseinanderzusetzen. Das holte er in den beiden Aufsätzen von 1929 und dem Buch von 1931 nach,[25] auf das Kelsen im selben Jahr mit der Schrift »Wer soll der Hüter der Verfassung sein?« antwortete.[26] Wo Kelsen die Ansicht vertreten hatte, dass es um der Verfassung willen eine Verfassungsgerichtsbarkeit geben *müsse*, beharrte Schmitt darauf, dass es bei richtigem Verfassungsverständnis keine Verfassungsgerichtsbarkeit geben *dürfe*. Von der Verfassungsgerichtsbarkeit, verstanden als Institution mit der spezifischen Aufgabe eines »Hüters der Verfassung«, unterschied er jedoch das richterliche Prüfungsrecht, also die Befugnis aller Gerichte, die Verfassungsmäßigkeit derjenigen Gesetze zu prüfen, auf die es für die Entscheidung eines Rechtsstreits ankommt. Das Letztere bejahte er, die Erstere lehnte er ab.[27]

Schmitt entwickelt seine Auffassung aus der Differenz zwischen Rechtsetzung und Rechtsanwendung oder, wie er sich meistens aus-

24 Ebenda, S. 79.

25 Das Reichsgericht als Hüter der Verfassung, in: Die Reichsgerichts-Praxis im deutschen Rechtsleben. Festgabe zum 50jährigen Bestehen des Reichsgerichts, Bd. 1, 1929, S. 154 (im Folgenden: Reichsgericht); Der Hüter der Verfassung, AöR 55 (1929), S. 161 (im Folgenden: AöR); Der Hüter der Verfassung, 1931 (im Folgenden: Hüter). In wesentlichen Teilen sind sie gleichlautend.

26 Siehe zu dieser Diskussion *Olivier Beaud/Pasquale Pasquino* (Hrsg.), La controverse sur »Le gardien de la constitution« et la justice constitutionnelle. Kelsen contra Schmitt, 2007.

27 Reichsgericht, S. 82 ff.

drückt, zwischen Gesetz und Richterspruch.[28] Bereits hier grenzt er sich scharf gegen Kelsen ab. Wo dieser zwischen Rechtsetzung und Rechtsanwendung nur einen graduellen Unterschied sieht, weil beide notwendig Elemente von Rechtsetzung und Rechtsanwendung in sich vereinen, findet Schmitt eine Wesensverschiedenheit. »Ein Gesetz ist kein Richterspruch, ein Richterspruch kein Gesetz, sondern Entscheidung eines ›Falles‹ auf Grund eines Gesetzes.«[29] Das eine ist Politik, das andere Rechtsanwendung. Daher müsse an der sachlichen Verschiedenheit der beiden Bereiche festgehalten werden. Die Natur der Sache schließe »eine Verbindung von echter Justiz und echtem Verfassungsstreit« aus.[30] Eine durchgängige Stufenfolge, wie Kelsen meine, gebe es nicht.

Rechtsanwendung setzt die Existenz von Rechtsnormen voraus, an die der Rechtsanwender gebunden ist. Nur unter dieser Bedingung lässt sich die richterliche Unabhängigkeit rechtfertigen. Das würde auch Kelsen nicht bestreiten. Fraglich ist nur, wie weit die Bindung reicht. Hier verlangt Schmitt mehr als Kelsen. Für Kelsen fällt die Bindung mit den Grenzen der Norm zusammen. Diese lassen sich rational erkennen. Innerhalb der Grenzen ist das anders. Hier herrscht nicht Erkenntnis, sondern Entscheidung.[31] Für Schmitt kann von Bindung dagegen nur die Rede sein, wenn »bestimmbare, messbare Subsumtionen ermöglichende Normen« zur Verfügung stehen.[32] Sie determinieren die Justiz so weit, dass der Richter sie ohne eigenes Zutun auf den Fall anwenden kann. Was er tue, sei schon inhaltlich vom Gesetz geregelt.[33] Das Urteil werde lediglich aus einer »messbar und berechenbar im Gesetz bereits enthaltenen Entscheidung abgeleitet«.[34] Wo es solche Normen gibt, ist Justiz, wo sie fehlen, schlägt Justiz in Politik um.

Von der Anwendung einer Norm im Weg der Subsumtion unterscheidet Schmitt die Klärung von Zweifeln und Meinungsverschiedenheiten über die Bedeutung der Norm. Hier werde der Inhalt des Gesetzes nicht auf den Fall angewendet, sondern über-

28 AöR, S. 186 ff.; Hüter, S. 36 ff.
29 AöR, S. 187; Hüter, S. 37.
30 AöR, S. 181.
31 *Hans Kelsen*, Reine Rechtslehre, 1934, S. 90 ff.
32 Hüter, S. 19.
33 AöR, S. 189.
34 Hüter, S. 38.

haupt erst bestimmt. Das sei aber der Sache nach nicht Rechtsprechung, sondern Gesetzgebung, im Fall der Unklarheit von Verfassungsnormen sogar Verfassungsgesetzgebung.[35] Ein Gericht, das Zweifel und Meinungsverschiedenheiten über den Inhalt einer Norm beseitige, mache sich in Wahrheit zur zweiten Kammer des Parlaments.[36] Kelsen sieht darin kein Problem, weil jeder Rechtsanwendung ein rechtsetzendes Element innewohnt. Er kann daher, ohne sich in Widersprüche zu verwickeln, das Verfassungsgericht als »negativen Gesetzgeber« bezeichnen.[37] Bei Schmitt lautet der entscheidende Satz: »Alle Justiz ist an Normen gebunden und hört auf, wenn die Normen selbst in ihrem Inhalt zweifelhaft oder umstritten sind.«[38]

Für die gerichtliche Normenkontrolle folgert er daraus, dass es nur zwei Möglichkeiten gebe: Entweder liege ein offenbarer Widerspruch zwischen Verfassung und Gesetz vor, dann »ahnde« der Gerichtshof diesen Verstoß »nach Art einer vindikativen Strafjustiz«.[39] Solch klare Fälle würden aber unter normalen Umständen kaum vorkommen. Oder es bestünden wegen der Unklarheit der Norm Zweifel und Meinungsverschiedenheiten über ihren Inhalt, so dass von einer Verletzung nicht gesprochen werden könne. Die Klärung des Inhalts sei dann Gesetzgebung.[40] Bei den dilatorischen Formelkompromissen sei es sogar erstmalige Verfassungsgebung.[41] Eine Institution, die dies tue, könne also nicht Gericht sein.

Kelsen nennt diesen Schluss »Begriffsjurisprudenz«[42] und Schmitts Rechtsanwendungsmodell »Automatentheorie«.[43] Er versäumt nicht, darauf hinzuweisen, dass Schmitt hier in Widerspruch zu sich selbst tritt. In der Tat hatte er in seiner frühen Schrift »Gesetz und Urteil«[44] gegen die damals herrschende Meinung behauptet, eine durchgängige Gesetzesbindung des Richters, die eigenes Zutun bei der Entscheidung eines Falles erübrige, gebe es nicht.

35 Reichsgericht, S. 78; AöR, S. 198; Hüter, S. 45.

36 Reichsgericht, S. 79 f.

37 Staatsgerichtsbarkeit, S. 56 und Leitsatz 9.

38 Hüter, 19.

39 Reichsgericht, S. 80; Hüter, S. 45.

40 Reichsgericht, S. 80; AöR, S. 196; Hüter, S. 45.

41 Hüter, S. 48.

42 *Kelsen*, Hüter, S. 13.

43 Ebenda, S. 21.

44 *Schmitt*, Gesetz und Urteil, 1912.

Diese Einsicht wird im »Hüter der Verfassung« sogar erneut bekräftigt. Dort heißt es unter Hinweis auf das Buch von 1912: »In jeder Entscheidung, selbst in der eines tatbestandsmäßig subsumierenden prozessentscheidenden Gerichtes liegt ein Element reiner Entscheidung, das nicht aus dem Inhalt der Norm abgeleitet werden kann.«[45] Schmitt zögert nicht einmal hinzuzufügen, dass das richterliche Prüfungsrecht hiervon nicht ausgenommen sei: »Auch bei einem nur akzessorisch sein Prüfungsrecht ausübenden Gericht ist dieses dezisionistische Element erkennbar.«[46]

Wenn das aber so ist, drängt sich der Schluss auf, dass nicht nur die Verfassungsrechtsprechung, sondern jede Rechtsprechung der Sache nach Gesetzgebung und also Politik ist. Denn nicht nur Verfassungsnormen werfen Zweifelsfragen auf und rufen Meinungsverschiedenheiten hervor, sondern auch Gesetzesrecht. Das wendet auch Kelsen ein.[47] Verglichen mit dem Verfassungsrecht mag im Gesetzesrecht die Zahl der relativ präzisen Normen die der vagen übersteigen. Aber keine Norm ist so eindeutig, dass sie niemals Zweifelsfragen aufkommen lässt. Ob eine Norm vage ist, zeigt sich bei der Lektüre. Ob sie eindeutig oder mehrdeutig ist, hängt vom Fall ab, auf den sie angewendet wird. Ein und dieselbe Norm kann hinsichtlich eines Falles klar, hinsichtlich eines anderen unklar sein. Warum ist dann aber das richterliche Prüfungsrecht möglich, die Verfassungsgerichtsbarkeit jedoch nicht?

Schmitt verweist zur Stützung seiner Ansicht noch auf einen weiteren Unterschied zwischen den beiden hin. Die Verfassungsgerichtsbarkeit wende nicht wie ein gewöhnliches Gericht Normen auf Sachverhalte an, sondern Normen auf Normen.[48] Das ist in der Tat das Wesen der Normenkontrolle. Es wird geprüft, ob eine niederrangige Norm, ein Gesetz, mit einer höherrangigen, der Verfassung, vereinbar ist. Schmitt beschreibt den Vorgang aber nicht als das, was er ist, sondern stellt ihn als »Justiz des Verfassungsgesetzes über das einfache Gesetz« dar.[49] Kelsen hält das für unmöglich, denn ein Gesetz könne nicht Hüter eines anderen Gesetzes sein. Gesetze seien nicht Gegenstände, sondern Maßstäbe eines

45 Hüter, S. 45 f.

46 Ebenda, S. 46.

47 *Kelsen*, Hüter, S. 17 f.

48 AöR, S. 191; Hüter, S. 41.

49 Hüter, S. 41.

Gerichtsverfahrens. Mit seiner kleinen sprachlichen Verschiebung von einem Gericht, das eine Norm prüft, zu einer Norm, die eine andere Norm prüft, macht Schmitt die Verfassungsgerichtsbarkeit zur Absurdität. Kelsen kommentiert das in ganz unkelsenianischer Diktion als »vollkommen daneben«.[50]

Schmitt geht aber noch einen Schritt weiter. Er will auch die Basis zerstören, auf der Kelsens Begründung der Verfassungsgerichtsbarkeit ruht, nämlich den Stufenbau der Rechtsordnung oder die Hierarchie der Normen. Von höher- und niederrangigen Normen könne man nur sprechen, wenn es um die verschiedenen Grade der Änderbarkeit oder Aufhebbarkeit von Normen gehe. Erschwerte Abänderbarkeit mache eine Norm höherrangig. Wolle man daraus eine Hierarchie der Normen machen, so sei das eine bloße Metapher.[51] Auch das hörte sich früher anders an. In der »Verfassungslehre« hatte er diese Aussage noch als positivistisch verurteilt. Die Verfassung sei nicht höherrangig, weil sie erschwert änderbar sei, sondern sie sei erschwert änderbar, weil sie höherrangig sei, nämlich inhaltlich bedeutender.[52]

Jetzt spielt er das herunter, indem er das Rangverhältnis kurzerhand übergeht und sagt, wenn der Richter vor zwei widersprechenden Bindungen stehe, müsse er trotzdem entscheiden. »Wählt er nun [...] eine der kollidierenden Gesetzesbestimmungen als Grundlage seiner Prozessentscheidung aus, so kommt die andere kollidierende Bestimmung nicht zur Anwendung. Das ist alles.«[53] Das trifft als Aussage über die Rechtsfolge zweifellos zu, ist aber auch banal. Nicht erwähnt wird, dass es für die Auswahl allgemein anerkannte Kollisionsregeln gibt, und eine dieser Regeln besagt, dass die höherrangige Norm der niederrangigen vorgeht. Liegen die kollidierenden Normen auf derselben Ebene, gelten andere Kollisionsregeln, so geht die jüngere Norm der älteren vor und die speziellere der allgemeineren. Wo weder das eine noch das andere gegeben ist, muss der Rechtsanwender eine harmonisierende Auslegung suchen.

Auch der Umstand, dass Verfassungsgerichte Normen auf Normen anwenden, trägt also nicht die unterschiedliche Behandlung,

50 *Kelsen*, Hüter, S. 20.
51 *Schmitt*, AöR, S. 191; Hüter, S. 39.
52 *Schmitt*, Verfassungslehre, S. 18.
53 *Schmitt*, AöR, S. 168.

denn wenn ein gewöhnliches Gericht das richterliche Prüfungsrecht ausübt, tut es nichts anderes als ein Verfassungsgericht. Auch hier werden Normen auf Normen angewendet, was im Zusammenhang mit der Verfassungsgerichtsbarkeit für unmöglich erklärt wurde, hier aber schweigend übergangen wird. Da Verfassungsnormen nicht klarer und eindeutiger werden, wenn statt eines Verfassungsgerichts Zivilgerichte oder Strafgerichte sie anwenden, bleibt das Problem dasselbe. Ob die Verfassungsmäßigkeit eines Gesetzes im Verfahren der abstrakten Normenkontrolle durch ein Verfassungsgericht oder im Verfahren der konkreten Normenkontrolle durch ein Fachgericht entschieden wird, ändert an dem Vorgang nichts, und nach Schmitt ist er Gesetzgebung und nicht Justiz.

Angesichts dessen kommt Schmitt nun auf seine strikte Trennung zwischen der Subsumtion klarer Bestimmungen und der Klärung von Zweifeln und Meinungsverschiedenheiten nicht mehr zurück und führt stattdessen ein graduelles Kriterium ein, indem er zwischen der mit jeder Rechtsanwendung verbundenen Dezision einerseits und einem gesteigerten Dezisionismus bei Klärung von Zweifeln und Meinungsverschiedenheiten über verfassungsrechtliche Normen andererseits unterscheidet. Er räumt ein, dass auch das Gericht, welches sein richterliches Prüfungsrecht ausübt, Zweifel über den Inhalt einer Gesetzesbestimmung entscheidet. Dabei gehe es aber nicht um »überwältigende Argumentation, sondern eben Entscheidung durch autoritäre Beseitigung des Zweifels«.[54]

Bei einer Instanz, deren spezifische Funktion es ist, Zweifel zu entscheiden, sei der dezisionistische Charakter des Ausspruchs aber »noch viel stärker und wesensbestimmender« als bei einer Institution, die solche Zweifel nur bei Gelegenheit der Anwendung von Gesetzen im Einzelfall kläre, eben »akzessorisch«.[55] Hier sei das dezisionistische Element »nicht nur Teil der Entscheidung, das zu dem normativen Element hinzutritt, um überhaupt eine *res judicata* zu ermöglichen; vielmehr ist die Entscheidung als solche Sinn und Zweck des Ausspruchs, und ihr Wert liegt nicht in einer überwältigenden Argumentation, sondern in der autoritären Beseitigung des Zweifels, der gerade aus den vielen möglichen, einander widersprechenden Argumentationen entsteht«.[56] Der Unterschied

54 Hüter, S. 46.

55 Ebenda.

56 Ebenda.

liegt dann nicht mehr in dem *Vorgang* der Gesetzesprüfung, sondern in der *Institution*, welche sie vornimmt.

Dass es um die Instanz geht, wird noch klarer, wenn Schmitt sich der Rechtsfolge zuwendet. Verfassungsgerichte annullieren verfassungswidrige Gesetze, Fachgerichte lassen sie bei der konkreten Entscheidung außer Acht. Der Wille des Gesetzgebers wird zwar beide Male durchkreuzt, aber einmal generell, einmal lediglich punktuell. Für Schmitt ist das jedoch kein gradueller, sondern ein kategorialer Unterschied. Was das gewöhnliche Gericht im Unterschied zum Verfassungsgericht tue, sei keine Kontrolle des Gesetzgebers. »Die Nicht-Anwendung des einfachen Gesetzes bleibt im Rahmen der tatbestandsmäßigen Subsumtion unter ein anderes, vorgehendes Gesetz.«[57] Der Schwerpunkt liege weiter in der Gesetzgebung. Durch das richterliche Prüfungsrecht entstehe »noch keine besondere Instanz, deren Funktion in einem spezifischen Sinne Wahrung und Hütung der Verfassung wäre«.[58]

Letzten Endes ist wohl dieser Satz der Schlüssel zum Verständnis seiner Position. Es ist die spezifische Institution eines gerichtlichen Hüters der Verfassung, die etwas wesensmäßig Politisches entscheidet, mit der er sich nicht abfinden kann. Wenn man eine besondere Instanz mit dieser Aufgabe betrauen wolle, dürfe es keine der vorhandenen Gewalten sein, »weil sie sonst nur ein Übergewicht gegenüber den anderen erhielte und sich selbst der Kontrolle entziehen könnte. Sie würde dadurch zum Herren der Verfassung.«[59] Die Unschlüssigkeit ist nun gewichen. Die Widersprüche bleiben. Angesichts der vielen offenkundigen Ungereimtheiten kann man es nur mit Kelsen halten und dessen Frage wiederholen, »warum ein Autor von so außerordentlichem Geist wie C. S. sich in so handgreifliche Widersprüche verwickelt, nur um die These halten zu können: Verfassungsgerichtsbarkeit sei keine Justiz, sondern Gesetzgebung«.[60]

Kelsens Warum-Frage klärt sich indessen, wenn man die Lektüre nicht abbricht, nachdem Schmitt am Ziel seiner Überlegungen zur Verfassungsgerichtsbarkeit ist: Verfassungsanwendung ist nicht Justiz, daher darf kein Gericht dafür zuständig sein. Dann zeigt sich nämlich, dass es ihm nicht nur darum ging, die Unmöglichkeit der

57 Reichsgericht, S. 87.

58 AöR, S. 166.

59 Ebenda, S. 212 f.

60 *Kelsen*, Hüter, S. 21 f.

Verfassungsgerichtsbarkeit zu beweisen, um die die Hüter-Diskussion damals kreiste. Vielmehr benötigte er dieses Ergebnis und versuchte es daher um jeden Preis zu rechtfertigen, um einen anderen, geeigneteren Hüter der Verfassung ins Spiel bringen zu können.

Dieser Schritt wird zuerst in den beiden Aufsätzen von 1929 getan. Dort hatte Schmitt ja bereits festgestellt, dass es viele Hüter der Verfassung geben könne und gegeben habe.[61] Wer jeweils dazu ausersehen werde, hänge davon ab, von wem der Verfassung Gefahr drohe. In der konstitutionellen Monarchie des 19. Jahrhunderts seien es die Monarchen sowie die von ihnen abhängige Exekutive gewesen, die sich nur widerwillig auf Verfassungen eingelassen hätten. Geborener Hüter der Verfassung sei in dieser Situation das Parlament gewesen, das mit dem Erlass von Verfassungen die politische Bühne betreten hatte. Es repräsentierte die relativ homogene bürgerliche Gesellschaft und hatte im Gesetzgebungsrecht ein wirksames Mittel, die Exekutive an Übergriffen in die verfassungsrechtlich zugestandene Freiheitssphäre des Bürgertums zu hindern.

Mit dem Übergang zur Demokratie hatte sich für Schmitt die Gefahrenlage gewandelt. Das Parlament war nun ein Kampffeld von Partikularinteressen, das Gesetz das Instrument der jeweiligen Mehrheit, ihre Interessen durchzusetzen. Damit war das Parlament für Schmitt als Hüter der Verfassung disqualifiziert. Die Verfassung musste nun umgekehrt vor ihm geschützt werden. Dafür kommt in den Augen Schmitts nach der Weimarer Verfassungskonstruktion nur der Reichspräsident infrage. Das wird dann im Hüter-Buch von 1931 unter Rückgriff auf andere Aufsätze von 1929 und 1930 in einen größeren zeitdiagnostischen Zusammenhang gestellt.[62] Dass die Weimarer Republik 1930 in ein neues Stadium getreten war, sieht man dem Buch nicht an. »Die konkrete Verfassungslage der Gegenwart«, die Schmitt im zweiten Teil des Buches von 1931 beschreibt,[63] ist noch diejenige vor 1930, während Kelsen in seiner Erwiderung bereits auf die Veränderungen eingeht.[64] Schmitt wird das erst 1932 mit »Legalität und Legitimität« tun.

Für Schmitt ist der Verfassungszustand der Gegenwart durch die Begriffe »Pluralismus, Polykratie und Föderalismus« charakteri-

61 Reichsgericht, S. 72 ff.; AöR, S. 170 ff.

62 Hüter, S. 71 ff.

63 Ebenda.

64 *Kelsen*, Hüter, S. 8 ff.

siert.[65] Was sie verbindet, ist der Gegensatz zu einer geschlossenen und durchgängigen staatlichen Einheit oberhalb der Gesellschaft. Föderalismus heißt »Pluralität von staatlichen Gebilden auf staatlichem Boden«, bleibt also staatsimmanent und gefährdet nicht die Staatlichkeit als solche. Pluralismus meint demgegenüber eine Mehrheit fest organisierter, durch die verschiedenen Gebiete des staatlichen Lebens hindurchgehender »sozialer Machtkomplexe, die sich als solche der staatlichen Willensbildung bemächtigen, ohne aufzuhören, nur soziale (nicht-staatliche) Gebilde zu sein«. Polykratie meint schließlich »eine Mehrheit rechtlich autonomer Träger der öffentlichen Wirtschaft, an deren Selbstständigkeit der staatliche Wille seine Grenze findet«.

Die Diagnose lautet: die Trennung von Staat und Gesellschaft, wie sie im bürgerlichen Rechtsstaat bestand, ist aufgehoben und einem totalen Staat[66] gewichen, total nicht in dem heute gebräuchlichen Sinn von Allmacht und Unterdrückung, sondern im Sinn einer Durchdringung von Staat und Gesellschaft, die keine politikfreie gesellschaftliche Sphäre mehr übrig lasse, vielmehr alle Sphären der staatlichen Steuerung öffne, gleichzeitig aber den Staat den gesellschaftlichen Kräften und ihren widerstreitenden Interessen ausliefere. Der totale Staat in Schmitts Sinn ist also kein starker, sondern ein geschwächter Staat. Der liberale Staat sei dadurch zum Wirtschafts- und Wohlfahrtsstaat, der neutrale Staat zum pluralistischen Parteienstaat geworden.

Insbesondere vertrete das Parlament nicht mehr die bürgerliche Gesellschaft gegenüber der staatlichen Herrschaft, sondern sei selber zur Herrschaft gelangt, ohne den alten Gegenspieler, der es einte, aber »in sich auseinandergebrochen«.[67] Seitdem stelle sich die Frage der Einheit neu, denn auch die Regierung verkörpere die Einheit nicht mehr. Der heutige Staat sei ein »labiler Koalitions-Parteien-Staat« ohne Regierungsfähigkeit.[68] Für Schmitt bedeutet das eine Denaturierung der Weimarer Verfassung. Denn die demokratische Weimarer Verfassung beruht für ihn auf dem Verständnis des Volkes als Einheit. Sie ist politische Entscheidung dieses Volkes, nicht wie im Dualismus der konstitutionellen Mon-

65 Hüter, S. 71. Die folgenden Begriffsklärungen ebenda.
66 Hüter, S. 79.
67 Hüter, S. 82.
68 Ebenda, S. 88.

archie ein Vertrag zwischen Herrscher und Bürgertum, erst recht nicht ein Kompromiss unterschiedlicher politischer Kräfte. Solche Vorstellungen seien in der Weimarer Verfassung »in feierlicher Weise als Verletzung des Geistes der Verfassung zurückgewiesen«.[69]

Für Schmitt ist es daher ein Verfassungserfordernis, eine geschlossene und durchgängig staatliche Einheit neu zu begründen. Diese kann nicht aus dem Pluralismus hervorgehen, sie muss oberhalb der Parteien und Partikularinteressen wiederhergestellt werden. Diese Vorstellung Schmitts, die wohlbekannt ist, wird hier nicht weiter ausgeführt und analysiert, ebenso wenig wie das andersartige, gerade vom Pluralismus ausgehende Demokratiekonzept, das Kelsen dem entgegenstellt.[70] Es geht nur darum, was das für den Hüter der Verfassung bedeutet, und hier greift Schmitt tief ins 19. Jahrhundert zurück, und zwar auf die Lehre Benjamin Constants vom *pouvoir neutre*, für Kelsen die »Lehre eines der ältesten und bewährtesten Ideologen der konstitutionellen Monarchie«, aufgegriffen von ebendem Carl Schmitt, der nicht müde werde, daran zu erinnern, dass die Situation der konstitutionellen Monarchie vergangen sei und daher ihre Kategorien allesamt die Brauchbarkeit für den demokratischen Verfassungsstaat verloren hätten.[71]

Für Schmitt hat das Bedürfnis nach neutralen Gegenkräften gegen den Pluralismus schon Ausdruck gefunden in der Autonomie der Reichsbank und der Reichsbahn, während er sie einem Verfassungsgericht gerade abspricht, das nur in die Parteienkämpfe hineingezogen und darin zerrieben werde, vor allem aber, weil ein solches mit »Berufsbeamten« – so nennt er die Richter – besetztes Gremium dem demokratischen Prinzip direkt entgegengesetzt wäre.[72] Demokratie als Argument gegen Verfassungsgerichtsbarkeit hatte in Schmitts bisheriger Argumentation keine Rolle gespielt. Erst in dem Moment, da er den Reichspräsidenten zum prädestinierten Hüter der Verfassung ausersehen hat, der die Einheit des Volkes verkörpert, die in der Verfassung ihre Form gefunden hat, muss er das Verfassungsgericht auch demokratisch delegitimieren und als Demokratiegefahr hinstellen, während Kelsen aus seinem pluralistischen Demokratieverständnis heraus Verfassungsgerichts-

69 Ebenda, S. 62.

70 *Hans Kelsen*, Vom Wesen und Wert der Demokratie, 1920.

71 *Kelsen*, Hüter, S. 8 f.

72 AöR, S. 256; Hüter, S. 48: »Beamtenjustiz«.

barkeit geradezu als Konsequenz aus dem demokratischen Prinzip postulieren kann.[73]

Im Reichspräsidenten findet Schmitt den *pouvoir neutre*, der die dem Geist der Weimarer Verfassung entsprechende Einheit allein wiederherstellen könne. Was ihn nach der Weimarer Verfassung für die Hüter-Rolle qualifiziere, sei die Tatsache, dass er vom ganzen Volk gewählt werde, also dieses gerade in seiner von der Verfassung vorausgesetzten Einheit repräsentiere.[74] Er muss dann freilich auch die entsprechenden Mittel besitzen. Was ein Verfassungsgericht zur Hütung der Verfassung tun kann, ist klar: es hebt verfassungswidrige Akte auf. Das Mittel des Reichspräsidenten sieht Schmitt darin, dass er die Möglichkeit habe, »sich unmittelbar mit diesem Gesamtwillen des deutschen Volkes zu verbinden«.[75] Die Möglichkeit hat er nach der Verfassung durch Herbeiführung von Volksentscheiden. Darauf ruht am Ende Schmitts Hoffnung.

Kelsen bereitet es nicht viel Mühe, Schmitts Vorstellung, die dieser als Verfassungsrecht, nicht als Reformvorschlag ausgibt, zu zerlegen.[76] Kelsen weist darauf hin, dass nach der Weimarer Verfassung das Parlament dieselbe unmittelbare demokratische Legitimation besitze wie der Reichspräsident und dass die Wahl des Reichspräsidenten nicht weniger vom Parteibetrieb beherrscht sei als die Parlamentswahl. Im Übrigen habe auch der Reichspräsident nur einen Teil des Volkes hinter sich. Vor allem legt er aber dar, dass die einzige Befugnis, die dem Reichspräsidenten erlaube, die Hüter-Rolle einzunehmen, die Ausführung der Reichsgesetze sei. Dagegen bestünden zahlreiche Befugnisse, die mit Verfassungswahrung nichts zu tun hätten, ihn im Gegenteil zur Hauptgefahrenquelle für die Verfassung machten, zumal in einem Zeitpunkt – Kelsens Anspielung auf die Verfassungssituation ab 1930 –, in dem sich die Verfassung in einen einzigen Artikel, nämlich Art. 48, zurückgezogen habe.[77] Schmitt und Kelsen konnten 1931 noch nicht ahnen, was er mit dieser Macht 1933 anrichten würde.

73 *Kelsen*, Demokratie, S. 75; Staatsgerichtsbarkeit, S. 80 f.

74 Hüter, S. 76 ff.

75 Hüter, S. 159.

76 *Kelsen*, Hüter, S. 42 ff.

77 Ebenda, S. 8.

Die Kontroverse der beiden Antipoden lag darin begründet, das Schmitt politische Entscheidungen nicht der Justiz überlassen, Kelsen die Befolgung der Verfassung nicht ins Belieben der Politik stellen wollte. Beides hat seine Berechtigung. Wem man folgt, hängt davon ab, wo die Verfassungsrechtsprechung einzuordnen ist, beim Recht oder bei der Politik. Darüber herrscht bis heute kein Konsens. In der Nachkriegszeit schwang das Pendel aber erst einmal zur Kelsenschen Seite. Nach der Lähmung der parlamentarischen Demokratie in den letzten Jahren der Weimarer Republik, der Preisgabe der Verfassungsordnung im Ermächtigungsgesetz und der Missachtung aller zivilisatorischen Werte im Nationalsozialismus war es beim Wiederaufbau einer deutschen Staatlichkeit nach Kriegsende allgemein geteilte Überzeugung, dass die neue Verfassung gegen Missachtung oder gar Unterhöhlung abgesichert werden müsse. Über das Mittel war man sich im Unterschied zu Weimar schnell und ohne tiefgreifende Diskussion einig: ein Verfassungsgericht.[78] Schmitts Warnung fand keine Resonanz mehr.

Auch Österreich, nun wieder ein eigenständiger Staat, kehrte zur Verfassungsgerichtsbarkeit zurück, nachdem der Verfassungsgerichtshof schon vor dem Anschluss an das Deutsche Reich im Austro-Faschismus 1933 lahmgelegt und 1934 aufgelöst worden war. Ebenso hielten es die anderen Verlierer des Zweiten Weltkriegs, Italien und Japan, wenn auch auf unterschiedliche Weise. Italien errichtete ein spezielles Verfassungsgericht, das aber an Kompetenzen hinter dem Bundesverfassungsgericht zurückblieb. Japan, dessen Verfassung in den USA ausgearbeitet worden war, übernahm das dortige Modell eines allgemeinen obersten Gerichts, das auch die Befugnis zur Normenkontrolle hat. Allerdings hält sich das Gericht in Verfassungsfragen außerordentlich zurück und hat nur selten Gesetze für verfassungswidrig erklärt.

Wenn Kelsens Modell sich nun durchsetzte, hieß das aber nicht, dass damit auch die Herleitung der Verfassungsgerichtsbarkeit aus der Reinen Rechtslehre übernommen worden wäre. Als Positivist

78 Vgl. zur Entstehung des Bundesverfassungsgerichts *Heinz Laufer*, Verfassungsgerichtsbarkeit und politischer Prozess, 1965, S. 13-93; zur Entwicklung aus den Anfängen *Justin Collings*, Democracy's Guardians. A History of the Federal Constitutional Court, 2015, S. 1-62.

war Kelsen in Deutschland nach 1945 erst einmal diskreditiert, nicht jedoch in seinem Heimatland Österreich, wo das öffentliche Recht wissenschaftlich noch lange im Kelsenschen Sinn behandelt wurde. Maßgeblich war in Deutschland vielmehr die Überzeugung, dass eine Verfassung ohne Verfassungsgerichtsbarkeit ihren Gegnern schutzlos ausgeliefert sei. Das war ein auf Erfahrung gestütztes empirisches Argument, das sich auch bei Kelsen findet, dort aber in seinen rein rechtlichen Argumentationszusammenhang eingefügt ist: Da auch die Nichtbefolgung der Verfassung einen Rechtsgrund benötige, könne der Verzicht auf Verfassungsgerichtsbarkeit nur heißen, dass die Verfassung nicht verbindlich sein solle, was aber wiederum den Stufenbau der Rechtsordnung unterbrochen hätte und deswegen ausgeschlossen war.

Im weiteren Verlauf des 20. Jahrhunderts folgten Länder in aller Welt, die sich von faschistischen, kommunistischen, rassistischen, militaristischen Systemen befreit und demokratische Verfassungen angenommen hatten. In kaum einer von ihnen fehlte die Verfassungsgerichtsbarkeit.[79] Sie gehörte nun zum konstitutionellen Standard, hinter den man nicht zurückfallen konnte, wenn man es mit dem Neuanfang ernst meinte oder zumindest diesen Anschein erwecken wollte. Viele Staaten gingen dabei über das hinaus, was Kelsen vorschwebte und Schmitt noch für akzeptabel hielt. Beide hatten vor der Verfassungsbeschwerde, also der Klagebefugnis von Individuen gegen den Staat wegen Grundrechtsverletzungen, gewarnt. Beide waren auch skeptisch gegenüber Versuchen gewesen, aus den grundlegenden Prinzipien der Verfassung wie Freiheit, Rechtsstaat etc. Maßstäbe für die Lösung konkreter Streitigkeiten abzuleiten.[80]

79 Vgl. *C. Neal Tate/Torbjörn Vallinder* (Hrsg.), The Global Expansion of Judicial Review, 1995; *Maartje de Visser*, Constitutional Review in Europe, 2014; *Wojciech Sadurski*, Rights Before Courts. A Study of Constitutional Courts in Postcommunist States of Central and Eastern Europe, 2005; *Stephen Gardbaum*, The New Commonwealth Model of Constitutionalism, 2013; *Rachel Sieder/Line Schjolden/Alan Angell* (Hrsg.), The Judicialization of Politics in Latin America, 2005; *Tom Ginsburg*, Judicial Review in New Democracies. Constitutional Courts in Asian Cases, 2003; *Albert H. Y. Chen*, Constitutional Courts in Asia, 2018; *Charles M. Fombad* (Hrsg.), Constitutional Adjudication in Africa, 2017; *Chibli Mallat*, Introduction to Middle Eastern Law, 2009, ch. 5.

80 *Kelsen*, Staatsgerichtsbarkeit, S. 68 ff.; *Schmitt*, Hüter, S. 47 f. Verfassungsbeschwerden von Einzelnen wegen Grundrechtsverletzungen rechnete er zur Verwaltungsgerichtsbarkeit, AöR, S. 209.

In den meisten Staaten, die zur Verfassungsgerichtsbarkeit übergingen, wurde dagegen die Verfassungsbeschwerde eingeführt und brachte den Gerichten die Mehrzahl der Fälle ein, in Deutschland macht sie ca. 98 % aller Eingänge aus. Einzelne Länder ließen sogar die Popularklage zu. Die Erhebung setzte dann keine Selbstbetroffenheit voraus, so etwa in Ungarn. Selbst Verfassungsgerichte, die aus eigener Initiative tätig werden durften, gab es, etwa in Russland vor der zeitweiligen Suspendierung des Verfassungsgerichts. Mehrere internationale Gerichte kümmern sich um den Menschenrechtsschutz in den Staaten und durchbrechen damit die Grenzen des traditionellen westfälischen Völkerrechts.[81] In der politischen Philosophie gibt es Strömungen, die die Verfassungsgerichtsbarkeit sogar als geboten ansehen, weil der Würde- und Freiheitsanspruch des Einzelnen, um dessentwegen der Staat da ist, nur gewährleistet sei, wenn man den Individuen nicht bloß Rechte, sondern auch Rechtsmittel an die Hand gebe.[82]

Viele Verfassungsgerichte haben eine beträchtliche Dynamik entfaltet, die von den Verfassungsschöpfern nicht vorausgesehen geschweige denn beabsichtigt war. Besonders sind es die Grundrechte, denen im Wege der Interpretation neue Gehalte und Wirkungen abgewonnen werden. Das Bundesverfassungsgericht hat dabei – von Schmitt und seinen Schülern heftig bekämpft [83] – eine führende Rolle gespielt.[84] In seiner wertorientierten Recht-

81 Vgl. *Karen J. Alter*, The New Terrain of International Law. Courts, Politics, Rights, 2014.

82 Vgl. *Jacob Weinrib*, Dimensions of Dignity, 2016, S. 17 f., 156 f., 167 f.; *ders.*, The Modern Constitutional State: A Defence, Queen's Law Journal 40 (2014), S. 166; *Alon Harel*, Wozu Recht?, 2014, S. 243-284; *Mattias Kumm*, The Idea of Socratic Contestation and the Right to Justification, Law and Ethics of Human Rights 4 (2010), S. 141-175; *ders.*, Constitutional Courts and Legislatures, Católica Law Review 1 (2017), S. 55-66.

83 Vgl. *Ernst Fortshoff*, Die Umbildung des Verfassungsgesetzes, in: Festschrift für Carl Schmitt, 1959, S. 35-62; *Carl Schmitt*, Die Tyrannei der Werte, in: Säkularisierung und Utopie. Ebracher Studien. Ernst Forsthoff zum 65. Geburtstag, 1967, S. 37-62; *Ernst-Wolfgang Böckenförde*, Kritik der Wertbegründung des Rechts, in: Festschrift für Robert Spaemann, 1987, S. 1-21; *ders.*, Die Methoden der Verfassungsinterpretation, NJW 1976. S. 2089-2099.

84 Vgl. *David Robertson*, The Judge as Political Theorist. Contemporary Constitutional Review, 2010, nennt das Bundesverfassungsgericht »the most important of all«, S. 11, vgl. auch S. 40; *Dieter Grimm*, The Role of Fundamental Rights after 65 Years of Constitutional Jurisprudence in Germany, I-CON 13 (2015), S. 9-29;

sprechung, die an der Maxime größtmöglicher Wirksamkeit der Grundrechte unter den jeweils gegebenen Verhältnissen ausgerichtet war, wird der Freiheitsschutz nahezu lückenlos. Das Verhältnismäßigkeitsprinzip zieht dem Gesetzgeber Grenzen, die über die im Grundgesetz ausdrücklich normierten hinausgehen. Grundrechte sind nicht mehr nur negativ auf Staatsabwehr gerichtet, sondern erlegen dem Staat auch positive Schutzpflichten auf, wenn die Freiheit von privater Seite bedroht wird.

Jede dieser Entwicklungen mag aus dem Sinn und der Funktion der Grundrechte überzeugend begründet sein, aber mit jeder extensiven Verfassungsinterpretation erweitert das Verfassungsgericht zugleich seinen Prüfungsrahmen und verengt die Handlungsfreiheit der Politik. Je feinmaschiger das verfassungsrechtliche Netz geknüpft wird, desto geringer der Raum für den demokratischen Prozess. Deswegen ist ungeachtet des Siegeszugs der Kelsenschen Vorstellung das Schmittsche Bedenken über die Juridifizierung der Politik und der Politisierung der Justiz nie vollends verstummt und heute sogar wieder vermehrt zu hören.[85] Doch ist die Diskussion eine andere als in der Weimarer Republik. Zwar geht es weiterhin um die Frage nach Recht und Politik, indes weder mit der Schmittschen Zielrichtung noch seiner Argumentation.

Das Kriterium, an dem sich die Verfassungsgerichtsbarkeit heute messen lassen muss, ist die Demokratie. In der Weimarer Diskussion war sie eher im Hintergrund geblieben. Für Kelsen bildete Demokratie lediglich ein Zusatzargument für Verfassungsgerichtsbarkeit. Die Gefahren wurden allenfalls gestreift und mit dem Rat beschwichtigt, Verfassungen sollten sich jeder »Phraseologie« enthalten.[86] Schmitt stützte seine Ablehnung nicht primär auf die Unvereinbarkeit mit der Demokratie, sondern auf den politischen statt juristischen Charakter der Verfassungsrechtsprechung. Wo er die Demokratie ins Feld führte, war es nicht die Demokratie im Sinn des westlichen Konstitutionalismus. Vielmehr unterstellte er einen vorgegebenen, nicht in bestimmten verfassungsrecht-

Michael Wrase, Die Methode der Grundrechtsinterpretation, in: *Dieter Grimm* (Hrsg.), Vorbereiter – Nachbereiter? Studien zum Verhältnis von Verfassungsrechtsprechung und Verfassungsrechtswissenschaft, 2019, S. 339-393.

85 Vgl. für Deutschland etwa *Matthias Jestaedt/Oliver Lepsius/Christoph Möllers/Christoph Schönberger*, Das entgrenzte Gericht, 2011.

86 Staatsgerichtsbarkeit, S. 70.

lich geregelten Verfahren ermittelten, sondern unabhängig davon hypostasierten Volkswillen, der sich keine Kontrolle gefallen lassen muss.

Besonders dasjenige Land, welches die Verfassungsrechtsprechung ursprünglich hervorgebracht hat, die USA, ist geradezu besessen von der *countermajoritarian difficulty*.[87] Kritik am *judicial review* hat in den USA eine lange Tradition.[88] Sie erklärt sich nicht zuletzt daraus, dass dort die Demokratie etabliert war, ehe es zum *judicial review* kam, und zwar ohne ausdrückliche verfassungsrechtliche Ermächtigung, aber von Chief Justice John Marshall als dem Verfassungsbegriff immanent gerechtfertigt.[89] Der Verfassungsgerichtsbarkeit haftete unter diesen Umständen in den USA immer etwas Usurpatorisches an, während die Verfassungsgerichtsbarkeit in Europa eine Antwort auf den Zusammenbruch der Demokratie und die Erfahrung des Totalitarismus war und also als Mittel der Demokratiesicherung betrachtet wurde.

In jüngerer Zeit bleibt es aber nicht bei der Kritik und dem Ruf nach mehr *judicial self-restraint*. Autoren wie Mark Tushnet, Larry Kramer und Jeremy Waldron fordern, jeweils mit anderer Begründung, aber stets im Namen der Demokratie, die Abschaffung des *judicial review*, also der Normenkontrolle, und postulieren ein »populist constitutional law« oder einen »popular constitutionalism«.[90]

87 Der Begriff findet sich zuerst bei *Alexander Bickel*, The Least Dangerous Branch, 1962, S. 16. *John Ferejohn/Pasquale Pasquino*, The Judiciary and the Popular Will, University of Pennsylvania Journal of Constitutional Law 13 (2011), S. 353, stellen dem den Begriff der »countermajoritarian opportunity« entgegen.

88 Vgl. *Barry Friedman*, The Birth of an Academic Obsession: The History of the Countermajoritarian Difficulty, Yale Law Journal 112 (2002), S. 153-259.

89 *Marbury v. Madison*, 5 U.S. (1 Cranch), 137 (1803). Ähnlich in unseren Tagen die den judicial review in Israel begründende Entscheidung von Chief Justice Aharon Barak in *United Mizrahi Bank v. Migdal Village*, CA 6821/93 (1995) oder die den judicial review auf Verfassungsänderungen ausweitende Entscheidung des indischen Supreme Court im Fall *Kesavananda Bharati v. State of Kerala*, 4 SCC 225 (1973).

90 *Mark Tushnet*, Taking the Constitution Away from the Courts, 1999; *Larry D. Kramer*, The People Themselves. Popular Constitutionalism and Judicial Review, 2004; *Jeremy Waldron*, Law and Disagreement, 1999; *ders.*, The Core of the Case Against Judicial Review, Yale Law Journal 115 (2006), S. 1346-1406. Siehe dazu ausführlich *Dieter Grimm*, Neue Radikalkritik an der Verfassungsgerichtsbarkeit, in diesem Band Nr. 17.

Der Supreme Court soll seine verfassungsrechtlichen Kompetenzen verlieren und nur noch als oberstes Revisionsgericht in Gesetzesstreitigkeiten fungieren. Die Demokratie, auf die sie sich berufen, ist jedoch nicht die Schmittsche, in der das als Einheit vorausgesetzte Volk in einem charismatischen Führer seine Verkörperung findet und zu Handlungsfähigkeit gelangt. Alle drei wollen die Verfassungsgerichtsbarkeit abschaffen, damit die von ihr usurpierten Entscheidungen wieder von »the people themselves« getroffen werden – eine Wortbildung, die auf die Gründungsväter zurückgeht und in USA ikonische Bedeutung erlangt hat.

Dahinter steht aber auch nicht die Hinwendung zu einer plebiszitären Demokratie, wie man vermuten könnte. Das Volk kommt in diesen Konzepten gar nicht zum Zuge. Es ist das vom Volk gewählte und in einen öffentlichen Diskurs der Gesellschaft eingebettete Parlament, das darüber entscheiden soll, was die Verfassung jeweils bedeutet, verbietet oder verlangt, also eben das, was Kelsen als unbrauchbares Mittel zur Verfassungssicherung bezeichnet hatte. Die Defizite der parlamentarischen Repräsentation, die ja gerade in den USA nicht klein sind,[91] werden vernachlässigt oder mit der deliberativen Schwäche des Supreme Court verrechnet. Die Autoren enden dann freilich bei dem von Kelsen prognostizierten Zustand: der Beliebigkeit der Verfassung. Sie ist nur noch ein Gesichtspunkt im politischen Diskurs, keine bindende Vorschrift mehr. Ihre rechtliche Normativität wird stillschweigend preisgegeben.

Andere versuchen, Verfassungsgerichtsbarkeit und Demokratie zu versöhnen, indem sie sich zu »weak forms of judicial review« oder dem sogenannten »Commonwealth model of judicial review« bekennen. Dieses vor allem von Stephen Gardbaum propagierte Modell[92] behält die gerichtliche Normenkontrolle bei, räumt dem Parlament aber die Befugnis ein, an einem für verfassungswidrig erklärten Gesetz festzuhalten. Dieser Weg wurde zuerst 1982 in

91 Vgl. etwa *Larry Lessig*, Republic, Lost: How Money Corrupts Congress, 2011; *Robert Post*, Citizens Divided, 2013.

92 *Stephen Gardbaum*, The New Commonwealth Model of Constitutionalism, 2013, sowie die Beiträge zum Symposium »Weak-form Review in Comparative Perspective«, I-CON 17 (2019), S. 807-942. Auch für Deutschland wird das zu erwägen gegeben, s. *Roman Kaiser/Daniel Wolff*, »Verfassungshütung« im Commonwealth als Vorbild für den deutschen Verfassungsstaat?, Der Staat 56 (2017), S. 39-76.

Kanada beschritten. Dort drohte der Versuch, die Verfassung von 1867 um einen Grundrechtskatalog zu ergänzen, an dem Widerstand etlicher Provinzen zu scheitern, die von den Grundrechten einen Unitarisierungsschub befürchteten. Der Widerstand konnte nur durch das Zugeständnis der sogenannten *override clause* überwunden werden.[93] Ähnliche Wege gingen dann Großbritannien und Neuseeland mit ihren Human Rights Acts von 1998 bzw. 1990. Was in Kanada ein notgedrungenes Zugeständnis war, wird in der Literatur aber nun als vorzugswürdige Lösung hingestellt.

Wenn man sich nicht Kelsens Reine Rechtslehre zu eigen macht, lässt sich schwer leugnen, dass zwischen Demokratie und Verfassungsgerichtsbarkeit ein Spannungsverhältnis besteht. Demokratie ist ohne die Geltung der Mehrheitsregel nicht vorstellbar. In der Wahl entscheidet das Volk mit Mehrheit, wer in seinem Namen kollektiv verbindliche Entscheidungen treffen darf, und auch diese Entscheidungen fallen wieder mit Mehrheit in dem gewählten Organ. Ein Verfassungsgericht kann solchen Entscheidungen jedoch die Verbindlichkeit absprechen, obwohl seine Mitglieder keinen direkten Volksauftrag haben, sondern nur mittelbar demokratisch legitimiert sind und, da sie lediglich das ihnen vorgegebene Recht anwenden sollen, für ihr Verhalten auch nicht demokratisch zur Verantwortung gezogen werden können. Verfassungsgerichte sind anti-majoritäre Institutionen.

Ob dieses Spannungsverhältnis nur durch Abschaffung der Verfassungsgerichtsbarkeit aufgelöst werden kann, wie neuerdings wieder vermehrt vertreten wird, hängt zum einen davon ab, welches Verständnis von Demokratie man zugrunde legt, zum anderen davon, wie genau die Tätigkeit des Verfassungsgerichts beschaffen ist. Betrachtet man zunächst das Demokratieverständnis, so sind bei einer Identifizierung von Demokratie mit dem Prinzip der Mehrheitsherrschaft inhaltliche Bindungen der Mehrheit und Verfassungsgerichte, welche Mehrheitsentscheidungen unter Berufung auf die Verfassung annullieren können, allerdings unvereinbar mit Demokratie. Verfassungsgerichtsbarkeit muss aufgegeben werden, wie von Tushnet, Kramer und Waldron verlangt, oder verfassungsgerichtliche Urteile müssen mit Mehrheitsentscheid der gewählten

93 Vgl. *Lorraine Weinrib*, Of Diligence and Dice: Reconstituting Canada's Constitution, University of Toronto Law Journal 42 (1985), S. 207.

Volksvertretung überwunden werden können, wie Gardbaum und seine Anhänger postulieren.

Dass ein solches die rechtliche Bindung der Mehrheit ablehnendes Demokratieverständnis in sich haltbar ist, kann bezweifelt werden. Die Verfassung selbst wird ja dadurch nicht überflüssig. Sie muss sich nur auf Organisations- und Verfahrensregeln beschränken. Diese werden aber nicht wie Verkehrsregeln um der Regelung willen, sondern auf ein Ziel hin entworfen, nämlich die Ermöglichung demokratischer Willensbildung. Sie genügen sich daher auch nicht selbst. Denn ob das Ziel erreicht wird, hängt von weiteren Bedingungen ab, zu denen zumindest freie Wahlen und ein freier politischer Diskurs gehören, was Verfassungen üblicherweise durch Grundrechte sichern. Amerikanische Verfassungsrechtler wie John Hart Ely, die ebenfalls die *countermajoritarian difficulty* ernst nehmen, wollen die Verfassungsgerichtsbarkeit daher mit der Demokratie versöhnen, indem sie den *judicial review* auf die Wahrung dieser Voraussetzungen von Demokratie beschränken.[94]

Nun gehen aber die Verfassungsstaaten des demokratisch-liberalen Typs, von denen hier die Rede ist, gerade davon aus, dass der Mehrheit im Interesse von Freiheit und Gleichheit der Einzelnen Grenzen gezogen sind, die gewöhnlich in den Grundrechtskatalogen Ausdruck finden und sich nicht auf Demokratieschutz verkürzen lassen. Dass die Verfassung solche Grenzen errichtet, zwingt für sich genommen noch nicht zur Anerkennung der Verfassungsgerichtsbarkeit. Es ist vorstellbar, dass die Grenzen vermöge ihrer rechtlichen Geltung auch ohne eine spezielle Durchsetzungsinstanz anerkannt und im Großen und Ganzen respektiert werden. Damit ist nicht ein anzustrebendes, aber unerreichbares Ideal bezeichnet. Es gibt durchaus Staaten, die im grundrechtlichen Sinn als freiheitlich bezeichnet werden können, obwohl kein Verfassungsgericht die Grundrechte sichert.

Historisch lässt sich allerdings zeigen, dass ein solcher Zustand äußerst voraussetzungsvoll ist. Er fordert eine vom Volk wie von seinen Repräsentanten verinnerlichte Rechtskultur, in der die Machthaber ihre Bindung an die Verfassung nicht in Frage stellen und Indifferenz gegenüber den rechtlichen Bindungen von der Gesellschaft nicht toleriert wird. Diese Voraussetzung ist, empirisch

94 *John Hart Ely*, Democracy and Distrust, 1980.

betrachtet, in den Verfassungsstaaten eher selten anzutreffen. Häufiger begegnet man dem Fall, dass die Verfassung im Konflikt mit politischen Interessen und Intentionen den Kürzeren zieht. Verfassungsgerichtsbarkeit erhöht dagegen die Chancen für Beachtung der Verfassung im politischen Prozess und verhindert, dass sich im Konflikt über ihre Anforderungen stets die Machthaber durchsetzen.[95] Die Forderung nach einer zur Durchsetzung der Verfassung befugten Instanz erscheint deswegen zumindest zweckmäßig, jedenfalls aber mit der Vorstellung einer verfassungsstaatlichen Demokratie nicht von vornherein unvereinbar.[96]

Deswegen können auch die erwähnten amerikanischen Autoren ihre Auffassung theoretisch nur durchhalten, indem sie nicht allein die Justiziabilität der Grundrechte, sondern letztlich auch ihre Normativität leugnen und sie zu ehrwürdigen, historisch gesättigten Ermahnungen degradieren, wie Tushnet, oder annehmen, dass es weder einen gesellschaftlichen Konsens über die Bedeutung der Grundrechte für konkrete Streitfälle gebe noch eine wissenschaftliche Möglichkeit, diese Bedeutung mit Anspruch auf Wahrheit festzustellen, wie Waldron.[97] Sie liefern damit ungewollt Kelsens Annahme Schützenhilfe, dass die Verwerfung der Verfassungsgerichtsbarkeit nicht bloß empirisch gesehen unzweckmäßig, sondern mit der Rechtsverbindlichkeit der Verfassung unvereinbar sei.

Geht man von einem Demokratieverständnis aus, das sich prinzipiell mit der Verfassungsgerichtsbarkeit verträgt, hängt die Einstellung zu ihr zweitens davon ab, wie die Tätigkeit des Verfassungsgerichts beschaffen ist. Ist Verfassungsrechtsprechung ihrer Natur nach rechtlich, gibt es keinen prinzipiellen Widerspruch zur Demokratie. Sie wacht dann lediglich über die Bedingungen legitimer Herrschaft, die das Volk selbst in der ihm als Autor zugeschriebenen Verfassung seinen Repräsentanten auferlegt hat. Das verhindert nicht die Möglichkeit eines Widerspruchs zwischen

95 Zum Vergleich von Regierungssystemen mit und ohne Verfassungsgerichtsbarkeit vgl. *Dieter Grimm*, Verfassungsgerichtsbarkeit und Demokratie, in diesem Band Nr. 2.

96 Vgl. *Dieter Grimm*, Weder Widerspruch noch Bedingung: Verfassungsrechtsprechung und Demokratie, in diesem Band Nr. 3.

97 *Tushnet*, Constitution (Fn. 90), S. 192; *Waldron*, Core Case (Fn. 90), S. 1366 ff. Dazu *Dieter Grimm*, Neue Radikalkritik an der Verfassungsgerichtsbarkeit, in diesem Band Nr. 17.

dem Willen der historischen, verfassungsgebenden Volksmehrheit und dem der aktuellen gesetzgebenden Parlamentsmehrheit. Aber diese Spannung muss ausgehalten oder durch Verfassungsänderung oder Verfassungsneuschöpfung zumindest vorübergehend aufgelöst werden. Entgehen kann man ihr, wenn an der Differenz von Verfassung und Gesetz und dem Vorrang der Ersteren festgehalten wird, nicht.

Ist Verfassungsrechtsprechung ihrer Natur nach dagegen politisch, erscheint ihre Rechtfertigung unter demokratischen Gesichtspunkten problematisch. Sind die richterlichen Entscheidungen, die den politisch gebildeten Willen der Volksvertretung aufheben können, selber politisch, dann ist nicht einzusehen, warum sie einer kleinen Zahl von demokratisch schwächer legitimierten und nicht zur Verantwortung ziehbaren Personen anvertraut werden sollen. Allerdings muss man dann auch die Konsequenz in Kauf nehmen, dass die Einhaltung der Verfassungsbindungen in das Belieben der Bindungsadressaten gestellt ist. Rechtliche Sanktionen für Verfassungsverstöße fallen unter diesen Umständen aus, lediglich politische in Form von Akzeptanzverlust oder Legitimationsentzug bleiben übrig. Sie sind nicht bedeutungslos, können aber nicht die verfassungsgerichtliche Prüfung konkreter politischer Maßnahmen ersetzen.

Die Frage, ob Verfassungsgerichtsbarkeit als rechtlich oder politisch zu gelten hat, entzweite nicht nur Kelsen und Schmitt, sie ist bis heute umstritten. Die Fronten fallen zum Teil mit wissenschaftlichen Disziplingrenzen zusammen. Politikwissenschaftler tendieren zu der Annahme, es handele sich um politische Einrichtungen, und werten auch ihre Tätigkeit als politisch. Rechtswissenschaftler, jedenfalls in Europa, tendieren zu der Annahme, sie seien rechtliche Institutionen, ihre Tätigkeit sei rechtlicher Art. Beide beobachten denselben Gegenstand, jedoch aus unterschiedlichen Perspektiven und mit unterschiedlichen Erkenntnisinteressen. Während die Rechtswissenschaft, jedenfalls soweit sie sich dogmatisch versteht, fragt, welche Auslegung der Verfassung juristisch richtig ist, geht es der Politikwissenschaft, unbekümmert um juristische Richtigkeit, darum, welche Auswirkungen die Existenz einer Verfassungsgerichtsbarkeit und ihrer Entscheidungen auf das politische System hat.

Diese Diskrepanz legt die Frage nahe, ob die Alternative rechtlich oder politisch womöglich zu undifferenziert ist, um den Beobachtungsgegenstand Verfassungsrechtsprechung hinreichend zu erfassen, und beide Sichtweisen vielmehr ihre relative Berechtigung haben. Für eine Untersuchung bietet sich die Aufgliederung des Komplexes Verfassungsrechtsprechung nach Gegenstand, Wirkung und Vorgang an.[98] Geht man so vor, lassen sich zwei Klärungen verhältnismäßig leicht erzielen. Zum einen ist der *Gegenstand* der Verfassungsrechtsprechung politisch. Verfassungsgerichte sollen die Anforderungen der Verfassung im Streitfall verbindlich feststellen und durchsetzen. Die Verfassung wiederum ist dasjenige Recht, welches auf die Einrichtung und Ausübung politischer Herrschaft spezialisiert ist und also insbesondere das Verhalten der obersten Staatsorgane einschließlich des Gesetzgebers betrifft. Die Normenkontrolle ist der Kern der Verfassungsgerichtsbarkeit.

Politisch sind zum anderen die *Wirkungen*. Politische Entscheidungen: Gesetzesbeschlüsse, Vertragsschlüsse, Regierungsakte können bei Unvereinbarkeit mit der Verfassung nicht vollzogen werden oder sind rückgängig zu machen. Zu Entscheidungen, welche die Politik lieber vermiede, kann sie angehalten werden, wenn das Verfassungsgericht zu dem Ergebnis kommt, dass die Verfassung sie verlangt. In beiden Hinsichten ist die Verfassungsgerichtsbarkeit also unvermeidlich politisch. Ginge sie politischen Gegenständen aus dem Weg oder vermiede sie Entscheidungen mit politischen Wirkungen, verriete sie ihre Aufgabe. Eine unpolitische Verfassungsgerichtsbarkeit gibt es nicht. Insofern ist Verfassungsgerichtsbarkeit ein selbständiger politischer Faktor innerhalb des Regierungssystems, der gleichzeitig die Handlungsbedingungen der anderen Staatsorgane verändert.

Offen ist damit allein die Frage, ob auch der *Vorgang* der Verfassungsrechtsprechung, also die Auslegung der Verfassung und ihre Anwendung auf bestimmte Fälle, politisch ist. Die Funktionsbestimmung der Verfassungsgerichtsbarkeit ist freilich klar. Sie hat die im Verfassungstext generell und abstrakt formulierten Anforderungen an politisches Handeln auf den individuellen und konkreten Fall anzuwenden, also lediglich eine dem Volk zugerechnete Vor-Entscheidung im Streitfall zu vollziehen. Die Antwort ist da-

98 Vgl. *Dieter Grimm*, Was ist politisch an der Verfassungsgerichtsbarkeit?, in diesem Band Nr. 4.

mit aber noch nicht gegeben, denn die Funktion ließe sich ja nur dann so wie intendiert erfüllen, wenn die Verfassungsnormen in der Lage wären, die richterliche Entscheidung derart zu determinieren, dass die Richter sie ohne eigenes Zutun auf den Fall anwenden können, und wenn sich die Richter von den Normen auch determinieren ließen.

Kelsen sah darin kein Problem, weil er die Frage, ob sich die Richter von den Normen binden ließen, als bloß soziologische überging und im Übrigen annahm, dass jeder Norm ein Interpretationsspielraum eigen sei, den der Rechtsanwender selbständig zu füllen habe. Er darf lediglich die Grenzen, die dem Spielraum gezogen sind, nicht überschreiten. Verfassungsinterpretation verengt sich dann auf die Ermittlung der Interpretationsgrenzen. Innerhalb der Grenzen kann der Richter zwischen verschiedenen Auslegungsalternativen wählen, die vom Recht selbst zur Verfügung gestellt sind. Die Wahl des Gerichts bleibt damit für ihn im Rahmen des Rechts. Die Frage, was die Auswahl leitet, ist unter diesen Umständen unerheblich. Schmitt brauchte sich zum Bindungswillen der Richter nicht äußern, weil er schon dem Verfassungsrecht im Unterschied zum Gesetzesrecht die Bindungsfähigkeit bestritt, so dass Entscheidungen eines Verfassungsgerichts normativ nicht hinreichend determiniert und damit zwangsläufig politisch sind.

Beiden ist zuzugeben, dass der Verfassungstext seine Anwendung auf konkrete Fälle jedenfalls nicht vollständig determiniert, umgekehrt gewendet also eigenes Zutun des Richters nötig macht, bevor er den Fall anhand der Norm entscheiden kann. Zwischen der abstrakt und generell formulierten Norm und dem konkreten und individuellen Fall öffnet sich eine Kluft, die größer oder kleiner sein kann, aber jedenfalls überbrückt werden muss. Verfassungsinterpretation ist deswegen nicht einfach die Aufdeckung eines in der Norm von Anfang an deponierten Sinns, sondern zum Teil Konstruktion des Sinns. Dies, nicht schon der Umstand, dass der Wille einer parlamentarischen Mehrheit unter Berufung auf höherrangiges Recht durchkreuzt werden kann, ist der eigentliche Ort des Demokratieproblems der Verfassungsgerichtsbarkeit. Sie soll Regeln, die ihr vorgegeben sind, auf Fälle, die an sie herangetragen werden, anwenden und schafft doch im Anwendungsprozess diese Regeln zum Teil erst selbst.

Mit dem Anerkenntnis der Kluft oder des Interpretationsspielraums ist aber die Frage nach dem rechtlichen oder politischen Charakter der Rechtsanwendung noch nicht beantwortet, denn sie sind keine vermeidbaren Fehler der Rechtsetzung, sie liegen in der Eigenart des Rechts begründet. Im Unterschied zu Einzelweisungen, die sich auf eine bereits vorliegende Faktenlage beziehen und im Vollzug erschöpfen, wollen Rechtsnormen eine Vielzahl künftiger Fälle, auch unvorhersehbarer, regeln und müssen deswegen zwangsläufig generell und abstrakt gefasst sein. Eine Konkretisierung der Norm, die diese erst für die Fallentscheidung tauglich macht, ist daher unvermeidlich. Sie kann lediglich, je nach Präzisionsgrad der Norm und Kompliziertheit des Falles, schwerer oder leichter sein. Für die Frage nach dem rechtlichen oder politischen Charakter der Verfassungsrechtsprechung ist es daher nicht entscheidend, *dass* Interpretation notwendig ist, sondern *wie* sie erfolgt.

Die Politikwissenschaft, vor allem die amerikanische, ist schnell mit der Antwort bei der Hand, dass die richterliche Fallentscheidung rechtlich ummäntelte Politik ist. Zu diesem Urteil kommt es, weil sie sich in der Regel nicht auf den Vorgang der Verfassungsinterpretation einlässt, sondern schon aus der Vagheit zahlreicher Verfassungsnormen schließt, dass ihre Anwendung ein politischer Akt sei. Aber auch große Teile der amerikanischen Rechtswissenschaft teilen diese Ansicht. Richter tun danach etwas anderes, als sie in ihren Urteilsbegründungen vorgeben zu tun. Herstellung und Darstellung der Entscheidung klaffen auseinander. Richter sind wie alle politischen Akteure an der eigenen Nutzenmaximierung interessiert. Sie treffen aufgrund dieser Maxime ihre Entscheidungen und präsentieren sie anschließend so, als ergäben sie sich zwangsläufig aus der Verfassung.[99] Eine Eigenrationalität oder spezifische Logik des Rechtssystems wird damit bestritten. Sie kann nur Selbsttäuschung oder Berufsideologie sein.[100]

Die Verifizierung dieser Annahme ist freilich schwierig, denn der Vorgang der Entscheidungsfindung vollzieht sich in fast allen Rechtsordnungen unter dem Mantel des Beratungsgeheimnisses. Aber selbst in der verschwindend kleinen Zahl von Ländern, wo

99 Vgl. *Ran Hirschl*, Towards Juristocracy. The Origins and Consequences of the New Constitutionalism, 2004.

100 Dezidiert anders aber *Robertson*, The Judge as Political Theorist (Fn. 84), S. 13-27.

auch die Beratung öffentlich stattfindet, weiß man nicht, was der Beratung vorangeht, und schon gar nicht, was die Richter individuell motiviert. Sondervoten überstimmter Richter mögen etwas Licht in das Dunkel werfen, aber sie unterliegen ja ebenfalls der Bedingung, dass Herstellung und Darstellung der Entscheidung sich nicht decken müssen. Der eigentliche Vorgang bleibt dem Publikum wie auch der Wissenschaft verborgen. Auch die Sozialwissenschaft hat keinen exklusiven Einblick in die Vorgänge, sondern nur eine Theorie, auf die sie ihre Ansicht stützt, nämlich den aus der Ökonomie übernommenen Rational-choice-Ansatz. Es ist aber keineswegs ausgemacht, wie weit sein Erklärungswert reicht und auf welche Arten von Akteuren und Entscheidungen er erkenntnisfördernd anwendbar ist.

Was man dagegen beobachten kann, ist, dass ein Arenenwechsel stattfindet, wenn eine politische Entscheidung zur verfassungsrechtlichen Prüfung gestellt wird. Die Politik wird dann vom Subjekt zum Objekt. Akteure, Maßstäbe und Verfahren ändern sich. Die entscheidende Rolle spielen nun Richter, die professionell auf Rechtserkenntnis und -anwendung vorbereitet sind, während die Politiker auf die Position von Antragstellern, Antragsgegnern und Äußerungsberechtigten zurückfallen. Bei der rechtlichen Prüfung der politischen Entscheidung gelten nicht mehr politische Maßstäbe, sondern allein verfassungsrechtliche. Dementsprechend ist das Verfahren auf Kognition, nicht auf Dezision ausgerichtet. Es geht um die Ermittlung der Bedeutung der einschlägigen Verfassungsnorm für den konkreten Fall und die sich daraus ergebende Rechtsfolge. Der Vorgang ist jedenfalls nicht in dem Sinn politisch, wie Parlamentsdebatten und -abstimmungen, Aushandlungen internationaler Verträge, Pläne zur Krisenbewältigung politisch sind.

Damit steht freilich die Antwort auf die Frage nach dem rechtlichen oder politischen Charakter der Verfassungsrechtsprechung noch nicht fest. Denn selbst wenn man, entgegen dem von seinen Anhängern als realistisch verstandenen Rational-choice-Ansatz, realistischer davon ausgeht, dass Richter die Antwort auf eine Rechtsfrage aus dem ihnen vorgegebenen Rechtsstoff abzuleiten versuchen, heißt das ja noch nicht, dass dies auch gelingen kann. Damit verlagert sich das Interesse von der Bindungsbereitschaft der Akteure zu der Bindungsfähigkeit der Normen. Genauer geht es darum, ob die durch die begrenzte Determinationskraft der Normen erzwungene konkretisierende Interpretation als rechtlich oder politisch anzusehen ist. Dazu ist es nicht nötig, zuvor das Wesen des Politischen und des Rechtlichen zu klären. Es genügt zu prüfen, ob die im Klärungsprozess stattfindenden Kommunikationen der spezifischen Rationalität des rechtlichen oder des politischen Systems folgen.[101]

Schmitt und Kelsen helfen hier wenig, Schmitt weil er den Interpretationsvorgang nicht ausleuchtet, Kelsen weil ihm unter der Prämisse, nur der Interpretationsspielraum einer Norm sei rational bestimmbar, die konkrete Füllung aber richterliche Dezision, die Vermittlung von Interpretationslehre, Verfassungsgerichtsbarkeit und Demokratie nicht gelingen kann.[102] Indessen geht es im Interpretationsspielraum juristisch weiter. Er wird durch Dogmatik, Methode und Präzedenzfälle schrittweise eingeengt. Dogmatik hält einen Vorrat bewährter Verständnisse von Normen und Normenkomplexen und erprobten Lösungen von Rechtsproblemen bereit.[103] Die juristische Methode weist Wege, wie diese Verständnisse und Lösungen in Achtung vor dem positiven Recht gewonnen werden. Präzedenzien wirken als Musterlösungen für gleichgelagerte Fälle. Alle drei binden Gerichte nicht in derselben Weise wie Rechtsnormen. Sie sind das nirgends autoritativ festgelegte Ergebnis einer konstanten Arbeit am Recht, in die sich Wissenschaft und Praxis teilen.

Auch sind sie weder unumstritten noch unwandelbar. Besonders Methoden können zu Zeiten heftig umkämpft sein, wie in Deutschland während der Weimarer Republik und in den USA heute.[104] Aber noch in ihrer Verschiedenheit sind sie Ausdruck einer spezifisch rechtlichen Rationalität, die sich von der politischen unterscheidet. Sie zwingen zu einer reflektierten statt intuitiven Lösung von Rechtsproblemen. Gewöhnlich tragen sie deshalb weit über Anfangsdifferenzen unter Richtern hinweg und erleichtern einverständliche Lösungen, weil sich die gerichtlichen Praktiken

101 Vgl. *Niklas Luhmann*, Das Recht der Gesellschaft, 1993, bes. S. 66 ff., 338 ff.

102 Vgl. Dieter Grimm, Zum Verhältnis von Interpretationslehre, Verfassungsgerichtsbarkeit und Demokratieprinzip bei Kelsen, in diesem Band Nr. 8.

103 Vgl. *Gregor Kirchhof/Stefan Magen/Karsten Schneider* (Hrsg.), Was weiß Dogmatik?, 2012.

104 Vgl. *Michael Stolleis*, Geschichte des öffentlichen Rechts in Deutschland, Bd. III, 1999, S. 153-202; *Jack M. Balkin*, Living Originalism, 2011.

fallübergreifend herausbilden. Doch vermögen sie nicht zu garantieren, dass am Ende Einigkeit herrscht. Das heißt aber nicht, dass es am Ende doch wohl unjuristisch zugeht. Vielmehr muss jeder Richter für sich selbst zu rechtlicher Gewissheit gelangen und doch anerkennen, dass ein anderer, nicht weniger ernsthafter Richter zu einem anderen Ergebnis kommen kann, ohne deswegen notwendig einen Fehler gemacht zu haben.[105]

Die letzte Frage ist also, was die Auswahl zwischen verschiedenen rechtlich möglichen Alternativen leitet. Schlagen hier schließlich die subjektiven Präferenzen der Richter oder die Eigeninteressen der Institution ungehemmt durch? Es steht mittlerweile außer Frage, dass Hintergrundannahmen und Vorverständnisse, Realitätswahrnehmungen und Ordnungsvorstellungen unvermeidlich in den Interpretationsprozess einfließen.[106] Aber auch sie werden nur normvermittelt und methodengeleitet relevant, müssen sich also in den juristischen Interpretationsrahmen einfügen lassen und in seiner Sprache formulierbar sein. Insofern kann man also sagen, dass der Vorgang der Verfassungsrechtsprechung, ungeachtet des politischen Charakters von Gegenstand und Wirkung, etwas anderes als Politik ist und gerade aus diesem Anderssein seine Legitimität zieht.

Das gilt freilich nur für Verfassungsgerichte, die sich funktionsgerecht verhalten. Nicht von allen Verfassungsgerichten, die nach 1989 eingerichtet wurden, lässt sich das sagen. Unter ihnen befinden sich solche, die von vornherein nicht in der Absicht wirksamer Politikkontrolle geschaffen und entsprechend personell besetzt wurden. Bei anderen mag die Funktionsschwäche nicht intendiert gewesen sein, stellte sich aber ein, weil die kulturellen Grundlagen, von denen nicht nur die Verfassung, sondern auch die Verfassungsgerichtsbarkeit zehrt, fehlten, so dass Versuche, ihre äußere oder innere Unabhängigkeit auszuhöhlen, nicht auf Widerstand stießen.

105 Ähnlich *Tobias Herbst*, Die These der einzig richtigen Entscheidung, JZ 2012, S. 898 ff.

106 Vgl. *Josef Esser*, Vorverständnis und Methodenwahl in der Rechtsfindung, 1970; *Uwe Volkmann*, Rechtsgewinnung aus Bildern – Beobachtungen über den Einfluss dirigierender Hintergrundvorstellungen auf die Auslegung des heutigen Verfassungsrechts, in: *Julian Krüper/Heike Merten/Martin Morlok* (Hrsg.), An den Grenzen der Rechtsdogmatik, 2010, S. 77-90; *ders.*, Rechts-Produktion oder: Wie die Theorie der Verfassung ihren Inhalt bestimmt, Der Staat 54 (2015), S. 35-62.

Ebenso muss man damit rechnen, dass es Richter gibt, die sich nicht von rechtlichen Erwägungen leiten lassen, sondern ihren subjektiven Präferenzen oder Interessen folgen oder Konflikte mit den Machthabern scheuen.

Was im Licht der hier angestellten Überlegungen als pathologisch erscheinen muss, gilt einigen Wissenschaftlern, die für sich eine realistische Betrachtungsweise in Anspruch nehmen,[107] jedoch als normal. Angesichts der Ausbreitung der Verfassungsgerichtsbarkeit ausgangs des 20. Jahrhunderts haben sie sich die Frage gestellt, was Politiker dazu motiviert, ihre eigenen Handlungsmöglichkeiten freiwillig einzuengen.[108] Die Frage ist in der Tat naheliegend, aber lange übergangen worden. Erwogen wird eine Reihe von Motiven. Sie lassen schließlich aber nur ein Motiv gelten, das bei realistischer Betrachtung standhalte, den Machterhalt. Politiker sicherten sich mit Hilfe von Verfassungsgerichten für den Fall ab, dass sie die Wahl verlieren. Wegen der Legislaturperioden überdauernden Amtszeit der Richter hätten sie so eine Chance, ihren Einfluss zu perpetuieren und die zur Macht gelangte Opposition an der Verwirklichung ihrer Ziele zu hindern.

Verfassungsgerichtsbarkeit wird dann als Hegemonieprojekt betrachtet,[109] während alle Erklärungen, die auf die Wirkmächtigkeit von Ideen oder historischen Lernprozessen abstellen, unter Ideologieverdacht fallen. Dass es Beispiele gibt, die diese Erklärung bestätigen, steht außer Zweifel. Dass damit das Phänomen in seiner Gesamtheit gültig beschrieben wäre, widerlegt aber die Entstehungsgeschichte vieler Verfassungen, deren Gründern es zwar darum ging, das auf freiem politischen Wettbewerb beruhende politische System zu schützen, nicht aber darum, den Machterhaltungsinteressen eines der Konkurrenten zu dienen, sondern gerade umgekehrt die Offenheit des politischen Prozesses zu sichern. Auch

107 Vgl. *Ran Hirschl*, The Realistic Turn in Comparative Constitutional Politics, Political Research Quarterly 62 (2009), S. 825-833.

108 Vgl. etwa *Hirschl*, Towards Juristocracy (Fn. 99); *ders.*, The Judicialization of Mega-Politics and the Rise of Political Courts, Annual Review of Political Science 11 (2008), S. 93-118; *Tom Ginsburg/Mila Versteeg*, Why Do Countries Adopt Constitutional Review? The Journal of Law, Economics, and Organization 30 (2013), S. 587-622.

109 So *Ran Hirschl*, The New Constitutionalism and the Judicialization of Pure Politics Worldwide, Fordham Law Review 75 (2006), S. 745.

insoweit wird der Rational-choice-Ansatz der Realität weniger gerecht, als er für sich in Anspruch nimmt.

Weil Verfassungsgerichte ein wirksames Instrument zur Freiheits- und Demokratiesicherung bilden können, werden sie aber zur Zielscheibe politischer Strömungen, deren Ordnungsvorstellungen von denjenigen abweichen, die dem westlichen Konstitutionalismus zugrunde liegen. Demokratiekonzepte, die nach 1989 überwunden schienen, machen sich wieder bemerkbar, selbst in der Europäischen Union, die sich auf die Werte des Art. 2 EUV gründet und Mitgliedstaaten, welche diese missachten, Sanktionen androht. Diese Staaten wie auch andere außerhalb der EU streben keinen revolutionären Umsturz an, sondern setzen auf einen schrittweisen Übergang, der formal möglichst in dem Rahmen der gegebenen Verfassungsordnung abläuft, aber deren Umwandlung in ein autoritäres Regime zum Ziel hat.[110] Gerade wegen des Anscheins der Legalität, auf den Wert gelegt wird, erwächst ihnen aber in den Verfassungsgerichten ein Hindernis.

Aktuell sind es vor allem rechte populistische Bewegungen oder Parteien, von denen die Gefahr für die Verfassungsgerichtsbarkeit ausgeht. Trotz der Namensähnlichkeit hat dieser Populismus jedoch nichts mit dem »populist« oder »popular constitutionalism« zu tun, der den amerikanischen Kritikern des *judicial review* vorschwebt. Diese wollen das Volk aus einer behaupteten Vormundschaft des Supreme Court befreien und die jeweilige Bedeutung der Verfassung aus einem offenen Diskurs der pluralistisch gedachten Gesellschaft hervorgehen lassen. Die Populisten, um welche es hier geht, sind dagegen antipluralistisch ausgerichtet. Sie unterstellen ein essentiell einheitliches Volk im Schmittschen Sinn, dessen wahre Interessen sie gegenüber korrupten und volksfernen Eliten wahrnehmen. Mit diesem angenommenen wahren Volksinteresse identifizieren sie sich und leiten daraus ihren Alleinvertretungsanspruch für das Volk ab.[111]

110 Vgl. *Kim Lane Scheppele*, Constitutional Coups and Judicial Review, Transnational Law and Contemporary Problems 51 (2014), S. 51-117; *dies.*, Autocratic Legalism, The University of Chicago Law Review 85 (2018), S. 545.

111 Vgl. *Jan-Werner Müller*, Was ist Populismus?, 2016; zum Hintergrund vgl. *Philip Manow*, Die politische Ökonomie des Populismus, 2018; *Andreas Reckwitz*, Das Ende der Illusionen, 2019; trotz der Kritik weiter lesenswert ebenfalls *Cornelia Koppetsch*, Die Gesellschaft des Zorns, 2019.

In der Regel haben sie eine nationale Agenda und bekämpfen Multikulturalismus, Einwanderung und europäische Integration und verteidigen traditionelle Gesellschaftsstrukturen und Moralvorstellungen. Solange sie auf außerparlamentarische Aktionen beschränkt sind oder zur parlamentarischen Minderheit gehören, gerieren sie sich als Fundamentalopposition und versuchen das politische System durch Grenzüberschreitungen oder Tabuverletzungen herauszufordern. Haben sie in Wahlen eine Mehrheit gewonnen, versuchen sie diese für eine Systemtransformation im Sinn ihres Alleinvertretungsanspruchs zu nutzen. Angriffsziele sind dann die Opposition, die als grundsätzlich illegitim betrachtet wird, die Gewaltenteilung, welche die umstandslose Verwirklichung des vorgeblichen Volkswillens erschwert, regierungsunabhängige Kommunikationsmedien sowie alle Instanzen, welche Kontrollfunktionen gegenüber Parlament und Regierung ausüben, voran die Verfassungsgerichte.[112]

Das wiederkehrende Muster entstand bereits in der ersten Hälfte des 20. Jahrhunderts. »Court packing« und »court curbing« waren die Mittel, welche in den USA in den 1930er Jahren erwogen wurden, um die Barriere zu überwinden, die der Supreme Court gegen Roosevelts New Deal-Gesetze errichtet hatte.[113] Dort kamen sie am Ende nicht zum Einsatz, weil die Bedenken selbst in seiner eigenen Partei groß waren, obwohl es nicht um eine Systemveränderung ging, und weil er bald Gelegenheit bekam, ohne Rechtsänderung Richter seiner Wahl zu ernennen. Aber in Österreich bediente sich die Dollfuß-Regierung ihrer 1933 erfolgreich beim Übergang von der parlamentarischen Demokratie zum autoritären Staat.[114]

Heute kommen sie unter anderem in Ungarn und Polen zum Einsatz. Die Systemveränderung begann in beiden Staaten mit der Gleichschaltung oder Lahmlegung der Verfassungsgerichte.[115] In

112 Vgl. *Samuel Issacharoff*, Fragile Democracies. Contested Power in the Era of Constitutional Courts, 2015; *Steven Levitsky/Daniel Ziblatt*, Wie Demokratien sterben, 2018; *Mark A. Graber/Sanford Levinson/Mark Tushnet* (Hrsg.), Constitutional Democracy in Crisis?, 2018.

113 Vgl. *William E. Leuchtenburg*, The Supreme Court Reborn. The Constitutional Revolution in the Age of Roosevelt, 1995, bes. S. 132 ff.

114 Vgl. *Ewald Wiederin*, Münchhausen in der Praxis des Staatsrechts, in: Gedenkschrift für Robert Walter, 2013, S. 865-888.

115 Die genaueste Darstellung findet man in den Berichten der Venedig-Kom-

Ungarn konnte sich der Systemwechsel hin zu einer »illiberalen Demokratie« legal vollziehen, weil die Fidesz-Partei in freien Wahlen die verfassungsändernde Mehrheit im Parlament gewonnen hatte, wenn auch nur auf der Grundlage von ca. 53 % der Stimmen. In Polen, wo sich die Partei für Recht und Gerechtigkeit (PiS) mit einer absoluten Mehrheit begnügen musste (auf der Grundlage von ca. 36% der Stimmen), ging es nicht ohne Verfassungsbruch ab. Das Urteil des Verfassungsgerichts, das vor seiner völligen Gleichschaltung eine Anzahl von Änderungen des Verfassungsgerichtsgesetzes für nichtig erklärte, wurde von der Regierung für unbeachtlich erklärt und nicht publiziert. Von den reformierten Verfassungsgerichten geht keine Gefahr für die Regierungsmehrheit mehr aus. Der scheinbar schon erledigte Streit zwischen Schmitt und Kelsen steht wieder auf der Tagesordnung.

mission des Europarats, s. für Ungarn Opinion 621/2011, 665/2012, 683/2012, 720/2013; für Polen Opinion 833/2015, 860/2016.

6. Politikdistanz als Voraussetzung für Politikkontrolle

Dass Macht der Kontrolle bedarf, ist eine alte Einsicht. Offenbar muss diese Einsicht aber von Zeit zu Zeit aktualisiert werden, damit sie nicht nur als abstrakter Lehrsatz in Erinnerung bleibt, sondern wieder als konkretes Bedürfnis erlebt wird. Verfassungsgerichte haben sich als besonders effektives Instrument einer solchen Machtkontrolle erwiesen und sind deswegen mittlerweile weltweit anerkannt. Über dem Siegeszug der Verfassungsgerichtsbarkeit in der zweiten Hälfte des 20. Jahrhunderts sollte jedoch nicht vergessen werden, dass gerichtliche Machtkontrolle alles andere als selbstverständlich ist, wie ja auch aus der weltweiten Verbreitung von Verfassungsgerichten noch nicht auf ihre weltweite Wirksamkeit geschlossen werden darf. Verfassungsgerichtsbarkeit ist vielmehr eine späte Errungenschaft, die zudem stets gefährdet bleibt, weil die Machthaber die Existenz einer solchen Einrichtung – selbst wenn sie diese im Allgemeinen bejahen – im Besonderen doch als äußerst hinderlich empfinden können und deswegen immer wieder in Versuchung geraten werden, die Institution oder deren Entscheidungen in ihrem Sinn zu beeinflussen oder über sie hinwegzugehen.

Gerade deswegen muss Klarheit darüber herrschen, dass Verfassungsgerichte ihre Kontrollaufgabe nur aus einer Position der Distanz zur Politik erfüllen können. Die Verfassungsbindung, der die Politik im demokratischen Staat unterliegt, ist eine rechtliche Bindung. Welche Anforderungen sie in der konkreten Handlungssituation oder im konkreten Konfliktfall an die Politik richtet, lässt sich nur mit rechtlichen, nicht mit politischen Mitteln feststellen. Darum müssen Verfassungsfragen letztlich professionell und autonom entschieden werden, wenn die Verfassungsbindung zur Geltung kommen soll. An juristischer Professionalität fehlt es zwar auch im Staatsapparat nicht. Sie genießt dort aber keine Autonomie, sondern ist in die politische Weisungskette eingebunden. Politikinterne Rechtskontrollen sind deswegen nicht etwa wertlos. Sie laufen aber immer Gefahr, relativiert zu werden, weil die Politik am längeren Hebel sitzt und dazu neigt, die verfassungsrechtlichen Bindungen durch die Brille ihrer politischen Absichten zu betrachten oder gar hinter ihre Eigeninteressen zurückzusetzen, selbst wenn sie damit zur Rechtserosion beträgt, die in der Folge wieder auf sie zurückschlägt.

Das gilt umso mehr in einer Zeit, in der Politik immer professioneller gehandhabt wird. Damit ist gemeint, dass sich politisches Handeln primär am Imperativ des Machterwerbs und Machterhalts ausrichtet und diesem Ziel alles andere unterzuordnen bereit ist. Auch die Rechtsbindungen, selbst die höchstrangigen, bleiben von einer derartigen Instrumentalisierung für die Eigeninteressen der Politik nicht ausgenommen. Wirksame Rechtmäßigkeitskontrolle ist unter diesen Umständen noch mehr als ohnehin schon externe Kontrolle. Erst die Existenz einer unabhängigen Kontrollinstanz zwingt die Politik dazu, ihre rechtlichen Bindungen schon im politischen Entscheidungsprozess relativ ernst zu nehmen, und verhindert, dass sich im Konflikt über den Inhalt verfassungsrechtlicher Bindungen stets die Auffassung der Mehrheit durchsetzt. Die große Frage lautet allerdings, wie die externe Kontrolle als eine selbständige gewährleistet werden kann, wenn zum einen die Politik sich ihren Kontrolleur selbst bestellen darf und wenn zum anderen dieser nicht im politisch luftleeren Raum agiert. Das Erste ist die Frage nach der Rekrutierung der Verfassungsrichter, das Zweite die Frage nach der Autonomie der Rechtsprechung.

Da Verfassungsrichter in einer Demokratie demokratisch ins Amt gelangen müssen, bleibt – wenn man sie nicht vom Volk direkt wählen lässt – nur die Bestellung durch andere, ihrerseits gewählte Staatsorgane. Indes wirken in diesen Organen allesamt die politischen Parteien, und zwar legitimerweise. Deswegen fällt es schwer, sich ein Verfahren auszudenken, dass zugleich demokratisch und parteifern ist. Daran muss man erinnern, wenn unter dem Eindruck der gegenwärtigen Krise Politiker in lobenswerter Zerknirschung den Rückzug der Parteien aus der Richterwahl erwägen. Neben einer Volkswahl, die die Politisierung eher verstärken als abschwächen würde, käme als parteiferne Alternative lediglich die Kooptation durch das Gericht selbst in Betracht. Aber abgesehen davon, dass die demokratische Legitimation sich mit zunehmendem Abstand von der Erstbesetzung immer weiter verdünnen würde, sind Kooptationsverfahren auch deswegen bedenklich, weil sie eine Perpetuierung von Denkrichtungen und eine Versteinerung der Rechtsprechung begünstigen, die angesichts der schweren

Korrigierbarkeit verfassungsgerichtlicher Entscheidungen gerade in Zeiten beschleunigten Wandels nicht ratsam wäre.

Das Grundgesetz und das Bundesverfassungsgerichtsgesetz versuchen der Gefahr der Politisierung, die der Richterwahl durch parteipolitisch besetzte Staatsorgane innewohnt, vor allem dadurch zu begegnen, dass sie die Wahl auf zwei voneinander unabhängige Organe, Bundestag und Bundesrat, verteilen und überdies an eine Zwei-Drittel-Mehrheit in dem wahlberechtigten Organ knüpfen. In der Praxis wird die Aufteilung auf zwei Wahlorgane allerdings dadurch überspielt, dass die politischen Parteien sich über die Organgrenzen hinweg auf die Kandidaten verständigen, wobei die Organtrennung nur bewirkt, dass an dem Nominierungsprozess sowohl Bundes- wie Landespolitiker beteiligt werden. Diese Schwäche der Gewaltenteilung in Parteienstaaten muss man im Sinn behalten, wenn man den Parteieinfluss durch eine noch weiter gehende Aufteilung des Wahlrechts zu brechen versucht. In Italien und Frankreich beispielsweise sind es drei voneinander unabhängige Organe, die je ein Drittel der Verfassungsrichter bestimmen oder wählen. Die Praxis zeigt jedoch, dass auch dort die Parteien im Hintergrund wirken und die Aufteilung des Wahlrechts weithin unterlaufen.

Wichtiger als die Aufteilung des Wahlrechts ist unter diesen Umständen das Erfordernis einer Zwei-Drittel-Mehrheit geworden. Es erzwingt eine Einigung zwischen Regierung und Opposition und verhindert so die Gleichschaltung des Gerichts mit der Mehrheit, die die Wirksamkeit der Kontrolle überhaupt und namentlich den Minderheitenschutz ernstlich gefährden würde. Da die Parteien die Kandidaten der jeweils anderen Seite aber nicht ohne weiteres hinnehmen, sondern sich ein Vetorecht vorbehalten haben und dieses auch ausüben, kann die Einigung nur im Verhandlungsweg zustande kommen. Dem mögen gelegentlich geeignete Kandidaten zum Opfer fallen. Es wird aber auch vermieden, dass extreme Parteigänger in das Verfassungsgericht einrücken und dann womöglich versuchen, seine Politikdistanz von innen aufzuheben. Dieses System als »Kuhhandel« zu bezeichnen, wie es in Berichten über Verfassungsrichterwahlen oft geschieht, scheint mir wenig passend, weil es die unmittelbare Folge des institutionellen Arrangements ist und überdies nützliche Effekte für die Funktionstüchtigkeit des Verfassungsgerichts hat, die man nicht ohne Not preisgeben sollte.

Qualitätsgarantien für Verfassungsrichter sind dagegen in das Verfahren nicht eingelassen. Sie wären auch nur schwer in einer Weise zu formulieren, die im Zweifelsfall eine rechtliche Beurteilung und gegebenenfalls die Ablehnung eines Kandidaten erlauben würde. Wenn die parteipolitisch dominierten Verfassungsrichterwahlen gleichwohl über die Jahre hinweg insgesamt zu qualitätvollen Ergebnissen geführt haben, ohne die das Bundesverfassungsgericht nicht zu einem Leitgericht in Sachen Verfassungsrechtsprechung und insbesondere Grundrechtsschutz in der Welt hätte werden können, so liegt das wohl zum einen an der Reputation, die das Gericht sich erworben hat, zum anderen an der Furcht der politischen Parteien, durch die Benennung schwacher Kandidaten Einfluss zu verschenken. Insgesamt ist die Bundesrepublik mit dem bestehenden Verfahren nicht schlecht gefahren, und bevor man sich zu einer grundlegenden Änderung entschlösse, sollte man fragen, wie es mit der Bereitschaft der Politik bestellt wäre, auch missliebige Entscheidungen hinzunehmen, wenn sie auf die Besetzung des Organs keinerlei Einfluss mehr hätte.

Die Antwort auf die Frage nach der Autonomie der Verfassungsrechtsprechung gegenüber der Politik gibt der Grundsatz der richterlichen Unabhängigkeit. Er verweist alle Versuche, die Auslegung und Anwendung des geltenden Rechts politisch zu beeinflussen, in den Bereich der Illegalität und verbietet es, Richter wegen ihrer Rechtsprechung mit Sanktionen zu belegen, sofern sie sich nicht der Rechtsbeugung schuldig machen. Auch darüber können aber wiederum nur Gerichte befinden. Der Grundsatz, so wichtig er ist, wie jeder Vergleich mit Diktaturen lehrt, die auch die Rechtsprechung für politische Zwecke nutzen, darf freilich nicht überschätzt werden. Er bildet lediglich eine Voraussetzung, aber keine Garantie für juristische Autonomie in der Rechtsanwendung. Er schützt ein Gericht, das willens ist, sich etwaigen Einflussnahmen der Politik auf seine Rechtsprechung nicht zu beugen. Er schützt aber nicht vor einer Selbstpolitisierung von Verfassungsgerichten, deren Mitglieder sich freiwillig nach Parteilinien formieren, wie man das aus manchen durchaus parteifern und pluralistisch zusammengesetzten Kontrollgremien, etwa den Rundfunkräten der öffentlich-rechtlichen Rundfunkanstalten, kennt.

Dem Verdacht, es ginge auch in Karlsruhe parteipolitisch zu, ist das Bundesverfassungsgericht nicht selten ausgesetzt. Die Medien schüren ihn vielfach, indem sie die Richter gern den verschiedenen Parteien zuordnen oder die Entscheidungen vorrangig unter dem Gesichtspunkt der Parteinähe oder des Parteinutzens analysieren. Es finden sich allerdings auch Entscheidungen, mit denen das Gericht dieser Vermutung durch den Verlauf der Abstimmungsfronten selbst Nahrung gegeben hat. Dennoch wäre das Bild eines nach parteipolitischen Rücksichten entscheidenden Gerichts falsch. Darauf deutet schon die außerordentlich hohe Zahl einstimmiger Entscheidungen hin, die keineswegs nur politisch unkontroverse Fragen betreffen. Aber auch bei den weit selteneren streitigen Entscheidungen sind es nicht immer dieselben, sondern durchaus wechselnde Mehrheiten, die den Ausschlag geben. Das bleibt dem Publikum allerdings in seinem ganzen Ausmaß verborgen, weil das Gericht das Abstimmungsverhältnis nur selten offenlegt und selbst dann nicht immer zu erkennen gibt, welche Richter auf welcher Seite standen.

Beweisen ließe sich die Aussage daher nur unter Verletzung des Beratungsgeheimnisses. Vielleicht ist aber zumindest eine mittelbare Annäherung an die Wahrheit möglich, wenn ich die wichtigste und auch glücklichste Erfahrung mitteile, die ich aus mehr als zwölf Jahren verfassungsrichterlicher Tätigkeit mitnehme: Das Bundesverfassungsgericht ist das einzige mir bekannte Gremium, das Entscheidungen von höchster politischer Tragweite fällt und doch keine Vorklärungen, keine Absprachen, keine Fraktionen kennt. Man kommt vielmehr bei den Sitzungen stets von neuem in eine offene Diskussionssituation, in der jeder ernst genommen werden muss, weil am Ende jeder gleiches Stimmgewicht hat, in der Tricks sich nicht auszahlen, weil man über eine lange Strecke in derselben kleinen Gruppe zusammenarbeiten muss, und in der man mit Argumenten etwas ausrichten kann, weil das Ergebnis am Ende argumentativ begründet werden muss. Damit soll nicht die Begrenztheit des Einsichtsvermögens oder der Diskussionsbereitschaft geleugnet, wohl aber gesagt werden, dass es um eine sachgeprägte Diskussion geht, und die Sache ist hier die rechtlich, nicht die politisch richtige Entscheidung.

Deswegen verläuft die Diskussion auch in den Bahnen der juristischen Argumentationsstandards, die man sich freilich nicht zu festgefügt, nicht zu eng und insbesondere nicht wirklichkeitsblind vorstellen darf. Auch wenn mit Hilfe dieser Standards nicht alle

Streitfragen eindeutig zu beantworten sind, sondern Interpretationsspielräume bestehen bleiben, würde doch derjenige, der diese Spielräume mit politischen Argumenten füllen wollte, kein Gehör finden. Die Bindung an einen normativen Text, an die juristische Interpretationsmethode und an die vorausgegangenen Entscheidungen des Gerichts dürfen nicht unterschätzt werden. Sie führen zu einer Brechung der außer- oder vorjuristischen Überzeugungen und Verständnisse, von denen selbstverständlich kein Richter frei ist. Daran müssen all jene vulgär-soziologischen Versuche scheitern, verfassungsgerichtliche Entscheidungen je nach ihrem Gegenstand auf die Parteinähe, die Konfessionszugehörigkeit, das Geschlecht, die Herkunft oder den Familienstand der beteiligten Richter zurückzuführen, die besonders nach hochumstrittenen Entscheidungen des Gerichts gern angestellt werden.

Ziel der Diskussion ist die wechselseitige Überzeugung. Dass dies weniger selbstverständlich ist, als es scheinen mag, zeigt der Vergleich mit dem amerikanischen Supreme Court. Dort werden nach der Gerichtsverhandlung die Ansichten der neun Richter registriert, und ein Vertreter der Mehrheitsmeinung erhält den Auftrag, das Urteil zu entwerfen. Die Auseinandersetzung über die Richtigkeit des Ergebnisses oder der Begründung findet nicht vor der Entscheidung in der Diskussion, sondern nach der Entscheidung in den Sondervoten statt, mit denen die amerikanischen Richter im Unterschied zu den deutschen höchst freigebig umgehen. Im Bundesverfassungsgericht wird dagegen um die Überzeugung wie auch später um die Formulierung intensiv gerungen. Einigkeit steht dabei hoch im Kurs. Deswegen ist der Kompromiss nicht verpönt, wird aber nicht um jeden Preis gesucht. Es ist auch keineswegs so, dass der Berichterstatter sich regelmäßig durchsetzt. Ich habe es mehr als einmal erlebt, dass Berichterstatter am Ende einer Beratung von ihrem eigenen Entscheidungsvorschlag abgerückt sind, weil sie die aus dem Diskussionsprozess hervorgegangene Lösung für die bessere hielten.

Der akademische Diskurs mag bisweilen sprühender, gebildeter, kühner und genussreicher sein. Dennoch ist er dem gerichtlichen Diskurs unterlegen. Der Zwang, die Erörterung zu einem Ergebnis zu führen, das dann nicht nur als Meinung unter Meinungen in die Welt tritt, sondern für die Gesellschaft gilt, und die Unmöglichkeit, dieser Entscheidung durch Abwesenheit oder Stimmenthaltung auszuweichen, verleiht ihm einen Grad an Verbindlichkeit und Verantwortlichkeit, den so keine akademische Diskussion aufweist. Subjektiv werde ich diesen Diskurs vermissen. Doch kommt es darauf nicht an. Wichtig ist, dass von der Aufrechterhaltung der Voraussetzungen, die ihn ermöglichen, objektiv abhängt, ob die Verfassungsgerichtsbarkeit auch in Zukunft die ihr zugedachte Funktion erfüllt. Diejenige Institution, die die Rechtsbindung der Politik durchsetzen soll, darf nicht die Politik in sich wiederholen, sondern muss gerade die systembedingten Defizite des zunehmend professionalisierten Politikbetriebes ausgleichen, indem sie die überparteilich gültigen Prinzipien der Verfassung hochhält. Kein noch so erwünschter Momentsvorteil wäre es wert, dass das Gericht davon abginge.

IV.
Der Vorgang: Verfassungsinterpretation

7. Verfassung, Verfassungsgerichtsbarkeit, Verfassungsinterpretation an der Schnittstelle von Recht und Politik[1]

I.

1.

Vor dem Ende des Zweiten Weltkriegs waren Verfassungsgerichte oder Gerichte mit verfassungsgerichtlicher Zuständigkeit eine Seltenheit. Obwohl es Verfassungen seit langem gab, entstand ein weltweites Bedürfnis nach gerichtlicher Verfassungsdurchsetzung erst aufgrund der Erfahrungen mit den zahlreichen totalitären Systemen des 20. Jahrhunderts. Die meisten post-totalitären Staaten betrachteten Verfassungsgerichtsbarkeit als logische Konsequenz des Konstitutionalismus. In einem bemerkenswerten Urteil des israelischen Obersten Gerichts von 1995 heißt es: »Die verfassungsgerichtliche Überprüfung ist die Seele der Verfassung selbst. Nimmt man der Verfassung die Verfassungsgerichtsbarkeit, hat man ihr das Leben genommen. [...] Es ist daher kein Wunder, dass sich die Verfassungsgerichtsbarkeit jetzt entwickelt. Die Mehrheit der aufgeklärten demokratischen Staaten sieht eine verfassungsgerichtliche Kontrolle vor. [...] Das 20. Jahrhundert ist das Jahrhundert der Verfassungsgerichtsbarkeit.« Gestützt auf diesen universalen Trend, beanspruchte das israelische Gericht die Befugnis zum *judicial review*, obwohl sie ihm von der Verfassung nicht ausdrücklich übertragen worden war.

Gerade so wie der Übergang von absoluter zu konstitutioneller Herrschaft das Verhältnis von Recht und Politik verändert hatte, wurde es nun durch die Einrichtung von Verfassungsgerichten abermals verändert. Solange das Recht als gottgegeben galt, war die Politik ihm unterworfen. Politische Herrschaft leitete ihre Autorität von der Aufgabe ab, das göttliche Recht zu bewahren und durchzusetzen, schloss aber nicht die Befugnis ein, eigenständig

1 Der Text geht auf einen Vortrag zurück, der 2008 vor südosteuropäischen Juristen in Bukarest gehalten wurde.

Recht zu setzen. Nachdem die Glaubensspaltung des 16. Jahrhunderts dem göttlichen Recht den Boden entzogen hatte und in die religiösen Bürgerkriege mündete, wurde die Umkehr des traditionellen Verhältnisses von Recht und Politik als Bedingung für die Wiederherstellung des inneren Friedens angesehen. Der Herrscher erlangte die Befugnis, Recht ohne Rücksicht auf die umstrittene religiöse Wahrheit zu setzen. Recht wurde auf diese Weise zum Produkt der Politik. Es leitete seine Geltungskraft nicht mehr vom göttlichen Willen, sondern vom Willen des Herrschers ab. Es war fortan positives Recht. Überzeitliches oder natürliches Recht war seinem Namen zum Trotz nicht Recht, sondern Philosophie.

Der Konstitutionalismus, der im letzten Viertel des 18. Jahrhunderts entstand, bildete den Versuch, die Vorherrschaft des Rechts über die Politik unter der Bedingung wiederherzustellen, dass es keine Rückkehr zum göttlichen oder natürlichen Recht gab. Die Lösung des Problems bestand in der Reflexivität des positiven Rechts. Die Setzung und Durchsetzung von Recht wurde ihrerseits verrechtlicht. Diese Aufgabe erfüllte die moderne Verfassung. Sie musste dazu freilich demjenigen Recht, welches im politischen Prozess erzeugt wurde, vorgehen. Ohne die Möglichkeit eines Rekurses auf transzendente Quellen war aber auch das ranghöhere Verfassungsrecht ein Produkt politischer Entscheidung. Damit es gleichwohl seine Funktion der Unterwerfung der Politik unter das Recht erfüllen konnte, bedurfte es einer vom gewöhnlichen Recht unterschiedenen Quelle. In Übereinstimmung mit der Theorie, dass politische Herrschaft mangels göttlichen Ursprungs allein durch die Zustimmung der Herrschaftsunterworfenen gerechtfertigt werden könne, wurde die Verfassung dem Volk als Quelle zugeschrieben. Das Volk ersetzte den Herrscher als Souverän, gerade so wie vorher der Herrscher Gott ersetzt hatte. Doch wurde die Souveränität des Volkes auf die Verfassungsgebung beschränkt, während die Ausübung politischer Herrschaft Repräsentanten des Volkes oblag, die aber nur auf der Grundlage und im Rahmen der Verfassung handeln durften.

In der Verrechtlichung der Politik liegt also der Sinn des Konstitutionalismus. Diese Funktion unterscheidet das Verfassungsrecht vom gewöhnlichen Recht in mehrfacher Weise. Erstens hat es einen ihm eigenen Regelungsgegenstand, nämlich die Politik. Die Verfassung regelt die Einrichtung und Ausübung politischer

Herrschaft. Die Machthaber sind die Adressaten des Verfassungsrechts. Zweitens fließen Verfassungsrecht und gewöhnliches Recht aus unterschiedlichen Quellen. Da Verfassungsrecht legitime Herrschaft erst hervorbringt, kann es nicht von dieser ausgehen. Es wird vom Volk erzeugt oder ihm wenigstens zugeschrieben. Dem entsprechen drittens unterschiedliche Verfahren der Rechtserzeugung. Normalerweise wird die Verfassung von einem besonderen Gremium ausgearbeitet und in einem speziellen Verfahren in Kraft gesetzt, bei dem entweder das Volk selbst oder eine vom Volk zu diesem Zweck gewählte Versammlung entscheidet.

Viertens unterscheiden sich die beiden Rechtsmassen im Rang. Verfassungsrecht ist höherrangiges Recht. Im Fall des Konflikts geht es dem Gesetzesrecht vor. Was in der Verfassung geregelt ist, steht der politischen Entscheidung nicht mehr offen. Insoweit findet die Mehrheitsregel keine Anwendung. Das ist nicht gleichbedeutend mit totaler Verrechtlichung der Politik. Sie würde das Ende von Politik bedeuten und diese auf bloße Verwaltung reduzieren. Die Verfassung legt fest, wer politische Entscheidungen fällen darf und welche formellen und materiellen Regeln dabei zu beachten sind, damit die Entscheidung Verbindlichkeit erlangt. Die Verfassung bestimmt jedoch weder den Input in den von ihr geregelten Prozess noch sein Ergebnis. Sie regelt die Hervorbringung politischer Entscheidungen, überlässt die Entscheidungen selbst aber den politischen Akteuren. Sie ist ein Rahmen, kein Ersatz für Politik.

Schließlich unterscheidet sich das Verfassungsrecht vom gewöhnlichen Recht durch eine spezifische Schwäche. Gewöhnliches Recht wird vom Staat gesetzt und richtet sich an die Individuen. Befolgen sie es nicht, kann der Staat es durchsetzen, notfalls mit Zwang. Er hat das Gewaltmonopol. Verfassungsrecht wird dagegen vom Volk gemacht oder ihm als Quelle zugeschrieben und richtet sich an die Staatsgewalt. Wenn diese sich nicht an die Verfassung hält, gibt es keine überlegene Gewalt, die es durchsetzen könnte. Diese Schwäche kann je nach der Funktion der Verfassung graduell verschieden sein. Was ihre Einrichtungs- und Organisationsfunktion betrifft, wird die öffentliche Gewalt regelmäßig der Verfassung entsprechen. Was dagegen die Funktion angeht, die Ausübung der Herrschaft zu regeln, kann das nicht vorausgesetzt werden. Dafür gibt es sowohl in der Vergangenheit als auch in der Gegenwart genügend Belege.

2.

Es ist diese Schwäche, welche zur Verfassungsgerichtsbarkeit führte, in den USA schon bald nach der Erfindung des Konstitutionalismus, in Europa und anderen Teilen der Welt erst nach dem Zusammenbruch faschistischer und rassistischer, sozialistischer und militaristischer Diktaturen, beginnend in den 1950er und kulminierend in den 1990er Jahren. Obwohl die meisten dieser Staaten schon vorher Verfassungen hatten, war ihre praktische Bedeutung doch gering. In einigen Ländern konnte die Berufung auf verfassungsmäßige Rechte die Bürger sogar in Gefahr bringen. Im Licht dieser Erfahrungen wurden Verfassungsgerichte als notwendige Vervollständigung der Verfassung angesehen. Wenn das Wesen des Konstitutionalismus in der Bindung der Politik an das Recht besteht, dann ist das Wesen der Verfassungsgerichtsbarkeit die Durchsetzung dieser rechtlichen Bindungen gegenüber der Politik. So weit die Verfassung reicht, hat die Politik einschließlich der Gesetzgebung also nicht mehr das letzte Wort. Allerdings können Verfassungsgerichte oder Gerichte mit verfassungsrechtlicher Zuständigkeit die Schwäche des Verfassungsrechts nicht vollständig ausgleichen. Da das Gewaltmonopol in den Händen der politischen Staatsorgane bleibt, sitzen Verfassungsgerichte am kürzeren Hebel, wenn die Politik sich weigert, die Urteile des Verfassungsgerichts zu befolgen.

Abgesehen von einer solchen Situation, die in funktionierenden Verfassungsstaaten aber Ausnahme bleiben wird, fällt der Unterschied von politischen Systemen mit oder ohne Verfassungsgerichtsbarkeit jedoch ins Gewicht. Selbst politische Akteure, die im Prinzip bereit sind, sich an die Verfassung zu halten, werden geneigt sein, die Vorschriften durch die Brille ihrer politischen Absichten zu betrachten. In einem System ohne Verfassungsgerichtsbarkeit setzt sich im Konfliktfall dann regelmäßig die Ansicht der Mehrheit durch. Auf lange Sicht kann das die Errungenschaft des Konstitutionalismus untergraben. Dagegen besteht in einem System mit Verfassungsgerichtsbarkeit eine Institution, die selbst keine politischen Ziele verfolgt, nicht von Wahlsiegen abhängt und auf Verfassungsauslegung und -anwendung spezialisiert ist. Sie ist weniger voreingenommen und deswegen besser geeignet, den Anforderungen der Verfassung gegenüber der jeweiligen Mehrheit

Geltung zu verschaffen. Noch bedeutsamer scheint aber der präventive Effekt. Die bloße Existenz eines Verfassungsgerichts zwingt die Politik dazu, die Frage der Verfassungsmäßigkeit ihrer Maßnahmen relativ frühzeitig und relativ neutral zu stellen. Sie muss ihre eigenen Pläne sozusagen mit den Augen des Verfassungsgerichts betrachten, wenn sie keine Niederlage vor Gericht erleiden will.

Kelsen, den der israelische Supreme Court in dem erwähnten Urteil zustimmend zitiert, mag übertrieben haben, wenn er annahm, dass eine Verfassung ohne Verfassungsgericht kaum besser sei als gar keine Verfassung. Es gibt eine Anzahl gefestigter Demokratien, in denen die Verfassung auch ohne Verfassungsgericht befolgt zu werden pflegt. Verfassungsstaatlichkeit ist hier Teil der rechtlichen und politischen Kultur, so dass kein Verlangen nach institutionellen Vorkehrungen in Form von Gerichten aufkam. Bei der Mehrzahl der Staaten, besonders solchen, die erst kürzlich zur konstitutionellen Demokratie übergegangen sind, ist jedoch zu fürchten, dass die Verfassung ohne eine eigene Durchsetzungsinstanz in der täglichen Politik eine geringe Rolle spielen würde. Die Bedeutungslosigkeit der Grundrechte im größten Teil der Welt vor dem Übergang zur Verfassungsgerichtsbarkeit ist ein Beleg dafür.

Allerdings reicht die Existenz eines Verfassungsgerichts allein nicht aus, der Verfassung Respekt durch die Politik zu sichern. Gerade so wie der Verfassungsstaat eine gefährdete Errungenschaft ist, ist auch die Verfassungsgerichtsbarkeit Gefahren ausgesetzt. Selbst Politiker, die in der Phase der Verfassungsgebung für ein Verfassungsgericht eingetreten waren, finden später seine Tätigkeit oftmals störend. Verfassungen erlegen der Politik Beschränkungen auf, und Verfassungsgerichte sind dazu da, diese durchzusetzen. Nicht alles, was die Politik nötig oder nützlich findet, sei es für sich selbst, sei es im Interesse des Landes, lässt sich in Übereinstimmung mit der Verfassung realisieren. Politiker haben deswegen ein allgemeines Interesse an einem Verfassungsgericht, das ihren Vorhaben möglichst nicht im Weg steht, und ein besonderes an dem Ausgang konkreter Verfahren, von denen die Verwirklichung politischer Pläne abhängt.

Jede politische Einmischung in den Prozess der Rechtsprechung würde jedoch das System der konstitutionellen Demokratie untergraben. Die Unabhängigkeit der Richter ist für das Funktionieren der Verfassungsordnung unerlässlich und bedarf daher ihrerseits verfassungsrechtlichen Schutzes. Aus diesem Grund sind die Barrieren, die das Prinzip der Gewaltenteilung zwischen den verschiedenen Staatsorganen errichtet, im Verhältnis zur Justiz besonders hoch. Wenn es zutrifft, dass Verfassungsgerichte wehrlos sind, falls politische Akteure sich weigern, Urteile zu befolgen, dann ist es noch zutreffender, dass Verfassungsgerichte nutzlos sind, wenn sie ihre Entscheidungen nicht frei von politischer Intervention fällen können. Der wirksamste Schutz der richterlichen Unabhängigkeit liegt in einer tief verwurzelten Überzeugung der Politiker, dass Einmischungen in die Rechtsprechung inakzeptabel sind, erst recht wenn diese Überzeugung von einem Rückhalt für das Gericht in der Bevölkerung gestützt wird. Das kann freilich nicht überall und jederzeit als gegeben unterstellt werden. Vielmehr sind spezielle Sicherungen nötig. Die richterliche Unabhängigkeit muss nicht nur vor direktem Druck geschützt werden, sondern auch vor subtileren Arten der Beeinflussung. Deswegen garantieren Verfassungen gewöhnlich die Unabsetzbarkeit und oft auch die ausreichende Bezahlung der Richter, um nur einige Möglichkeiten zu nennen.

Ein besonderes Problem bildet in diesem Zusammenhang die Rekrutierung der Verfassungsrichter. Da Verfassungsgerichte Anteil an der Staatsgewalt haben, benötigen ihre Richter eine demokratische Legitimation. Wenn sie nicht vom Volk gewählt werden, was freilich andere Probleme für dic Unabhängigkeit hervorruft, ist daher eine irgendwie geartete Beteiligung der gewählten Staatsorgane am Rekrutierungsprozess unvermeidlich. Selbsterneuerung der Gerichte würde den demokratischen Anforderungen nicht genügen. Allerdings geht die Beteiligung von Politikern immer auch mit Versuchungen einher, Richter auszusuchen, die grundsätzlich mit ihren Zielen übereinstimmen. Die Personalauswahl ist die offene Flanke der richterlichen Unabhängigkeit. Ein Verfassungsgericht, in dem sich die jeweiligen Machtverhältnisse widerspiegeln, wird kaum in der Lage sein, die nötige Politikdistanz aufzubringen, die zur Erfüllung der Funktion nötig ist. Deswegen sind Vorkehrungen gegen die Politisierung der Verfassungsgerichte schon auf der Stufe der Richterernennung von überragender Bedeutung.

In den meisten Ländern mit Verfassungsgerichten finden sich für die Wahl der Verfassungsrichter spezielle Bestimmungen, die sich von den Regeln für die Justiz im Allgemeinen unterscheiden.

Werden die Verfassungsrichter vom Parlament gewählt, ist häufig eine qualifizierte Mehrheit vorgeschrieben, gewöhnlich dieselbe, die für Verfassungsänderungen gilt. Das hat zur Folge, dass sich Mehrheit und Minderheit auf die Kandidaten einigen müssen und die Chancen extremer Parteigänger, ins Verfassungsgericht einzuziehen, gering sind. Andere Länder ziehen Mischsysteme vor, in denen die Auswahl der Richter auf verschiedene Staatsorgane verteilt wird. Wieder andere entscheiden sich für Gremien, die aus Politikern und Nichtpolitikern, meist Vertretern der juristischen Professionen, zusammengesetzt sind. Welche Lösung die beste ist, lässt sich mit Anspruch auf allgemeine Gültigkeit nicht sagen. Zu viele Faktoren sind im Spiel. Was sich unter den Bedingungen eines Landes bewährt, bewährt sich nicht notwendig unter den Bedingungen eines anderen. Doch kann an der Notwendigkeit von Barrieren gegen die politische Gleichschaltung von Verfassungsgerichten kein Zweifel bestehen, wenn sie ihre Kontrollfunktion erfüllen sollen.

3.

Richterliche Unabhängigkeit ist die verfassungsrechtliche Vorkehrung gegen diejenigen Gefahren, welche der Justiz von Seiten der Politik drohen. Sie schirmt Richter gegen Zumutungen ab, Fallentscheidungen nicht am geltenden Recht, sondern an politischen Erwartungen auszurichten. Das ist eine von außen kommende Gefahr. Es wäre aber leichtgläubig anzunehmen, dass dies die einzige Gefahr sei, die der Rechtsprechung droht. Es gibt auch eine interne Gefahr, die von den Richtern selbst ausgeht. Sie tritt vor allem in zwei Formen auf. Die eine besteht in der Bereitschaft, aus Opportunismus oder Loyalität politisch genehme Entscheidungen zu fällen. Die andere besteht in der Versuchung, die eigenen politischen Präferenzen oder Gerechtigkeitsvorstellungen über das geltende Recht zu stellen. Die verfassungsrechtliche Garantie der richterlichen Unabhängigkeit schützt Richter vor der Politik, aber sie schützt nicht den Verfassungsstaat und die Gesellschaft vor Richtern, die aus anderen Gründen als externem Druck bereit sind, sich nicht ans Recht zu halten.

Deswegen muss die äußere Unabhängigkeit von der inneren begleitet werden. Die richterliche Unabhängigkeit ist kein Privileg, nach eigenem Gutdünken zu entscheiden, sondern eine funktionelle Notwendigkeit. Sie dient der Erfüllung der richterlichen Funktion, nämlich das Recht unabhängig von den Interessen und Erwartungen der Streitparteien oder machtvoller politischer und gesellschaftlicher Kräfte anzuwenden. Es stellt die Richter von außerrechtlichen Bindungen frei, damit sie sich ganz der rechtlichen Bindung widmen können. Die Unabhängigkeit von externen Bindungen wird im Interesse der internen Bindung an das Recht garantiert. Diese ist das notwendige Gegenstück der richterlichen Unabhängigkeit. So wie die äußere Unabhängigkeit sicherungsbedürftig ist, ist es auch die innere.

Da die innere Unabhängigkeit aber zum großen Teil eine Sache der professionellen Ethik und des individuellen Charakters ist, sind die Möglichkeiten des Rechts hier begrenzt. Eindeutiges Fehlverhalten wie Korruption kann allerdings rechtlich durch Strafandrohungen bekämpft werden. Die Erfahrung lehrt jedoch, dass es schwer ist, Korruption innerhalb der Justiz zu unterdrücken, wenn sie außerhalb der Justiz gang und gäbe ist. Das scheint in manchen der jungen Demokratien ein Problem zu sein. Ebenso berechtigt ist es, die Rechtsbeugung zu bestrafen. Aber es fällt nicht immer leicht, Rechtsbeugung von irrigen oder fragwürdigen Auslegungen des Rechts zu unterscheiden. Das ist der Grund für die geringe Zahl von Verurteilungen wegen Rechtsbeugung. Es sollte aber klar sein, dass Verurteilungen und Amtsenthebungen wegen Korruption und Rechtsbeugung kein Verstoß gegen die richterliche Unabhängigkeit sind.

Eine subtilere Form richterlichen Fehlverhaltens ist die Bereitschaft, das Recht so zu interpretieren, dass es bestimmte politische Strömungen, Parteien oder Kandidaten für Wahlämter begünstigt, sei es generell oder im speziellen Fall. Das geschieht gewöhnlich im Gewand juristischer Argumentation, hinter der sich die wahren Motive verbergen lassen. Das muss nicht einmal absichtsvoll geschehen. Gegen Selbsttäuschungen über die Motive ihres Verhaltens sind auch Richter nicht gefeit. Diese Form des Fehlverhaltens ist keineswegs auf junge Demokratien beschränkt. Es kann ebenso in gefestigten Verfassungsstaaten auftreten. Die Entscheidung des amerikanischen Supreme Court im Fall Bush v. Gore ist ein Beispiel dafür. Verfassungsrechtliche Sanktionen sind in solchen Fällen unwahrscheinlich. Aber sie können erhebliche öffentliche Kritik auf sich ziehen oder sogar das Vertrauen in die Integrität der Justiz untergraben, wogegen Gerichte nicht unempfindlich sind.

II.

1.

Das Recht verdankt seine Geltung einer politischen Entscheidung. Politische Motive sind im Prozess der Rechtsetzung legitim. In der Rechtsanwendung spielt die Politik im Verfassungsstaat keine Rolle mehr. Die Rechtsanwendung ist eine Angelegenheit des Rechtssystems, in dem politische Motive illegitim sind. Deswegen kommt der Unterscheidung von Recht und Politik größte Bedeutung zu. Was aber, wenn Rechtsanwendung und insbesondere Verfassungsrechtsprechung in sich selbst politische Operationen wären, so dass alle Versuche, Recht und Politik auf der institutionellen Ebene zu scheiden, auf der Ebene der Rechtsanwendung unterlaufen würden? Das ist eine ernsthafte Frage, die nicht mit der des Missbrauchs der Justiz verwechselt werden sollte, der in der bewussten Nichtanwendung oder Fehlanwendung des Rechts besteht.

Verfassungsgerichtsbarkeit ist freilich in dem Sinn politisch, dass ihr Gegenstand und ihre Wirkungen politisch sind. Das folgt unvermeidlich aus der Funktion des Verfassungsrechts, das Einrichtung und Ausübung politischer Herrschaft regelt, und aus der Funktion der Verfassungsgerichte, die diese Regelungen gegenüber der Politik durchzusetzen haben. Wollte man politische Fragen von der verfassungsrechtlichen Überprüfung ausnehmen, wäre die Verfassungsgerichtsbarkeit am Ende. Die Frage kann deswegen nur sein, ob auch der Vorgang der Rechtsfindung und Rechtsanwendung auf politische Gegenstände in sich selbst politisch oder rechtlich ist.

Diese Frage stellt sich, weil jede Analyse des Vorgangs der Rechtsanwendung auf konkrete Fälle zeigt, dass Rechtsnormen nicht in der Lage sind, ihre Anwendung vollständig zu determinieren. Einer der Gründe liegt darin, dass Recht im Allgemeinen und Verfassungsrecht im Besonderen weder lückenlos und widerspruchsfrei noch klar und eindeutig ist. Es kann auch gar nicht anders sein, denn was wir gewöhnlich »die Rechtsordnung« nennen, ist ein Ensemble von Normen aus verschiedenen Zeiten, die auf unterschiedliche Herausforderungen reagierten und unterschiedlichen Interessen oder Gerechtigkeitsvorstellungen folgten und überdies in gewöhnlicher Sprache mit all ihrer Mehrdeutigkeit formuliert wurden. Jede Rechtsanwendung muss die Lücken füllen, die Widersprüche ausgleichen, die vagen Bestimmungen verdeutlichen, damit sie auf konkrete Fälle angewendet werden können. In letzter Instanz ist das Sache der Gerichte, die dabei wiederum auf die Arbeit der Rechtswissenschaft zurückgreifen können.

Aber selbst wenn die Rechtsnormen so klar und kohärent wie nur möglich formuliert sind, können sie doch Zweifelsfragen aufwerfen, wenn es zur Entscheidung konkreter Fälle kommt. Die Unmöglichkeit, vollständige Determinationsfähigkeit der Normen zu erreichen, selbst wenn sie klar erscheinen, wohnt dem Recht inne, weil Normen ihrer Bestimmung nach allgemeine Regeln sind, die auf eine unbestimmte Zahl künftiger Fälle angewendet werden sollen. Deswegen müssen sie mehr oder weniger generell und abstrakt formuliert werden. Infolgedessen ist damit zu rechnen, dass sich zwischen der generellen und abstrakten Norm einerseits und dem individuellen und konkreten Fall andererseits eine Kluft auftut. Der Rechtsanwender muss herausfinden, was die abstrakte Norm in Bezug auf den konkreten Fall bedeutet. Das geschieht durch Interpretation der Norm, die stets ihrer Anwendung vorausgeht. Die generelle Norm muss zu einer spezielleren Regel konkretisiert worden sein, bevor der Fall anhand der Norm entscheidbar wird.

Wie die Aufgaben der Lückenfüllung, der Harmonisierung widersprüchlicher Normen und der Klärung vager Vorschriften enthält auch die Konkretisierung ein schöpferisches Element. Normanwendung ist daher zu einem Teil immer auch Normkonstruktion. Das ist unbestreitbar. Nur das Ausmaß kann wechseln. Das hängt von einer Anzahl von Variablen ab. Die wichtigste ist der Präzisionsgrad der Norm. Je exakter eine Norm formuliert ist, desto weniger Raum besteht für die konstruktiven Elemente, während eine vage und offen formulierte Norm in erheblichem Maß auf Konkretisierung angewiesen ist, bevor sie auf den Fall angewendet werden kann. Verfassungen enthalten in der Regel mehr vage Normen als etwa das Zivilprozessrecht. Das trifft insbesondere auf die fundamentalen Prinzipien und die Grundrechte zu, weniger auf die Organisations- und Verfahrensnormen. Eine andere Variable ist das Alter einer Norm. Je älter die Norm, desto größer die Zahl der Fälle, die im Zeitpunkt der Gesetzgebung nicht vorhersehbar waren und deswegen Fragen nach ihrer Bedeutung unter gewandelten Verhältnissen aufwerfen.

Der Umstand, dass die Rechtsnormen ihre Anwendung nicht vollständig determinieren, reicht für sich genommen aber nicht aus, die Rechtsanwendung als politisch zu bestimmen. Sie bleibt ein rechtlicher Vorgang, wenn das, was der Richter dem Textbefund im Prozess der Interpretation hinzufügt, an den Text gebunden ist und von ihm in einer spezifisch rechtlichen Argumentation abgeleitet wird. Nur wenn es daran fehlt und das Urteil sich von der Norm löst, verwandelt sich der Vorgang in einen politischen. Daraus ergibt sich die Notwendigkeit, zwischen rechtlichen und nichtrechtlichen Argumenten, seien sie politischer, ökonomischer, religiöser oder sonstiger Art, zu unterscheiden. Diese Unterscheidung kann nur im Rechtssystem getroffen werden. Kein anderes Sozialsystem kann bestimmen, was als juristisches Argument zählt und was nicht. Innerhalb des Rechtssystems ist die Unterscheidung zwischen rechtlichen und nichtrechtlichen Argumenten Sache der juristischen Methode. Mit ihrer Hilfe sollen subjektive Elemente so weit wie möglich aus der Rechtsanwendung ausgeschlossen werden. Die Sicherung der Rechtlichkeit der Rechtsanwendung lastet daher im Wesentlichen auf der Interpretationsmethode.

Im Unterschied zum Text der Rechtsnormen, der ein Produkt politischer Entscheidung ist und nicht zur Disposition des Rechtsanwenders steht, ist die juristische Methode aber selber wieder ein Produkt juristischer Erwägungen. Sie entwickelt sich im Prozess der Rechtsanwendung oder wird in einem wissenschaftlichen Diskurs entwickelt, ist aber nirgends autoritär vorgeschrieben. Verschiedene Methoden oder verschiedene Varianten einer Methode können nebeneinander bestehen. Die »richtige« Methode ist eine Frage der Auswahl innerhalb des Rechtssystems. Alle Versuche von Gesetzgebern, Interpretation überhaupt zu verbieten oder bestimmte Methoden vorzuschreiben und andere auszuschließen, sind erfolglos geblieben, denn diese Vorschriften wären ja ihrerseits wieder interpretationsbedürftig und -fähig. Das Fehlen einer einzigen verbindlichen Methode bedeutet jedoch nicht, dass jedes beliebige Ergebnis methodologisch gerechtfertigt werden kann, so dass die Interpretationsmethode ihre disziplinierende Wirkung auf die Rechtsanwendung verlöre. Gerade so wie verschiedene Rechtssysteme ihren Ort und ihre Zeit in der Geschichte haben, sind auch Methoden historisch bedingt. Gewöhnlich gibt es einen Bereich anerkannter Argumente und Operationen und einen Bereich als nicht sachgemäß geltender Argumente und Operationen. Keine Methode wird aber in der Lage sein, subjektive Elemente restlos aus der Rechtsanwendung zu entfernen, obwohl es Methoden gibt, die diesen Anspruch erheben.

2.

Eine historisch einflussreiche Methode, die alle subjektiven Einflüsse auf die Auslegung und Anwendung von Rechtsnormen zu eliminieren hoffte, war der juristische Positivismus, nicht in seiner Eigenschaft als Rechtsgeltungslehre, die sich von naturrechtlichen Theorien abgrenzte, sondern in seiner Eigenschaft als Methodenlehre. Für den Positivismus bestand eine Norm allein aus ihrem Text, und die einzig zulässigen Mittel zur Ermittlung seines Sinns waren Grammatik und Logik, also nicht die Gesetzgebungsgeschichte, nicht die Motive oder Intentionen des Gesetzgebers, nicht die Werte, denen die Norm Ausdruck verlieh, oder die Interessen, welche sie ausgleichen wollte, erst recht nicht die soziale Wirklichkeit, in der die Norm ihre Wirkung entfalten sollte, und die Konsequenzen verschiedener Interpretationen der Norm. Der Positivismus ging ferner davon aus, dass es nur eine richtige Interpretation einer Norm gab und dass diese Interpretation Bestand hatte, solange die Norm galt, unabhängig von allen Änderungen des Kontextes.

Das Problem des Positivismus lag zum einen darin, dass er sein Versprechen, alle subjektiven Elemente aus der Interpretation zu verbannen, nicht erfüllen konnte. Diese Einflüsse gingen vielmehr verdeckt in die Interpretation ein, meist bei der Deutung oder Bildung der Begriffe, welche die Norm enthielt oder voraussetzte. Zum anderen erlaubte der Positivismus keine interpretatorische Anpassung des Sinns der Normen an veränderte Verhältnisse. Vielmehr wurde die soziale Wirklichkeit, auf welche sich die Normen regelnd beziehen, als irrelevant für die Interpretation angesehen. Freilich konnte auch ein Positivist nicht die Möglichkeit leugnen, dass Normen aufgrund sozialen Wandels im Normbereich bei gleichbleibender Interpretation ihren Zweck nicht mehr erfüllten oder zu dysfunktionalen Ergebnissen führten. Aber die Behebung dieses Problems galt als Sache des Gesetzgebers, nicht der Rechtsanwendung. Dieses Defizit trug wesentlich zum Niedergang des Positivismus nach dem weitreichenden sozialen Wandel im Gefolge der Industriellen Revolution und des Ersten Weltkriegs bei.

Eine weitere einflussreiche Methodenlehre, die den Anspruch erhebt, alle subjektiven Einflüsse auszuschalten, ist der Originalismus. Im Unterschied zu Positivismus erheben Originalisten die historische Methode zur einzig legitimen, gerade auch im demokratischen Interesse. Danach darf einer Rechtsnorm, besonders einer Verfassungsnorm, allein derjenige Sinn beigelegt werden, den die Autoren mit ihm verbanden (*original intent*) oder der dem damaligen Wortgebrauch entsprach (*original meaning*). Auf die Spitze getrieben, würde es sich für einen Originalisten sogar verbieten, eine Norm auf Phänomene anzuwenden, die es zur Zeit ihrer Entstehung noch nicht gab. Das First Amendment der US-Verfassung, das die Pressefreiheit schützt, könnte dann nicht im Wege der Interpretation auf den Schutz von Radio und Fernsehen erstreckt werden. So weit gehen allerdings die wenigsten Originalisten. Sie erlauben vielmehr die Frage, ob die Verfassungsväter das neue Phänomen eindeutig in die verfassungsrechtliche Garantie einbezogen hätten, wenn es ihnen bekannt gewesen wäre. Radio und Fernsehen können dann ohne Verletzung der originalistischen Methode als vom First Amendment umfasst angesehen werden. Aber ebenso wie der Positivist ist der Originalist überzeugt, dass es nur eine richtige Deutung einer Norm geben kann und dass diese von sozialem Wandel unbeeinflusst bleibt.

Das Problem des Originalismus ist zuallererst ein praktisches. Selbst wenn es nicht unmöglich erscheint, den Wortgebrauch zur Zeit der Verfassungsgebung festzustellen, ist es doch außerordentlich schwer, oft sogar unmöglich, die ursprüngliche Absicht der Verfassungsschöpfer zu ermitteln. Das gilt erst recht, wenn wie üblich mehrere Personen am Prozess der Verfassungsgebung und -verabschiedung beteiligt sind, von denen etliche ihr Verständnis oder ihre Absicht womöglich nie geäußert haben. Daher ist die Feststellung der ursprünglichen Absichten ein äußerst selektiver Prozess, in dem gewöhnlich die Äußerungen einiger herausragender Akteure für die Ansicht des gesamten Gremiums genommen werden. Das zweite Problem gleicht dem des Positivismus. Auch im Originalismus ist wenig Raum für eine Anpassung des Sinns von Verfassungsnormen an sozialen Wandel. Wenn veränderte Bedingungen die Verwirklichung der Verfassung in ihrem bisherigen Verständnis beeinträchtigen, bleibt den Originalisten nur der Verweis auf eine Verfassungsänderung, die aber gerade in den USA außergewöhnlich schwierig ist. Die Verfassung droht dann, anders als unter der konkurrierenden Theorie der »living constitution«, zu versteinern.

Obwohl man in Deutschland Schwierigkeiten haben würde, Positivisten oder Originalisten zu finden, sind diese Methodenlehren doch keineswegs nur von historischem Interesse. Der Positivismus oder sogar ein kruder Textualismus spielen vielmehr in einer Anzahl post-sozialistischer Länder, aber auch in Teilen Lateinamerikas eine erhebliche Rolle. Der Originalismus ist als Reaktion auf den aktivistischen Warren-Court der 1950er und 1960er Jahre in den USA stark vertreten. In Deutschland wird eine Interpretationsmethode, die alle subjektiven Elemente aus den Verfassungsinterpretationen eliminiert, nicht mehr für möglich gehalten. Auch die Mehrzahl der amerikanischen Rechtswissenschaftler ist wohl dieser Auffassung. Die Konsequenzen dieser Einsicht weichen in den beiden Ländern aber stark voneinander ab. Eine einflussreiche amerikanische Schule, die Critical Legal Studies, geht davon aus, dass nicht nur Rechtsetzung, sondern auch Rechtsanwendung ein politischer Vorgang sei, der lediglich unter anderen institutionellen Bedingungen stattfindet. Infolgedessen unterscheiden sich auch die wissenschaftlichen Fragestellungen: Während amerikanische Rechtswissenschaftler sich tendenziell dafür interessieren, wie die Gerichte entscheiden werden, fragen deutsche, was die richtige Entscheidung ist.

Letztlich stehen hinter diesen Unterschieden verschiedene Einstellungen zur Autonomie des Rechts. Die Critical-Legal-Studies-Bewegung lässt wenig Raum für die Anerkennung einer Autonomie des Rechts, während in Deutschland eine zumindest relative Autonomie nicht infrage gestellt wird. In diesem Konzept ist einerseits anerkannt, dass das positive Recht ein Produkt der Politik ist. Es geht aus dem legislativen Prozess hervor, in dem politische Argumente vorherrschen. Andererseits emanzipiert sich das Recht mit seiner Verabschiedung aber von der Politik. Der Legislative bleibt es vorbehalten zu entscheiden, wie lange eine Norm in Kraft ist. Solange sie in Kraft ist, folgt ihre Auslegung und Anwendung jedoch nicht politischen, sondern rechtlichen Kriterien. Es ist also nicht bloß das institutionelle Arrangement, welches politische von juristischen Entscheidungen unterscheidet. Es besteht vielmehr auch eine spezifische juristische Rationalität, die von der des politischen Systems abweicht.

Dieser Unterschied ist nicht ohne Bedeutung für die Rekrutierung und das Verhalten von Richtern. Wenn Auslegung und Anwendung des Rechts als politische Operationen betrachtet werden, dann spielen die politischen Präferenzen und Affinitäten der Richter eine erhebliche Rolle, während sie weniger wichtig sind, wenn man von der neutralisierenden Wirkung der juristischen Rationalität ausgehen kann. Das Ausmaß an Politisierung der Justiz hängt mit der Einstellung zur Rechtsprechung zusammen. Daraus erklärt sich zugleich die Fixierung amerikanischer Rechtswissenschaftler, aber auch der amerikanischen Öffentlichkeit auf die sogenannte Counter-majoritarian-difficulty oder den undemokratischen Charakter der Verfassungsgerichtsbarkeit, die in Deutschland mehr oder weniger abwesend sind, aber auch in vielen anderen Ländern, in denen die Verfassungsgerichtsbarkeit als Reaktion auf nicht-demokratische Regime eingeführt wurde.

Auch ein Blick auf die Verfassungsrechtsprechung aus der Binnenperspektive kann bestätigen, in welchem Maß Dogmatik und Methode in der Lage sind, ideologische Differenzen zu überwinden. Nach meiner Erfahrung als Mitglied des Bundesverfassungsgerichts hätte sich ein rein ergebnisgeleiteter, vom Recht absehender Richter im Senat diskreditiert. Juristische Argumente zählten, und es war keine Seltenheit, dass Richter ihre Auffassung aufgrund der Beratung änderten. Eine solche Beobachtung kann freilich nicht verallgemeinert werden. Sie zeigt aber zumindest, wie wichtig es ist, dass Gerichte gehalten sind, ihre Entscheidungen zu begründen. Zwar lässt sich nicht leugnen, dass es gute Gründe für verschiedene Auffassungen geben mag, aber es ist ebenso zutreffend, dass nicht jedes Ergebnis auf gute Gründe gestützt werden kann.

3.

Von welcher Methode lässt sich das Bundesverfassungsgericht leiten, wenn es in politischen Konflikten entscheidet? Authentische Aussagen von Gerichten über ihre Methoden sind selten, und wenn sie vorkommen, dann nicht in systematischer und kohärenter Form. In der Regel wird über Methodenfragen nicht diskutiert. Methoden werden praktiziert, nicht theoretisch entwickelt. Sie müssen also indirekt aus dem Weg erschlossen werden, auf dem das Gericht zu seinen Ergebnissen gelangt. Leichter als eine positive Aussage, wie das Gericht vorgeht, ist die negative, was es vermeidet. Positivisten und Originalisten sucht man im Bundesverfassungsgericht vergeblich, was aber nicht heißt, dass der Text der Verfassung keine Rolle spielte und historische Argumente abwesend wären.

Verallgemeinernd kann man die Interpretationsmethode des Bundesverfassungsgerichts als teleologisch oder funktional beschreiben. Verfassungsnormen, namentlich Grundrechte, werden als rechtlicher Ausdruck von Werten oder Prinzipien verstanden, welche die Gesellschaft auf der höchsten rechtlichen Rangebene garantieren wollte. Die Werte leiten ihrerseits die Konkretisierung der Verfassungsnormen, welche für die Lösung eines Falles einschlägig sind. Ziel der Interpretation ist es, den Werten oder Prinzipien, die hinter dem Normtext stehen, größtmögliche Wirkung in der sozialen Wirklichkeit zu verschaffen. Wenn der Sinn einer Verfassungsnorm in Bezug auf einen Fall bestimmt werden muss, fragt das Gericht nach dem Zweck, den die Norm verfolgt, oder der Funktion, die sie erfüllen soll. Warum wird den Kommunikationsmedien Freiheit zugesichert? Warum genießt die Familie den besonderen Schutz des Staates? Warum werden den Parlamenten bei der Delegation von Rechtsetzungsbefugnissen Grenzen gezogen? Warum müssen die politischen Parteien über Herkunft und Verwendung ihrer Mittel Rechenschaft geben?

Von der Antwort hängt die weitere Sinnermittlung ab. So ist es für die Konkretisierung etwa der Medienfreiheit von ausschlaggebender Bedeutung, ob sie den Eigentümern und Journalisten die Möglichkeit verschaffen soll, ihre Auffassungen einer großen Öffentlichkeit zugänglich zu machen, oder ob sie garantiert ist, um den Eigentümern die Gewinnerzielung zu ermöglichen, oder ob ihr Sinn von den Rezipienten her erschlossen wird, deren individuelle und kollektive Meinungsbildung davon abhängt, dass die Medien sie umfassend und wahrheitsgemäß mit Informationen versorgen. In den beiden ersten Alternativen ist Medienregulierung ein Problem, in der dritten Alternative ist sie womöglich eine verfassungsrechtliche Pflicht. Wenn es zu Konflikten zwischen verschiedenen verfassungsrechtlich gesicherten Werten kommt, versucht das Gericht nicht, sie in eine hierarchische Ordnung zu bringen, sondern einen Ausgleich zu finden, der von den kollidierenden Rechten möglichst viel aufrechterhält. Verhältnismäßigkeitserwägungen bekommen unter diesen Voraussetzungen ein erhebliches Gewicht.

Der methodologische Grundsatz, dass dem Zweck einer Verfassungsnorm der größtmögliche Effekt in der sozialen Wirklichkeit gesichert werden soll, hat eine weitere Eigenart der Interpretationsmethode des Bundesverfassungsgerichts zur Folge. Der größtmögliche Effekt, der angestrebt werden soll, lässt sich nicht ohne Rücksicht auf den Zustand der sozialen Wirklichkeit feststellen, in der die Norm ihre Wirkung entfaltet. Rechtsnormen werden stets im Blick auf einen bestimmten Zustand der Wirklichkeit formuliert. Neben dem Text und dem Zweck der Norm ist deshalb auch der Kontext konstitutiv für ihren Sinn. Im Unterschied zu Text und Zweck, die unverändert bleiben, solange die Norm in Kraft ist, befindet sich der Kontext jedoch in ständigem Wandel. Unter diesen Umständen kann es dazu kommen, dass eine Interpretation, die den Normzweck unter den gegebenen Verhältnissen am besten verwirklichte, ihn nach einem Wandel der Verhältnisse verfehlt.

Wenn dieser Fall eintritt, würde das Festhalten an der anfänglichen Interpretation zu suboptimalen oder sogar dysfunktionalen Ergebnissen führen. Die Berücksichtigung der sozialen Wirklichkeit in ihrem Wandel ist daher ein integrierender Bestandteil der Rechtsprechung des Bundesverfassungsgerichts, der es ihm ermöglicht, auf veränderte Herausforderungen zu reagieren und die normative Kraft der Verfassung auch angesichts neuartiger Probleme zu erhalten. Das Bundesverfassungsgericht geht sogar noch weiter und fragt nach den voraussichtlichen Konsequenzen der vertretbaren Interpretationsalternativen in der Realität, um dann diejenige Interpretation zu wählen, deren Folgen dem Zweck der Norm am nächsten kommen. Auf diese Weise wird besonders auf neuartige Gefahren für verfassungsrechtlich garantierte Freiheiten reagiert, die aus dem wissenschaftlich-technischen Fortschritt und seiner kommerziellen Nutzung resultieren.

Insgesamt verleiht dieses methodische Vorgehen der Verfassung eine hohe praktische Relevanz. Eine ganze Anzahl dogmatischer Innovationen verdankt ihm ihre Existenz, so das Verhältnismäßigkeitsprinzip, die Drittwirkung, die Schutzpflicht, die sich gegen

Freiheitsbedrohungen richtet, welche nicht vom Staat, sondern von privaten Akteuren oder gesellschaftlichen Kräften ausgehen. Sie sind mittlerweile in viele jüngere Verfassungen eingegangen und von vielen ausländischen Verfassungsgerichten übernommen worden. Allerdings ist es auch gerade diese Dynamik, welche die Frage nach der Grenze zwischen Recht und Politik aufwirft. Von welchem Punkt an verwandelt sich eine Verfassungsinterpretation de facto in eine Verfassungsänderung? Formal betrachtet, verlangt eine Verfassungsänderung eine Textänderung. Dazu ist kein Gericht befugt. Materiell gesehen können jedoch Sinnveränderungen eines unveränderten Textes nachhaltiger wirken als Textänderungen.

Das Grundgesetz ist verhältnismäßig oft geändert worden. Doch sind die Änderungen durch Interpretation, jedenfalls im Bereich der Grundrechte, folgenreicher gewesen als die Textänderungen. Lässt sich ein Punkt angeben, an dem die Interpretation von einem juristischen zu einem politischen Akt wird? Die Antwort kann sich nicht von den früher gegebenen unterscheiden. Solange die Interpretation in einer juristisch anerkannten Weise von dem Text abgeleitet wird, verbleibt sie im Rahmen des Rechts. Die politischen Konsequenzen können gleichwohl erheblich sein. Jeder neue Inhalt, den ein Verfassungsgericht aus einer Verfassungsnorm ableitet, verschiebt die Gewichte zwischen den politischen Staatsorganen und der Justiz, meist zugunsten der Letzteren. Das ist gelegentlich als juristischer Imperialismus bezeichnet worden. Man muss jedoch zwischen Absicht und Wirkung unterscheiden. Die Absicht des Gerichts ist es, die juristischen Anforderungen an staatliches Handeln bestmöglich zu verwirklichen. Die Wirkung ist oft eine Zunahme an Richtermacht, die mit einer Abnahme auf Seiten des Gesetzgebers korrespondiert. Es ist aber nicht leicht, ein Gericht davon zu überzeugen, dass es dasjenige, was die Verfassung seiner Überzeugung nach verlangt, gleichwohl nicht durchsetzen soll.

Viele Autoren behelfen sich deswegen damit, Richter zur Zurückhaltung zu ermahnen. *Self-restraint*, so empfehlenswert er sein mag, ist jedoch lediglich ein Appell an die professionelle Ethik, keine rechtliche Regel. Auf einer deskriptiven Ebene kann man zwischen aktivistischen und zurückhaltenden Gerichten unterscheiden. Präskriptiv fehlt es an hinreichend klaren Kriterien für *self-restraint*. Zu viele Faktoren sind im Spiel, und oft erweist sich eine Interpretation, welche äußerst weitreichend erscheint, als gut begründet in der Situation, in der sie zustande kommt. Es ist auch keineswegs sicher, dass zwischen *judicial self-restraint* und Politisierung eines Gerichts ein Zusammenhang besteht. So ist das Bundesverfassungsgericht dogmatisch gesehen aktiver als der amerikanische Supreme Court, aber gleichzeitig weniger politisiert.

Verfassungsänderungen erscheinen daher als aussichtsreichstes Mittel zur Begrenzung richterlicher Macht. Gerichte unterliegen der Bindung an das Recht. Textänderungen sind der Politik vorbehalten. Die Politik kann die Gerichte für die Zukunft umprogrammieren, wenn sie deren Rechtsprechung missbilligt. Es besteht allerdings ein wesentlicher Unterschied zwischen Verfassungsgerichten und gewöhnlichen Gerichten. Wenn der Gesetzgeber annimmt, dass die Auslegung der Gerichte sich von der gesetzgeberischen Intention entfernt, kann er das Gesetz mit einfacher Mehrheit ändern. Verfassungsgerichte wenden dagegen die Verfassung an, deren Änderung aus guten Gründen schwieriger ist. Aber nur durch Verfassungsänderung ist die Rechtsprechung von Verfassungsgerichten für die Zukunft korrigierbar. Verfassungsänderungen sollten deswegen nicht zu schwierig gemacht werden. Wo sie sehr schwer sind wie in den USA, lastet die Anpassung der Verfassung an veränderte Bedingungen allein auf den Schultern der Richter und nähert sie damit zwangsläufig der Politik an. Wenn sie sich der Aufgabe entziehen, zum Beispiel aus Gründen der Methodologie wie des Originalismus, geht das auf Kosten der normativen Kraft der Verfassung.

Verfassungsänderungen sind ein äußeres Korrektiv, die Macht der Gerichte zu zügeln. Es gibt aber auch ein internes Korrektiv. Selbst wenn es zutrifft, dass die Entscheidung, was rechtens ist, nur im Rechtssystem fallen kann, ist es doch nie ein für alle Mal entschieden, sondern Gegenstand anhaltender Diskussion, nicht nur unter den Richtern. Für die Akzeptanz der Verfassungsgerichtsbarkeit ist es wichtig, dass sie in eine lebhafte fachliche wie gesellschaftliche Diskussion eingebettet ist, in der die Funktionenteilung zwischen den politischen und den juristischen Staatsgewalten, die Akzeptabilität juristischer Methoden, die Angemessenheit von Verfassungsinterpretationen und Falllösungen stets von neuem austariert werden. Die Unabhängigkeit der Richter ist nicht dadurch gefährdet, dass ihre Tätigkeit Gegenstand einer kritischen Diskussion ist, die von ihnen ernst genommen wird.

8.
Zum Verhältnis von Interpretationslehre, Verfassungsgerichtsbarkeit und Demokratieprinzip bei Kelsen

I. Problematik

In der Bundesrepublik Deutschland ist die Verfassungsgerichtsbarkeit zu einem Demokratieproblem geworden.[1] Das Grundgesetz hat in dem Bestreben, die unbedingte Geltung des Verfassungsrechts auch institutionell zu sichern, das Bundesverfassungsgericht mit einer Kompetenzfülle ausgestattet, die in keiner anderen Verfassung übertroffen wird. Als politisch besonders bedeutsam tritt dabei die abstrakte Normenkontrolle hervor. Sie gestattet es dem Verlierer im parlamentarischen Prozess, die politische Auseinandersetzung mit der Behauptung, der Mehrheitsbeschluss verstoße gegen die Verfassung, vor dem Bundesverfassungsgericht fortzuführen. Zwar verengt sich dort die Auseinandersetzung auf die Rechtsfrage. Das ändert aber nichts daran, dass der Willensbildungsprozess nicht mit der Entscheidung der demokratisch legitimierten Mehrheit endet. Das letzte Wort liegt vielmehr gerade in politisch hoch umstrittenen Fragen bei einer Instanz, die demokratisch schwächer legitimiert ist als das Parlament und aus dem demokratischen Verantwortungszusammenhang gänzlich herausfällt. Eine solche Einrichtung ist nur dann demokratisch unbedenklich, wenn die fehlende demokratische Verantwortlichkeit durch Bindungen anderer Art kompensiert wird. Von der Existenz einer solchen Bindung ging der Parlamentarische Rat aus. Er war der Überzeugung, dass das Bundesverfassungsgericht ausschließlich eine Rechtmäßigkeitskontrolle vornehme und dafür in der Verfassung einen hinreichend konkreten oder zumindest hinreichend konkretisierbaren Maßstab vorfinde. Es entscheide daher nicht eigentlich in der Sache, sondern bringe lediglich Vorentscheidungen des Verfassungsgebers zur

1 Dazu eingehend mit Nachweisen *Dieter Grimm,* Verfassungsgerichtsbarkeit – Funktion und Funktionsgrenzen im demokratischen Staat, in: *Wolfgang Hoffmann-Riem* (Hrsg.), Sozialwissenschaften im Studium des Rechts, Bd. II, 1977, S. 83.

Geltung. Für die demokratisch legitimierten Staatsorgane ist damit immer noch ein Machtverlust verbunden, aber nur der Verlust der Macht, sich ungestraft verfassungswidrig verhalten zu können. Unter diesen Voraussetzungen erscheint es in der Tat möglich, die Verfassungsgerichtsbarkeit nur als Stärkung der Demokratie, nicht als Gefährdung zu betrachten.

Wir sehen heute in mancher Hinsicht klarer. Es gehört zu den wesentlichen Erkenntnissen der Methodenlehre, dass die Bindungsfähigkeit von Rechtsnormen prinzipiell begrenzt ist. Für die Verfassung, namentlich für die Staatszielbestimmungen und Grundrechte, die den typischen Maßstab für die Kontrolle des Gesetzgebers bilden, gilt das in erhöhtem Maße. Kaum je besitzen sie die Eignung zur unmittelbaren Anwendung auf den Fall. Der Rechtsanwender steht vielmehr vor der Notwendigkeit, aus dem vorhandenen Normenmaterial im Blick auf das jeweilige Lösungsproblem den konkreten Entscheidungssatz erst herzustellen. Insofern enthält jeder Akt der Rechtsanwendung einen mehr oder minder großen Anteil von Rechtserzeugung, und in der richterlichen Wahrung der verfassungsrechtlichen Schranken für den Gesetzgeber liegt zugleich ein Stück richterlicher Schrankenziehung. Aus diesem Grunde ist die verfassungsgerichtliche Normenkontrolle funktional betrachtet Teilhabe an der Gesetzgebung, ohne freilich den vom Grundgesetz geforderten demokratischen Anforderungen an Gesetzgebung zu unterliegen. Das ist nach einer Periode großer Klagefreudigkeit der Opposition und ausgreifender Entscheidungspraxis des Bundesverfassungsgerichts erneut deutlich geworden. Als Antwort auf diese Erkenntnis fordert die Literatur vom Bundesverfassungsgericht in der Regel verstärkten *judicial self-restraint*. Diese Antwort ist allerdings nicht voll befriedigend, weil *self-restraint* dem Gericht keine juristische Grenze zieht, sondern lediglich an das Berufsethos der Richter appelliert. Die Lösung der Frage gehört daher zu den ebenso dringlichen wie schwierigen Problemen der Gegenwart. Kelsen, dem die Problematik geläufig war,[2] könnte in dieser Situation hilfreich sein, weil er die Erkenntnis der modernen Methodenlehre vom voluntativen Gehalt jeder richterlichen Entscheidung besaß und doch entschieden für die Verfassungsgerichtsbarkeit eintrat,

2 Vgl. *Hans Kelsen,* Wesen und Entwicklung der Staatsgerichtsbarkeit, Veröffentlichungen der Vereinigung der Deutschen Staatsrechtslehrer (VVDStRL) 5 (1929), S. 69 f.; *ders.,* Wer soll der Hüter der Verfassung sein?, 1931, S. 24 ff.

ohne dass er deswegen einer undemokratischen oder gar antidemokratischen Haltung verdächtigt werden könnte. Die Frage lautet, wie er die verschiedenen Auffassungen miteinander vermittelt hat.

II. Kelsens Position

1. Interpretation bei Kelsen

Kelsen entwickelt seine Interpretationslehre im Anschluss an die Theorie vom Stufenbau der Rechtsordnung.[3] Das Recht regelt danach, ausgehend von der hypothetischen Grundnorm, seine eigene Erzeugung bis hin zum Vollzugsakt. Die Verfassung regelt die Erzeugung des Gesetzes, das Gesetz die Erzeugung des Urteils, das Urteil die Erzeugung der Vollstreckungshandlung mit allen möglichen Zwischenstufen. Die höherrangige Norm beherrscht aber die Erzeugung der niederrangigen nicht völlig. Der Grund liegt darin, dass die Norm zum einen die gesamte Fülle realer Fallkonstellationen nicht generalisierend vorwegnehmen kann und zum anderen auf eine Sprache angewiesen ist, die Eindeutigkeit nicht zu erreichen vermag. Die relative Offenheit der Normen kann beabsichtigt oder unbeabsichtigt sein, jedenfalls ist sie unausweichlich. Die höherrangige Norm zieht der Erzeugung der niedrigeren daher lediglich einen Rahmen, innerhalb dessen eigenständige Konkretisierungsleistungen stattfinden. Unterschiede bestehen nur hinsichtlich der Ausmaße des Spielraums. Dieser kann größer oder kleiner ausfallen und verengt sich typischerweise von oben nach unten. Der Gesetzgeber genießt regelmäßig einen großen, dem Vollstreckungsbeamten bleibt gewöhnlich nur ein kleiner, der Richter nimmt eine Mittelposition ein. Die vom Positivismus strikt durchgehaltene Differenz zwischen Rechtsdogmatik und Rechtspolitik, Rechtsschöpfung und Rechtsanwendung wird auf diese Weise relativiert. Jede juristische Entscheidung ist zum Teil Kognition, zum Teil Dezision. Beide Bereiche hält Kelsen aber für unterscheidbar: die Kognition betrifft den Rahmen, den die Norm dem Rechtsanwender zieht, die Dezision seine Ausfüllung.

3 Vgl. *Kelsen,* Reine Rechtslehre, 1934, S. 90 ff.; im Wesentlichen gleichlautend: Zur Theorie der Interpretation, Revue internationale de la théorie du droit VIII (1934), S. 9.

Die Fragwürdigkeit dieser Trennung kann hier dahinstehen. Wichtig ist, dass Kelsen mit der Trennung zugleich die Grenzen von Rechtswissenschaft und Rechtspraxis absteckt.[4] Wissenschaft definiert sich durch Kognition. Dezision hat per se mit Wissenschaft nichts zu tun. In Bezug auf die Rechtsanwendung kann die rechtswissenschaftliche Erkenntnis nur so weit reichen, wie eine positivrechtliche Vorgabe existiert, und das ist der von der Norm gezogene Rahmen. Innerhalb des normativen Rahmens findet die Selektion unter den verschiedenen Möglichkeiten nach außerrechtlichen Kriterien statt, also rechtspolitisch. Daher ist die Suche nach der richtigen Entscheidung rechtswissenschaftlich von vornherein vergeblich. Mangels eines positivrechtlichen Rahmeninhalts besitzt die Rechtswissenschaft keine Möglichkeit, über die Ausfüllung des Rahmens Aussagen zu machen. Tut sie es, was regelmäßig geschieht, ja sogar ausdrücklich als ihre Aufgabe gilt, so ist das Ideologie im Mantel von Wissenschaft. Dagegen hat die Rechtspraxis keinen Erkenntnis-, sondern einen Handlungsauftrag. Im Gegensatz zur Rechtswissenschaft steht sie daher unter dem Zwang, aus den juristisch gleichwertigen Ausfüllungsalternativen eine zu ergreifen, sieht sich dabei indes auf außerrechtliche Vorzugsregeln verwiesen und ist insofern vom rechtswissenschaftlichen Standpunkt aus notwendig Dezision. Als solche entzieht sie sich aber sowohl rechtswissenschaftlicher Hilfe als auch Kontrolle. Die Rechtswissenschaft vermag die Rechtspraxis nur zu falsifizieren, indem sie ihr Rahmensprengung nachweist, kann aber nicht handlungsanleitend wirken. Alle Rechtspraxis, vom Gesetzgeber bis zum Gerichtsvollzieher, ist Politik und daher im Kern der Rechtswissenschaft unzugänglich.

2. Verfassungsgerichtsbarkeit bei Kelsen

Während Carl Schmitt nun gerade unter Berufung darauf, dass die Normenkontrolle ein gesetzgeberisches Element enthalte und deswegen dem Wesen der Justiz widerspreche, die Bestellung eines Gerichts zum Hüter der Verfassung bekämpft,[5] schlägt Kelsen den umgekehrten Weg ein. Zwar nennt er in seiner Auseinandersetzung

4 Vgl. *Kelsen,* Reine Rechtslehre, S. 94 ff.; und besonders prägnant *ders.,* Was ist die Reine Rechtslehre?, in: Demokratie und Rechtsstaat, Festschrift für Zaccaria Giacometti, 1953, S. 150 f.

5 Vgl. *Carl Schmitt,* Der Hüter der Verfassung, 1931.

mit Schmitt die Forderung nach Garantien der Verfassung eine rechtspolitische, über deren Zweckmäßigkeit man verschiedener Meinung sein könne.[6] Auch die rechtstechnische Frage nach der besten Ausgestaltung solcher Garantien lasse durchaus verschiedene Antworten zu. Doch hatte Kelsen schon in seinem Vortrag bei der Wiener Staatsrechtslehrertagung hinlänglich klargemacht, dass er Verfassungsgerichtsbarkeit im Grunde als logische Konsequenz jeder ernstgemeinten Verfassung empfand.[7] Wenn die Verfassung die Erzeugung der Gesetze regelt, indem sie den Gesetzgeber auf ein bestimmtes Verfahren festlegt und ihm womöglich auch bestimmte Inhalte vorschreibt, dann haben diese Vorkehrungen für Kelsen nur unter der Voraussetzung Sinn, dass sie auch gegen einen widerstrebenden Gesetzgeber durchsetzbar sind. Einer Verfassung, die die Gesetzgebung reglementiert, ohne sich um die Einhaltung ihrer Regeln zu kümmern, mangelt die volle Rechtsverbindlichkeit. Sie bedeutet rechtstechnisch gesehen nicht viel mehr als einen »unverbindlichen Wunsch«.[8] Genau genommen betrachtet sie ihre eigenen Vorschriften über die Gesetzgebung nicht als zwingend, sondern stellt sie zur Disposition: »entweder so, aber wenn nicht so, dann auch – beinahe beliebig – anders«.[9] Wird das nicht allgemein durchschaut und entsprechend gehandhabt, so sind die Gründe nur psychologisch erfassbar, es handelt sich nicht um einen rechtlich bewirkten Erfolg. Eine Verfassung ohne Durchsetzungsinstanz beraubt sich vielmehr ihres normativen Gehalts und ist vom Standpunkt der Reinen Rechtslehre juristisch ohne Interesse.

In der Entgegnung auf Carl Schmitts Plädoyer, den Reichspräsidenten als Verkörperung der politischen Einheit des Staates zum Hüter der Verfassung gegenüber dem Reichstag als »Spiegelbild der Pluralität organisierter sozialer Machtkomplexe«[10] zu machen, präzisiert Kelsen, warum ein gerichtliches Kontrollorgan den Vorzug verdient. Zum Ausgangspunkt wählt er dabei die politische Funktion der Verfassung, die für ihn in der rechtlichen Beschränkung der politischen Machtausübung liegt. Daher wäre es dysfunktional, zu Garanten dieser Schranken die Machthaber selbst zu berufen.

6 *Kelsen,* Wer soll der Hüter der Verfassung sein?, S. 5.
7 *Kelsen,* VVDStRL 5, S. 78 ff.
8 *Ders.,* ebd., S. 78.
9 *Ders.,* ebd., S. 79.
10 *Schmitt,* Der Hüter der Verfassung, S. 141.

Verfassungsrechtliche Garantien haben vielmehr nur dann Aussicht auf Beachtung, wenn ihre Durchsetzung anderen Organen als gerade denjenigen anvertraut wird, deren Akte zu kontrollieren sind. Effektive Kontrollleistungen vermögen nur ausdifferenzierte, unabhängige Kontrollinstanzen zu erbringen. Um diese Leistung geht es Kelsen, und dafür scheint es ihm belanglos, ob das Organ, das sie erbringt, ein »Gericht« und seine Funktion als echte »Justiz« zu qualifizieren ist.[11] Außer Frage steht, dass sie von einem Gericht erbracht werden kann, und zwar, wie Kelsen nicht ausdrücklich vermerkt, aber ständig durchblicken lässt, wegen der strukturellen Gleichartigkeit von Verfassungsmäßigkeits- und Gesetzmäßigkeitsprüfungen besonders gut. Schmitts immer wiederkehrendes Gegenargument, dass Verfassungsrechtsprechung die Justiz zum Gesetzgeber erhebe und damit politisiere, verfängt bei ihm nicht, weil er in jedem Rechtsanwendungsakt ein Stück Gesetzgebung entdeckt und die Justiz auf diese Weise ohnehin für politisch halten muss. Von Schmitts Argumentation bleibt daher für Kelsen nur eine grundsätzlich antipluralistisch-autoritäre Staatsvorstellung übrig[12], die die normative Verfassung tendenziell auflöst und in der Verfassungsgerichtsbarkeit folgerichtig einen Störfaktor wittert, während es für Kelsen dieselbe Verfassungsgerichtsbarkeit ist, die der Verfassung erst ihre eigentliche normative Kraft verleiht.

3. Vermittlung mit dem Demokratieprinzip

Führt man beide Gedankenstränge zusammen, den interpretationstheoretischen vom rechtserzeugenden und damit unausweichlich politischen Charakter jeder Rechtsanwendung, dessen Ausmaß dem Stufenbau der Rechtsordnung folgt, und den staatstheoretischen von der Notwendigkeit einer verfassungsgerichtlichen Überprüfung des Gesetzgebers, die sich folglich auf der höchsten Stufe abspielt und daher einen besonders hohen Politikgehalt aufweist, so stellt sich die Frage nach der Verträglichkeit von Verfassungsgerichtsbarkeit und Demokratie. Kelsens Option für die Demokratie ist eine Konsequenz seines wissenschaftstheoretischen Relativismus.[13] Demokratische Systeme legitimieren sich nicht über Wahr-

11 *Kelsen,* Wer soll der Hüter der Verfassung sein?, S. 12.

12 *Ders.,* ebd., S. 47 ff.

13 *Hans Kelsen,* Vom Wesen und Wert der Demokratie, 2. Aufl. 1929, bes. S. 101.

heit, sondern über Konsens. Recht beruht also auf Entscheidung. Um eine demokratische Entscheidung handelt es sich dann, wenn sie von der Mehrheit getragen wird. Die Majorität bewegt sich dabei in einem gewissen Rahmen, der notwendig aus Verfahrens- und fakultativ auch aus Inhaltsnormen besteht und seinerseits von einer größeren Majorität festgesetzt worden ist. Innerhalb des Rahmens genießt die Majorität Freiheit. Wenn sie diese Freiheit nicht besäße, wäre das gleichbedeutend mit einer Herrschaft der Minderheit. Eine denkbare Vermittlung zwischen Demokratieprinzip und Verfassungsgerichtsbarkeit könnte nun darin bestehen, dass das Verfassungsgericht nur prüft, ob die Majorität den verfassungsrechtlichen Rahmen, bezüglich dessen für Kelsen ja Erkenntnisgewissheit herrscht, überschritten hat, während alle Entscheidungen, die sich in dem Rahmen halten, als juristisch gleichermaßen gültig hinzunehmen sind. Überraschenderweise sucht man aber eine solche Erklärung bei Kelsen vergeblich. Das wäre freilich ohne Bedeutung, wenn sie sich aus dem Kontext ergäbe. Befragt man diesen daraufhin, so findet sich zunächst nirgends die Aussage, dass Rechtsanwendung durch ein Verfassungsgericht unter grundsätzlich anderen Bedingungen stattfände als Rechtsanwendung in der ordentlichen Gerichtsbarkeit. Kelsen bemüht sich im Gegenteil um den Nachweis, dass zwischen der traditionellen Justiz und der Verfassungsgerichtsbarkeit kein struktureller Unterschied bestehe.[14] Sie ist ebenso wie diese Rechtspraxis und soll nicht primär erkennen, sondern entscheiden. Die Beschränkung auf die Fragestellung des positivrechtlichen Rahmens, der er die Rechtswissenschaft unterwirft, trifft daher prima facie nicht auf die Verfassungsgerichtsbarkeit zu. Soll für sie eine Ausnahme gelten, müsste das deutlich erkennbar sein. An einem solchen Hinweis fehlt es aber nicht nur, die Exegese der Kelsenschen Schriften zur Verfassungsgerichtsbarkeit legt vielmehr das Gegenteil nahe.

Deutlicher als im Staatsrechtslehrervortrag wird das in der Auseinandersetzung mit Schmitt. Hier nimmt Kelsen zunächst seine These vom politischen, weil rechtserzeugenden Charakter jeder Rechtsprechung auf und führt anschließend aus, dass der politische Gehalt auch der verfassungsgerichtlichen Urteile unleugbar, ja womöglich noch größer als der sonstiger Gerichtsentscheidungen sei.[15]

14 *Kelsen,* Wer soll der Hüter der Verfassung sein?, bes. S. 14ff.

15 *Ders.,* ebd., S. 16.

Das kann in der Kelsenschen Terminologie nichts anderes als den rechtserzeugenden Gehalt der Urteile meinen. Dieser bezieht sich aber gerade nicht auf den normativ vorgegebenen Rahmen, sondern seine nicht mehr normgeleitete Ausfüllung. Die Bestätigung folgt alsbald, wenn Kelsen die Behauptung Schmitts angreift, dass die Justiz aufhöre, sobald die anzuwendende Norm in ihrem Inhalt zweifelhaft werde. Er hält dagegen, dass die Justiz meist erst dort anfange, wo der Norminhalt in Zweifel gerate. Auch insoweit macht er keinen Unterschied zwischen Verfassung und Gesetz. Erst recht lässt er nirgends erkennen, dass bei zweifelhaftem Verfassungsinhalt die Interpretation des Gesetzgebers Vorrang habe. Das Verfassungsgericht muss vielmehr eine eigene Entscheidung fällen, und diese ist dann für Kelsen »Festsetzung«, nicht etwa Feststellung des Norminhalts.[16] Vollends deutlich wird Kelsen, wenn er im Streit um die Verfassungsmäßigkeit eines Gesetzes immer auch einen Streit um die Frage sieht, wie die Rechtsschöpfung im Verfassungsrahmen am besten vor sich gehen soll, »so dass das Urteil des Verfassungsgerichts in Wahrheit eine Fortbildung der Verfassung nach einer bestimmten Richtung bedeutet«.[17] Dass darin die Gefahr einer von der Verfassung nicht intendierten (also wohl verfassungswidrigen) Machtverschiebung vom demokratisch legitimierten Parlament auf eine außerhalb des demokratischen Legitimationszusammenhangs stehende Instanz liegt, ist Kelsen bewusst. Auch er hat dagegen aber keinen juristischen, sondern nur einen rechtspolitischen Rat: nämlich die Verfassungsnormen, namentlich die Grundrechte, so präzise wie möglich zu formulieren und auf Formeln wie Gerechtigkeit, Freiheit, Gleichheit möglichst ganz zu verzichten.[18]

III. Hintergründe

Da Kelsen die Wahl der Verfassungsrichter durch das Volk zwar für möglich hält, aber ersichtlich nicht empfehlen mag,[19] komme ich zu dem Schluss, dass eine den Erfordernissen des Demokratieprinzips genügende Vermittlung zwischen den Erkenntnissen der

16 *Ders.*, ebd., S. 18.
17 *Ders.*, ebd., S. 29.
18 *Ders.*, ebd., S. 24 und VVDStRL 5, S. 70.
19 *Kelsen*, Wer soll der Hüter der Verfassung sein?, S. 50.

Methodenlehre und den Funktionen der Verfassungsgerichtsbarkeit nicht stattgefunden hat. Bei der Frage nach den Gründen bin ich auf Spekulationen angewiesen. Die eine: Kelsen verfolgte ein oberstes wissenschaftliches Ziel, die Entideologisierung der Rechtswissenschaft, konkreter die Reinigung der Staatsrechtslehre von allen politischen Beimischungen. Das setzte für ihn eine Beschränkung der Rechtswissenschaft aufs positive Recht und innerhalb des positiven Rechts einen Verzicht auf Aussagen über die richtige Interpretation voraus. Damit rückt freilich die gesamte Justiz einschließlich der Verfassungsgerichtsbarkeit, die Kelsen benötigt, weil sonst der Rechtscharakter von Verfassungen zweifelhaft gewesen wäre, auf die Seite der Politik und entzieht sich auf diese Weise der wissenschaftlichen Kontrolle. Von der Interpretation durch die Rechtsautorität zu sagen, sie sei richtig oder falsch, ist nämlich für Kelsen juristisch sinnlos; »denn selbst wenn sie vom Standpunkt reiner Erkenntnis falsch wäre, ist sie doch Recht«.[20] Falls daher das Gerichtsurteil »keine der vom Standpunkt der Rechtswissenschaft möglichen Deutungen der anzuwendenden Norm darstellt, kann der wissenschaftliche Jurist nur feststellen, dass durch diesen Akt neues Recht [...] erzeugt wurde«.[21] Da die Verfassungsgerichtsbarkeit als Garant des ranghöchsten Rechts auch keiner sonstigen Kontrolle unterliegt, ist sie selbst Herr ihrer Grenzen und wird in letzter Konsequenz zur unbegrenzten Gewalt. Das ist der Preis für die Art von Reinheit, die Kelsen der Rechtswissenschaft aufnötigt, ohne dass sie eine Entsprechung im Gegenstand hätte. Da der Gegenstand der Verfassung gerade in Politik besteht und auch das Verfassungsrecht immer aus Politik hervorgeht und wieder auf Politik wirken soll, was Kelsen nicht leugnet, wird auch der Sinn des Verfassungsrechts von Politik mitkonstituiert und kann daher nicht isoliert von Politik erfasst werden.[22] Für die sachwidrig hergestellte Reinheit der Staatsrechtslehre muss Kelsen an die Praxis Konzessionen machen. Eine von ihnen ist die nicht gelungene Vermittlung zwischen Verfassungsgerichtsbarkeit, Methodenlehre und Demokratie.

20 *Kelsen,* in: Festschrift für Giacometti, S. 151.

21 *Ders.,* ebd.

22 Vgl. etwa *Friedrich Müller,* Normstruktur und Normativität, 1966; *Dieter Grimm,* Staatsrechtslehre und Politikwissenschaft, in: *ders.* (Hrsg.), Rechtswissenschaft und Nachbarwissenschaften Bd. I, 2. Aufl., 1976, S. 53.

Die andere: Kelsen verfolgte ein oberstes politisches Ziel. Angesichts der Existenz verschiedener Wahrheits- und Gerechtigkeitsauffassungen und der Nichtentscheidbarkeit von Wahrheitsfragen ging es ihm darum, die friedliche Koexistenz der unterschiedlichen Überzeugungen und Interessen zu ermöglichen. Als dafür besonders geeignete Staatsform erschien ihm die Demokratie,[23] die sich von anderen Staatsformen gerade durch ihre Nichtidentifikation mit politischen Inhalten abhebt. Demokratie als bloße Spielregel verstanden vermag diese Leistung allein freilich nicht zu erbringen, weil sie keine Vorkehrung gegen die demokratische Abschaffung der Demokratie oder gegen die Ausübung von Mehrheitsdiktatur besitzt. Daher verlangt Demokratie für Kelsen immer auch Minderheitenschutz.[24] Er ist dann allerdings auf Zusatzvorkehrungen angewiesen, die die demokratischen Fundamentalregeln selbst der demokratischen Disposition entziehen sowie die gesellschaftlichen Voraussetzungen demokratischer Willensbildung sichern. Solche Vorkehrungen findet er insbesondere in Gestalt der Grundrechte und der Verfassungsgerichtsbarkeit. Mit beiden wird freilich eine materielle Festlegung getroffen und ein Wahrheitselement in das vermeintlich rein formale System eingeführt, das Kelsen von seinem Standpunkt aus nicht mehr ausreichend zu begründen vermag.[25] Wie zuvor die Reinheit stößt hier der Relativismus an seine praktischen Grenzen. Der Preis des Eintretens für die Demokratie sind ungewollte inhaltliche Zugeständnisse, ohne welche sich freilich eine demokratische Ordnung überhaupt nicht begründen ließe.

23 *Kelsen,* Vom Wesen und Wert der Demokratie, bes. S. 98 ff.

24 *Ders.,* ebd., S. 53 ff., bes. 56 f., ferner S. 65 f., 101 f.; *ders.,* VVDStRL 5, S. 80 f.

25 Vgl. dazu *Peter Koller,* Zu einigen Problemen der Rechtfertigung der Demokratie, in: Rechtstheorie, Beiheft 4 (Ideologiekritik und Demokratietheorie bei Hans Kelsen), 1982, S. 319. Generell *Dieter Grimm,* Reformalisierung des Rechtsstaats als Demokratiepostulat?, JuS 1980, S. 708.

9.
Habermas zur Verfassungsrechtsprechung

I. Zur Legitimität der Verfassungsgerichtsbarkeit

Die Leitfrage des sechsten Kapitels von Jürgen Habermas' *Faktizität und Geltung* lautet, wie eine »konstruktiv verfahrende Auslegungspraxis innerhalb der Grenzen der rechtsstaatlichen Gewaltenteilung operieren kann, ohne dass die Justiz auf gesetzgeberische Kompetenzen übergreift« (292).[1] Nachdem Habermas in den vorangegangenen Kapiteln des Buches seine Vorstellung von den Bedingungen rationalen Rechts und rationaler Rechtsauslegung entwickelt und sein Konzept der Gewaltenteilung entworfen hat (Kap. III bis V), geht er damit zur institutionellen Ebene über und untersucht, ob und wie sich die Justiz, namentlich die Verfassungsgerichtsbarkeit, in das Gewaltenteilungsgefüge einordnen lässt und wie sie ihre Funktion ausüben muss, um die Rationalität des Gesetzes im Anwendungsprozess nicht wieder aufzuheben und so zur Gefahr für Gewaltenteilung und Demokratie zu werden.

Dass dies nicht geschehen darf, ergibt sich für Habermas aus der im vierten Kapitel behandelten »Logik der Gewaltenteilung«. Der Sinn der Gewaltenteilung liegt für ihn weniger in der Verhinderung von Machtmissbrauch, wie er im Fall der Gewaltkonzentration droht, als in der Aufrechterhaltung der unterschiedlichen Rationalitätsbedingungen von Rechtserzeugung einerseits und Rechtsanwendung andererseits. Das aus einem diskursiven Prozess demokratisch verantwortlicher Repräsentanten des Volkes hervorgegangene und gerade durch diesen Prozess legitimierte Gesetz darf auf der Anwendungsebene nicht verfälscht werden. Dem Rechtsstaatsprinzip liegt »eine einzige Idee zugrunde: die Organisation des Rechtsstaates soll letztlich der politisch autonomen Selbstorganisation einer Gemeinschaft dienen, die sich mit dem System der Rechte als eine Assoziation freier und gleicher Rechtsgenossen konstituiert hat« (217). Die Gewaltenteilung dient dem »Vorrang

1 Alle Seitenangaben im Text beziehen sich auf *Jürgen Habermas*, Faktizität und Geltung, Beiträge zur Diskurstheorie des Rechts und des demokratischen Rechtsstaats, 1992.

der demokratischen Gesetzgebung« und damit der Bindung des staatlichen Gewaltapparats an das diskursiv erzeugte Recht (230).

Das Demokratieproblem ergibt sich aus dem Umstand, dass die generell und abstrakt formulierten Rechtssätze die Anwendung auf individuelle und konkrete Streitfälle nicht vollständig, sondern nur mehr oder weniger determinieren. Die Differenz zwischen der generellen und abstrakten Norm und dem individuellen und konkreten Fall muss vielmehr durch Auslegung der Norm überbrückt werden. Auslegung erschöpft sich aber nicht, wie in der Rechtswissenschaft zeitweise angenommen, in der Aufdeckung eines in der Norm schon vollständig enthaltenen Sinns, sondern ist, je nach Determinationskraft einer Norm oder Neuartigkeit des Falls, immer auch in größerem oder kleinerem Umfang Sinnkonstituierung. Daher rührt die Bedeutung der Frage, wer den Sinn von Rechtsnormen letztverbindlich feststellt und in welchem Verfahren und mit welcher Methode das geschieht.

Um dieses Problem kreist Kapitel VI. Überschrieben ist es mit »Justiz und Gesetzgebung«. Im Untertitel erfährt es eine Eingrenzung auf die Verfassungsgerichtsbarkeit, um deren »Rolle und Legitimität« es gehen soll. Die Eingrenzung hat Folgen. Während die Notwendigkeit einer unabhängigen Justiz im gewaltenteilenden Staat unbestritten ist, gilt das für die Verfassungsgerichtsbarkeit nicht. Verfassungsgerichte wenden nicht Gesetze auf Fälle an, sondern höherrangige Normen auf Gesetze und können diese im Fall der Unvereinbarkeit für nichtig erklären. Insofern haben sie selbst Anteil an der Gesetzgebung, wenngleich in Kelsens Formulierung nur negativen.[2] Das macht sie für eine Kritik unter Demokratiegesichtspunkten anfällig, und diese Kritik betrifft nicht nur die Richtigkeit konkreter Entscheidungen, sondern die Daseinsberechtigung der Institution als ganzer.

Die Existenz einer Verfassungsgerichtsbarkeit muss also gerechtfertigt werden, und das geht für Habermas nicht umstandslos. Er erkennt zwar an, dass der demokratische Gesetzgeber in seinen Entscheidungen nicht gänzlich frei ist, sondern den Bindungen der Verfassung, namentlich der Grundrechte, unterliegt. Das ist bereits im dritten Kapitel begründet worden. Für die Einhaltung dieser

2 Vgl. *Hans Kelsen*, Wesen und Entwicklung der Staatsgerichtsbarkeit, Veröffentlichungen der Vereinigung der Deutschen Staatsrechtslehrer (VVDStRL) 5 (1929), S. 30-88.

Bindungen muss also Sorge getragen werden. Das führt jedoch nicht zwangsläufig zur Verfassungsgerichtsbarkeit. Habermas hält sie sogar nur für die zweitbeste Lösung. So wie sich die Exekutive durch die Binnendifferenzierung von Regierung und Verwaltung und die Justiz im Instanzenzug selbst kontrollierten, könne auch das Parlament eigene Mechanismen zur Kontrolle der Verfassungsmäßigkeit der Gesetze entwickeln.

Was Habermas sich vorstellt (295 f.), ist ein Parlamentsausschuss, dem auch Rechtsexperten angehören sollen und der Gesetze nach ihrer Verabschiedung durch das Parlament auf ihre Verfassungsmäßigkeit prüft. Für diese »Internalisierung der Selbstreflexion« (295) schlägt er ein gerichtsförmiges Verfahren vor. Zur Frage der Unabhängigkeit des Ausschusses vom Parlament äußert Habermas sich nicht. Das Normenkontrollverfahren bliebe jedenfalls »in der Zuständigkeit des Parlaments« (295). Ob das bedeutet, dass sich das Parlament über die Entscheidung des Ausschusses hinwegsetzen dürfte, wird ebenfalls nicht gesagt. Möglicherweise deutet der Satz, der Vorzug dieser Lösung liege darin, dass das Parlament sich frühzeitig seiner Verfassungsbindung bewusst werden müsse, darauf hin.

Diesen Vorzug hat freilich auch das verfassungsgerichtliche Verfahren. Aber es hat ihn eben wegen der Befugnis des Verfassungsgerichts, verfassungswidrige Akte des Gesetzgebers aufzuheben, nicht nur zu kritisieren. Wenn es daran fehlt, ist die parlamentsinterne Kontrolle kein Äquivalent für die verfassungsgerichtliche Kontrolle. Im Übrigen begnügt sich die Verfassung auch gegenüber den anderen Gewalten keineswegs mit internen Kontrollen. Für die Exekutive gilt nicht nur das Weisungsrecht der Politik gegenüber der Verwaltung, das ja selber nur im Einklang mit dem Recht ausgeübt werden darf. Gegen alle Akte der Verwaltung steht vielmehr auch der Rechtsweg offen. Und auch die Justiz ist sich nicht selbst überlassen. Das Parlament kann sie jederzeit durch Gesetzesänderung umprogrammieren.

Habermas spitzt seine Überlegungen zur Selbstkontrolle der Legislative daher auch nicht zur Forderung nach einem Verzicht auf die Verfassungsgerichtsbarkeit zu. Ob ihn dabei die Schwäche jeder Selbstkontrolle, die gewöhnlich nicht weiter reicht als das Eigeninteresse der ihre eigenen Handlungen kontrollierenden Institution, zur Zurückhaltung bewogen hat oder der Umstand, dass sich die

Verfassungsgerichtsbarkeit als Mittel zur Durchsetzung der Verfassungsbindung des Gesetzgebers weltweit durchgesetzt hat, bleibt offen. Seine Schlussfolgerung besteht lediglich in der Aussage, dass die Übertragung der Normenkontrolle an ein Verfassungsgericht einer »komplexen Begründung« bedarf (296). Dieser widmet er sich im Folgenden.

Um auszumachen, wo die Gefahren der Verfassungsgerichtsbarkeit liegen, unterscheidet Habermas drei »Kompetenzbereiche« von Verfassungsgerichten: Organstreitigkeiten einschließlich Föderalismusstreitigkeiten, Normenkontrolle und Verfassungsbeschwerde (294). Indessen sind die Kompetenzen nicht identisch mit den Verfahrensarten, in denen sie wahrgenommen werden. Das Bundesverfassungsgericht hat die Kompetenz, Zuständigkeitsstreitigkeiten zwischen Bund und Ländern und zwischen Bundesorganen sowie zwischen diesen und ihren Organteilen zu entscheiden. Ferner darf es Rechtsnormen auf ihre Verfassungsmäßigkeit überprüfen, ebenso Einzelakte (Regierungs- und Verwaltungsakte und Gerichtsurteile). Dafür stehen verschiedene Verfahrensarten zur Verfügung, für die unterschiedliche Regeln gelten. Ein und dieselbe Kompetenz kann in verschiedenen Verfahrensarten ausgeübt werden.

Die mangelnde Unterscheidung zwischen Kompetenzen und Verfahren wirkt sich auf die Gefahreneinschätzung aus, derentwegen Habermas die Einteilung eingeführt hat.[3] Er nimmt an, dass die konkrete Normenkontrolle und die Verfassungsbeschwerde »unter Gesichtspunkten der Gewaltenteilung am wenigsten problematisch« seien (294). Für problematischer hält er die Organ- und Föderalismusstreitigkeiten, weil sie die Staatsfunktionen berührten. Doch rechtfertigten sie sich plausibel »aus dem verfassungstechnischen Bedürfnis, Konflikte zwischen den auf ein Zusammenwirken angewiesenen staatlichen Organen überhaupt beizulegen« (294). Erst bei der abstrakten Normenkontrolle spitze sich die Konkurrenz des Verfassungsgerichts mit dem demokratisch legitimierten Gesetzgeber zu.

Den Grund für die Unbedenklichkeit der konkreten Normenkontrolle und der Verfassungsbeschwerde findet Habermas darin, dass das Verfassungsgericht in diesen Verfahren nur im Sinn der Rechtsvereinheitlichung tätig werde. Es übernehme hier die Auf-

3 Siehe auch *Matthias Eberl*, Verfassung und Richterspruch, 2006, S. 115 f.

gabe der Selbstkontrolle der Justiz. Indessen geht es bei der konkreten Normenkontrolle genauso wie bei der abstrakten um die Kontrolle der Norm, nicht der Gerichtsentscheidungen, in denen die Norm angewendet wird. Der Unterschied zwischen den beiden liegt lediglich darin, dass die Frage der Verfassungsmäßigkeit der Norm das eine Mal im gerichtlichen Verfahren, das andere Mal im politischen Prozess gestellt wird. Dementsprechend unterscheiden sich die Antragsteller, aber nicht die Gegenstände. Beide Male geht es um ein Erzeugnis des demokratischen Gesetzgebers. Das Gefahrenpotential für die Gewaltenteilung, die ihrerseits für Habermas im Interesse des Primats der Gesetzgebung besteht, ist deswegen das gleiche.

Gegenstand der Verfassungsbeschwerde sind dagegen in der Tat überwiegend gerichtliche Entscheidungen, aber nur deshalb, weil das Bundesverfassungsgerichtsgesetz die Ausschöpfung des Rechtswegs vorschreibt, ehe sich ein Betroffener, der im Rechtszug keinen Erfolg gehabt hat, an das Bundesverfassungsgericht wenden kann. Ausnahmsweise, nämlich dann, wenn kein Rechtsweg eröffnet oder seine Beschreitung nicht zumutbar ist, kann die Verfassungsbeschwerde unmittelbar gegen ein Gesetz gerichtet werden. Aber auch im Regelfall, in dem eine Gerichtsentscheidung wegen Grundrechtsverstößen angegriffen wird, eröffnet die zulässige Verfassungsbeschwerde den Zugriff auf das gesamte Prüfungsprogramm, einschließlich des dem angegriffenen Staatsakt zugrundeliegenden Gesetzes.

Das ist so, weil ein Grundrechtseingriff nur dann verfassungsmäßig ist, wenn das Gesetz, welches ihn erlaubt, selber verfassungsmäßig ist. Es besteht also in jedem Verfassungsbeschwerde-Verfahren die Möglichkeit, dass ein parlamentarisches Gesetz aufgehoben (und nicht etwa nur im Anlassfall außer Anwendung gelassen) wird. Im Ergebnis spielt es für die Beeinträchtigung des demokratischen Gesetzgebers keine Rolle, in welcher Verfahrensart ein Gesetz für nichtig erklärt wird. Das Gefahrenpotential für die Gewaltenteilung ist bei abstrakter wie konkreter Normenkontrolle und bei der Verfassungsbeschwerde das gleiche. Insoweit unterscheiden sich nur die Organ- und die Föderalismusstreitigkeiten von diesen Verfahren, weil dort ein Gesetz nicht für nichtig erklärt, sondern nur festgestellt werden kann, ob Maßnahmen oder Unterlassungen des Antragsgegners das Grundgesetz verletzt haben.

Das demokratische Problem liegt also in der Kompetenz des Verfassungsgerichts zur Normenkontrolle, nicht in bestimmten Verfahrensarten. Aber worin genau besteht es, und ist es so gewichtig, dass es zur Illegitimität der Verfassungsgerichtsbarkeit führt? Habermas diskutiert die Frage ohne Berücksichtigung der Organisations- und Verfahrensbestimmungen der Verfassung nur in Bezug auf die Grundrechtsbindung des Gesetzgebers, die er als solche nicht in Zweifel zieht, wie es etwa Anhänger einer Vorstellung tun würden, die Demokratie mit dem Mehrheitsprinzip identifiziert. Für sie gibt es nur ein einziges Grundrecht, nämlich das Recht auf Beteiligung an der staatlichen Willensbildung. Habermas stellt in diesem Zusammenhang zwei Erwägungen an. Die eine knüpft an die besondere Vagheit der Grundrechte, die andere an das heute vorherrschende Verständnis der Grundrechte an.

Die Vagheit der Grundrechte kommt in den Blick, weil sie so weitreichend sein könnte, dass eine rationale Interpretation nicht mehr möglich wäre (296 ff.; siehe auch Kap. V). Das Verfassungsgericht würde dann im Gewand der Verfassungsinterpretation Verfassungspolitik betreiben und damit die Gewaltenteilung sprengen. Interpretationsbedarf ist freilich eine Eigenschaft aller Rechtsnormen. Der Unterschied zwischen Grundrechten und detaillierteren Bestimmungen ist insofern nur ein gradueller, kein kategorischer. Aus dem höheren Grad an Unbestimmtheit mögen sich größere Schwierigkeiten bei der Konkretisierung ergeben, strukturell handelt es sich aber, wie Habermas unter Berufung auf Konrad Hesse annimmt, um gleichartige Vorgänge. Daher »*müssen* die weitgehenden Kompetenzen des Bundesverfassungsgerichts die Logik der Gewaltenteilung nicht gefährden« (299).[4]

Größere Aufmerksamkeit widmet er der Frage, ob die Grundrechte nur so lange einer rationalen Anwendung zugänglich sind, wie sie auf ihre negative Dimension beschränkt bleiben (299 f.). Diese Sichtweise war längere Zeit vorherrschend und wird gern als »klassisch« bezeichnet. Sie hat jedoch mit dem Lüth-Urteil des Bundesverfassungsgerichts von 1958 ihr Ende gefunden.[5] Hatte

4 Die Berufung auf *Konrad Hesse*, Grundzüge des Verfassungsrechts der Bundesrepublik Deutschland, 1990, S. 219, lässt allerdings nicht erkennen, dass dieser seine Schlussfolgerung gerade auf methodologische Erwägungen stützt, welche Habermas ablehnt.

5 BVerfGE 7,198.

man bis dahin überwiegend angenommen, die Grundrechte seien ausschließlich *subjektive* Rechte des Einzelnen mit *vertikaler* Richtung auf den Staat und *negativer*, staatsbegrenzender Wirkung, so stellen sie nach dem Lüth-Urteil auch *objektive* Werte dar, und zwar die höchstrangigen einer Gesellschaft, und sind deswegen nicht auf vertikale Richtung beschränkt, sondern entfalten auch *horizontale* Wirkung.

Später zog das Bundesverfassungsgericht aus dem objektiven Gehalt der Grundrechte auch die Konsequenz für das in Lüth offengebliebene dritte Element des traditionellen Grundrechtsverständnisses. Danach sind die Grundrechte nicht nur negative, staatsbegrenzende Rechte, sondern auch *positive* Rechte und verpflichten den Staat als solche nicht nur zum Unterlassen von Freiheitsverletzungen, sie erlegen ihm vielmehr auch Handlungspflichten zum Schutz der grundrechtlich gesicherten Freiheiten vor Bedrohungen von privater Seite auf.[6] Habermas nimmt das als Paradigmenwechsel von einer liberalen zu einer sozialstaatlichen Grundrechtstheorie wahr und verteidigt diesen Wechsel gegen diejenigen Autoren, welche darin einen Rationalitätsverlust sehen wollen, der die Verfassungsrechtsprechung im selben Maß zur Verfassungspolitik mache. Für diese Auffassung steht hier vor allem Böckenförde (304 ff.).[7]

Habermas wehrt sich allerdings dagegen, das liberale Grundrechtsparadigma von seinen Realisierungsbedingungen zu abstrahieren. Dessen Überzeugungskraft hing an der Annahme, dass die Freisetzung der Einzelnen zur individuellen Interessenverfolgung aufgrund des Marktmechanismus automatisch zum gerechten Interessenausgleich führen würde. Diese Annahme ist für Habermas schon mit der Marxschen Kritik erschüttert worden. Seines Erachtens »bringt erst der sozialstaatliche Paradigmenwechsel jene

6 BVerfGE 39,1 (1975).

7 Vgl. *Ernst-Wolfgang Böckenförde*, Grundrechte als Grundsatznormen, in: *ders.*, Staat, Verfassung, Demokratie, 1991, S. 159. Dass auch ich in diesem Zusammenhang erwähnt werde (S. 305, Fn. 15), ist allerdings missverständlich, wie bereits *Eberl* (Fn. 3), S. 117, bemerkt hat. Ich verteidige den Paradigmenwechsel gegen seine Kritiker, vgl. meinen von Habermas zitierten Aufsatz »Reformalisierung des Rechtsstaats als Demokratiepostulat?« Juristische Schulung 1980, S. 704, sowie *Dieter Grimm*, Rückkehr zum liberalen Grundrechtsverständnis, in: *ders.*, Die Zukunft der Verfassung, 1991, S. 221.

objektivrechtlichen Gehalte subjektiver Freiheitsrechte wieder zur Geltung, die im System der Rechte *immer schon* enthalten waren« (306). Habermas räumt zwar ein, dass mit dem Paradigmenwechsel ein Machtzuwachs der Justiz einhergeht, fürchtet aber nicht, dass er zwangsläufig zur Illegitimität der Verfassungsrechtsprechung führt.

Um den Machtzuwachs einzugrenzen, will Habermas in einer späteren Passage dem Verfassungsgericht nur die Verwerfung von Gesetzen, nicht aber Aufträge an den Gesetzgeber gestatten (319). Eine Rückkehr zum liberalen Grundrechtsverständnis sei damit gleichwohl nicht verbunden. Das ist aber fraglich, denn das neue Paradigma besteht gerade darin, dass neben die subjektive Abwehrdimension der Grundrechte die objektive Dimension tritt, der zufolge auch die Voraussetzungen des individuellen Freiheitsgebrauchs in den Grundrechtsschutz einbezogen werden und die Grundrechte den Einzelnen überdies vor Freiheitsbedrohungen schützen, die nicht vom Staat, sondern von dritter Seite ausgehen. Das heißt aber nichts anderes, als dass aus der Verfassung Handlungsaufträge für den Gesetzgeber folgen. Es bedarf daher einer besonderen Begründung, warum diese vom Verfassungsgericht dennoch nicht durchgesetzt werden sollen.

II. Zur Verfassungsinterpretation

Am Ende von Abschnitt I Unterabschnitt (1) des VI. Kapitels steht also – nach einem starken Ja zur Verfassung in den vorangehenden Kapiteln – ein zögerliches, in eine Verneinungsformel gekleidetes Ja zur Verfassungsgerichtsbarkeit und besonders zu ihrer Kernfunktion, der Normenkontrolle: Sie *muss* die Gewaltenteilung nicht gefährden, nämlich dann nicht, wenn sie methodisch richtig ausgeübt wird.[8] Der Fokus verschiebt sich damit von der Institution zur Interpretation. Ob diese so beschaffen ist, dass sie die Gewaltenteilung nicht gefährdet, wird im folgenden Abschnitt II erörtert, und so halbherzig Habermas sich zur Normenkontrolle bekannt hat, so entschieden trumpft er hier auf: Das Bundesverfassungsgericht macht es falsch.

8 Vgl. die Unterscheidung zwischen prinzipieller und modaler Legitimation der Verfassungsgerichtsbarkeit bei *Eberl* (Fn. 3), S. 103 f.

Der Fehler liegt für Habermas in dem Verständnis der Verfassungsnormen, besonders der Grundrechte, als Werte (309). »Eine solche *Wertejudikatur* [...] macht nämlich jene Art von implizit rechtsetzender Normenkonkretisierung nötig, die die Verfassungsrechtsprechung in den Stand einer konkurrierenden Gesetzgebung versetzt« (314 f.). Das Verfassungsgericht verwandle sich dadurch, dass es sich von der Idee der Verwirklichung verfassungsrechtlich vorgegebener Werte leiten lasse, in eine »autoritäre Instanz« (315). Die »Logik der Gewaltenteilung« werde auf diese Weise untergraben. In der »Angleichung von Rechtsprinzipien an Werte« sieht Habermas daher das eigentliche Problem der Verfassungsgerichtsbarkeit in Deutschland (310, unter Berufung auf Carl Schmitt).

Grundlage dieser Annahme ist eine Entgegensetzung von Werten und Rechten, die Habermas entwickelt und mit einer Unterscheidung von Ethik und Moral verbindet (139, 197 ff.). Werte werden als »intersubjektiv geteilte Präferenzen« verstanden; sie »drücken die Vorzugswürdigkeit von Gütern aus, die in bestimmten Kollektiven als erstrebenswert gelten und durch zielgerichtetes Handeln erworben oder realisiert werden können« (311). Auf der Rechtsseite ist die Terminologie weniger übersichtlich. Zur Sprache kommen Normen, Rechtsnormen, höherstufige Normen, einfache Normen, Rechte, Grundrechte, Prinzipien, Rechtsprinzipien, Grundsätze, Regelungssysteme (310 ff.). Den Oberbegriff bilden ersichtlich »Normen« (hier stets verstanden als Rechtsnormen). Sie zerfallen in höherstufige und einfache. Zusammen genommen ergeben sie ein Regelungssystem. Rechte sind Normen. Dasselbe gilt für Grundrechte. Sie sind zugleich Rechtsprinzipien und als solche ebenfalls Normen, und zwar höherstufige, die das Regelungssystem strukturieren und einfache Normen rechtfertigen.

Normen und Werte unterscheiden sich für Habermas in mehreren Hinsichten (310 ff.). Normen haben einen »Verallgemeinerungstest« durchlaufen und gelten universal, Werte gelten lediglich partikular. Normen sind verbindlich, Werte sind empfehlenswert oder erstrebenswert. Die Befolgung von Normen ist moralisch geboten, die Verwirklichung von Werten lediglich ethisch. Werte können einander widersprechen, Normen fügen sich zum System, in dem Widerspruch ausgeschlossen ist. Normen gelten absolut, sie sind deontologisch, Werte gelten relativ, sie sind teleologisch. Bei der Anwendung von Normen auf Fälle gibt es nur eine richtige

Lösung, während Werte verschiedene Lösungen zulassen. Die Geltung eines Wertes hängt davon ab, ob er im konkreten Fall nicht von einem anderen Wert verdrängt ist, Normen gelten unbedingt. Aus alldem ergibt sich der Vorrang von Normen vor Werten. Ein Gericht, das Grundrechte als Werte versteht, verkennt den juristischen Charakter der Verfassung (312).

In der Tat stützt das Bundesverfassungsgericht seine Verfassungsinterpretation auf ein werthaftes Verständnis des Grundgesetzes, namentlich der Grundrechte. Der von Habermas so genannte Paradigmenwechsel in der Grundrechtsinterpretation hat hier seine Grundlage. Der Übergang vom liberalen zum sozialstaatlichen Grundrechtsverständnis, der sich im Lüth-Urteil vollzogen hat, wird mit der Werthaftigkeit von Grundrechten begründet. Will man die Auslegungspraxis des Bundesverfassungsgerichts auf eine knappe Formel bringen, kann man sagen, dass das Gericht bestrebt ist, dem Wert, der in einer Verfassungsnorm rechtlichen Ausdruck gefunden hat, zu größtmöglicher Verwirklichung unter den jeweils gegebenen Verhältnissen zu verhelfen.

Man kann freilich zweifeln, ob die Wertejudikatur, welche Habermas verwirft, mit der Entscheidungspraxis des Bundesverfassungsgerichts identisch ist.[9] Habermas' Wertbegriff und dessen Implikationen konnte das Gericht nicht vor Augen haben, als es begann, die Bedeutung der Grundrechte zu klären. Der Wertbegriff wurde damals anders verstanden und wird auch heute überwiegend nicht im Sinn von Habermas verwendet. Dasselbe gilt für Habermas' Abgrenzung von Moral und Ethik. Eine Analyse der Rechtsprechung des Bundesverfassungsgerichts hat Habermas nicht vorgenommen.

Über die Intentionen des Verfassungsgerichts gewinnt man größere Klarheit, wenn man sich vergewissert, wogegen sie sich richteten. Es deutet dann alles darauf hin, dass es sich mit seiner methodologischen Grundentscheidung von dem juristischen Positivismus absetzen wollte, der seit der Reichsgründung von 1871 die Staatsrechtslehre beherrschte. Dem Positivismus ging es um eine von allen subjektiven, in Sonderheit allen politischen Elementen

9 Nach *Bernhard Schlink*, The Dynamics of Constitutional Interpretation, in: *Michel Rosenfeld/Andrew Arato* (Hrsg.), Habermas on Law and Democracy: Critical Exchanges, 1998, S. 374, ist die Wertorientierung des Bundesverfassungsgericht »a myth«.

gereinigte, ausschließlich rechtliche Verfassungsinterpretation. Der Sinn einer Norm durfte daher nur in ihrem Text aufgesucht werden. Das Handwerkszeug des Staatsrechtlers bestand allein aus Grammatik und Logik, wie es das Schuloberhaupt Paul Laband programmatisch formuliert hatte.[10] Jeder außertextliche Bezug hätte die Verfassungsinterpretation entwissenschaftlicht.

Ausgeschlossen waren damit zum einen die philosophischen Wurzeln der Normen. Selbst die Zwecke, welche der Gesetzgeber mit einer Norm verfolgte, blieben der Norm äußerlich und gehörten zur Sphäre der Politik. Ausgeschlossen war zum anderen die Berücksichtigung der sozialen Wirklichkeit, in der die Norm ihre Wirkung entfalten sollte. Die Wirklichkeit kam einem Positivisten nur in Gestalt des Falles in den Blick, auf den die Norm anzuwenden war. Die Frage, ob eine Norm die ihr zugedachte Wirkung in der Wirklichkeit entfaltete oder, etwa wegen eines inzwischen eingetretenen sozialen Wandels, verfehlte, stellte sich dem Rechtsanwender nicht. Sie lag ausschließlich in der Zuständigkeit des Gesetzgebers. Insofern versprach der Positivismus eine strikte Wahrung der Gewaltenteilung.

Zwar wäre es ein Fehler, die positivistische Methode für einen kruden Textualismus zu halten. Vielmehr erlaubte sie es, Normen auf den Begriff zu bringen und die Begriffe zum System zusammenzuführen, aus dem dann wiederum auf den Sinn einer Norm geschlossen werden konnte und Lücken im positiven Recht sich füllen ließen. Dem Positivismus in seiner aufgeklärten Variante eignete also durchaus eine beträchtliche Produktivität. Doch erschöpfte sie sich weitgehend im Formalen. Die Verfassung war dann ein Gesetz wie jedes andere mit dem einzigen Unterschied, dass zu seiner Veränderung eine Supermajorität nötig war. Demokratie reduzierte sich auf das Mehrheitsprinzip, der Rechtsstaat auf die Gesetzmäßigkeit der Verwaltung, die Grundrechte verlangten nur, dass Freiheitsbeschränkungen einer gesetzlichen Grundlage bedurften. Für den Inhalt des Gesetzes waren sie ohne Bedeutung. Die antiformalistischen Ansätze, die in der Staatsrechtslehre der Weimarer Republik aufkamen, wurden 1933 abgebrochen, ehe sie sich durchsetzen konnten.

10 Vgl. *Paul Laband*, Das Staatsrecht des Deutschen Reiches, Bd. 1, 2. Aufl. 1887, Vorwort.

Eine Rückkehr zum Positivismus schien nach der Unfähigkeit des formalistischen Verfassungsverständnisses, die Machtübernahme Hitlers zu verhindern, und angesichts des Wertebedürfnisses, das dem Zusammenbruch des Nationalsozialismus folgte, nicht in Betracht zu kommen. Ein materiales Verfassungsverständnis, insbesondere ein materiales Grundrechtsverständnis wurde für geboten erachtet und war ja auch in der Begründung der neuen Verfassungsordnung auf die Menschenwürde selbst angelegt. Das Bundesverfassungsgericht nahm das auf und trieb es zugleich an, indem es die Verfassung als Wertordnung und die Grundrechte als juristischen Ausdruck von Werten verstand und sie im Rekurs auf diese Werte auslegte und anwandte.

Der Vergangenheitsbezug tritt in den frühen Urteilen noch deutlich hervor. Im SRP-Verbotsurteil von 1952 heißt es, Parteien dürften erst dann verboten werden, »wenn sie oberste Grundwerte des freiheitlichen demokratischen Verfassungsstaats erschüttern wollen [...]. Dieser Grundordnung liegt letztlich nach der im Grundgesetz getroffenen verfassungspolitischen Entscheidung die Vorstellung zugrunde, dass der Mensch in der Schöpfungsordnung einen eigenen selbständigen Wert besitzt und Freiheit und Gleichheit dauernde Grundwerte der staatlichen Einheit sind. Daher ist die Grundordnung eine wertgebundene Ordnung. Sie ist das Gegenteil des totalen Staates, der als ausschließliche Herrschaftsmacht Menschenwürde, Freiheit und Gleichheit ablehnt.«[11]

Auch das Elfes-Urteil von 1957, in dem das Gericht zu klären hatte, was der Schutzgegenstand des Rechts auf freie Entfaltung der Persönlichkeit in Artikel 2 Absatz 1 Grundgesetz ist, stützt den Wertegesichtspunkt gerade auf die Abkehr von der Vergangenheit, hier die Schwäche der Grundrechte in der Weimarer Reichsverfassung, und hebt stattdessen auf die Menschenwürde ab, »die im Grundgesetz der oberste Wert ist«.[12] Im Lüth-Urteil zieht das Gericht jene dogmatischen Konsequenzen aus dem Werteverständnis, die Grundrechtstheorie und -interpretation revolutionierten und das Fundament des Paradigmenwechsels vom liberalen zum sozialstaatlichen Grundrechtsverständnis bilden, den Habermas bejaht.

11 BVerfGE 2,1 (12).
12 BVerfGE 6,32 (40).

Dem Gericht war also an der Überwindung des formalistischen Verfassungsverständnisses des Kaiserreichs und der Weimarer Republik gelegen. Dafür setzte es, zeitgemäß und zeitbedingt, das Wort »Wert« ein, ohne damit doch all jene Hypotheken zu übernehmen, die Habermas dem Wertbegriff aufbürdet. Als die Methodendebatte in der Staatsrechtslehre der 1970er Jahre die Missverständlichkeit des Wertbegriffs gezeigt hatte,[13] war das Verfassungsgericht schnell bereit, ihn aufzugeben und die Grundrechte stattdessen von den Prinzipien, die hinter ihnen stehen, oder der gesellschaftlichen Funktion, die ihnen zugedacht sind, her zu deuten, ohne dass damit ein Wechsel in der Sache verbunden war.

An die Stelle eines werthaften Verfassungsverständnisses setzt Habermas ein prozeduralistisches. Die Verfassung ist weder Rahmenordnung noch Gesamtrechtsordnung, sondern Verfahrensordnung. »Allein die *Verfahrensbedingungen der demokratischen Genese von Gesetzen* sichert [sic!] die Legitimität des gesatzten Rechts« (320). Mit der Existenz inhaltlicher Grundrechte verträgt sich das, weil die Selbstgesetzgebung des Volkes von inhaltlichen Bedingungen abhängig ist. Das Verfassungsgericht »soll eben jenes System der Rechte hüten, welches die private und öffentliche Autonomie der Staatsbürger ermöglicht« (320). Trotz der gleichen Ursprünglichkeit werden die Grundrechte damit aber doch verfahrensakzessorisch. Das Verfassungsgericht soll sie soweit prüfen, wie sie »die Kommunikationsvoraussetzungen und Verfahrensbedingungen des demokratischen Gesetzgebungsprozesses« sichern (320).

Das Interpretationsproblem verschwindet durch die Deutung der Grundrechte als Normen statt als Werte freilich nicht. Vielmehr bleibt es dabei, dass die Kluft zwischen der generell und abstrakt formulierten Norm und dem individuellen und konkreten Fall durch Interpretation überbrückt werden muss. Erforderlich ist die Konkretisierung der Norm zu einer Regel, die den Fall entscheidbar macht. Zwischen beiden besteht ein Ableitungszusammenhang, der durch die Interpretationsmethode zu sichern ist. Die Konkretisierung kann einfach oder schwer sein, kurze oder

13 Vgl. *Ernst Forsthoff*, Die Umbildung des Verfassungsgesetzes, in: Festschrift for Carl Schmitt, 1959, S. 35; *Carl Schmitt*, Die Tyrannei der Werte, 1967; *Helmut Goerlich*, Wertordnung und Grundgesetz. Kritik einer Argumentationsfigur des Bundesverfassungsgerichts, 1973; *Erhard Denninger*, Freiheitsordnung – Wertordnung – Pflichtenordnung, 1975.

lange Begründungsketten erfordern, je nach Bestimmtheit oder Vagheit der Norm und je nach Normalität oder Anormalität des Falles.

Bei den Grundrechten ist der Weg vom Normtext zur Fallentscheidung besonders lang. Grundrechte sind nicht nur erheblich vager als die meisten anderen Rechtsnormen. Sie haben auch eine andere Struktur als klassische Rechtsnormen. Diese sind konditional formuliert, definieren Tatbestandsmerkmale und ordnen, falls diese vorliegen, eine Rechtsfolge an. Grundrechte erklären demgegenüber einen bestimmten, meist nur mit einem einzigen Wort gekennzeichneten Gegenstand, ein Verhalten (seine Meinung äußern), eine gesellschaftliche Einrichtung (Presse), als frei oder sichern einen Freiheitsraum (Wohnung) und erlauben dann dem Gesetzgeber (und aufgrund eines Gesetzes der Exekutive und der Judikative), diese Freiheit zu beschränken.

Sowohl auf der Tatbestands- als auch auf der Ermächtigungsseite ist damit nahezu alles offen. Offen ist, was der Gegenstand einschließt (bei der Meinungsäußerung z. B. »naked dancing« oder Wahlkampfspenden, wie der US Supreme Court annimmt, es dem Bundesverfassungsgericht aber nicht in den Sinn käme) und was er ausschließt (z. B. erwiesen unwahre Tatsachenbehauptung, wie das Bundesverfassungsgericht annimmt, aber nicht der amerikanische Supreme Court). Offen ist, was in Bezug auf die Presse oder das Eigentum »frei« heißt. Offen ist ebenfalls, wie weit der Gesetzgeber bei einer Grundrechtseinschränkung gehen darf (laut Grundgesetz bis zum »Wesensgehalt«, wie immer dieser zu bestimmen ist).

Um Interpretation kommt man also nicht herum, und dass diese Interpretation nicht einfach die Aufdeckung eines im Grundrecht schon immer enthaltenen Sinns ist, sondern Optionen eröffnet, die sich nicht in richtig oder falsch einteilen lassen, wird heute kaum noch bezweifelt. Trotzdem will Habermas angelehnt an Ronald Dworkin an der Möglichkeit einer einzig richtigen Entscheidung festhalten (317). Wie man diese angesichts der Offenheit der Grundrechte gewinnt, lässt Habermas offen. Die Normen »finden eben im Anwendungsdiskurs ihre eindeutige Bestimmung« (317). Aber wie? Daran entscheidet sich die Frage nach Rationalität und Irrationalität der Rechtsanwendung.

Das Problem spitzt sich zu, wenn verschiedene Grundrechte miteinander in Konflikt geraten. Solche Konflikte sind in der verfassungsgerichtlichen Praxis an der Tagesordnung. Wenn der Gesetzgeber ein Grundrecht einschränkt, steht als Motiv dahinter nicht selten der Schutz eines anderen Grundrechts. Durch den Paradigmenwechsel in der Grundrechtstheorie hat sich die Häufigkeit von Grundrechtskollisionen erhöht. Erfüllt der Gesetzgeber seine Schutzpflicht für ein Grundrecht, das von dritter Seite gefährdet wird, tut er dies durch Beschränkung von Grundrechten des Gefahrenverursachers. Es können sogar intra-grundrechtliche Kollisionen auftreten, wenn die subjektive Freiheit des Grundrechtsträgers zugunsten des objektiven Schutzgehalts des Grundrechts eingeschränkt wird, etwa die Freiheit des Zeitungsverlegers zugunsten der Freiheitlichkeit des Pressewesens insgesamt.

Diese Widersprüche können abstrakt in der Schwebe gehalten werden. Gilt es, konkrete Fälle zu entscheiden, muss entschieden werden, welches der betroffenen Grundrechte am Ende überwiegt. Das Bundesverfassungsgericht hat zur Lösung solcher Konflikte den Grundsatz der Verhältnismäßigkeit entwickelt, der heute die Hauptlast des Grundrechtsschutzes trägt und von der Mehrzahl der Verfassungsgerichte in aller Welt übernommen worden ist.[14] Grundrechtseingriffe sind danach nur verfassungsgemäß, wenn sie auf einem Gesetz beruhen, welches das Grundrecht nicht unverhältnismäßig beschränkt. Das läuft auf eine Abwägung zwischen dem durch ein Gesetz beschränkten Grundrecht und dem Schutzgut, das hinter dem beschränkenden Gesetz steht (meist selber ein Grundrecht), hinaus.

Es ist diese Abwägung, welche die schärfste Kritik von Habermas hervorruft. »Eine an Prinzipien orientierte Rechtsprechung hat darüber zu befinden, welcher Anspruch und welche Handlung in einem gegebenen Konflikt rechtens ist – und nicht über die Ausbalancierung von Gütern und über die Relationierung von Werten« (317). Die Abwägung ist demgegenüber kein juristisch rationaler Vorgang. »Weil Normen und Grundsätze aufgrund ihres deontologischen Geltungssinns *allgemeine Verbindlichkeit* und nicht nur *spezielle Vorzugswürdigkeit* beanspruchen können, besitzen sie eine größere Rechtfertigungskraft als Werte; Werte müssen von Fall zu Fall mit anderen Werten in eine transitive Ordnung gebracht werden. Weil dafür rationale Maßstäbe fehlen, vollzieht sich die Abwä-

14 Vgl. *Aharon Barak*, Proportionality, 2012, S. 182.

gung entweder willkürlich oder unreflektiert nach eingewöhnten Standards und Rangordnungen« (315 f.).

Die Möglichkeit von Grundrechtskollisionen verschwindet jedoch nicht, wenn man Grundrechte als Normen und nicht als Werte versteht. Was soll also für Habermas an die Stelle der Abwägung treten? Habermas löst das Problem für sich, indem er annimmt, dass es sich bei den sogenannten Grundrechtskonflikten nur um einen *scheinbaren* Widerspruch handelt. In Wirklichkeit trifft immer nur ein Grundrecht auf einen Fall zu. Dieses muss ermittelt worden sein, ehe der Anwendungsvorgang beginnt. Sein Augenmerk richtet sich daher auf den Prozess der Auswahl der einschlägigen Norm aus einer Mehrzahl *prima facie* in Betracht kommender Normen.

Welche Norm einschlägig ist und welche zurücktritt, ist für ihn eine Frage der Angemessenheit. Indessen bedeutet »Angemessenheit« für Habermas nicht Abwägung, sondern »so viel wie Gültigkeit eines aus einer gültigen Norm abgeleiteten singulären Urteils, durch das die zugrundeliegende Norm erst ›gesättigt‹ wird« (317). Die ausgeschlossenen Normen verlieren nicht ihre Gültigkeit, sondern nur ihre Anwendbarkeit auf den zu entscheidenden Fall. »Die einschlägigen und die zurücktretenden Normen verhalten sich zueinander nicht wie konkurrierende Werte, die als Optimierungsgebote in jeweils verschiedenem Maß ›erfüllt‹ werden, sondern wie ›angemessene‹ und ›unangemessene‹ Normen« (317).

Habermas' Vorstellung bereitet zwei Schwierigkeiten, die beide daraus resultieren, dass er sich zum *Wie* der Normermittlung und -anwendung nicht äußert. Zum einen ist schwer zu sehen, wie das einschlägige Grundrecht im Fall der Grundrechtskollision ohne eine irgendwie geartete (nicht notwendig nach dem Verhältnismäßigkeitsprinzip erfolgende) Abwägung bestimmt werden könnte. Da einschlägig dasjenige von mehreren in Betracht kommenden Grundrechten sein soll, welches »am besten zu der unter allen relevanten Gesichtspunkten möglichst erschöpfend beschriebenen Anwendungssituation passt« (317), liegt die Vermutung nicht fern, dass hier eben die Erwägungen angestellt werden müssen, die das Bundesverfassungsgericht bei der Verhältnismäßigkeitsprüfung berücksichtigt.

Habermas würde, wenn das zutrifft, die Verhältnismäßigkeits-Erwägungen, die er aus der Normanwendung eliminieren will, auf der vorausliegenden Stufe der Normbestimmung vornehmen. Das wäre dann gegenüber der verfassungsgerichtlichen Praxis lediglich eine Verschiebung. Um eine Abwägung käme man nur herum, wenn man von einer Hierarchie der Grundrechte ausginge, so dass bei einer Grundrechtskollision immer schon im Voraus feststünde, welche Norm zum Tragen kommt. Eine solche Hierarchie lehnt Habermas jedoch ab, und sie wäre auch nicht empfehlenswert, weil sie Konstellationen nicht in den Griff bekäme, in denen der Gesetzgeber das höherrangige Grundrecht minimal beeinträchtigt, um von dem rangniederen Grundrecht einen schweren Schaden abzuwenden.

Zum Zweiten ist das als einschlägig ermittelte Grundrecht nicht ohne weiteres auf den Fall anwendbar. Es bleibt so unbestimmt wie vorher. Es muss also im Blick auf den Fall konkretisiert werden. Der Fall ist aber gerade durch die Kollision zweier Grundrechtspositionen charakterisiert. Die Entscheidung berührt also Grundrechte Dritter. Diese dürfen jedoch bei der Interpretation, obwohl sie gültig bleiben, nicht mehr berücksichtigt werden. Habermas läuft also Gefahr, unausgewogene Ergebnisse zu gewinnen, oder muss die Erwägungen aus dem Stadium der Normermittlung hier wiederholen.

Eine kleine Passage in Habermas' Werk könnte allerdings auch darauf hindeuten, dass es nicht das Verhältnismäßigkeitsprinzip an sich ist, welches er ablehnt, sondern eine bestimmte Art seiner Handhabung. Nach der Versicherung, dass letztlich nur Rechte im Argumentationsspiel stechen dürfen, zählt er unter Berufung auf Ingeborg Maus beispielhaft auf, was nicht »stechen« darf, nämlich Gesichtspunkte wie die Funktionstüchtigkeit der Strafrechtspflege, die Funktionsfähigkeit der Bundeswehr, die Funktionsfähigkeit der Unternehmen und der Gesamtwirtschaft. Würden die Grundrechte in ihrem deontologischen Sinn ernst genommen, blieben sie »einer *solchen* Kosten-Nutzen-Analyse« entzogen (316, Hervorhebung von mir).

In der Tat weist diese Bemerkung auf eine Unschärfe in der Anwendungspraxis des Verhältnismäßigkeitsprinzips hin, die Kritik verdient. Bei der verfassungsrechtlichen Lösung von Fällen kommen diese Groß-Güter praktisch nicht vor. Selbst bei einem Gesetz, das im Interesse der inneren Sicherheit oder der wirksamen Strafverfolgung erlassen worden ist, steht niemals *die* Sicherheit oder *die* Strafverfolgung zur Debatte, sondern ein begrenzter Beitrag zu diesem Ziel, dem ein ebenso begrenzter Aspekt eines Grundrechts geopfert wird, so dass nicht Groß-Güter abgewogen werden, sondern Gewinne und Verluste für verfassungsrechtliche Garantien. Das wird nicht immer hinreichend beherzigt.

Wird möglichst exakt bestimmt, ob ein Gesetz den Kern- oder den Randbereich eines Grundrechts betrifft und ob die Betroffenheit schwer oder geringfügig ist, und wird entsprechend exakt bestimmt, welcher Aspekt der kollidierenden Verfassungsposition durch das Gesetz gefördert wird und welchen Umfang und Effekt diese Förderung hat, dann kann auch auf der letzten Stufe des Verhältnismäßigkeitstests eine juristisch-rationale Prüfung stattfinden. Fehlt es für die Abschätzung der Wirkung einer gesetzlichen Maßnahme an gesichertem Wissen, so dass man auf Prognosen angewiesen ist, begnügt sich das Verfassungsgericht damit, die Gewinnung der Prognose zu überprüfen, ersetzt aber nicht die Prognose des Gesetzgebers durch eine eigene.

III. Zur Rolle von Verfassungsgerichten

Obwohl der dritte Unterabschnitt des VI. Kapitels im Titel Ausführungen über »Die Rolle der Verfassungsrechtsprechung im liberalen, republikanischen und prozeduralistischen Verständnis von Politik« verspricht, verflüchtigt sich die Verfassungsgerichtsbarkeit hier zusehends. Habermas leitet den Abschnitt mit der Bemerkung ein, dass der Streit um die Legitimität der Verfassungsrechtsprechung in den USA stärker unter politologischen als unter rechtsmethodologischen Gesichtspunkten geführt werde. Es sind dann auch fast ausschließlich amerikanische Autoren, mit denen er sich im Folgenden auseinandersetzt. Nachdem gegen Ende des zweiten Abschnitts bereits John Ely zu Wort gekommen war, geht er nun vor allem auf Frank Michelman, Cass Sunstein und Bruce Ackerman ein.

Diese Autoren haben für Habermas den Vorzug, die Rolle der Verfassungsrechtsprechung nicht vom liberalen Politikverständnis her zu bestimmen. Habermas geht davon aus, dass sich das liberale Politikverständnis von den bürgerlichen Interessen der Privatleute, nicht von den öffentlichen Interessen der Staatsbürger ableitet. Der

Staat wird daher im Liberalismus nur als Garant einer gesellschaftlichen Ordnung benötigt, die sich den gerechten Interessenausgleich vom Markt verspricht. Seine Aufgabe reduziert sich unter diesen Umständen darauf, die Ordnung vor Störungen zu bewahren oder sie wiederherzustellen, wenn sie gestört worden ist. Politik dient deswegen den Interessen der Marktteilnehmer und ist im Parteienwettbewerb um Wählerstimmen selbst marktmäßig organisiert. Der Verfassung fällt die Aufgabe zu, die Bindung des Staates an die privaten Interessen zu gewährleisten.

In diesem Modell schützen die Grundrechte vor allem die privaten Freiheiten gegen staatliche Eingriffe, die nicht strikt auf Gefahrenabwehr beschränkt sind. Um das Gefahrenpotential des Eingriffs kreist das gesamte öffentliche Recht im Liberalismus. Die Grundrechte setzen dem Staat Grenzen. Sie wirken negativ, nicht positiv. Für den voraussetzungsvollen Charakter der Freiheit und für die Freiheitsgefahren, welche von dritter Seite ausgehen, sind die Grundrechte blind, weil die soziale Gerechtigkeit als keiner staatlichen Bewirkung bedürftig angesehen wird, sondern sich aus dem freien Spiel der gesellschaftlichen Kräfte automatisch ergibt.

Was das für die Verfassungsgerichtsbarkeit bedeutet, lässt sich nur indirekt erschließen, es wird bei Habermas nicht weiter entwickelt. Sie folgt aber zwangsläufig der Funktion der Grundrechte als Abwehrrechte und gibt den Privatleuten ein rechtliches Mittel an die Hand, Grundrechtseingriffe auf ihre Verfassungsmäßigkeit überprüfen zu lassen. Es muss freilich betont werden, dass der Liberalismus keine eigenständige Theorie der Verfassungsgerichtsbarkeit und auch nur in den USA Gerichte mit verfassungsgerichtlichen Kompetenzen entwickelt hat. Außerhalb Amerikas hat sich die Verfassungsgerichtsbarkeit erst in Reaktion auf die Erfahrung mit totalitären, autoritären und rassistischen Systemen weltweit ausgebreitet.

Demgegenüber ist den amerikanischen Autoren, die Habermas unter dem Titel des Republikanismus zusammenfasst, ein eher verfahrens- als ergebnisbezogener Ansatz eigen, den Habermas teilt, ohne deswegen deren Vorstellungen über die Rolle von Verfassungsgerichten ungeschmälert zu übernehmen. Mit Ely verbindet ihn die Auffassung, dass die Verfassungsgerichtsbarkeit sich in erster Linie »auf die Bedingungen der demokratischen Genese der Gesetze« beziehen soll (322). Auch stimmt er Ely in seiner Verurteilung eines paternalistischen Verständnisses von Verfassungsgerichtsbarkeit zu. Die daraus abgeleitete Forderung nach *judicial self-restraint* nimmt Habermas aber nicht beifällig auf. Eine »offensive Verfassungsrechtsprechung« kann dort, wo es um die »Durchsetzung des demokratischen Verfahrens und der deliberativen Form politischer Meinungs- und Willensbildung geht, nicht schaden, sie ist sogar normativ gefordert« (340).

Vollends entfernt Habermas sich von Ely, wenn dieser verlangt, dass sich die Verfassungsrechtsprechung von einer Orientierung an Rechtsgrundsätzen moralischer oder ethischer Herkunft freihalten solle. Für Habermas stützt sich der demokratische Prozess dagegen selbst auf Gerechtigkeitsprinzipien. Das Konzept der Verfahrensgerechtigkeit verlangt eine Demokratietheorie, die er bei Ely nicht wiedererkennen kann (323 f.). Er findet sie aber bei den republikanischen Autoren, die sich gerade darin von Ely unterscheiden. »Der republikanische Begriff der ›Politik‹ bezieht sich nicht auf die staatlich garantierten Rechte privater Bürger auf Leben, Freiheit und Eigentum, sondern in erster Linie auf die Selbstbestimmungspraxis gemeinwohlorientierter Staatsbürger, die sich als freie und gleiche Angehörige einer kooperierenden und sich selbst verwaltenden Gemeinschaft verstehen« (325 f.).

Bei Michelman sollen Gerichte mit verfassungsrechtlichen Kompetenzen vor allem Hüter der deliberativen Demokratie sein. Diese ergibt sich aus einem Zusammenspiel der politischen Willensbildung im Parlament mit der politischen Meinungsbildung in der Gesellschaft. Die Anstöße erwartet Michelman aber eher von den Rändern als aus der Mitte des Meinungsspektrums. Deswegen ist es die Aufgabe eines Verfassungsgerichts, die randständigen oder abwesenden Stimmen zur Geltung zu bringen. Das kann für Michelman *judicial activism* statt *deferentialism* erfordern.

Bei Ackerman erfährt dieser Gedanke für Habermas eine Wendung eines »pädagogischen Statthalters« (338). Da das Volk nur in Ausnahmesituationen, nämlich »wenn die Geschichte heißläuft« (337), handelnd in das politische Geschehen eingreift, bedarf es für die Intervalle einer Instanz, deren Mitglieder »als die Hüter einer aktuell stillgestellten, in den Routinen des parlamentarischen Geschäfts erstarrten Selbstbestimmungspraxis die Selbstbestimmungsrechte des Volkes *vikarisch* wahrnehmen« (338). Damit kann sich Habermas nicht anfreunden, weil hier die Verfassungsgerichtsbarkeit gerade in die paternalistische Attitüde zurückfällt, die Habermas im Verein mit Ely bekämpft, von der er aber auch bei Michelman trotz dessen Abneigung gegen den Paternalismus Spuren entdeckt.

Sunstein wiederum will der Verfassungsgerichtsbarkeit die Prüfung übertragen, ob der Gesetzgeber seinen Beschlüssen eine rationale Analyse der regelungsbedingten Materie zugrunde gelegt hat. Entscheidungen, die lediglich auf der Macht bestimmter partikularer Interessen beruhen, genügen dem nicht. Was Habermas' Auffassung entgegenkommt, ist der Umstand, dass bei diesem Verständnis der Verfassungsgerichtsbarkeit die Ergebnisse des Gesetzgebungsprozesses sekundär sind. Ausschlaggebend ist vielmehr allein, ob der Entscheidung ein deliberativer Prozess vorausgegangen ist, der nicht von Privatmacht verzerrt war (336). Habermas wirft Sunstein aber vor, dass sein realistisches Bild von der Gesetzgebung zu oberflächlich bleibt, weil es die Differenzierung von Politik und Ethik nicht scharf genug vornimmt (346).

Gerade wegen dieses Defizits, das Habermas bei republikanischen und kommunitaristischen Autoren generell feststellt, sieht er sich gezwungen, über deren Standpunkt hinauszugehen. Für ihn »kann das demokratische Verfahren seine legitimierende Kraft aber nicht mehr aus dem *vorgängigen* Einverständnis einer präsupponierten sittlichen Gemeinschaft ziehen, sondern nur noch aus sich selber« (347). Die Angleichung der politischen Meinungs- und Willensbildung an ethische Selbstverständnisse eines Volkes reicht daher zur Legitimation von Politik nicht aus. Maßstab der Legitimität ist nicht das in Diskursen erreichte Einverständnis der Staatsbürger, sondern das mögliche Einverständnis aller. »Die Vernunft verkörpert sich dann allein in den formalpragmatischen Ermöglichungsbedingungen für eine deliberative Politik« (347). Für die Verfassungsrechtsprechung folgt daraus, dass sie allein diesen Ermöglichungsbedingungen verpflichtet ist.

Eine solche Engführung der Verfassungsgerichtsbarkeit stellt Habermas allerdings vor zwei Probleme. Zum einen wird es schwer, die Gleichrangigkeit von privater und öffentlicher Autonomie aufrechtzuerhalten. Die private gerät vielmehr in eine dienende Rolle gegenüber der öffentlichen und wird vom Verfassungsgericht auch nur insoweit geschützt, wie sie diese stützt. Zum anderen kommt der Vorrang moralischer Standards vor ethischen unter Druck.

Da es sich nicht ausschließen lässt, sondern im Gegenteil wahrscheinlich ist, dass sich Verfassungen auch an ethischen Standards orientieren, muss Habermas entweder, um an der Gesetzesbindung der Justiz festhalten zu können, den Vorrang moralischer Postulate opfern oder, um an deren Vorrang festhalten zu können, die Verfassungsgerichtsbarkeit aus ihrer strikten Gesetzesbindung entlassen. Beide Probleme lassen sich nicht ohne Rest auflösen.[15]

15 Vgl. *Christoph Möllers*, Demokratie und Recht, in: *Hauke Brunkhorst u. a.* (Hrsg.), Habermas-Handbuch, 2009, S. 254.

10. Ein Blick hinter die Kulissen: Die Entstehung des Elfes-Urteils

I. Bedeutung des Urteils

Das Elfes-Urteil von 1957[1] gehört zu den grundlegenden Weichenstellungen des Bundesverfassungsgerichts in der Frühphase seiner Rechtsprechung. Die enorme Bedeutungssteigerung der Grundrechte durch Verfassungsinterpretation nimmt von hier ihren Ausgang.[2] So groß die Wirkung des Urteils war, so klein war sein Anlass. Es ging um einen nicht verlängerten Reisepass, also alles andere als eines der großen politischen oder gesellschaftlichen Zerwürfnisse, die schließlich in Karlsruhe entschieden wurden. Nicht, dass die große Politik gar keine Rolle gespielt hätte, aber sie war nicht Gegenstand der Entscheidung, sondern bildete ihren Hintergrund. Derjenige, dessen Pass nicht verlängert wurde, war Politiker und, obwohl aus der CDU hervorgegangen, ein erbitterter Gegner von Adenauers Politik der Westintegration und Wiederaufrüstung der Bundesrepublik. Wilhelm Elfes bekämpfte diese Politik, und zwar nicht nur in der Bundesrepublik, sondern auch in der DDR und im sozialistischen Ausland, wo er ein gern gesehener Redner war. Seine Auftritte dort waren der Grund für die Verweigerung des Passes. Wir befinden uns in den Zeiten des Kalten Krieges und der Hallstein-Doktrin. Elfes gefährde erhebliche Belange der Bundesrepublik. Dass dies ein Grund zur Versagung des Reisepasses war, stand im Passgesetz von 1952. Er sah darin eine Verletzung seiner Grundrechte.

Im Elfes-Urteil entschied der Erste Senat die Kontroverse über die Bedeutung des Grundrechts auf freie Entfaltung der Persönlichkeit aus Art. 2 Abs. 1 GG zugunsten der allgemeinen Handlungsfreiheit. Darin liegt die große, über den Anlassfall hinausweisende juristische Bedeutung des Urteils. Art. 2 Abs. 1 GG wirkt seitdem

1 Urteil des Ersten Senats vom 16.1.1957 – 1 BvR 253/56 – BVerfGE 6,32.

2 Ein Überblick bei *Dieter Grimm*, The role of fundamental rights after 65 years of constitutional jurisprudence in Germany, I-CON 13 (2015), S. 9-29.

als »Auffanggrundrecht«, das jedes erdenkliche menschliche Verhalten schützt, welches nicht in den Schutzbereich eines anderen, spezielleren Grundrechts fällt. Art. 2 Abs. 1 GG avancierte auf diese Weise zur *lex generalis* des Grundrechtskatalogs, der gegenüber alle anderen Grundrechte zu *leges speciales* wurden. Der Grundrechtsschutz des Individuums gegenüber dem Staat ist seitdem lückenlos. Er bezieht sich nicht mehr nur auf bestimmte Verhaltensweisen, Verhältnisse oder Einrichtungen, die dem Verfassungsgeber im Lichte historischer Erfahrungen als besonders schutzwürdig gegenüber der Staatsgewalt erschienen waren, sondern erstreckt sich auf die Freiheit des Einzelnen ganz allgemein. So gedeutet, hat das Grundrecht keinen gegenständlich begrenzten Schutzbereich wie die Pressefreiheit, die Religionsfreiheit, die Eigentumsfreiheit etc. Die einzige ihm innewohnende Grenze liegt darin, dass es sich auf Handlungen bezieht, nicht auf Behandelt-werden durch Dritte. Im Übrigen ergeben sich die Grenzen allein aus den Schutzbereichen der anderen Grundrechte, die, weil spezieller, ihm vorgehen. Angesichts dieser Entgrenzung des Schutzbereichs musste freilich auch die Schranke, die der freien Persönlichkeitsentfaltung in Gestalt der verfassungsmäßigen Ordnung gezogen ist, weit interpretiert werden. Sie nimmt in Art. 2 Abs. 1 GG eine andere Bedeutung an als in Art. 9 Abs. 2, 20 Abs. 3 und 28 Abs. 3 GG und fällt mit der Rechtsordnung zusammen. Jedes verfassungsmäßige Gesetz schränkt die allgemeine Handlungsfreiheit ein.

Wie stets, wenn der Sinn einer Verfassungsnorm ausgeweitet wird, wächst damit zugleich der Entscheidungsradius des Bundesverfassungsgerichts. In prozessualer Hinsicht folgt aus dem Urteil, dass gegen jeden Staatsakt, der individuelles Verhalten welcher Art immer in irgendeiner Weise beschränkt, belastet oder erschwert, Verfassungsbeschwerde erhoben werden kann. Die verfassungsgerichtliche Kontrolle der Staatstätigkeit wird auf diese Weise, wenn sie Auswirkungen auf die Bürger hat, flächendeckend.

Seit die frühen Akten des Bundesverfassungsgerichts zugänglich sind, kommt jedoch ans Licht, dass nicht allein das Urteil, sondern auch seine Entstehung aufsehenerregend ist.[3] Denn von dem, was das Elfes-Urteil so bemerkenswert macht, steht im Votum des Be-

3 Im Bundesarchiv befinden sich zum Elfes-Verfahren drei Konvolute, die Hauptakte B 237/89884 sowie die Handakten des Berichterstatters Dr. Heiland B 237/89885 und des Präsidenten Dr. Wintrich B 237/89886.

richterstatters nichts. Nicht nur hatte er das Gegenteil des späteren Urteilsspruchs vorgeschlagen, nämlich Elfes' Verfassungsbeschwerde stattzugeben und die Bestimmung des Passgesetzes, auf welche die Passversagung gestützt worden war, für verfassungswidrig zu erklären. Auch von Art. 2 Abs. 1 GG als gegenständlich unbestimmtem Schutz der allgemeinen Handlungsfreiheit ist im Votum nicht die Rede. Der Entscheidungsvorschlag war auf das Grundrecht der Freizügigkeit aus Art. 11 GG gestützt, und Art. 2 Abs. 1 GG wurde nur hilfsweise als Schutz der Ausreisefreiheit herangezogen, falls der Senat Art. 11 nicht für einschlägig halten sollte. Was unter der verfassungsmäßigen Ordnung als Schranke der Persönlichkeitsentfaltung zu verstehen sei, wurde offengelassen. Weiter hilfsweise, nämlich für den Fall, dass der Senat das Passgesetz als verfassungsmäßig ansehen sollte, schlug der Berichterstatter vor, seine Auslegung und Anwendung durch die Behörden und Verwaltungsgerichte für verfassungswidrig zu erklären.

Hätte sich der Berichterstatter mit seiner Auffassung durchgesetzt, wäre das Elfes-Urteil zu einem bemerkenswerten Dokument für die Freiheit oppositioneller Meinungen auch in Zeiten des zugespitzten Ost-West-Gegensatzes geworden, nicht aber jene Perfektionierung des Grundrechtsschutzes, für die der Name Elfes heute steht. Dass Elfes selbst von der außerordentlichen Erweiterung des Grundrechtsschutzes nicht profitierte, sondern am Ende mit seiner Verfassungsbeschwerde unterlag, ist darüber weithin in Vergessenheit geraten.

II. Das Verfahren

1. Der Sachverhalt

Der Beschwerdeführer Wilhelm Elfes war bei Einlegung der Verfassungsbeschwerde im Mai 1956 71 Jahre alt (geboren 1884) und hatte eine vorwiegend kommunalpolitische Karriere hinter sich. Seit 1905 war er Mitglied der Zentrums-Partei, in den zwanziger Jahren gehörte er dem Parteivorstand an. Nach einer Schmiede- und Schlosserlehre wurde er Arbeitersekretär in der katholischen Arbeiterbewegung, dann Redakteur und später Chefredakteur der Westdeutschen Arbeiterzeitung. Nach seiner Teilnahme am Ersten Weltkrieg war er von 1919 bis 1933 Stadtverordneter in Mönchengladbach und bald auch Mitglied des Provinziallandtags der preußischen Rheinprovinz. Von 1921 bis 1933 gehörte er ferner (wie sein späterer Gegner Adenauer) dem preußischen Staatsrat an. 1927 wurde er Polizeipräsident von Krefeld, 1933 entlassen. Die Zeit des Nationalsozialismus überdauerte er im Kleinhandel. Wegen Kontakten zum Widerstand des 20. Juli war er vorübergehend inhaftiert, entzog sich einer Bestrafung aber durch Flucht. Nach 1945 gehörte er zu den Gründern der CDU und wurde Oberbürgermeister, dann Oberstadtdirektor von Mönchengladbach sowie Landtagsabgeordneter in Nordrhein-Westfalen. 1951 schloss die CDU ihn aus, weil er sich gegen Adenauers Politik der Westintegration und die Wiederbewaffnung der Bundesrepublik wandte. Danach gründete er zunächst die »Deutsche Sammlung« und 1958 den »Bund der Deutschen«, dessen Bundesvorsitzender er wurde. Er hielt in dieser Zeit Kontakte zur Sowjetunion und zur DDR, wo er mehrfach als Redner gegen die Adenauersche Politik auftrat, darunter in der Volkskammer der DDR. Auch in anderen Ländern agitierte er in Reden, Verlautbarungen und Unterredungen mit Politikern gegen die Politik der Bundesregierung.

Als der Beschwerdeführer 1953 die Verlängerung seines Reisepasses beantragte, wurde ihm diese von der Passbehörde in Mönchengladbach unter Hinweis auf § 7 Abs. 1 Buchst. a des Passgesetzes von 1952 verweigert.[4] Die Vorschrift lautet:

> Der Pass ist zu versagen, wenn Tatsachen die Annahme rechtfertigen, dass
> a) der Antragsteller als Inhaber eines Passes die innere oder äußere Sicherheit oder sonstige erhebliche Belange der Bundesrepublik Deutschland oder eines deutschen Landes gefährdet; [...].

Elfes' Einspruch wies der Oberstadtdirektor von Mönchengladbach zurück. Gründe nannte die Behörde nicht. Die dagegen erhobene verwaltungsgerichtliche Klage wies das Landesverwaltungsgericht Düsseldorf ab. In diesem Verfahren legte die Behörde erstmals dar, worin sie die Gefährdung erheblicher Belange der Bundesrepu-

4 Wenn im Folgenden § 7 genannt wird, handelt es sich stets um die Vorschrift des Gesetzes über das Passwesen vom 4.3.1952 (BGBl. I S. 290).

blik Deutschland erblickte. Genannt wurden die enge Verbindung von Elfes zur KPD und zu sowjetischen Regierungsstellen sowie der Zweck seiner Auslandsreisen, nämlich der Politik der Bundesregierung entgegenzuwirken. Als Beweis diente eine lange Liste von Beteiligungen Elfes' unter anderem als Redner an Versammlungen und Kongressen im Inland, in der DDR und im, meist sozialistischen, Ausland, die gewöhnlich die deutsche Frage und den Weltfrieden aus tendenziell sozialistischer oder kommunistischer Sicht zum Gegenstand hatten. Insbesondere wurde auf eine von Elfes verfasste und auf einem Friedenskongress im Dezember 1952 in Wien verlesene sogenannte Gesamtdeutsche Erklärung hingewiesen, die zunächst die Bedeutung der Wiedervereinigung für den Frieden betont und dann ausführt, dass der Generalvertrag und der EVG-Vertrag nicht dem Frieden, sondern dem Krieg dienten. Welcher Belang dadurch gefährdet sei und worin die Gefährdung bestehe, wurde nicht dargelegt.

2. Die verwaltungsgerichtlichen Entscheidungen

Es lohnt, einen Blick auf die Begründungen der verwaltungsgerichtlichen Entscheidungen zu werfen, weil sie offenbaren, wie ungefestigt der Umgang mit der neuen Verfassung in den frühen Jahren der Bundesrepublik noch war. Alle drei Instanzen hielten § 7 Abs. 1 Buchst. a für vereinbar mit dem Grundgesetz, das Bundesverwaltungsgericht allerdings nur bei verfassungsmäßiger, d. h. enger Auslegung: Die »sonstigen Belange« müssten den ausdrücklich angeführten Versagungsgründen der äußeren oder inneren Sicherheit an Gewicht mindestens nahekommen. Das gebiete die »freiheitliche Entwicklung« der Bundesrepublik. Als einschlägiges Grundrecht betrachteten Landesverwaltungsgericht und Oberverwaltungsgericht Art. 2 Abs. 1 GG, Art. 11 GG schlossen sie wegen des klaren Wortlauts »Freizügigkeit im ganzen Bundesgebiet« aus. Das Bundesverwaltungsgericht hielt unter Berufung auf eine vorangegangene Entscheidung[5] weder Art. 11 noch Art. 2 Abs. 1 GG für einschlägig. Das Grundgesetz sehe keinen Grundrechtsschutz für Ausreisen aus der Bundesrepublik vor. Bei einer Passverweigerung müssten aber rechtsstaatliche Grundsätze beachtet werden.

5 BVerwG, Urteil vom 9. 2. 1956, NJW 1957, S. 35.

Entscheidend war für alle drei Instanzen, ob Elfes' Verhalten die Voraussetzungen von § 7 Abs. 1 Buchst. a erfüllte. Das Landesverwaltungsgericht sah in Elfes' Verhalten einen Verstoß gegen die verfassungsmäßige Ordnung im Sinn der Schrankenregelung von Art. 2 Abs. 1 GG. Er habe durch seine Auftritte im Ausland eine selbständige Außenpolitik betrieben und damit gegen Art. 32 Abs. 1 GG verstoßen, der die Pflege der Beziehungen zu auswärtigen Staaten zur Sache des Bundes erklärt. Außerdem habe er durch die Gesamtdeutsche Erklärung von Wien und die Rede vor der Volkskammer der DDR mit der demokratischen Ordnung der DDR sympathisiert, die der demokratischen Ordnung des Grundgesetzes entgegengesetzt sei.

Das OVG bemühte sich um eine Definition der verfassungsmäßigen Ordnung im Sinne von Art. 2 Abs. 1 GG und sah darin die Gesamtheit der verfassungsmäßigen Rechtsnormen der Bundesrepublik. Es gehe also nicht um die Frage, ob Elfes gegen die verfassungsmäßige Ordnung verstoßen habe, wie das Landesverwaltungsgericht meine, sondern darum, ob § 7 Abs. 1 Buchst. a zur verfassungsmäßigen Ordnung gehöre und deswegen das Grundrecht aus Art. 2 Abs. 1 GG einschränke. Fraglich war also nur, ob die Voraussetzungen dieser Vorschrift gegeben waren. Das OVG nahm das an, weil Elfes sich als Delegierter der Bundesrepublik geriert, die Außenpolitik der Bundesregierung bekämpft und die gegen die Bundesrepublik gerichteten Bestrebungen der Sowjetunion und ihrer Satelliten unterstützt und ihnen Propagandamaterial geliefert habe. Das sei »ohne Zweifel« eine Gefährdung bundesrepublikanischer Belange.

Das Bundesverwaltungsgericht grenzte sich gegen beide Vorinstanzen ab. Es verstehe sich von selbst, dass man in der freiheitlichen Ordnung der Bundesrepublik Kritik an der politischen Führung üben dürfe. Desgleichen dürfe man in ausländischen Veranstaltungen auftreten und mit ausländischen Politikern Kontakt aufnehmen und dabei auch Meinungen vertreten, die von denen der Bundesregierung abwichen. Für das Bundesverwaltungsgericht war die Grenze aber durch die Gesamtdeutsche Erklärung von Wien überschritten, weil Elfes hier die DDR als Friedensmacht, die Bundesrepublik dagegen als Kriegshetzerin dargestellt habe. Darin liege eine »Verleumdung« der Bundesrepublik, die das internationale Vertrauen in den westdeutschen Staat untergrabe und geeignet sei, die Stellung der Bundesregierung in der Völkergemeinschaft zu beeinträchtigen. Das sei ein Belang von hinreichendem Gewicht, die Passversagung zu rechtfertigen.

3. Die Verfassungsbeschwerde

Die Verfassungsbeschwerde wurde von der Anwaltssozietät Dr. Dr. Gustav Heinemann und Dr. Diether Posser eingelegt. Heinemanns Lebensweg hat Ähnlichkeit mit dem von Elfes. Er war 15 Jahre jünger als Elfes (geboren 1899), schloss sich in der nationalsozialistischen Zeit der Bekennenden Kirche an, wurde nach dem Zweiten Weltkrieg wie Elfes Oberbürgermeister einer nordrhein-westfälischen Stadt (Essen), gehörte ebenfalls zur Gründergeneration der CDU und wurde 1949 Bundesminister des Inneren im Kabinett Adenauer. Er blieb kirchlich engagiert und war zeitweise Präses der Synode der EKD. Als Adenauer das Kabinett 1950 über die Aufnahme von Geheimverhandlungen mit den USA über eine Wiederbewaffnung der Bundesrepublik unterrichtete, protestierte Heinemann und trat als Bundesinnenminister zurück. 1952 verließ er die CDU und gründete wie Elfes eine neue Partei, die Gesamtdeutsche Volkspartei (GVP), der auch der spätere Ministerpräsident von Nordrhein-Westfalen und Bundespräsident Johannes Rau beitrat. Generalsekretär der GVP wurde 1953 Diether Posser (geboren 1922), mit dem Heinemann im Jahr zuvor eine Anwaltssozietät eingegangen war. Beide blieben politisch tätig und traten wie auch Rau später in die SPD ein. Heinemann wurde in der Großen Koalition 1966 Bundesjustizminister und 1969 Bundespräsident, Posser bekleidete verschiedene Ministerämter unter dem nordrhein-westfälischen Ministerpräsidenten Rau.

Die von Posser unterzeichnete Verfassungsbeschwerde kommt mit zwei Seiten aus. § 7 Abs. 1 Buchst. a des Passgesetzes wird wegen Verstoßes gegen Art. 11 GG für verfassungswidrig gehalten, weil er die von ihm umfasste Ausreisefreiheit aus anderen als den in Art. 11 Abs. 2 GG genannten Gründen beschränke. Art. 2 Abs. 1 GG sei verletzt, weil der Einschränkungsgrund eines Verstoßes gegen die verfassungsmäßige Ordnung nicht vorliege. Die behaupteten Verletzungen der übrigen Grundrechte (Art. 3 Abs. 3, 5 und 6) sind nicht begründet.

Am 4.7.1956 schob der Beschwerdeführer, vertreten durch

Rechtsanwalt Posser, einen Antrag auf Erlass einer einstweiligen Anordnung nach, den er am 16.7. ausführlich begründete.

4. Beginn des Verfahrens in Karlsruhe

Der für die Verfassungsbeschwerde zuständige Erste Senat des Bundesverfassungsgerichts hatte zu dieser Zeit das KPD-Verbotsverfahren, das lange Zeit die Kräfte des Senats absorbiert hatte, im Wesentlichen abgeschlossen. Die Urteilsverkündung war für den 17.8.1956 angesetzt. Sogleich nach Eingang von Elfes' Verfassungsbeschwerde am 16.5.1956 wurde Bundesverfassungsrichter Dr. Gerhard Heiland zum Berichterstatter bestellt. Heiland gehörte der Erstbesetzung des Bundesverfassungsgerichts an und war auf SPD-Vorschlag vom Bundestag gewählt worden. Er war 1894 geboren, hatte am Ersten Weltkrieg teilgenommen, eine strafrechtliche Dissertation geschrieben und eine strafrechtliche Karriere eingeschlagen, in deren Verlauf er zunächst als Staatsanwalt in Sachsen, dann im sächsischen Innenministerium tätig war und bald darauf stellvertretender Polizeipräsident in Leipzig wurde. In der Weimarer Republik war er Mitbegründer des Republikanischen Richterbundes und gehörte dem Reichsbanner Schwarz-Rot-Gold an. 1933 wurde er entlassen und schlug sich während der Zeit des Nationalsozialismus als Mitarbeiter eines Versicherungsunternehmens in Freiburg durch. 1946 trat er in die badische Finanzverwaltung ein, 1951 wurde er Richter am Bundesgerichtshof, ohne das Amt jedoch auszuüben, weil im unmittelbaren Anschluss die Wahl zum Bundesverfassungsrichter erfolgte.

Heiland fand offensichtlich, dass Elfes Grund hatte, sich zu beschweren. Eine undatierte, aber wahrscheinlich zu Beginn des Verfahrens niedergeschriebene Notiz, die den Eindruck erweckt, dass sie beim Aktenstudium entstanden ist, setzt mit den Worten ein: »Leben wir in einem Rechtsstaat, wenn ein Bürger (70 J) dringend verreisen will, sein Passantrag abgelehnt wird und er nun folgenden Rechtsweg beschreiten muss.« Dann wird dieser Weg nachgezeichnet mit Ausrufungszeichen, wenn Heiland empört scheint. An einer Stelle vermerkt er: »5.4.1954 sehr ausführlicher guter Schriftsatz des Kl. von 14 Seiten. 15.6.1954 antwortet bekl. Stadt mit 10 Zeilen!«

Heiland befasste den Senat erstmals am 2.10.1956 mit der Sache, wohl wegen des im Juli gestellten Antrags auf Erlass einer einstweiligen Anordnung. Der Senat entschloss sich, keinen einstweiligen Rechtsschutz zu gewähren, aber schnell in der Hauptsache zu entscheiden. Der Termin zur mündlichen Verhandlung wurde für den 30.10.1956 bestimmt. Heiland legte sein Votum bereits nach neun Tagen am 11.10.1956 dem Senat vor.

5. Das Votum des Berichterstatters

Nach Heilands Ansicht umfasst der Schutzbereich von Art. 11 GG auch die Ausreisefreiheit. Dafür kann er sich auf die herrschende Lehre berufen. Er führt neun Literaturstellen an, denen nur zwei gegenüberstehen, die Art. 2 Abs. 1 GG für einschlägig halten. Dass die Ausreisefreiheit gar nicht grundrechtlich geschützt sei, nimmt laut Votum nur ein Autor an. Der Berichterstatter führt für seine Auffassung ins Feld, dass die Ausreisefreiheit in freiheitlich organisierten Staaten von jeher selbstverständlich sei. Das Gegenteil sei für totalitäre Regime kennzeichnend. Daher spreche bereits »die Struktur der Bundesrepublik als einer betont freiheitlichen Demokratie« für eine weite Auslegung des Schutzbereichs. Diese Auslegung entspreche auch »dem Zuge der internationalen Entwicklung«. Es gebe eine »Tendenz zur übernationalen Integration«, der das Grundgesetz in Art. 24 Rechnung getragen habe. Auch der Entwurf der UN-Menschenrechtsdeklaration sehe die Ausreisefreiheit vor. Die Ausreisefreiheit nicht in die Freizügigkeit einzubeziehen, wäre deswegen ein Rückschritt. Wortlaut und Entstehungsgeschichte hinderten die weite Auslegung nicht. »Bei Grundrechten ist die Auslegung ohnehin von jeher nicht in dem Maße am Wortlaut orientiert wie bei Normen einfacher Gesetze.« Der Wortlaut stehe der weiten Auslegung schon deshalb nicht entgegen, weil er auch unter der gleichlautenden Weimarer Verfassung weit verstanden worden sei und weil das Bundesverfassungsgericht selbst anerkannt habe, dass die Freizügigkeit *im* Bundesgebiet auch die Freiheit der Einreise *in* das Bundesgebiet einschließe. Die Entstehungsgeschichte zeige, dass der Parlamentarische Rat sich zwar zur Auswanderungsfreiheit, aber nicht zur Ausreisefreiheit geäußert habe. Auch Erfordernisse des öffentlichen Wohls führten nicht zu einem anderen Ergebnis, denn diesen trage der Gesetzesvorbehalt von Art. 11 Abs. 2 GG Rechnung.

Die Vorschrift des § 7 Abs. 1 Buchst. a verstoße gegen Art. 11 GG, weil sie von der Schrankenregelung dieses Grundrechts nicht gedeckt sei. Die Klausel »sonstige erhebliche Belange« gehe nicht nur über die Beschränkungsgründe von Art. 11 Abs. 2 GG hinaus, sie sei auch derart unbestimmt, dass sie sich mit Rechtsstaatsgrundsätzen nicht vereinbaren lasse. Im Übrigen könne § 7 Abs. 1 Buchst. a jedoch bestehen bleiben.

Hilfsweise lässt sich der Berichterstatter auf eine Diskussion von Art. 2 Abs. 1 GG ein. Die Ausreisefreiheit gehöre jedenfalls zur freien Entfaltung der Persönlichkeit. Gehe man davon aus, dann komme es darauf an, ob § 7 Abs. 1 Buchst. a zur verfassungsmäßigen Ordnung im Sinne von Art. 2 Abs. 1 GG gehöre. Die Bedeutung dieses Begriffs sei umstritten. Der Streit müsse aber nicht entschieden werden, denn selbst wenn man die weite Auslegung übernehme, nach der alle formell und materiell verfassungsmäßigen Gesetze zur verfassungsmäßigen Ordnung zählten, lasse sich § 7 Abs. 1 Buchst. a, soweit dort von »sonstigen erheblichen Belangen« die Rede sei, nicht aufrechterhalten, weil er jeder rechtsstaatlichen Klarheit und Präzision ermangele. Da die Formulierung sich nicht auf die äußere und innere Sicherheit beziehen könne, die in § 7 Abs. 1 Buchst. a ausdrücklich genannt seien, eröffne die Generalklausel die Möglichkeit, »Staatsbürger, die zwar keine Gefahr für die äußere oder innere Sicherheit der Bundesrepublik oder eines deutschen Landes bedeuten, aber politisch unbequem sind, in ihrer Aktivität zu lähmen. Der Fall des Beschwerdeführers liefert hierfür ein gutes Beispiel.« Das gelte umso mehr, als die Verweigerung des Passes auf eine unbefristete Freiheitsbeschränkung hinauslaufen könne.

Aus dem aufrechterhaltenen Teil von § 7 Abs. 1 Buchst. a lasse sich die Verweigerung des Passes nicht rechtfertigen. Mit dem Bundesverwaltungsgericht müsse man annehmen, dass die Aktion des Beschwerdeführers keine Sicherheitsgefahr für die Bundesrepublik herbeigeführt habe.

Weiter hilfsweise prüft der Berichterstatter, ob eine Grundrechtsverletzung auch dann in Betracht komme, wenn der Senat § 7 Abs. 1 Buchst. a insgesamt für verfassungsmäßig halte. In diesem Fall könne sich der Grundrechtsverstoß nur aus der Auslegung der Vorschrift ergeben. Grundsätzlich sei die Auslegung einfacher Gesetze der Nachprüfung durch das Bundesverfassungsgericht entzogen. Die Regel gelte aber nicht ausnahmslos. Es gebe Auslegungen, die mit dem »Gesamtbild« der Verfassung übereinstimmten, und solche, die es verfehlten und daher als verfassungswidrig angesehen werden müssten. Bei unbestimmten Rechtsbegriffen sei diese Gefahr besonders groß. Das Bundesverfassungsgericht dürfe jedoch nicht zur Superrevisionsinstanz werden. Deswegen müsse sich die Prüfung darauf beschränken, ob das Ergebnis der Auslegung solcher Generalklauseln »noch mit dem Gesamtbild der staatlichen Ordnung vereinbar ist, das dem Verfassungsgeber ersichtlich vorgeschwebt hat«. Hierfür könne auch das angemessene Verhältnis von Mittel und Zweck bedeutsam sein.

Gehe man so vor, müsse berücksichtigt werden, dass die Bundesrepublik mittlerweile in einer Weise gefestigt sei, die eine Beeinträchtigung ihres politischen Wollens durch die Wiener Aktion des Beschwerdeführers nicht erwarten lasse. Ebenso müsse ins Gewicht fallen, dass der Beschwerdeführer die Verlängerung des Reisepasses auch aus persönlichen Gründen beantragt habe.[6] Falls für die Prüfung der Zeitpunkt der mündlichen Verhandlung maßgeblich sei, komme noch hinzu, dass der Beschwerdeführer inzwischen vom BGH strafrechtlich außer Verfolgung gesetzt worden sei. Auch bei einer Verfassungsmäßigkeit von § 7 wäre also ein Verstoß gegen Art. 2 Abs. 1 GG durch die angegriffenen Entscheidungen gegeben.

Auf die ebenfalls gerügten Verstöße gegen Art. 3, 5 und 6 GG geht das Votum nicht ein.

6. Die Stellungnahmen

Bei Abfassung des Votums lagen die Stellungnahmen der Bundesregierung und der Landesregierung von Nordrhein-Westfalen noch nicht vor. Die Stellungnahme des Düsseldorfer Innenministeriums datiert zwar vom 5.10.1956, ging aber erst am 17.10.1956 bei Gericht ein. Die Stellungnahme des Bundesinnenministeriums vom 24.10.1956 traf nach zwei Tagen in Karlsruhe ein.

Die Stellungnahmen sind von Interesse, weil sie Argumente ent-

6 Der Beschwerdeführer hatte geltend gemacht, er wolle das Grab seines ermordeten Sohnes in Dänemark, einen anderen Sohn in Brasilien und seine Enkelkinder in Holland besuchen. Das Bundesinnenministerium hatte erklärt, aus seiner Sicht bestünden keine Bedenken dagegen, Elfes einen Pass für diese Reisen auszustellen. Dazu kam es anscheinend aber nicht.

halten, die im Votum des Berichterstatters nicht auftauchen, später aber in der Diskussion des Falles bei anderen Mitgliedern des Senats wiederkehren. In beiden Stellungnahmen wird die Verfassungsbeschwerde für unbegründet gehalten. Beide Ministerien vertreten auch die Ansicht, dass Art. 11 GG nicht einschlägig sei. Zur Begründung wird auf den Wortlaut verwiesen (»im ganzen Bundesgebiet«), ferner darauf, dass sich die Einschränkungsermächtigungen in Art. 11 Abs. 2 GG nur auf inländische Tatbestände bezögen. Auch aus der historischen Betrachtung ergebe sich nichts, was auf einen Schutz der Ausreisefreiheit hindeute. Während es die nordrhein-westfälische Stellungnahme dabei bewenden lässt, unter Berufung auf das Bundesverwaltungsgericht mitzuteilen, dass sich aus Art. 2 Abs. 1 GG nichts anderes ergebe, setzt sich der Bundesinnenminister ausführlich mit Art. 2 Abs. 1 GG auseinander.

Das Verhältnis von Art. 2 Abs. 1 GG zu den besonderen Freiheitsgarantien sei umstritten und bisher nicht befriedigend geklärt. Die Unklarheit erstrecke sich auch auf den Sinn der »verfassungsmäßigen Ordnung« als Schranke von Art. 2 Abs. 1 GG. Am überzeugendsten sei es, dem Grundrecht auf freie Entfaltung der Persönlichkeit »keinen eindeutigen Rechtsgehalt« zuzuordnen. Wenn man davon ausgehe, müsse man die »verfassungsmäßige Ordnung« weit auslegen: Sie sei mit dem Grundsatz der Gesetzmäßigkeit der Verwaltung identisch. Die Schranke der verfassungsmäßigen Ordnung habe aber nicht nur für Art. 2 Abs. 1 GG, sondern auch für die folgenden Grundrechte Bedeutung. In Bezug auf diese fixiere sie immanente Schranken. Die Schranken bestünden »in den die Grundwerte unseres Staates sichernden Normen«. In diesem Verständnis fungiere der Vorbehalt von Art. 2 Abs. 1 GG als Schranke für die Grundrechte ohne Gesetzesvorbehalt; bei den Grundrechten mit Gesetzesvorbehalt trete er zu den geschriebenen Schranken hinzu. Für die allgemeine Freiheitsgarantie könne das enge Verständnis aber nicht gelten, weil Art. 2 Abs. 1 GG sonst größere Rechte gewähre als die folgenden Grundrechte.

Aber selbst wenn man das Kriterium der verfassungsmäßigen Ordnung auch in Bezug auf Art. 2 Abs. 1 GG eng definiere, führe das nicht zur Verfassungswidrigkeit von § 7 Abs. 1 Buchst. a. Dass die Sicherheit der Bundesrepublik ein wesentliches Element der verfassungsmäßigen Ordnung in diesem Sinne sei, stehe außer Frage. Sie sei Voraussetzung für Entstehen und Bestehen dieser

Ordnung. Eine Gefährdung der inneren und äußeren Sicherheit stelle daher zugleich einen Verstoß gegen die verfassungsmäßige Ordnung dar. Allerdings müsse der Begriff »erhebliche Belange« dementsprechend »sehr eng« ausgelegt werden. Es dürften nur Belange berücksichtigt werden, die ebenso wichtig seien wie die äußere und innere Sicherheit.

7. Mündliche Verhandlung und anschließende Beratung

Am 26.10. legt Heiland einen »Vorschlag für eine Disposition in der Sache Elfes« vor, der sich an der Gliederung seines Votums orientiert. Am 29.10. folgt ein »Nachtrag zum Votum«, der Berichtigungen und Ergänzungen zu den historischen Ausführungen sowie rechtsvergleichende Informationen enthält. Daraus lässt sich mittelbar erschließen, dass zuvor eine Beratung stattgefunden hat, denn es heißt in dem Nachtrag: »Auf Wunsch des Senats« habe Dr. Echterhölter (der wissenschaftliche Mitarbeiter Heilands) versucht, die Rechtslage in anderen Ländern zu ermitteln. Eine handschriftliche Notiz Heilands deutet darauf hin, dass dieser Wunsch am 25.10.1956 geäußert wurde, denn unter diesem Datum findet sich neben anderem der Satz: »Wie ist es in der Schweiz, Frankreich, usw.? Rechtsvergleichende Übersicht.«

Ein weiteres handschriftliches Blatt Heilands trägt das Datum des 30.10.1956, des Tages der mündlichen Verhandlung. Die Notizen stehen unter den Namen »RA Posser« und »Lechner« (Ministerialdirigent Lechner vertrat die Bundesregierung in der mündlichen Verhandlung), ergaben sich also wohl aus der Verhandlung.[7] Sie setzen sich auf dem nächsten Blatt fort mit der etwas mysteriösen Überschrift »Beratung im Stein«. Die Beratung wurde demnach sogleich nach Schluss der mündlichen Verhandlung aufgenommen. Sie setzte sich ausweislich desselben Blattes am 31.10.1956 fort. Bei-

7 Heilands Notizen aus Verhandlung und Beratung sind zum Teil in der heute nicht mehr gebräuchlichen Gabelsberger-Stenographie abgefasst. Auf Vermittlung des Stenographischen Dienstes des Deutschen Bundestages hat der Stenographen-Zentralverein Gabelsberger e.V. in München die stenographierten Teile der Notizen in Langschrift übertragen. Beiden Institutionen bin ich für diese Hilfe außerordentlich dankbar. Ohne sie wären wichtige Teile der Quellen unerschlossen geblieben.

träge von Stein,[8] Scholtissek,[9] Ritterspach[10] und Scheffler[11] sind festgehalten. Danach war strittig, welches Grundrecht einschlägig sei, über Art. 11 GG wurde diskutiert, Stein brachte außerdem die körperliche Bewegungsfreiheit aus Art. 2 Abs. 2 GG ins Spiel, Scholtissek beharrte darauf, dass nur Art. 2 Abs. 1 GG in Betracht komme, Ritterspach zeigte sich von der Argumentation der Bundesregierung überzeugt, die Art. 11 GG ausgeschlossen hatte. Die Mehrheit blieb aber wohl bei der Freizügigkeit, denn die Notizen wenden sich dann der Frage zu, ob die Generalklausel des Passgesetzes von der Schrankenregelung des Art. 11 GG gedeckt sei. Die Antwort fällt offenbar bejahend aus, jedoch unter der Voraussetzung, dass die Generalklausel im Sinn des Bundesverwaltungsgerichts eng ausgelegt wird. Eine Konkretisierung bringt der nicht namentlich zugeordnete Vorschlag in Heilands Notizen: »erhebliche Belange = alle strafbaren Handlungen, die den Staatsschutz betreffen«. Die Diskussion geht dann zu der Frage über, ob die Anwendung der Norm durch das Bundesverwaltungsgericht verfassungsmäßig war. Das wird verneint, wenn auch aus unterschiedlichen Gründen, meist weil das Bundesverwaltungsgericht Art. 11 ausgeschlossen und ihn deshalb bei der Anwendung der Generalklausel des Passgesetzes nicht beachtet habe, während Scheffler darauf beharrt, dass Art. 5 GG verkannt worden sei.

Die Notizen schließen mit dem Ergebnis in drei Punkten:

1. Der Verfassungsbeschwerde wird stattgegeben (8 : 1).
2. Die Annahme »immanenter Grenzen« der Freizügigkeit in Gestalt der »allgemeinen Verfassungsprinzipien« wird als überflüssig angesehen, weil »die Schranke Verhütung strafbarer Handlungen« genüge (5 : 4).
3. Die Generalklausel des Passgesetzes ist durch Art. 11 GG gedeckt, falls sie verfassungskonform ausgelegt wird. »Das hat das Bundesverwaltungsgericht nicht getan.«

In der Handakte folgt dann Heilands Exemplar der »Disposition«, versehen mit Notizen, die sich ebenfalls auf das Beratungsergebnis beziehen:

8 Erwin Stein (1903-1992), BVR 1951-1971, zuvor Landesminister.
9 Herbert Scholtissek (1900-1979), BVR 1951-1967, zuvor Rechtsanwalt.
10 Theodor Ritterspach (1904-1999), BVR 1951-1975, zuvor Ministerialbeamter.
11 Erna Scheffler (1893-1983), BVRin 1951-1963, zuvor Verwaltungsrichterin.

– Die Verfassungswidrigkeit von § 7 Abs. 1 Buchst. a, Satzteil sonstige erhebliche Belange, wird mit 6 : 3 Stimmen verneint.
– Die Ausreisefreiheit als Schutzgut von Art. 11 GG wird bejaht.
– Die Deckung des Versagungsgrundes »sonstige erhebliche Belange« in § 7 durch den Gesetzesvorbehalt in Art. 11 Abs. 2 GG wird bejaht.
– Die Verfassungswidrigkeit der Passversagung trotz Verfassungsmäßigkeit von § 7 wird bejaht.

8. Weitere Entwicklung

Am 7. 11. 1956 legt der Berichterstatter auf dieser Basis einen Urteilsentwurf vor. Er trägt den handschriftlichen Vermerk »Zur Kommissionsberatung mit Ritterspach und Lehmann«,[12] von dem nicht festzustellen ist, wann er hinzugefügt wurde. Am 15. 11. 1956 folgt der mit Ritterspach und Lehmann erstellte 2. Entwurf mit der Bitte um Änderungsvorschläge bis zum 20. 11., da er am 22. 11. beraten werden soll. Am 19. 11. 1956 verlegt der Senat den für den 28. 11. vorgesehenen Verkündungstermin. Am 22. 11. verteilt Ritterspach einen neunseitigen, am 12. 12. Scholtissek einen siebenseitigen Vermerk. Am 18. 12. lässt Ritterspach einen eigenen Urteilsentwurf folgen. Am 7. 1. 1957 verteilt Stein einen achtseitigen Vermerk, der sich auf Ritterspachs Entwurf bezieht. Am 9. 1. 1957 legt Heiland einen 3. Urteilsentwurf vor. Er wird mit Änderungen am selben Tag mit 6 : 3 Stimmen angenommen. In der Berichterstatter-Akte findet sich dieser Entwurf mit dem Vermerk »mit letzten Korrekturen, abgeschlossen 15. 1. 57, 12h«. Am 16. 1. 1957 wird das Urteil verkündet.

9. Erster und zweiter Urteilsentwurf

Was war in diesen bewegten zehn Wochen zwischen mündlicher Verhandlung und Urteilsverkündung im Ersten Senat passiert? Heilands erster Entwurf entspricht dem Beratungsergebnis. Warum sein Entwurf in eine Kommission geschickt wurde, geht aus den Akten nicht hervor. War das damals üblich, oder war der Entwurf auf Widerspruch gestoßen?

12 Joachim Lehmann (1909-1979), BVR 1951-1963, zuvor Ministerialrat.

Vergleicht man den ersten Entwurf Heilands mit dem aus der Kommissionsberatung mit Ritterspach und Lehmann hervorgegangenen zweiten Entwurf, so ergeben sich weniger rechtliche als stilistische und aufbaumäßige Unterschiede. Beide Entwürfe sind nahezu gleich lang. Zur gleichen Länge kommt es, weil sich Kürzungen und Ergänzungen in etwa die Waage halten. Insgesamt wirkt der zweite Entwurf in Einzelheiten des Aufbaus plausibler und in der Argumentation rechtsnäher. Inhaltliche Änderungen sind geringfügig. Im Tenor ist die Verpflichtung der Passbehörde zur neuen Bescheidung gestrichen, in den Gründen aber stehen geblieben. Was die verfassungskonforme Auslegung von § 7 Abs. 1 Buchst. a betrifft, beziehen sich beide Entwürfe auf das Urteil des Bundesverwaltungsgerichts, erheben aber die zusätzliche Forderung, dass ein die Versagung des Passes rechtfertigender erheblicher Belang dann vorliegt, wenn der Gesetzgeber die Erheblichkeit durch eine Strafdrohung anerkannt hat. Dieses zusätzliche Erfordernis wird im 2. Entwurf aber durch Hinzufügung eines »insbesondere« abgeschwächt.

10. Ritterspachs Intervention[13]

Diesen zweiten Entwurf nimmt sich nun Ritterspach in Vorbereitung auf die Senatsberatung nochmals vor und findet ihn so unbefriedigend, dass er am 22.11.1956, also dem Tag, an dem er beraten werden sollte, einen ausführlichen Vermerk verteilt, der mit den Worten beginnt: »Die Mitarbeit am zweiten Urteilsentwurf und das nochmalige Studium dieses Entwurfs haben die Bedenken wieder verstärkt, die ich von Anfang an gegen die dem Entwurf zugrundeliegende Gesamtkonzeption hatte.« Dass diese Bedenken geäußert wurden, bestätigen Heilands Notizen vom 30.10.1956. Nun führt Ritterspach aus, nach seiner Auffassung sei es evident, dass der Verfassungsgeber bei der Formulierung von Art. 11 GG nicht an die Ausreisefreiheit gedacht habe. Der Urteilsentwurf, der die Ausreisefreiheit in Art. 11 GG garantiert sehe, wirke »theoretisch außerordentlich gekünstelt« und sei praktisch unbefriedigend, weil er den Verwaltungsbehörden keine praktikablen Maßstäbe an die Hand gebe, wichtige Fälle berechtigter Passversagung unberück-

13 Vgl. zu Ritterspach meinen Nachruf in NJW 1999, S. 3100.

sichtigt lasse und sich in unvertretbarer Weise über das Zitiergebot in Art. 19 Abs. 1 Satz 2 GG hinwegsetze.

Ritterspach entwirft dann eine Skizze für eine andere Urteilsbegründung. In einem ersten Schritt begründet er, warum Art. 11 GG nicht einschlägig sei. Der Wortlaut des Grundrechts spreche gegen die Einbeziehung der Ausreisefreiheit in den Schutzbereich. Wenn man sich darüber hinwegsetzen wolle, müsse es zwingende logische und sachliche Gründe geben. Die im Urteilsentwurf genannten, sehr allgemeinen Gründe genügten dafür nicht. Gewichtigere Gründe sprächen für das Gegenteil. Sämtliche Einschränkungsgründe der Freizügigkeit in Art. 11 Abs. 2 GG seien auf Freizügigkeit im Bundesgebiet gemünzt. Das Fehlen von Beschränkungen, die typisch für die Ausreisefreiheit seien, sei ein Indiz dafür, dass der Verfassungsgeber bei der Formulierung von Art. 11 GG nicht an die Ausreisefreiheit gedacht habe. Auch ein sachlicher Grund zur Ausweitung des Schutzbereichs bestehe nicht, denn die Ausreise aus dem Bundesgebiet sei nicht etwa ungeschützt. Sie falle vielmehr unter Art. 2 Abs. 1 GG.

Es ist also Heilands Hilfserwägung, die nun bei Ritterspach in den Vordergrund rückt. Er schließt sich aber dieser Erwägung nicht einfach an, denn er vermisst in Heilands Votum offensichtlich eine hinreichende Auseinandersetzung mit dem Rechtsgehalt und den Schranken von Art. 2 Abs. 1 GG. Heiland hatte sich mit der Feststellung begnügt, dass man »bei den heutigen technischen und sozialen Gegebenheiten« die Ausreisefreiheit »jedenfalls als zur freien Entfaltung der Persönlichkeit gehörig ansehen« müsse, wenn sie nicht schon von Art. 11 GG umfasst sei. Es folgt eine Kritik am Bundesverwaltungsgericht, das auch die Einschlägigkeit von Art. 2 Abs. 1 GG bestritten hatte, jedoch kein Versuch einer weiteren Klärung seines Schutzgehalts. Heiland wendet sich vielmehr sogleich den Schranken der verfassungsmäßigen Ordnung zu, erwähnt, dass die Bedeutung des Begriffs umstritten sei, findet aber keinen Grund, den Streit zu entscheiden, weil das Tatbestandsmerkmal »sonstige erhebliche Belange« wegen seiner Weite und Ungenauigkeit nicht mit den Anforderungen des Rechtsstaats vereinbar sei, so dass § 7 Abs. 1 Buchst. a selbst bei weitestem Verständnis des Begriffs »verfassungsmäßige Ordnung« nicht zu dieser gehören könne.

Ritterspach bestimmt nun den Schutzbereich von Art. 2 Abs. 1

GG als »allgemeine Handlungsfreiheit des Menschen«. Zusammen mit Art. 1 GG fixiere er das allgemeine Menschenbild des Grundgesetzes, »also des sittlich autonomen Menschen, der sich innerhalb der Gemeinschaft, in der er leben muss, und nur beschränkt durch die Bindungen, die sich aus dem Leben in dieser sozialen Gemeinschaft von selbst ergeben, nach allen Richtungen frei bewegen und auswirken darf«. Eine Auseinandersetzung mit gegenteiligen Auffassungen unterbleibt. Vielmehr wendet sich Ritterspach sogleich den Schranken von Art. 2 Abs. 1 zu und stellt dabei ähnliche Überlegungen an, wie sie in der Stellungnahme der Bundesregierung enthalten sind.

- Was das Menschenbild angeht, seien die Schranken »nur als allgemeine Proklamation, als Leitgedanke, als Hinweis und Ausblick auf die allgemeine Natur dieser Bindungen anzusehen«.
- Für die menschlichen Betätigungen, die durch Sondergrundrechte gesichert seien, bedeute sie »die Aufrichtung einer äußersten, letzten Schranke«, die nur subsidiär hinter dem Gesetzesvorbehalt dieser Grundrechte zur Geltung komme. Für Grundrechte ohne Gesetzesvorbehalt seien sie die einzigen Schranken. Für Grundrechte mit Gesetzesvorbehalt spielten sie keine Rolle.[14]
- Für die allgemeine Handlungsfreiheit sei die Schranke der verfassungsmäßigen Ordnung dagegen gleichbedeutend mit der allgemeinen Rechtsordnung. Deren Grenzen ergäben sich wiederum aus allen Verfassungsbestimmungen (ohne Art. 2 Abs. 1) und den allgemeinen Verfassungsgrundsätzen sowie Art. 1 GG.

Gemessen daran sei das Passgesetz einwandfrei. Verstöße gegen einzelne Bestimmungen des Grundgesetzes seien nicht sichtbar. Auch rechtsstaatlich lasse es sich nicht beanstanden, denn es enthalte einen Anspruch auf Passerteilung, und die Versagungsgründe gingen nicht weiter als zum Schutz anderer Rechtsgüter erforderlich. Problematisch sei allein die Klausel »sonstige erhebliche Belange«, aber auch sie könne mit den Anforderungen der Verfassung vereinbart

14 Die Passage erscheint widersprüchlich. Einerseits heißt es, die Schrankentrias von Art. 2 Abs. 1 GG komme bei Spezialgrundrechten mit Gesetzesvorbehalt subsidiär zur Geltung, andererseits: sie spiele hier keine Rolle.

werden, weil sie der Behörde kein Ermessen einräume, sondern gerichtlich nachprüfbar und durch Auslegung begrenzbar sei, wie das Urteil des Bundesverwaltungsgerichts zeige.

Für Ritterspach bleibt daher nur die Frage, ob die Klausel von der Behörde und den Gerichten im Einklang mit der Verfassung ausgelegt worden sei. Den Feststellungen des Bundesverwaltungsgerichts, wonach die »sonstigen erheblichen Belange« ähnlich erheblich sein müssten, wie die exemplarisch aufgeführten Gründe der äußeren und inneren Sicherheit und Beschränkungen der Meinungsfreiheit im Ausland unzulässig seien, tritt er bei. Zum Schluss stellt er die Frage, ob die Anwendung dieser Grundsätze auf Elfes korrekt gewesen sei, und tendiert dazu, dies zu verneinen. Bei Beantwortung der Frage, ob eine politische Äußerung im Ausland erhebliche Belange der Bundesrepublik gefährden könne, dürfe man nicht nur auf den Inhalt der Äußerung und das Forum, vor dem sie getan werde, abstellen. Auch das Gewicht des Sprechers sei zu berücksichtigen. Politische Äußerungen eines Privatmannes könnten nicht die Bundesrepublik gefährden. Elfes sei der Exponent einer kleinen politischen Gruppe, die bei Wahlen chancenlos geblieben sei. Er habe weder ein politisches Amt noch ein Mandat. Der Kongress in Wien sei kein ständiges Forum, sondern eine einmalige Veranstaltung gewesen. Es sei also nicht zu befürchten, dass Elfes künftig vor einem ähnlichen Forum sprechen würde. Ins Gewicht falle auch, dass der Bund der Deutschen nicht verboten sei und also das Recht habe, seine politischen Auffassungen frei zu verkünden. In diesem Zusammenhang gelangt Ritterspach, ohne Art. 5 GG ausdrücklich zu prüfen, zu der Annahme, dass die Entscheidung des Bundesverwaltungsgerichts zu einer Beschneidung der Meinungsfreiheit führen könne, »die eine der vornehmsten Rechtsgüter der freiheitlichen Demokratie ist«. Hier hört man den Autor des ein Jahr später ergangenen Lüth-Urteils. Bei Abwägung aller Umstände dürfte die staatspolitische Gefahr durch die Reden Elfes' im Ausland »nicht so erheblich sein, dass der Schutz der politischen Meinungs- und Äußerungsfreiheit dahinter zurücktreten müsste. So könnte man zu dem Ergebnis kommen, dass das Bundesverwaltungsgericht, von richtigen Grundsätzen ausgehend, doch im konkreten Fall zu einer Lösung gelangt ist, die dem freiheitlichen Geist des Grundgesetzes nicht Rechnung trägt und insofern Verfassungsrecht verletzt.«

Ob die für den 22.11.1956 angesetzte Beratung des 2. Entwurfs stattfand, ergibt sich aus den Akten nicht. Heilands Handakten enthalten aber wiederum handschriftliche Notizen unter dem 29.11.1956, was dafür spricht, dass die Beratung um eine Woche verschoben wurde. In den Notizen sind Äußerungen von Stein, Ritterspach und Heck[15] festgehalten. Ohne dass eindeutig erkennbar ist, wer gesprochen hat, wird sodann eingeräumt, die Beschränkungen von Art. 11 Abs. 2 GG »entsprechen allerdings nicht unserer Interpretation«. Unmittelbar darauf folgen die Worte »innerhalb der BRepl«. Und weiter: »Der VfGeber hat nicht daran gedacht. freier Zug überall wohin hat er gemeint.« Der Umschwung von Art. 11 zu Art. 2 Abs. 1 GG hat hier aber wohl noch nicht stattgefunden, denn am 12.12.1956 nimmt Scholtissek in einem Vermerk die Diskussion über das einschlägige Grundrecht auf und begründet ausführlich, warum nicht Art. 11, sondern Art. 2 Abs. 1 GG einschlägig sei. Das hätte sich erübrigt, wenn die Entscheidung für Art. 2 Abs. 1 GG bereits gefallen wäre.

Danach gehen die Notizen zur Rechtsfolge über. Ritterspach äußert sich zu den »erheblichen Belangen«, und Heiland notiert dessen Bemerkungen stenographisch folgendermaßen: »Der verfassungswidrige Teil der Bestimmung hat die Auslegung so beeinflusst, dass auch sie aufgehoben werden müssen.« Der Satz ist grammatikalisch nicht korrekt. Die Gabelsberger-Experten halten es für möglich, dass die fehlende Pluralendung bei »Bestimmung« der Eile geschuldet sei. Liest man »Bestimmungen«, ist der Satz grammatikalisch korrekt. Sein Sinn bleibt aber gleichwohl dunkel, denn das bisherige, auch von Ritterspach geteilte Ergebnis war gewesen, dass § 7 nicht gegen das Grundgesetz verstößt, also nicht aufzuheben ist. Da sich im unmittelbaren Anschluss an Ritterspach Heck, ausgehend von der Verfassungswidrigkeit der Anwendung von § 7 auf den Fall, mit der Zurückverweisung beschäftigt und meint, sie müsse an die erste gerichtliche Instanz, das Landesverwaltungsgericht Düsseldorf, erfolgen, liegt die Vermutung nahe, dass mit Ritterspachs »Bestimmung(en)« »Entscheidungen« gemeint war. Die Notizen enden mit der Feststellung: »Jedenfalls

15 Karl Heck (1896-1997), BVR 1954-1965, zuvor Richter am BGH.

nicht 2 II, da geschichtlich um ›Festnahme‹ Art. 104.« Auch das spricht dafür, dass die Frage des Maßstabs noch strittig war.

Wie schon kurz angedeutet, meldete sich am 12.12.1956 Verfassungsrichter Scholtissek mit einer »Variante zur Begründung des Urteils« zu Wort, in der er sich mit ausführlicher Begründung gegen Art. 11 als sedes materiae ausspricht. Einschlägig sei vielmehr Art. 2 Abs. 1 GG. Dieser sei »das grundlegende Freiheitsrecht« und der »Obersatz für die speziellen Sätze der anderen Freiheitsrechte«. Er umschreibe zunächst zusammen mit Art. 1 Abs. 1 und Art. 3 GG das Menschenbild des Grundgesetzes. Sodann enthalte er aber auch einen objektiven Verfassungssatz und schließlich ein subjektives Recht, das jedoch nur zum Zuge komme, wenn kein spezielles Freiheitsrecht eingreife. Als subjektives Recht umfasse Art. 2 Abs. 1 GG allerdings nur den »Kern der Persönlichkeitssphäre«. Das ist ersichtlich die Gegenposition zu Ritterspachs allgemeiner Handlungsfreiheit. Art. 2 Abs. 1 GG dürfe nicht in dem Sinn verstanden werden, »dass jeder tun und lassen könne, was er will [...] Art. 2 Abs. 1 GG ist vielmehr dahingehend auszulegen, dass er nur den Kern der Persönlichkeitssphäre umfasst, nur jenen Rest von Freiheitsanspruch, dessen der Mensch [...] notwendig zu seiner freien Persönlichkeitsentfaltung bedarf«. Dazu gehöre im Zeitalter gesteigerter internationaler Kommunikation und Integration ein Recht auf Ausreisefreiheit. Diesem Recht seien aber im zweiten Halbsatz von Art. 2 Abs. 1 GG »immanente Schranken« gesetzt. Halte der Gesetzgeber sich innerhalb dieser Schranken, sei das Grundrecht »nicht tangiert«. Der Sinn der »verfassungsmäßigen Ordnung« in Art. 2 Abs. 1 GG könne hier offenbleiben, denn selbst bei einer engen Auslegung gehöre der Selbstschutz des Staates zur verfassungsmäßigen Ordnung. § 7 sei deswegen nicht zu beanstanden. Das gelte auch für die Klausel »sonstige erhebliche Belange«. Es handele sich um einen unbestimmten Rechtsbegriff, dessen Anwendung der gerichtlichen Nachprüfung unterliege. Damit sei dem Rechtsstaatsprinzip Genüge getan. Ob die verfassungsmäßige Bestimmung auch verfassungsmäßig angewendet worden sei, will er offenlassen. Das müsse dann auf der Grundlage seiner Darlegungen beraten werden.

Ritterspach verdichtet seine Skizze noch im Jahr 1956 zu einem eigenen Urteilsentwurf. Ob er dazu aufgefordert worden war oder aus eigener Initiative handelte, geht aus den Akten nicht hervor. Sein vom 18.12.1956 datierender Entwurf beginnt mit den Worten: »Die Verfassungsbeschwerde wird zurückgewiesen.« Hat man richtig gelesen? Zurückgewiesen? Bei allen Differenzen darüber, wo der Verfassungsverstoß liege, war der Senat doch mit großer Mehrheit (8:1) zu dem Schluss gelangt, Elfes' Verfassungsbeschwerde sei stattzugeben. Ritterspach stellt nun dieses Ergebnis in Frage – war er vielleicht derjenige, welcher am 31.10.1956 dagegen gestimmt hatte? – und ändert auch die Ansicht, welche er noch in seinem drei Wochen vorher verteilten Vermerk vertreten hatte. Alle Argumente, die er in dem Vermerk auf der letzten Stufe der Prüfung zusammentrug, liefen darauf hinaus, dass von Elfes keine Gefährdung erheblicher Belange der Bundesrepublik zu befürchten war und dass die Passverweigerung seine Meinungsfreiheit unverhältnismäßig beschränke.

Wie kommt er nun zum gegenteiligen Ergebnis? Indem er die verfassungskonforme Auslegung der Klausel »sonstige erhebliche Belange« wieder auf das Maß des Bundesverwaltungsgerichts zurückschraubt, also das im zweiten Entwurf enthaltene zusätzliche Merkmal der Strafbarkeit des Verhaltens aufgibt, und die Anwendung des Maßstabs durch das Bundesverwaltungsgericht von der verfassungsgerichtlichen Nachprüfung ausnimmt. Es sei schon dargelegt worden, dass das Bundesverwaltungsgericht von einer zutreffenden, mit dem freiheitlich-rechtsstaatlichen Geist des Grundgesetzes in Einklang stehenden Deutung des Begriffes »sonstige erhebliche Belange« ausgegangen sei. »Wenn es weiter feststellt, dass die ermittelten – vom Beschwerdeführer übrigens im Wesentlichen nicht bestrittenen – Tatsachen die Annahme rechtfertigen, der Beschwerdeführer werde sich als Inhaber eines Reisepasses so verhalten, dass er erhebliche Belange der Bundesrepublik auch in dem engen, vom Bundesverwaltungsgericht entwickelten Sinne gefährde, so kann das Bundesverfassungsgericht in den seiner Nachprüfung gezogenen Grenzen dem nicht entgegentreten.« Damit erübrige sich auch ein Eingehen auf sonstige Grundrechte. Was von der ursprünglichen Absicht, der Verfassungsbeschwerde stattzugeben, übrig blieb, war die Missbilligung des Vorgehens der Passbehörde, die Elfes in rechtsstaatswidriger Weise eine Begründung für die Passverweigerung versagt habe. Das führe aber nicht zur Aufhebung der Entscheidung, weil die Behörde die Gründe später bekanntgegeben habe und ihre Entscheidung im Ergebnis gerechtfertigt gewesen sei.

Was das einschlägige Grundrecht sowie dessen Schutzbereich und Schranken betrifft, folgt er seiner Skizze. Zum ersten Mal werden nun aber, wenn auch nur in einem Satz, die prozessualen Konsequenzen aus der Deutung von Art. 2 Abs. 1 GG als allgemeiner Handlungsfreiheit und der »verfassungsmäßigen Ordnung« als der Gesamtheit aller verfassungsmäßigen Rechtsnormen gezogen. »Verfahrensrechtlich bedeutet das: Jedermann kann im Wege der Verfassungsbeschwerde geltend machen, ein seine Handlungsfreiheit beschränkendes Gesetz gehöre nicht zur verfassungsmäßigen Ordnung, weil es (formell oder inhaltlich) gegen einzelne Verfassungsbestimmungen oder allgemeine Verfassungsgrundsätze verstoße; deshalb werde sein Grundrecht aus Art. 2 Abs. 1 GG verletzt.«

13. Steins Kritik

Ritterspachs Entwurf rief nun Erwin Stein auf den Plan. Er legte am 7.1.1957 einen Vermerk vor, in dem er zunächst auf seine schon im Anschluss an die mündliche Verhandlung geäußerten Auffassung zurückkommt, dass die Verfassungsbeschwerde am Maßstab von Art. 2 Abs. 2 GG (Unterfall Freiheit der Person) zu prüfen sei. Die Freizügigkeit sei durch die zulässige Beschränkung der Freiheit der Person »überschattet«. Das spreche dafür, dass die Freizügigkeit wie auch die Ausreise- und Auswanderungsfreiheit eher der körperlichen Bewegungsfreiheit als der Handlungsfreiheit zuzuordnen seien.

Dann geht er auf Ritterspachs Ausführungen zu Art. 2 Abs. 1 GG ein. Die Freiheitsrechte seien prinzipiell unbegrenzt, die Eingriffsbefugnisse des Staates prinzipiell begrenzt. Dieser Gedanke liege dem ganzen Verfassungswerk zugrunde. Das Freiheitsrecht und die Eingriffsbefugnisse des Staates stünden folglich im Verhältnis von Regel und Ausnahme. »Daher kann und darf die Eingriffsbefugnis des Staates nicht so weit gehen, dass sie die Qualität des Freiheitsrechtes als prinzipiell unbegrenzt in Frage stellt.« Genau das geschehe aber in Ritterspachs Entwurf, wenn er dort die Schranken der verfassungsmäßigen Ordnung mit der Gesamtheit der verfassungsmäßigen Gesetze gleichsetze. Er stellt wohl auch die Deutung von Art. 2 Abs. 1 GG als allgemeine Handlungsfreiheit in Frage, denn er fährt fort, dass es bei dem Freiheitsrecht gerade auf den Rechtsinhalt ankomme, »der dem Einzelnen einen bestimmten Bereich persönlicher Sicherheit und Betätigungsfreiheit gegen den Staat gewährleistet«. Stelle man nicht hinreichend auf diesen Inhalt ab, »dann kann m.E. der materielle Rechtsgehalt, der das Wesen des Art. 2 Abs. 1 GG ausmacht und durch Art. 19 geschützt ist, nicht bestimmt werden«. Hier werden Dürig und von Mangoldt/Klein beifällig zitiert. Stein schließt diesen Abschnitt mit der Bemerkung: »Wird die durch Art. 2 Abs. 1 zugunsten des Einzelnen gewährleistete ›Minimierung der staatlichen Herrschaft‹ durch die Gleichsetzung von verfassungsmäßiger Ordnung und Rechtsordnung verdrängt, dann werden damit zugleich die heute schon wieder sehr starken Tendenzen des Staates und der Staatsbürokratie unterstützt, fortschreitend in den privaten Bereich der Einzelnen einzugreifen.«

Stein geht nun ausdrücklich auf die Deutung von Art. 2 Abs. 1 GG als allgemeine Handlungsfreiheit ein. »Freiheit und freie Entfaltung der Persönlichkeit sind nicht identisch.« Wenn Art. 2 Abs. 1 GG die allgemeine Handlungsfreiheit schütze, dann müsse sie gesetzlich jederzeit einschränkbar sein. Art. 1 Abs. 3 GG wäre dann sinnlos. Wenn der Senat Ritterspach folgen wolle, müsse er sich mit der Entstehungsgeschichte (Nicht-Übernahme des Herrenchiemsee-Entwurfs) und der herrschenden Lehre, für die Mangoldt-Klein, Anm. IV 2 a zu Art. 2, herangezogen wird, auseinandersetzen. Die Vereinbarkeit der Ausweitung der verfassungsmäßigen Ordnung zum allgemeinen Gesetzesvorbehalt mit Art. 1 Abs. 3 GG sei zu prüfen, desgleichen die Vereinbarkeit mit Art. 19 Abs. 1 GG, wenn der Rechtsgehalt von Art. 2 Abs. 1 GG nicht aus diesem heraus, sondern nur mittelbar aus anderen Konstruktionsprinzipien (Rechtsstaat und Gewaltenteilung) bestimmt werde. Heiland zeichnet Steins Vermerk am 8.1. ab.

»Was nun, Herr Heiland?«, möchte man fragen. Bis zum Verkündungstermin noch acht Tage und keine klare Marschroute aus dem Senat, denn die letzte Beratung hatte zwar nach dem Vermerk Ritterspachs, aber vor dessen Urteilsentwurf und den Vermerken von Scholtissek und Stein stattgefunden.

Heiland schreibt keinen eigenen Entwurf mehr. Er setzt sich mit den Vermerken auseinander, besonders ausführlich und kritisch mit demjenigen von Stein, und nimmt Ritterspachs Entwurf, den er am 2.1.1957 erhalten hat, zur Grundlage einer Bearbeitung. Sie ist zum Teil sprachlicher Art. Dagegen ist die Passage über die Bedeutung der Schrankenregelung von Art. 2 Abs. 1 GG durch eine eigene ersetzt. Heiland erläutert hier, dass der Begriff der verfassungsmäßigen Ordnung, wie er im Grundgesetz mehrfach vorkomme, nicht stets denselben Inhalt habe, seine Auslegung hänge vielmehr »von der Funktion ab, die der Begriff innerhalb der jeweiligen Norm zu erfüllen hat«. Gemeinsam sei allen Verwendungen des Begriffs nur, dass er »einen Kreis von Normen umschreibe, an die der jeweilige Adressat gebunden sein soll«. Für den Gesetzgeber gelte etwas anderes als für den Bürger. Letzterer werde in seiner Freiheit legitimerweise eingeschränkt »nicht nur durch die verfassungsmäßige Ordnung oder gar durch ›elementare Verfassungsgrundsätze‹, sondern durch jede verfassungsmäßige Rechtsnorm«.

Es folgen ebenfalls neu eingefügte Ausführungen zur Entstehungsgeschichte, die darlegen, dass auch hier die »verfassungsmäßige Ordnung« nicht im Sinne der »elementaren Verfassungsgrundsätze« verstanden worden sei. Sodann geht er ohne Namensnennung auf Steins Argumente ein, dass das Grundrecht aus Art. 2 Abs. 1 GG bei diesem Verständnis leerlaufe. Diese Auffassung übersehe die starken Bindungen, denen der Gesetzgeber unter dem Grundgesetz im Unterschied zur Weimarer Verfassung unterliege.

Erstmals findet auch Art. 5 GG Erwähnung. Solange der Senat entschlossen war, der Verfassungsbeschwerde stattzugeben, sei es wegen eines Verstoßes gegen Art. 11, sei es wegen Verletzung von Art. 2 Abs. 1 GG, bestand dafür keine Notwendigkeit. Art. 5 GG wird aber kurz abgetan. Zwar schütze er auch das Recht, Meinungen im Ausland zu äußern. Wenn aber die Reise ins Ausland im

Interesse wesentlicher Belange des Staates beschränkt sei, könne sich der Beschwerdeführer nicht auf Art. 5 GG berufen.

Dieser Entwurf wurde am 9.1.1957 fertiggestellt. Aus einer handschriftlichen Notiz Heilands, die dasselbe Datum trägt, muss man schließen, dass er sogleich beraten wurde. Am linken Rand des Blattes sind Namen von Senatsmitgliedern notiert und dann ab dem siebten Namen jeweils durchgestrichen. Es handelt sich um die typische Form einer Rednerliste. Insgesamt sind 28 Wortmeldungen notiert. Heilands Name erscheint nicht auf der Liste, ebenso wenig tauchen die Namen Heck, Ritterspach und Lehmann auf, überraschenderweise aber der Name Drath,[16] der an der Entscheidung nicht mitgewirkt hat. Einige wenige Merkposten, die sich offenbar in der Diskussion ergeben haben, sind ebenfalls notiert, so zum Beispiel »Stein: keine Handlungsfreiheit« oder »Drath: Folgerungen ziehen für die Persönlichkeitskerntheorie«. Am Ende der Notizen vom 9.1.1957 steht: »6:3 für Verwerfung gegen We, Le, Hld«.

Danach sind noch einzelne Formulierungen festgehalten, auf die man sich offenbar in der Beratung verständigt hat und die in der Endfassung des Urteils wiederkehren. In der Endfassung sind, ersichtlich aus Heilands Handexemplar, die Aussagen zur Bedeutung von Art. 2 Abs. 1 GG erneut überarbeitet. Der neue Text trägt den Vermerk »Fassung der Kommission Scheffler, Wessel, Heiland«.[17] Dasselbe gilt für die Auseinandersetzung mit dem Vorwurf des »Leerlaufens«. Hier wird ein eineinviertel Seiten langer Vorschlag Steins mit geringen sprachlichen Änderungen übernommen. In Heilands Exemplar von Ritterspachs Urteilsentwurf steht unter der Abzeichnung »2.1.57« (dem Tag, an dem er Rittterspachs Text zur Kenntnis genommen hat) eine weitere Abzeichnung »10.1.57«, wohl der Tag, an dem er die in der Beratung beschlossenen Änderungen in den Text eingefügt hat. Am 15.1.1957 mittags hat Heiland laut eigener Bekundung auf der Frontseite seines Handexemplars die letzten Korrekturen abgeschlossen. In dieser Form wurde das Urteil am folgenden Morgen verkündet.

16 Martin Drath (1902-1976), BVR 1951-1963, zuvor Universitätsprofessor.

17 Franz Wessel (1903-1958), BVR 1951-1958, zuvor Richter am BGH.

Als das Bundesverfassungsgericht das Elfes-Urteil verkündete, waren diesem bereits 164 Senatsentscheidungen vorangegangen, darunter so bedeutsame wie das Südweststaats-Urteil; die Entscheidungen im Streit um den Deutschland-Vertrag und den EVG-Vertrag, die für die Unabhängigkeit des Verfassungsgerichts von der Politik erhebliche Bedeutung hatten; die Urteile zu Art. 131 GG mit ihrer ungeschminkten Sicht auf den öffentlichen Dienst im Dritten Reich, die wütende Proteste selbst aus der ordentlichen Gerichtsbarkeit auslösten; die Verbote von SRP und KPD; die Entscheidungen zur Wahlrechtsgleichheit und zur wirtschaftspolitischen Neutralität des Grundgesetzes. Aber gerade einmal 20 dieser 164 Entscheidungen betrafen die Grundrechte, und als nachhaltig darunter kann man nur diejenige ansehen, welche die jahrzehntelang gültig gebliebene Ausdeutung des allgemeinen Gleichheitssatzes enthält.[18] Elfes war, im sechsten Jahr der Tätigkeit des Bundesverfassungsgerichts, die erste bedeutende Entscheidung zur Dogmatik der Freiheitsrechte. Ihre Auslegung von Art. 2 Abs. 1 GG gilt bis heute. Mein eigener Versuch, sie zu revidieren, blieb erfolglos. Im Ersten Senat stand ich mit meiner abweichenden Meinung allein.[19] In der Staatsrechtslehre löste das Sondervotum eine erneute Diskussion über das Elfes-Urteil aus, das sich schnell durchgesetzt hatte, aber nie einhellig hingenommen worden war.[20] Doch auch diese Diskussion endete zugunsten der Entscheidung von 1957.

Die Gerichtsakten geben nun zu erkennen, wie umstritten das Urteil im Gericht selbst war und welch langer Weg zurückgelegt werden musste, ehe es schließlich einen Tag vor der Verkündung diejenige Gestalt gewonnen hatte, die bis heute prägend geblieben ist. Die Akten vermitteln nicht nur Einblicke in das gerichtsinterne Verfahren und die Kommunikation im Senat, sondern lassen auch Rückschlüsse auf die Methode der Verfassungsinterpretation, die Entstehung von Dogmatik und den Einfluss der Rechtswissen-

18 BVerfGE 1,14 (52) (1951) – Südweststaat.

19 BVerfGE 80,137 (1989) – Reiten im Walde (die Abweichende Meinung auf S. 164-170).

20 Prominent z. B. Ritterspachs Nachfolger *Konrad Hesse* (1919-2005), BVR 1975-1987, in seinem weit verbreiteten Lehrbuch »Grundzüge des Verfassungsrechts der Bundesrepublik Deutschland«, zuletzt in der 20. Auflage von 1995, S. 185.

schaft zu. All das ist nicht selbstverständlich und daher keineswegs von allen Gerichtsakten, die im Lauf der Zeit zugänglich werden, zu erwarten. Die Einblicke im Elfes-Fall verdanken sich vor allem den Handakten des Berichterstatters und dem Umstand, dass er nicht nur die schriftlichen Eingaben und Alternativentwürfe anderer Senatsmitglieder, sondern auch seine eigenen Notizen – ob vollständig, lässt sich nicht sagen – zu den Akten gegeben hat.

Trotz des Inhaltsreichtums der Elfes-Akten darf man aber nicht glauben, nun über alles Bescheid zu wissen. Denn die Beratungen des Gerichts werden weder aufgezeichnet noch protokolliert. Die Notizen des Berichterstatters ersetzen kein Protokoll. Sie sind unvermeidlich selektiv und verkürzt. Der Berichterstatter notiert, was er als relevant für seine Aufgabe der Urteilsabfassung empfindet, und er notiert es in einer Form, die ihm kurze Zeit später das Wiedererkennen ermöglicht, aber nicht notwendig auch einem Beobachter, der sich nach vielen Jahren in die Aufzeichnungen vertieft. Zudem hatten auch die übrigen Senatsmitglieder Handakten und Aufzeichnungen, die sich nicht bei den Akten befinden und vermutlich nach Abschluss des Verfahrens vernichtet wurden. Im Übrigen kann kein Notat, wie akkurat es auch sein mag, die Atmosphäre der Beratungen, die Form der Auseinandersetzung, das Gewicht der Sprecher im Kollegium wiedergeben. Die Rekonstruktion der Urteilsentstehung ist also irrtumsanfällig. Das muss man bei der weiteren Lektüre in Erinnerung behalten.

Der Berichterstatter Heiland hatte es sich in seinem schnell fertiggestellten Votum relativ leicht gemacht. Er entschied sich im Gegensatz zu den verwaltungsgerichtlichen Vorentscheidungen für Art. 11 GG als Maßstab und konnte sich dabei auf die überwiegende Meinung in der Staatsrechtslehre berufen, die im Votum belegt wird. Nachdem er festgestellt hatte, dass im Parlamentarischen Rat über die Ausreisefreiheit nicht gesprochen worden war, setzte er sich über den entgegenstehenden Wortlaut von Art. 11 GG mit verhältnismäßig großmaschigen Begründungen hinweg. Genannt wurden der freiheitliche Charakter des Grundgesetzes, das Verbot der Ausreise als kennzeichnend für totalitäre Staaten, der Zug der Zeit zur Internationalisierung, die UN-Menschenrechtsdeklaration, die Weimarer Auslegungspraxis und der Umstand, dass das Bundesverfassungsgericht sich selber nicht an den Wortlaut gebunden gefühlt habe, als es die Einreise ins Bundesgebiet in den Schutzbereich von

Art. 11 GG einbezog. Die Frage, ob die Einreisefreiheit – zum Beispiel als Voraussetzung für die Freizügigkeit im Bundesgebiet – mit dem Wortlaut vereinbar sei, stellte er sich nicht. Ritterspach, der das alles höflich als »sehr allgemein« bezeichnete, ließ ihm diese Begründungen nicht durchgehen. Auch er vertrat keine unbedingte Wortlautbindung, verlangte aber zwingende logische oder sachliche Gründe, wenn von einem klaren Textbefund wie »im ganzen Bundesgebiet« abgewichen werden solle. Aus dem Schweigen des Parlamentarischen Rats zur Ausreisefreiheit zog er im Gegensatz zu Heiland nicht den positiven Schluss, dass damit das Feld für eine Schutzbereichsausweitung offen sei, sondern unter Berücksichtigung der Schrankenregelung den negativen, dass der Parlamentarische Rat bei der Formulierung von Art. 11 GG die Ausreise nicht in den Schutzbereich dieses Grundrechts einbezogen habe.

Wichtig für diese Entscheidung war freilich, dass die Ausreise aus dem Bundesgebiet trotz des Ausschlusses von Art. 11 GG nicht ohne grundrechtlichen Schutz dastand. Art. 2 Abs. 1 GG sollte eingreifen, wie schon das Landesverwaltungsgericht und das Oberverwaltungsgericht befunden hatten, nicht aber das Bundesverwaltungsgericht, das die Passversagung nur am Rechtsstaatsprinzip gemessen hatte. Mit der Umstellung von Art. 11 auf Art. 2 Abs. 1 GG, die offenbar stattgefunden hatte, als Ritterspachs Urteilsentwurf zur Grundlage der weiteren Beratungen geworden war, stand nun allerdings ein wesentlich komplexeres Grundrecht zur Debatte. Die »freie Entfaltung der Persönlichkeit« stellte die Verfassungsinterpretation vor unvergleichlich schwierigere Aufgaben als die »Freizügigkeit im ganzen Bundesgebiet«, und nicht weniger galt das für die Schrankenregelungen der beiden Grundrechte. In Art. 11 sind sie ausführlich und konkret, in Art. 2 Abs. 1 GG kurz und unbestimmt.

An wissenschaftlichen Äußerungen zu Art. 2 Abs. 1 GG fehlte es nicht, aber sie waren erheblich uneinheitlicher und widersprüchlicher als diejenigen zu Art. 11 GG.[21] Es war nicht einmal klar, ob Art. 2 Abs. 1 GG ein Grundrecht oder lediglich ein Grundprinzip war, das kein subjektives Recht vermittelte. Dieter Haas und Fried-

21 Vgl. *Hannah Birkenkötter*, Art. 2 Abs. 1 GG als allgemeines Freiheitsrecht und Auffanggrundrecht: Das Elfes-Urteil, in: *Dieter Grimm* (Hrsg.), Vorbereiter – Nachbereiter? Studien zum Verhältnis von Verfassungsrechtsprechung und Verfassungsrechtswissenschaft, 2019, S. 9. Dort auch ausführliche Nachweise.

rich Klein bestritten Art. 2 Abs. 1 GG den Grundrechtscharakter.[22] Die übrigen Autoren gingen davon aus, dass es sich um ein Grundrecht handele, waren sich aber nicht einig darüber, was es schütze und wie die Schranken, namentlich diejenige der verfassungsmäßigen Ordnung, zu verstehen seien. Die komplizierte Entstehungsgeschichte der Vorschrift machte ihre Deutung nicht leichter.

Zwei Beteiligte an den Beratungen des Parlamentarischen Rates, Hermann von Mangoldt als Abgeordneter und Vorsitzender des Ausschusses für Grundsatzfragen und Kurt Georg Wernicke als Wissenschaftlicher Mitarbeiter, hatten sich in Grundgesetz-Kommentaren für Art. 2 Abs. 1 GG als Auffanggrundrecht ausgesprochen, wichen jedoch insofern voneinander ab, als Mangoldt die freie Entfaltung der Persönlichkeit in enge Beziehung zur Menschenwürde rückte, während das bei Wernicke nicht der Fall war.[23] Mangoldt war es ja gewesen, der im Parlamentarischen Rat für die Formulierung »freie Entfaltung der Persönlichkeit« geworben hatte, da »Handlungsfreiheit« gerade nicht den Bezug zur Menschenwürde kenntlich mache und daher nicht das treffe, was mit Art. 2 Abs. 1 GG gemeint sei.[24] Wernicke stellte in seinem Kommentar die Verbindung zwischen dem Text des Grundrechts und seiner eigenen Interpretation als allgemeine Handlungsfreiheit dagegen her, indem er ausführte, die Persönlichkeit entfalte sich im Handeln. Für das Verständnis von Art. 2 Abs. 1 GG als Auffanggrundrecht sprachen sich auch Günter Dürig, Andreas Hamann und Herbert Krüger aus.[25] Dürig zufolge garantiert Art. 2 Abs. 1 GG aber neben seiner Funktion als Auffanggrundrecht auch noch einen »Achtungsanspruch« des Menschen. Dürigs Auffassung schlägt damit eine Brücke zwischen der Deutung von Art. 2 Abs. 1 GG als rei-

22 *Dieter Haas*, Freie Entfaltung der Persönlichkeit, DöV 1954, S. 70; *Friedrich Klein*, Das Bonner Grundgesetz, 2. Aufl., Anm. III 5a zu Art. 2 Abs. 1 GG.

23 *Hermann von Mangoldt*, Das Bonner Grundgesetz, 1953, S. 46; *Kurt Georg Wernicke*, Bonner Kommentar zum Grundgesetz, 1954, Anm. II 1 a zu Art. 2 GG.

24 *Eberhard Pikart/Wolfram Werner*, Der Parlamentarische Rat 1948-1949, Akten und Protokolle, Bd. 5/II, 1993, Dok. 30, S. 608.

25 *Günter Dürig*, Die Menschenauffassung des Grundgesetzes, JR 1952, S. 259; *ders.*, Der Grundrechtssatz von der Menschenwürde, AöR 81 (1956), S. 117; *ders.*, Art. 2 GG und die polizeiliche Generalermächtigung, AöR 79 (1953/54), S. 57; *Andreas Hamann*, Das Grundgesetz, 1956, S. 79; *Herbert Krüger*, Neues zur Freiheit der Persönlichkeitsentfaltung und deren Schranken, NJW 1955, S. 201; *ders.*, Die Einschränkung von Grundrechten nach dem Grundgesetz, DVBl. 1950, S. 627.

nem Auffanggrundrecht ohne bestimmten Inhalt zu der radikalen Gegenposition, die Hans Peters einnahm, der in Art. 2 Abs. 1 GG den Persönlichkeitskern geschützt sah.[26] Peters war ein Protagonist der Wertgebundenheit des Grundgesetzes, die vor allem im Grundrechtsteil Ausdruck findet. Freie Entfaltung ist für ihn das Gegenteil von allgemeiner Handlungsfreiheit, die er mit einem radikalen Liberalismus in Verbindung bringt, während die Persönlichkeitsentfaltung an die »abendländische Kulturauffassung« anknüpft, die im Christentum wurzelt. An Peters schloss sich Otto Bachof an. Als Einziger aus dem Kreis der Verfassungsrichter hatte sich Herbert Scholtissek in einem Aufsatz über »Innere Grenzen der Freiheitsrechte« zu Art. 2 Abs. 1 GG geäußert.[27] Scholtissek ging es dort um die Konsequenzen, die sich für die Verwaltungsbehörden aus dem Urteil des Ersten Senats über die sogenannte Volksbefragung ergaben.[28] In diesem Zusammenhang kam er auf Art. 2 Abs. 1 GG und die Schranke der verfassungsmäßigen Ordnung zu sprechen. Art. 2 Abs. 1 GG schütze die allgemeine Handlungsfreiheit. Die am Ende gewählte Formulierung habe daran nichts ändern wollen. Wernicke folgend meinte er, nach der Vorstellung des Grundgesetzgebers entfalte sich die Persönlichkeit des Menschen vornehmlich im Handeln. Daran hielt er in der Beratung des Elfes-Falles nicht fest und schloss sich der Auffassung von Peters an, legte aber Wert darauf, dass die Ausreisefreiheit zum Persönlichkeitskern gehöre.

Die Differenzen setzten sich bei der Interpretation der Schranken des Grundrechts, namentlich der verfassungsmäßigen Ordnung, fort. Wer für einen engen Schutzbereich im Sinn der Persönlichkeitskerntheorie eintrat, konnte auch diese Schranke nur

26 *Hans Peters*, Die freie Entfaltung der Persönlichkeit als Verfassungsziel, in: Festschrift für Rudolf Laun, 1953, S. 669.

27 *Herbert Scholtissek*, Innere Grenzen der Freiheitsrechte, NJW 1952, S. 561.

28 BVerfGE 1,184 (1952). Das Verfahren weist insoweit Bezüge zu Elfes auf, als es ebenfalls um den Widerstand gegen die Adenauersche Politik der Wiederbewaffnung ging, hier um die von kommunistischer Seite betriebene »Volksbefragung gegen Remilitarisierung und für Friedensschluss im Jahre 1951«. Die Betätigung für diese Volksbefragung wurde auf Aufforderung der Bundesregierung durch Polizeiverordnungen einzelner Länder verboten und unter Strafe gestellt. Mehrere Strafgerichte hielten die Verordnungen für verfassungswidrig und legten die Frage gemäß Art. 100 GG dem Bundesverfassungsgericht vor. Dieses erklärte die Anträge für unzulässig, weil dem Normenkontrollverfahren nach Art. 100 GG nur formelle Gesetze unterlägen.

eng verstehen. Für Peters umfasst die verfassungsmäßige Ordnung ausschließlich materielles Verfassungsrecht. Zudem legte er auf das »Sittengesetz« größeren Wert als die meisten anderen Autoren. Der Umkehrschluss, dass ein weiter Schutzbereich auch eine weite Interpretation der »verfassungsmäßigen Ordnung« bedingt, trifft dagegen nicht zu. Während Mangoldt und Wernicke die »verfassungsmäßige Ordnung« mit der gesamten verfassungsmäßigen Rechtsordnung identifizierten, wollten Hamann und Dürig, die einen weiten Schutzbereich annahmen, gleichwohl die Schranke der verfassungsmäßigen Ordnung eng auslegen. Hamann grenzte sie auf elementare Verfassungsgrundsätze und allgemeine Regeln des Völkerrechts ein. Dürig wandte sich ausdrücklich gegen Mangoldts Auffassung, weil sie das Grundrecht der freien Entfaltung der Persönlichkeit auf den Grundsatz der Gesetzmäßigkeit der Verwaltung reduziere und zum Leerlauf der Grundrechte führe. Die Schranke sichere vielmehr die Wertordnung des Grundgesetzes. Dieser Auffassung standen auch Krüger und Scholtissek nahe. Scholtissek warnte wie Dürig vor einer Aushöhlung der Grundrechte und wollte unter der »verfassungsmäßigen Ordnung« nur die tragenden Grundprinzipien der Staatsordnung verstehen.[29]

Im Elfes-Urteil ist die wissenschaftliche Literatur nicht zitiert, aber sie war dem Senat gegenwärtig, wie Votum, Vermerke und Diskussionsbeiträge zeigen. Die Frage nach dem Sinn von Art. 2 Abs. 1 GG hatte sich ja bereits im Schornsteinfeger-Urteil von 1952 und im Investitionshilfe-Urteil von 1954[30] gestellt. In der Schornsteinfeger-Entscheidung kündigt sich die Ansicht vom Auffanggrundrecht an: Die Verfassungsbeschwerde (mit der Verstöße gegen Art. 2, 9, 12 und 14 GG gerügt worden waren) beziehe sich auf »Konkretisierungen des allgemeinen Grundrechts der persönlichen Freiheit«. Dass dieses selbständig verletzt sein solle, sei nicht erkennbar. Im Investitionshilfe-Urteil hieß es, es könne offenbleiben, »von welcher grundsätzlichen Auffassung über die Bedeutung dieser Verfassungsbestimmung man ausgeht«. Heiland sah auch im Elfes-Fall keine Notwendigkeit, dies zu entscheiden, denn selbst wenn man die enge Auslegung von Art. 2 Abs. 1 GG zugrunde lege,

29 Ein weiterer Dissens zeigte sich in der Frage, ob die Schrankentrias von Art. 2 Abs. 1 GG nur für dieses oder für alle Grundrechte gelte. Sie spielte für den Elfes-Fall keine Rolle.

30 BVerfGE 1,264 (274); 4, 7 (15).

falle die freie Ausreise in den Schutzbereich dieses Grundrechts. Das war in dieser Form freilich nur eine Behauptung. Es hätte einer Begründung bedurft, warum die Persönlichkeitsentfaltung die Ausreisefreiheit bedingt. Demgegenüber war Ritterspach offenbar daran gelegen, eine Klärung über das Schutzgut von Art. 2 Abs. 1 GG herbeizuführen. Allerdings ließ er es an der Sorgfalt, die er bei Heilands Umgang mit Art. 11 GG vermisst hatte, nun bei Art. 2 Abs. 1 GG selber fehlen. Ohne Rücksicht auf den Wortlaut des Grundrechts und ungeachtet der Beratungen im Parlamentarischen Rat, wo die ursprüngliche Formulierung »Jeder hat das Recht, zu tun und zu lassen, was die Rechte anderer nicht verletzt und nicht gegen die verfassungsmäßige Ordnung oder das Sittengesetz verstößt«, die in der Tat als allgemeine Handlungsfreiheit verstanden werden konnte, zugunsten der freien Entfaltung der Persönlichkeit aufgegeben worden war, ohne Rücksicht auch auf die wissenschaftliche Literatur, in der über den Sinn von Art. 2 Abs. 1 GG gestritten wurde, steuerte er in seinem Urteilsentwurf geradewegs auf die allgemeine Handlungsfreiheit zu, die er als notwendige Folge des Umstands betrachtete, dass der Verfassungsgeber nur eine verhältnismäßig geringe Zahl spezieller Freiheitsrechte in das Grundgesetz aufgenommen habe. Zwingend war das nicht. Man hätte auf Heilands Pfad weiterschreiten können, dann allerdings die von Heiland unterlassene Begründung dafür liefern müssen, dass zur Persönlichkeitsentfaltung auch die freie Ausreise aus der Bundesrepublik gehört.

Offenbar empfand nun aber der Senat Ritterspachs Vorschlag als unzureichend begründet. Denn die Kommission aus Scheffler, Wessel und Heiland, die Heilands Bearbeitung von Ritterspachs Entwurf redigieren sollte, ging auf die alternativen Deutungen ein und diskutierte sie unter Rückgriff auf die Entstehungsgeschichte von Art. 2 Abs. 1 GG verhältnismäßig gründlich. Es blieb allerdings dabei, dass Persönlichkeitskerntheorie und allgemeine Handlungsfreiheit wie in der Literatur als zwei einander ausschließende Varianten, nicht als Pole einer Skala von Interpretationsmöglichkeiten verstanden wurden. Dass es zwischen der Persönlichkeitskerntheorie und der allgemeinen Handlungsfreiheit einen Mittelweg geben könne, blitzt nur kurz in dem Vermerk von Stein auf, dem zufolge »es bei dem Freiheitsrecht gerade auf den *Rechtsinhalt* ankommt, der den Einzelnen einen *bestimmten* Bereich persönlicher Sicherheit und Betätigungsfreiheit gegen den Staat gewährleistet. Gerade *dieser Inhalt* soll durch das vorgenannte Prinzip besonders gesichert sein.«[31]

Stein nähert sich damit der Erkenntnis an, dass ein Grundrecht, welches ausnahmslos alles Handeln schützt, den Sinn der Grundrechte unterläuft, dem Einzelnen für bestimmte Verhaltensweisen, die besonders bedeutend für seine Autonomie oder besonders bedroht von der ihm übergeordneten öffentlichen Gewalt sind, einen gesteigerten Schutz zu vermitteln. Grundrechtsgeschützt ist also, was für das autonom gedachte Subjekt in einer Gesellschaft von Gleichen als besonders fundamental angesehen wird. Ein Grundrecht, das alles Verhalten schützt, gibt diesen Bezug auf und erstreckt seinen Schutz auch auf verabscheuungswürdiges, die individuelle Autonomie anderer gerade negierendes oder zerstörendes Verhalten, das dann erst über die Schrankenregelung wieder eingefangen werden kann. Dagegen lässt sich nicht ins Feld führen, dass unter den Schutz der speziellen Grundrechte auch banaler oder missbräuchlicher Freiheitsgebrauch fallen kann, denn es macht einen Unterschied, ob etwas für die individuelle Freiheit und die auf sie bezogene demokratische Ordnung prinzipiell als wichtig oder wertvoll Erachtetes auch missbraucht werden kann oder ob ein Grundrecht den Bezug auf prinzipiell schützenswertes Verhalten aufgibt und seinen Schutz unterschiedslos auf schutzbedürftiges und zu bekämpfendes Verhalten verteilt.

Auch wenn man die Persönlichkeitskerntheorie mit gutem Grund als zu eng ablehnen konnte, blieb also nicht nur die allgemeine Handlungsfreiheit als Alternative übrig. Vielmehr war es möglich, der freien Persönlichkeitsentfaltung, wie es Stein verlangt hatte, *bestimmte* Schutzgüter zuzuordnen, die für die individuelle Autonomie ähnlich wichtig sind wie die ausdrücklich benannten. Insbesondere hätte man damit einen Weg geöffnet, auf neuartige Freiheitsgefahren auch ohne jedesmalige Verfassungsänderung grundrechtlich zu reagieren.

Diese Erkenntnis bestätigte sich, als das Bundesverfassungsgericht später anerkennen musste, dass es mit der allgemeinen Handlungsfreiheit den Schutzbereich von Art. 2 Abs. 1 GG keineswegs abschließend bestimmt hatte.[32] Als allgemeine Handlungsfreiheit

31 Hervorhebung von mir.

32 Vgl. *Dieter Grimm*, Persönlichkeitsschutz im Verfassungsrecht, in: Karlsruher Forum 1996: Schutz der Persönlichkeit, 1997, S. 3.

verstanden, schützte das Grundrecht nun zwar jedes erdenkliche Handeln, aber auch nichts anderes als Handeln. In der Folgezeit erreichten jedoch Fälle das Verfassungsgericht, die die Grenzen des handlungsbezogenen Verständnisses offenlegten. In diesen Fällen ging es zwar um die Möglichkeit der Persönlichkeitsentfaltung, aber das Hindernis lag nicht in einer staatlichen Beschränkung der Handlungsfreiheit, sondern in der Behandlung von Personen durch den Staat oder durch Dritte. Dürig hatte das mit seinem Achtungsanspruch, dessen Verhältnis zur allgemeinen Handlungsfreiheit er aber ungeklärt ließ, vorweggenommen. Mit dem Mikrozensus-Beschluss,[33] zwölf Jahre nach Elfes, beginnt eine lange Kette von Entscheidungen, die durch die Verknüpfung mit Art. 1 Abs. 1 GG von der allgemeinen Handlungsfreiheit abgehoben werden und Art. 2 Abs. 1 GG mit Steins Worten einen bestimmten Inhalt geben, der als Persönlichkeitsschutz, Privatsphärenschutz etc. erscheint und dem bestimmten Inhalt entsprechend auch bestimmte Schranken erfordert, wie besonders deutlich das Volkszählungsurteil zeigt.[34] Diese Entwicklung hat das Bundesverfassungsgericht aber nicht veranlasst, die Elfes-Rechtsprechung aufzugeben. Das Grundrecht aus Art. 2 Abs. 1 GG wäre dann zwar ein »Auffanggrundrecht« geblieben, aber kein Auffanggrundrecht für jedes erdenkliche menschliche Verhalten, das nicht in den Schutzbereich eines speziellen Grundrechts fällt, sondern ein Auffanggrundrecht »für bestimmte Lebensbereiche«, die für die Persönlichkeitsentfaltung ebenso wichtig sind wie die ausdrücklich aufgeführten Grundrechte, von diesen aber nicht erfasst wird.

Da der Senat Steins Einwand nicht aufnahm, sondern, ohne den Informationsgehalt der Formulierung »freie Entfaltung der Persönlichkeit« auszuschöpfen und ohne der Veränderung des Wortlauts in den Beratungen des Parlamentarischen Rats Bedeutung beizumessen, an der allgemeinen Handlungsfreiheit als Schutzgut von Art. 2 Abs. 1 GG festhielt, verlagerte sich die Begründung für den weiten Schutzbereich auf die Schrankenklausel und dort fast ganz auf die »verfassungsmäßige Ordnung«. Die Erörterung von Art. 2 Abs. 1 GG beginnt mit der Benennung der Deutungsalternativen, wie sie sich in der wissenschaftlichen Literatur herausgebildet hatten und schon im Investitionshilfe-Urteil identifiziert worden

33 BVerfGE 27.1 (1969); gefolgt von 27,344 (1970); 32,373 (1972).

34 BVerfGE 65,1 (1983).

waren: »menschliche Handlungsfreiheit im weitesten Sinne« oder »Schutz eines Mindestmaßes dieser Handlungsfreiheit [...], ohne das der Mensch seine Wesensanlage als geistig-sittliche Person überhaupt nicht entfalten kann«.

Um Handlungsfreiheit ging es also in jedem Fall. Die Frage war nur, ob im denkbar weitesten oder im denkbar engsten Sinn. Zur Begrenzung des Schutzes auf den Persönlichkeitskern bekennt sich Scholtissek. Ihn leitet dabei die Sorge, dass ein weiter Schutzbereich auch eine weite Schrankenreglung bedinge, so dass der Grundrechtsschutz am Ende leerzulaufen drohe. Für Ritterspach besteht die Freiheitsgefahr dagegen darin, dass das Grundgesetz nur wenige spezielle Freiheitsrechte enthält und so erhebliche Schutzlücken entstehen würden, wenn Art. 2 Abs. 1 GG nicht als allgemeines Freiheitsrecht verstanden würde. Ritterspach setzt sich durch, aber die Begründung, die im Urteil gegeben wird, ist fragwürdig.

Die Begründung für die weite Interpretation beginnt mit einer Verneinung, die aus der Schrankenregelung abgeleitet wird: Das Grundgesetz könne nicht nur die Entfaltung im Kernbereich der Persönlichkeit gemeint haben, weil dann nicht zu verstehen wäre, wie diese gegen das Sittengesetz, die Rechte anderer oder »sogar gegen die verfassungsmäßige Ordnung einer freiheitlichen Demokratie« verstoßen könne. Danach wendet sich die Begründung ins Positive: Gerade diese Schranken zeigten vielmehr, dass das Grundgesetz nur »die Handlungsfreiheit im umfassenden Sinne« gemeint haben könne.

Die Argumentation des Senats zieht sich drei Einwände zu. Zum einen ist sie zirkulär. Das Urteil geht beim Schluss von der Schrankenregelung auf den Schutzbereich von einem feststehenden Sinn der Schrankentrias aus. Nachdem mit Hilfe der Schrankenregelung der Schutzbereich definiert ist, wird von diesem ausgehend der Sinn des umstrittenen Begriffs der verfassungsmäßigen Ordnung bestimmt. Fraglich ist zum zweiten, ob die Aussage, Handeln im Persönlichkeitskern könne gar nicht gegen die Schrankentrias verstoßen, in der Sache richtig ist. Denn auch die Entfaltung im engsten Persönlichkeitskern ist Selbstentfaltung und als solche nicht schon immer auf Verfassungskompatibilität festgelegt. Zum Persönlichkeitskernbereich würde man wohl ohne Frage ein Handeln zählen, das durch den Glauben oder das Gewissen motiviert ist. Beides kann aber sehr wohl mit den Schranken von Art. 2 Abs. 1

GG kollidieren. Schließlich wird die Vermeidung einer Unplausibilität mit der Hinnahme einer anderen erkauft. Bei der weiten Interpretation der »verfassungsmäßigen Ordnung« als Gesamtheit aller verfassungsmäßigen Rechtsnormen wird nämlich die Schranke der »Rechte anderer« funktionslos, denn diese sind ohne Zweifel Teil der Rechtsordnung.

Die Bedeutung der Persönlichkeitskerntheorie verkleinert das Gericht, indem sie diese auf einen Irrtum ihrer Anhänger zurückführt. Die »feierliche Formulierung« von Art. 2 Abs. 1 GG habe die Anhänger dieser Theorie dazu verleitet, ihn im Lichte des Art. 1 GG zu sehen und für eine Aussage über das »Menschenbild des Grundgesetzes« zu halten. Daran sei aber nur richtig, dass Art. 1 GG zu den »tragenden Konstitutionsprinzipien« gehöre, die alle Bestimmungen des Grundgesetzes beherrschten, auch Art. 2 Abs. 1. »Rechtlich gesehen«, fährt der Urteilstext fort, sei Art. 2 Abs. 1 GG »ein selbständiges Grundrecht, das die allgemeine menschliche Handlungsfreiheit gewährleistet«. Die Persönlichkeitskerntheorie lasse sich dann nur aus dem Umstand erklären, dass unter den Schranken von Art. 2 Abs. 1 GG auch die verfassungsmäßige Ordnung genannt sei und man gemeint habe, diese an verschiedenen Stellen im Grundgesetz vorkommende Formulierung immer im selben Sinn verstehen zu müssen; »dadurch sah man sich zu dem Rückschluss gezwungen, es solle dann auch nur ein Kernbereich der Persönlichkeit, nicht aber die Handlungsfreiheit des Menschen verfassungsrechtlich geschützt werden«. Werde, so erfolgt nun der Rückschluss des Senats, mit Art. 2 Abs. 1 GG die allgemeine Handlungsfreiheit gewährleistet, so könne unter »verfassungsmäßige Ordnung« auch nur die allgemeine Rechtsordnung verstanden werden.

Der Senat entkräftet dann noch den Einwand, das Grundrecht laufe bei diesem Verständnis leer. Dieser Einwand, heißt es, werde oft in der Literatur erhoben – wie wir nun freilich wissen, nicht nur dort, sondern auch im Senat selbst, zumindest von Stein und von Scholtissek in seinem NJW-Aufsatz, auf den er in dem Vermerk zum 2. Entwurf aber nicht mehr zurückkommt. Dieser Einwand ließ sich freilich entkräften, und das umso überzeugender, als der Vertreter des Einwands im Senat, Stein, die entsprechende Urteilspassage selbst formuliert hatte.

Art. 5 Abs. 1 GG hat in dem Urteil nicht die Würdigung gefunden, die er verdient hätte und die ihm ein Jahr später im Lüth-Urteil zuteilwird.[35] Der Berichterstatter war sich der Gefahr, die mit dem Tatbestandsmerkmal »erhebliche Belange der Bundesrepublik« für die politische Meinungsäußerung verbunden waren, wohl bewusst. Erna Scheffler mahnte die Berücksichtigung von Art. 5 GG an. Auch Ritterspach selbst schilderte die Gefahren des Passgesetzes für die Meinungsfreiheit. Solange der Senat die Anwendung des Passgesetzes auf Elfes für verfassungswidrig erklären wollte, kam es auf Art. 5 GG nicht an. Als Ritterspach in seinem Urteilsentwurf von dem Ergebnis, das er noch in seinem Vermerk geteilt hatte, Abstand nahm und die Entscheidung des Bundesverwaltungsgerichts bestätigen wollte, wurde eine Befassung mit Art. 5 GG nötig. Sie blieb aber blass und kurz angebunden. Sei das Recht auf Ausreise im Interesse eines übergeordneten Rechtsguts beschränkt, dann könne sich der Beschwerdeführer nicht auf Art. 5 GG berufen, »nur um seine Meinung auch im Ausland kundtun zu können«. Zwar betraf der Eingriff unmittelbar die Ausreise. Sein Zweck und damit seine mittelbare Folge war aber die Verhinderung von Meinungsäußerungen im Ausland, in denen eine Gefahr für die staatlichen Belange gesehen wurde. Deswegen hätte die Betrachtung nicht an dieser Stelle abgebrochen werden dürfen.

Die Frage, warum Art. 5 Abs. 1 Satz 1 GG noch ein Jahr warten musste, ehe er im Lüth-Urteil eine angemessene Würdigung fand, beantworten die Akten nicht. Die längste Zeit stand die Meinungsfreiheit im Schatten der anderen Kontroversen, zuerst derjenigen um das einschlägige Grundrecht und, nachdem die Entscheidung zugunsten von Art. 2 Abs. 1 GG gefallen war, derjenigen um die Deutung dieses Grundrechts. Erst als der Senat seine Meinung über den Ausgang des Verfahrens änderte und entschlossen war, keinen Verstoß gegen Art. 2 Abs. 1 GG anzunehmen, gewann Art. 5 GG eigenständige Bedeutung. Der Senat hätte bemerken müssen, dass die Abwägung zwischen den von § 7 des Passgesetzes geschützten Interessen des Staates und den Grundrechten des Einzelnen unterschiedlich ausfällt, je nachdem ob es um die Ausreise als Teil der allgemeinen Handlungsfreiheit ging oder um die Meinungsfreiheit, welche Ritterspach selbst in Vorwegnahme des Lüth-Urteils als »eines der vornehmsten Rechtsgüter der freiheitlichen Demokratie«

35 BVerfGE 7,198 (1958).

bezeichnet hatte. Fast wirkt es so, als sei der Senat zu erschöpft gewesen oder so unter Zeitdruck geraten, dass man keine Debatte über ein weiteres Grundrecht mehr eröffnen wollte.

Unabhängig davon, wie man zu Ergebnis und Begründung des Elfes-Urteils steht, ist sein Zustandekommen in dem noch jungen Gericht bemerkenswert. Den Berichterstatter erwartet eine kritische Prüfung seines Vorschlags. Der Senat als ganzer fühlt sich für die Entscheidung verantwortlich. Um die richtige Lösung wird gerungen. Das Engagement der Mitglieder ist hoch, teils in informellen Redaktionsausschüssen, teils in den Beratungen. Der Senat berät mindestens viermal. Die Auseinandersetzung vollzieht sich mit juristischen Argumenten. Ohne dass ausdrücklich eine Methodendiskussion geführt würde, lässt sich durchaus ein Methodenbewusstsein feststellen. Zur entscheidenden Figur wird Theodor Ritterspach, während der Präsident des Gerichts und Vorsitzende des Ersten Senats Josef Wintrich[36] keine entscheidende Rolle gespielt zu haben scheint. Sein Name taucht in Heilands »Rednerliste« vom 9.1.1957 zu Beginn, am Ende und mehrfach zwischendurch auf, ohne dass Heiland den Inhalt seiner Äußerungen notiert hätte. Wintrichs Handakte enthält keine Aufzeichnungen, nur vereinzelte Anstreichungen oder Wortüberschreibungen in den Urteilsentwürfen. Er hat aber später in einem Festschrift-Beitrag das Urteil befürwortend kommentiert, jedoch auf einer naturrechtlichen Grundlage und mit einem entsprechend vertieften Handlungsbegriff, der bei den Äußerungen anderer Senatsmitglieder wie auch im Urteil selbst fehlt.[37] Ritterspach verwandelt eine 1:8 Entscheidung in ein 6:3 Urteil. Das geschieht mit dogmatischer Kritik und dogmatischen Alternativen sowie der Entschlossenheit, ein abweichendes Konzept nicht nur ins Gespräch zu bringen, sondern in einer Skizze und dann in einem eigenen Urteilsentwurf vorzulegen, während andere Senatsmitglieder sich schriftlich nur zu Teilaspekten äußerten. Aber auch Ritterspachs Entwurf erfährt in der Beratung noch beträchtliche Änderungen.

Warum Elfes am Ende verloren hat und nur mit einer folgenlosen Rüge der Passbehörde abgespeist wird, erschließt sich aus

36 Josef Wintrich (1891-1958), Präsident 1954-1958, zuvor OLG-Präsident.

37 *Josef Wintrich*, Zur Auslegung und Anwendung des Art. 2 Abs. 1 GG, in: Festschrift für Willibalt Apelt, 1958, S. 1.

den Akten nicht.[38] Ritterspachs Begründung, dass nur die Auslegung von § 7, aber nicht seine Anwendung der verfassungsgerichtlichen Nachprüfung unterliege, ist nicht überzeugend. Sie wird auch nicht zur Praxis des Gerichts. Die in der Generalklausel des § 7 gelegene Gefahr für die Individualfreiheit und die Freiheit der politischen Diskussion war im Senat allgemein anerkannt. Dass eine enge Auslegung nicht ausreiche, wenn sie nicht von einer entsprechenden Anwendung eingelöst werde, war mehrfach hervorgehoben worden, auch von Ritterspach selbst in seiner Skizze. Ob es der Entschluss der Mehrheit war, das Urteil des Bundesverwaltungsgerichts nicht zu beanstanden, der die drei unterlegenen Richter zu ihrer Gegenstimme veranlasste, geben die Akten nicht zu erkennen. Die politischen Hintergründe des Falles waren allen Beteiligten klar. Dass Elfes, ohne selbst im Verdacht kommunistischer Neigungen zu stehen, aus Gründen der Wiedervereinigung und des Antimilitarismus der DDR und der Sowjetunion willkommene Schützenhilfe leistete, war ebenso klar. Dennoch wäre es zu einfach, hier den Grund für den Umschwung im Senat zu suchen, denn das war bereits bekannt, als der Senat am 31.10.1956 mit 8:1 zugunsten von Elfes stimmte. Der Umschwung bleibt unerklärt. Er spielt heute keine Rolle mehr. Das Verständnis von Art. 2 Abs. 1 GG als allgemeine Handlungsfreiheit hat Bestand.

38 Reaktionen auf das Urteil bei *Birkenkötter* (Fn. 21).

11.
Verfassungsrechtsprechung und Verfassungsrechtswissenschaft

I. Ausgangspunkt

Eine punktuelle Untersuchung wie die in »Vorbereiter – Nachbereiter?« vorgenommene[1] kann nicht den Anspruch auf verallgemeinerbare Aussagen zum Verhältnis von Verfassungsrechtswissenschaft und Verfassungsrechtsprechung erheben. Sie erlaubt Einblicke, deren Aussagekraft sich daraus ergibt, dass es bei den untersuchten Entscheidungen um bedeutende Innovationen der Verfassungsrechtsprechung geht. Trotz der quantitativ schmalen Grundlage kann man eines aber jedenfalls ausschließen: dass die Verfassungsrechtswissenschaft die Verfassungsrechtsprechung bei wichtigen Entscheidungen alleingelassen hat.[2] Eine andere Frage ist, ob und wie das Bundesverfassungsgericht von den Vorarbeiten der Wissenschaft Gebrauch gemacht hat. Wurden sie zur Kenntnis genommen, verwertet, zitiert oder ignoriert? Nach den Urteilen war es dann wieder an der Lehre, Stellung zu den Lösungen des Gerichts zu beziehen. Sofern diese kritisch ausfiel, interessiert schließlich, ob und wie das Gericht die Kritik aufgenommen hat. In dieser Abfolge wird hier eine Bilanz der verschiedenen Fallstudien gezogen.

Die Unterscheidung der beiden Funktionsbereiche, Wissenschaft und Justiz, die den Fallstudien zugrunde liegt, wird allerdings durch die sogenannten Professoren-Richter, also Bundesverfassungsrichter, die von Beruf Universitätsprofessoren waren, verwischt. In ihrer Person überschneiden sich die beiden Felder. Ihre Anwesenheit fällt insofern ins Gewicht, als jedenfalls die Öffentlichrechtler unter ihnen in der Regel mit der wissenschaftlichen Literatur zum Grundgesetz vertraut sind oder sogar zu ihr beigetra-

1 *Dieter Grimm* (Hrsg.), Vorbereiter – Nachbereiter? Studien zum Verhältnis von Verfassungsrechtsprechung und Verfassungsrechtswissenschaft, 2019.

2 Das war die These von *Bernhard Schlink*, Die Entthronung der Staatsrechtslehre durch das Bundesverfassungsgericht, Der Staat 11 (1988), S. 161, die den Anstoß zu der Untersuchung gegeben hat.

gen haben.[3] Es ist also anzunehmen, dass die wissenschaftlich erworbene Kenntnis in die Beratungen und, falls sie Berichterstatter waren, in die Voten eingeht. Sicher ist das aber nicht. So lassen zum Beispiel die Sondervoten des Richters *Böckenförde* nicht erkennen, dass er zu denjenigen Öffentlichrechtlern gehörte, die den Wertansatz des Gerichtes und die daraus abgeleiteten Konsequenzen, namentlich die grundrechtliche Schutzpflicht, kritisierten.

Die Zahl der Professoren-Richter liegt derzeit bei 30. Bei einer Gesamtzahl von 109 Verfassungsrichtern ist das ein knappes Drittel.[4] Die Anteile wechseln aber über die Jahre. In jedem der beiden Senate gab es eine Phase von vier Jahren, in denen kein Universitätsprofessor dem Gericht angehörte (im Ersten Senat von August 1963 bis September 1967, im Zweiten Senat von Dezember 1971 bis November 1975). Über lange Strecken beschränkte sich die Anzahl der Professoren auf ein Mitglied pro Senat. So war im Ersten Senat von Beginn bis 1963 *Martin Drath* der einzige Hochschullehrer. Erst 1967 gelangte wieder ein Universitätsprofessor in den Senat, allerdings ein Zivilrechtler, *Hans Brox* (bis 1975). Nach seinem Ausscheiden war *Konrad Hesse* der einzige Hochschullehrer, bis 1983 *Roman Herzog* als Vizepräsident in den Senat eintrat. Kurz nach meiner Wahl auf den Platz von *Hesse* kam mit dem Zivilrechtler und Romanisten *Alfred Söllner* ein dritter Hochschullehrer. Im Jahr 2017 waren alle fünf Sitze, die nicht von Richtern der Obersten Bundesgerichte besetzt werden müssen, an Hochschullehrer gefallen. Im Zweiten Senat waren anfangs drei von damals zwölf Richtern Hochschullehrer, *Gerhard Leibholz* (bis 1971), *Ernst Friesenhahn* (bis 1963) und der Zivilrechtler und Rechtsvergleicher *Konrad Zweigert* (bis 1956). Nach der professorenlosen Zeit trat 1975 *Helmut Steinberger* ein und war acht Jahre lang der einzige Hochschullehrer, bis 1983 *Ernst-Wolfgang Böckenförde* und *Hans Hugo Klein* hinzukamen. 1987 trat *Paul Kirchhof* an die Stelle *Steinbergers*. 1994

3 *Thomas Oppermann*, Das Bundesverfassungsgericht und die Staatsrechtslehre, in: Festschrift 50 Jahre Bundesverfassungsgericht, Bd. I, 2001, S. 421, konzentriert sich in seiner Untersuchung auf diese Gruppe von Verfassungsrichtern, insgesamt zehn, die bis zum 101. Band der Entscheidungssammlung (er enthält die Entscheidungen zwischen dem 6. Juli 1999 und dem 18. Januar 2000) am Gericht tätig gewesen waren und ihre Amtszeit abgeschlossen hatten.

4 Die Zahl der Verfassungsrichter, die den Titel »Professor« trugen, ist erheblich höher. Es handelt sich aber nicht um Professoren von Berufs wegen, sondern Honorar- oder Ehrenprofessoren.

stieg die Zahl der Professoren durch die Wahl von *Jutta Limbach,* auch sie Zivilrechtlerin und Rechtssoziologin, auf vier, 1996 verringerte sie sich wieder und pendelte dann etwa 20 Jahre lang zwischen drei und vier Universitätsprofessoren. 2017 lag sie bei vier, so dass sich die kleine Minderheit der Professoren aus den frühen Jahren in eine Mehrheit verwandelt hatte.

II. Ergebnisse

1. Vorarbeiten der Wissenschaft

Von den untersuchten Entscheidungen hat das Bundesverfassungsgericht, wenn überhaupt, allenfalls eine »aus dem Stand« gefällt, wie *Schlink* es ausdrückt.[5] Für alle anderen Entscheidungen standen Vorarbeiten der Staatsrechtslehre zur Verfügung. Diese waren allerdings unterschiedlich weit gediehen, unterschiedlich reichhaltig und unterschiedlich kontrovers. Vor den frühen Entscheidungen Elfes und Lüth sowie der ersten Erwähnung der Verhältnismäßigkeit stand die Staatsrechtslehre noch in den Anfängen ihrer Arbeit an dem 1949 in Kraft getretenen Grundgesetz. Lehrbücher und Kommentare waren gering an Zahl, dasselbe gilt für die Fachzeitschriften. Zur Zeit der späteren Entscheidungen hatte sich die Literaturbasis wesentlich verbreitert. Das hing auch mit der Vermehrung der Stellen an den Universitäten zusammen. Noch in den 60er Jahren mussten die meisten juristischen Fakultäten mit drei öffentlich-rechtlichen Lehrstühlen auskommen, einem für Völkerrecht, einem für Staatsrecht und einem für Verwaltungsrecht. Mit der Ausweitung der alten und der Gründung neuer Fakultäten nach 1968 änderte sich das schnell.

Die verschiedenen Fälle lassen sich auf einer Skala zwischen »Fehlanzeige« und »voll ausgebildet« einordnen. »Fehlanzeige« bedeutet, dass es zu der Innovation der Verfassungsrechtsprechung ohne wissenschaftliche Vorarbeiten kam, »voll ausgebildet«, dass sie zuvor in der Verfassungsrechtswissenschaft entwickelt worden war und in dieser Form vom Gericht übernommen werden konnte. Bei der Einordnung der Fälle in die Skala kann es nur um An-

5 *Schlink*, Entthronung (Fn. 2).

näherungswerte gehen, scharfe Zäsuren kommen nicht vor. Die Einordnung erfolgt aufgrund der Untersuchungen in »Vorbereiter – Nachbereiter?«.[6] Für diesen resümierenden Beitrag sind keine zusätzlichen eigenen Erhebungen vorgenommen worden.[7]

Steckt man zunächst den Rahmen ab, so kommt dem Pol »Fehlanzeige« das »neue« Grundrecht der Vertraulichkeit und Integrität informationstechnischer Systeme am nächsten. Wie *Tim Wihl* festgestellt hat, war ein solches Grundrecht vor dem Urteil des Bundesverfassungsgerichts nicht in der Diskussion.[8] Das heißt aber nicht, dass das Problem, welches mit diesem Grundrecht gelöst werden sollte, undiskutiert geblieben wäre. Allerdings war die einschlägige Literatur nicht umfangreich, und einer der wichtigsten Beiträge stammte von dem späteren Verfassungsrichter und Berichterstatter in diesem Fall, *Wolfgang Hoffmann-Riem,* zehn Jahre vor der Entscheidung. Er wies darauf hin, dass es angesichts der technischen Entwicklung seit dem Volkszählungsurteil nicht mehr beim Datenschutz bleiben könne, sondern ein Systemschutz notwendig sei. Das wurde aufgegriffen. Eng auf den Gegenstand des späteren Urteils bezogen und zeitlich nah an ihm kam es zu einer Diskussion um die Frage des einschlägigen Grundrechts – Art. 2 Abs. 1 GG in Form der informationellen Selbstbestimmung oder Art. 13 (Unverletzlichkeit der Wohnung) – und die Möglichkeit, dass zwischen diesen beiden Grundrechten eine Schutzlücke bestehe. Es ist aber auffällig, dass an der Diskussion vorwiegend Außenseiter der Staatsrechtslehre beteiligt waren.

Dem Pol »voll ausgebildet« kommt die andere Grundrechts-Erfindung, das Grundrecht auf informationelle Selbstbestimmung, am nächsten. Die Evidenz ist hier, wie *Tim Wihl* schreibt, »geradezu überwältigend«.[9] Über Datenschutz als Grundrecht war seit mehr als einem Jahrzehnt vor dem Volkszählungsurteil kontrovers diskutiert worden. Die Notwendigkeit, den bereits unter Art. 2

6 Siehe Fn. 1.

7 Eine Ausnahme bildet das Elfes-Urteil, das der Verfasser nach der Öffnung der Verfahrensakten aus anderem Anlass untersucht hat, vgl. *Dieter Grimm*, Ein Blick hinter die Kulissen: Das Elfes-Urteil, in diesem Band Nr. 10.

8 *Tim Wihl*, Die Entwicklung »neuer« Grundrechte: Das Volkszählungsurteil und das Urteil zur Online-Durchsuchung, in: *Grimm*, Vorbereiter – Nachbereiter? (Fn. 1), S. 307.

9 Ebenda, S. 311.

Abs. 1 GG in seiner Eigenschaft als allgemeines Persönlichkeitsrecht etablierten, eher sphärenhaft gedachten Privatheitsschutz auf einen kommunikationsbezogenen Schutz auszudehnen, war erkannt. Ebenso hatte die Erkenntnis Raum gewonnen, dass sich die Unterscheidung zwischen sensiblen und harmlosen Daten nicht mehr aufrechterhalten lasse. 1970 war die erste gesetzliche Antwort auf die als neuartige Freiheitsbedrohung erkannte elektronische Datenverarbeitung erfolgt, und zwar im hessischen Datenschutzgesetz. Besondere Beachtung erlangte ein 1972 für das Bundesinnenministerium erstattetes Gutachten von *Wilhelm Steinmüller, Bernd Lutterbeck* und *Christoph Mallmann*. Der Begriff der informationellen Selbstbestimmung wurde dort geprägt. Die Bedeutung des Gutachtens erklärt sich nicht zuletzt daraus, dass es seine rechtlichen Folgerungen auf umfängliche empirische Erkenntnisse stützen konnte. Wie beim Urteil zu dem anderen »neuen« Grundrecht waren es vorwiegend interdisziplinär arbeitende Außenseiter der Verfassungsrechtswissenschaft oder gar Vertreter anderer juristischer Disziplinen, welche die entscheidenden Anregungen lieferten. »Von der klassischen Dogmatik kam nichts.«[10] Das mag nicht zuletzt an der Erforderlichkeit technischen Sachverstands zur Wahrnehmung und Einschätzung der Problematik gelegen haben.

Die wissenschaftlichen Vorarbeiten zu den Rechtsprechungs-Innovationen in Elfes, Lüth und Fristenlösung tendieren dagegen zum Pol »ausgebildet«. Die Äußerungen stammen überwiegend aus der Mitte, nicht von den Rändern der Staatsrechtslehre, wenn auch in unterschiedlicher Dichte und Vielfalt. Der Grundrechtsschutz durch Verfahren ist etwas weiter vom Pol »ausgebildet« entfernt. Die Meinungen waren einerseits weniger kontrovers als etwa bei Elfes oder Lüth, blieben andererseits aber stärker im Grundsätzlichen. Die Literatur hat hier eher den Boden bereitet als die Lösung entwickelt. Die Vorarbeiten zum Grundrechtsschutz durch Organisation unterscheiden sich von den anderen Innovationen dadurch, dass die meisten wissenschaftlichen Äußerungen nicht anlasslos, sondern veranlasst durch die gerichtlichen Verfahren, den ersten Fernsehstreit und die Verfassungsbeschwerden gegen die Hochschulreform, ergingen.

Die beiden restlichen Innovationen, das Verhältnismäßigkeits-

10 Ebenda, S. 317.

prinzip und die Interpretationsmethode, fallen insofern aus dem Rahmen, als es hier nicht die markante, zäsurbegründende Entscheidung des Bundesverfassungsgerichts gibt, die das Feld in ein Davor und ein Danach teilt. Die Verhältnismäßigkeitsprüfung schlich sich schon früh ohne Bewusstsein für ihre grundstürzende Bedeutung und daher auch ohne Begründung in die Verfassungsrechtsprechung ein. Die Methodenfrage war in der gesamten Rechtsprechung von Anfang an präsent, ohne dass das Gericht sich ausdrücklich auf eine Methode festlegte. Explizite Aussagen zur Methode sind vielmehr selten. In beiden Fällen gibt es von Beginn an ein Nebeneinander von Verfassungsrechtswissenschaft und Verfassungsrechtsprechung. Die strikte Separierung, die bei den Wendemarken-Urteilen möglich ist, würde hier künstlich sein. Die Diskussion wird daher in den nächsten Abschnitt über den Einfluss der wissenschaftlichen Vorarbeiten auf die Verfassungsrechtsprechung einbezogen.

Zur Bedeutung von Art. 2 Abs. 1 GG gab es, gemessen daran, dass das Elfes-Verfahren noch in die Frühphase der Bundesrepublik fällt, verhältnismäßig viel Stellungnahmen, und so gut wie alles war kontrovers, wie *Hannah Birkenkötter* zeigt:[11] der Rechtscharakter, die Funktion, das Verhältnis zu den nachfolgenden Artikeln, der Schutzbereich und die Schrankenregelung. Beim Rechtscharakter bestand keine Einigkeit, ob Art. 2 Abs. 1 ein Grundrecht oder eine rein objektivrechtliche Grundsatznorm sei. Bezüglich der Funktion war umstritten, ob das Grundrecht das allgemeine Freiheitsprinzip, also den grundsätzlichen Vorrang der Individualfreiheit vor der Rechtsbindung des Einzelnen, statuiere, ob es als Absage an den Liberalismus oder als positivrechtlicher Ausdruck der überpositiven Menschenwürde anzusehen sei. Was die Stellung von Art. 2 Abs. 1 GG im Grundrechtsgefüge anging, konkurrierten Bezeichnungen wie Hauptfreiheitsrecht, Obergrundrecht, Muttergrundrecht, Auffanggrundrecht miteinander. Von der Einschätzung des Verhältnisses von Art. 2 Abs. 1 GG zu den folgenden Grundrechten hing ab, ob die Schrankenregelung nur für diese Bestimmung oder für sämtliche Grundrechte Geltung beanspruchte. Zum Schutzbereich stand der eng an die Menschenwürde-Garantie angelehnten Persön-

11 *Hannah Birkenkötter*, Art. 2 Abs. 1 GG als allgemeines Freiheitsrecht und Auffanggrundrecht: Das Elfes-Urteil, in: *Grimm*, Vorbereiter – Nachbereiter? (Fn. 1), S. 9.

lichkeitskerntheorie von *Hans Peters* die Theorie vom unbenannten Freiheitsrecht gegenüber, das diejenigen menschlichen Handlungen schütze, welche nicht von einem speziellen Grundrecht umfasst seien. Allein *Günter Dürig* brachte, gestützt auf sein stark werthaftes Grundrechtsverständnis, neben der von ihm geteilten Vorstellung des Auffanggrundrechts zusätzlich einen von Art. 2 Abs. 1 GG geschützten Achtungsanspruch des Menschen ins Gespräch, der folglich nicht Freiheit zum Handeln, sondern Freiheit von bestimmten Formen des Behandelt-Werdens betraf. Die Kontroverse setzte sich bei der Deutung der Schrankenregelung und dort vor allem bei dem Begriff der »verfassungsmäßigen Ordnung« fort. Vorgeschlagen wurden weite Deutungen im Sinn aller formell verfassungsmäßigen oder aller formell und materiell verfassungsmäßigen Gesetze, und enge Deutungen im Sinn elementarer Verfassungsgrundsätze. Auch der Staatsschutz wurde von einem Autor darunter gefasst. Gegner der weiten Deutung führten die Gefahr des Rückfalls in Weimarer Anschauungen vom »Leerlaufen« der Grundrechte ins Feld, die das Grundgesetz gerade habe überwinden wollen.

Bezüglich des Lüth-Urteils mit seinen drei innovativen Elementen waren die vorher in der Lehre entwickelten Positionen sowohl zahlenmäßig geringer als auch weniger kontrovers als bei Art. 2 Abs. 1 GG. Die klassische Vorstellung der Grundrechte als (1) subjektiver Rechte (2) gegenüber dem Staat (3) mit negatorischer Wirkung, wie sie in der Weimarer Staatsrechtslehre vorherrschend gewesen war, lebte weiterhin, wurde aber eher als selbstverständlich mitgeführt denn ausdrücklich begründet oder offensiv verteidigt. Demgegenüber konnten die Befürworter einer auch objektivrechtlichen Dimension der Grundrechte an die jüngere Weimarer Staatsrechtslehre anknüpfen, die sich gegen das formale Grundrechtsverständnis gewandt und diesem ein materielles entgegengesetzt hatte. Wie sich aus dem Beitrag von *Paolo Ramadori* ergibt,[12] geschah das zum Teil auf positivrechtlicher Basis, anknüpfend an die Abkehr der Grundrechte von Weimar, wie sie vor allem in Art. 1 Abs. 3 GG zum Ausdruck kommt, zum Teil im Rückgriff auf ein vorpositives Wertesystem, das im Grundgesetz Ausdruck gefunden habe.

Nicht alle schlugen dabei die Brücke zum Privatrecht. Wie *An-*

12 *Paolo Ramadori*, Grundrechte als objektive Werte: Das Lüth-Urteil (1), in: *Grimm*, Vorbereiter – Nachbereiter? (Fn. 1), S. 39.

dreas Kulick zeigen kann,[13] schloss aber ein Teil derer, die eine objektivrechtliche Dimension der Grundrechte annahmen, entweder aus dem Wertcharakter der Grundrechte oder aus ihrem veränderten Rang im Grundgesetz auf direkte Drittwirkung. Unter ihnen kam *Hans-Carl Nipperdey* besondere Bedeutung zu, weil er seiner Auffassung, die Grundrechte seien nicht nur Freiheitsrechte gegenüber der Staatsgewalt, sondern auch Ordnungssätze für das soziale Leben, dadurch erhöhtes Gewicht beizulegen vermochte, dass er sie als Präsident des Bundesarbeitsgerichts in der Rechtsprechung befestigen konnte. Unabhängig davon war aber auch der Bundesgerichtshof dem Konzept der direkten Drittwirkung nicht abgeneigt. Insbesondere fand er sich bereit, dem allgemeinen Persönlichkeitsrecht als Verfassungsrecht unmittelbare Privatrechtsrelevanz zuzubilligen. Es war ein Öffentlichrechtler, der darauf hinwies, dass es damit um die Autonomie des Privatrechts geschehen sei. Die Individualfreiheit im privatrechtlichen Bereich, die das Privatrecht gewährleiste und organisiere, sei bei unmittelbarer Grundrechtsgeltung zwischen Privatrechtssubjekten gefährdet und auch die Grundrechte selbst würden dadurch in ihr Gegenteil verkehrt: Rechte verwandelten sich in Pflichten. Der Ausweg sei die mittelbare Drittwirkung der Grundrechte. *Günter Dürig* war es, der diese Vorstellung »aus dem Stand« ohne Vorarbeiten und zunächst auch ohne Gefolgschaft entwickelte.

Mittelbar wirkten die Grundrechte, indem sie die Auslegung des Privatrechts steuerten, sofern seine Anwendung Grundrechte berührte. Die später so genannte Ausstrahlungswirkung war die konsequente Schlussfolgerung der mittelbaren Drittwirkung. Allerdings stand *Dürig* mit der Ausstrahlungswirkung nicht allein. Aus *Christian Djeffals* Beitrag[14] ergibt sich, dass fast alle Anhänger der objektivrechtlichen Dimension der Grundrechte zu der Folgerung gelangten, diese würden durch ihre interpretationsleitende Funktion praktisch. Die Wirkung der Grundrechte endete danach nicht mit der Feststellung der Verfassungsmäßigkeit der Gesetze, sondern setzte sich bei deren Auslegung und Anwendung fort. *Friedrich Klein* und *Ulrich Scheuner* erscheinen hier als Protagonisten.

13 *Andreas Kulick*, Drittwirkung der Grundrechte: Das Lüth-Urteil (2), in: *Grimm*, Vorbereiter – Nachbereiter? (Fn. 1), S. 73.

14 *Christian A. Djeffal*, Ausstrahlungs- und Wechselwirkung der Grundrechte: Das Lüth-Urteil (3), in: *Grimm*, Vorbereiter – Nachbereiter? (Fn. 1), S. 99.

Pascal Langenbachs Beitrag[15] weist nach, dass entgegen geläufiger Annahmen auch der Schutzpflichtgedanke im Wesentlichen ausgearbeitet vorlag, ehe das Bundesverfassungsgericht ihn im Fristenlösungsurteil in die Rechtsprechung einführte. Damit vollendete sich die Ausweitung des Grundrechtsschutzes, die mit Elfes und Lüth eingesetzt hatte. Während Elfes den Gegenstandsbereich des Grundrechtsschutzes ausgeweitet hatte, war in Lüth sein Wirkungsbereich ausgeweitet worden. Anstelle der sogenannten klassischen Vorstellung, wonach die Grundrechte subjektive Rechte mit vertikaler Richtung und negatorischer Wirkung waren, hatte ihnen das Bundesverfassungsgericht auch objektivrechtlichen Charakter und horizontale Wirkung beigemessen. Offengeblieben war in Lüth, ob die Grundrechte nur negatorische oder auch positive Schutzansprüche vermittelten. Der Lüth-Fall verharrte im negatorischen Bereich und verlangte keine Aussage dazu. Die Schutzpflicht war die Antwort auf die in Lüth offengebliebene Frage.

Auch hier war es *Dürig*, der schon in seinen wegweisenden Arbeiten vor Lüth die Schutzpflicht als Konsequenz aus dem Verständnis der Grundrechte als objektiver Werte abgeleitet hatte, aber anders als bei der Drittwirkung lange auf die Rezeption der Idee warten musste. Für den späten Einfluss mag es eine Rolle gespielt haben, dass er den Schutzpflichtgedanken schon vor dem Fristenlösungs-Urteil anhand der Abtreibungsproblematik exemplifiziert hatte. *Roman Herzog*, der sich ebenfalls, jedoch schon im Umkreis der Abtreibungsdiskussion und unter Meidung des Wertverständnisses und der objektivrechtlichen Dimension der Grundrechte sowie beschränkt auf das Recht auf Leben, für eine Schutzpflicht ausgesprochen hatte, ließ sich demgegenüber weniger leicht in die Grundrechtsentwicklung seit Lüth einordnen.

Der Idee des Grundrechtsschutzes durch Verfahren war, wie die Untersuchung von *Sebastian Hartwig* ergibt,[16] seit längerem der Weg durch wissenschaftliche Arbeiten geebnet worden, die das Verwaltungsverfahrensrecht im Geist der Grundrechte, vor allem der Menschenwürde, neu konzipiert hatten und damit erheblichen Einfluss auf den Erlass des Verwaltungsverfahrensgesetzes von 1976

15 *Pascal Langenbach*, Die grundrechtliche Schutzpflicht: Das Fristenlösung-Urteil, in: *Grimm*, Vorbereiter – Nachbereiter? (Fn. 1), S. 161.

16 *Sebastian Hartwig*, Grundrechtsschutz durch Verfahren: Der Mülheim-Kärlich-Beschluss, in: *Grimm*, Vorbereiter – Nachbereiter? (Fn. 1), S. 261.

ausübten. *Ferdinand Kopp* war hier der maßgebliche Anreger. Auf die verfassungsrechtliche Ebene wurde das Thema vor allem durch das Referat *Peter Häberles* auf der Staatsrechtslehrertagung von 1971 gehoben. *Häberle* unternahm es dort, den Grundrechtsschutz auf die gewandelte Realität des Leistungsstaates mit seiner planenden, lenkenden, steuernden und organisierenden Tätigkeit einzustellen. Er bemerkte, dass unter diesen Bedingungen die individuelle Freiheit nicht mehr allein von materiellrechtlichen Anforderungen an das Staatshandeln abhing, sondern zusätzlich vom Anspruch der Grundrechts-Betroffenen auf Teilhabe an solchen Verwaltungsverfahren, deren Ergebnis Grundrechtsbeeinträchtigungen zur Folge haben konnte. Deswegen wollte er die *Jellinek*sche Statuslehre um den *status activus processualis* ergänzen. *Häberles* Lehrer *Konrad Hesse* gab dieser Vorstellung eine Wende ins Objektivrechtliche, indem er den materiellen Grundrechten Richtlinien und Maßstäbe für Staatstätigkeiten entnahm, die die Kontextbedingungen der grundrechtlichen Freiheit betrafen. *Hesse* wurde bald darauf selbst Verfassungsrichter. Seinen für den Grundrechtsschutz durch Verfahren einflussreichen Aufsatz verfasste er bereits in dieser Eigenschaft; es war der deutsche Beitrag zur Thematik der IV. Konferenz der Europäischen Verfassungsgerichte von 1977, also kurz vor dem Mülheim-Kärlich-Beschluss.

Die beiden von *Matthias Roßbach* und *Thomas Wischmeyer* untersuchten Urteile zum Grundrechtsschutz durch Organisationen[17] unterscheiden sich von den bisher erörterten Fällen dadurch, dass die wissenschaftlichen Vorarbeiten zum allergrößten Teil durch die anhängigen Verfahren vor dem Bundesverfassungsgericht initiiert waren, sich also auf konkrete Fälle bezogen, nicht nur auf abstrakte Rechtslagen oder fiktive Konstellationen, die erst erheblich später real wurden wie etwa die Strafbarkeit der Abtreibung in der Schutzpflichtdiskussion. Das gilt freilich mit Abstufungen. Im Rundfunkrecht lagen die außerordentlich innovativen Beiträge von *Helmut Ridder* und *Ulrich Scheuner* vor, die für die Medienfreiheit und namentlich die Rundfunkfreiheit des Art. 5 Abs. 1 Satz 2 GG ein institutionelles, funktionssicherndes Grundrechtsverständnis erarbeitet hatten. Daran konnte die im Zusammenhang mit dem

17 *Matthias Roßbach und Thomas Wischmeyer*, Grundrechtsschutz durch Organisation: Das erste Fernsehurteil und das Hochschulurteil, in: *Grimm*, Vorbereiter – Nachbereiter? (Fn. 1), S. 193.

Verfahren über die Deutschland-Fernseh-GmbH entstandene Literatur anknüpfen. Dabei zeigte sich, dass die Teilnehmer an der wissenschaftlichen Diskussion zwar in der Frage, ob die Gesetzgebungskompetenz für den Rundfunk beim Bund oder den Ländern liege, in zwei Lager geteilt waren, in der materiellrechtlichen Frage nach der Bedeutung der Rundfunkfreiheit jedoch weitgehend übereinstimmten.

Zur Wissenschaftsfreiheit des Art. 5 Abs. 3 GG war zwar vor den Universitätsreformen der späten 60er und frühen 70er viel publiziert worden. Doch betraf diese Literatur eine andere Konstellation als die nun zur Prüfung stehende. Sie war beherrscht von dem Thema des Freiheitschutzes der Hochschule gegenüber dem Staat. Das war indes nicht das Problem der neuen Hochschulreformgesetze. Hier ging es vielmehr um ein binnenorganisatorisches Problem, die sogenannte Gruppenuniversität mit Drittelparität bei hochschulinternen Entscheidungen, und daher um die Frage, ob die Wissenschaftsfreiheit, wie *Ekkehart Stein* es auf der Staatsrechtslehrertagung von 1968 sarkastisch ausdrückte, sich nun auch gegen die Studenten richte. Sowohl im Fernsehstreit wie auch im Hochschulverfahren sollten die Gutachten des sonst nicht prominent hervorgetretenen Frankfurter Staatsrechtslehrers *Walter Mallmann*, eines *Ridder*-Verehrers, entscheidende Bedeutung erhalten.

2. Verwertung durch die Rechtsprechung

Mit der Feststellung, was zum Gegenstand einer verfassungsgerichtlichen Entscheidung zuvor in der wissenschaftlichen Literatur gesagt worden war, ist noch nicht die Frage beantwortet, ob und wie sich die literarischen Äußerungen auf die gerichtliche Entscheidung ausgewirkt haben. Sie ist auch nur annäherungsweise zu beantworten. In der Regel steht dafür lediglich die Urteilsbegründung zur Verfügung. Diese gibt aber über Umfang und Intensität von Anleihen bei der Wissenschaft bisweilen gar keinen, jedenfalls keinen vollständigen Aufschluss.[18] Gerichte schreiben keine wissenschaftlichen Aufsätze, sie entscheiden Fälle. Die Begründung einer Gerichtsentscheidung soll zu erkennen geben, wie das Ergebnis aus

18 Zur Zitierpraxis vgl. *Helmuth Schulze-Fielitz*, Staatsrechtslehre und Bundesverfassungsgericht – prozedural gesehen, in: *ders.*, Staatsrechtslehre als Mikrokosmos, 2013, S. 394 ff.

den einschlägigen Normen folgt. Sie muss nicht die Herkunft der Argumente offenbaren. Wenn das Gericht wissenschaftliche Literatur zitiert, ist das ein Hinweis auf Kenntnisnahme, nicht notwendig auf Übernahme einer Argumentation und schon gar kein Hinweis darauf, dass nur die zitierte Textstelle von Bedeutung für die Entscheidung war. Auf weitere Einflüsse kann nur indirekt durch Textvergleich geschlossen werden. Wörtliche Übereinstimmung zwischen Literatur und Urteil ist ein starkes Indiz für Übernahme, gleichlautende Argumentation ein schwächeres. Sondervoten können zusätzliche Hinweise enthalten.

Soweit die Akten des Verfahrens bereits einsehbar sind, lässt sich größere Gewissheit gewinnen, weil das Votum des Berichterstatters in der Regel einen Abschnitt über die wissenschaftliche Literatur zum Entscheidungsthema enthält. Oft wird aber gerade dieser Berichtsteil des Votums von einem wissenschaftlichen Mitarbeiter verfasst sein, und selbst wenn er vom Berichterstatter selbst verfasst ist, weiß man nicht, welche Rolle die dort referierte Literatur in der Beratung des Senats gespielt hat. Von den Senatsberatungen werden weder Protokolle noch Tonbandaufnahmen angefertigt. So gut wie gar nichts lässt sich darüber aussagen, wie die juristische Ausbildung das Verfassungsverständnis der Richter geprägt hat. Nur mit diesen Vorbehalten kann etwas über die Rezeption der Literatur in den untersuchten Urteilen gesagt werden. Auch wenn man die eingeschränkten Erkenntnismöglichkeiten in Rechnung stellt, finden sich in den untersuchten Urteilen aber genügend Anhaltspunkte, die darauf schließen lassen, dass die vorhandene Literatur zur Kenntnis genommen und zum Teil maßgeblich für die Argumentation des Gerichts wurde. Kenntnisnahmen und Verwertungen sind weit zahlreicher als die Zitate.

Im Elfes-Urteil wird keine Literatur zitiert. Nachdem die in diesem Fall besonders aussagekräftigen Verfahrensakten einsehbar sind, kann man sich aber vergewissern, dass dem Gericht das volle Spektrum der damaligen Literatur bekannt war.[19] Das Gericht gewann seine Lösung auch in Auseinandersetzung mit der Literatur. Das offenbaren die Voten, die Notizen aus den Beratungen und verschiedene Urteilsentwürfe. Selbst das Urteil gibt es zu erkennen. So heißt es zum Beispiel, stets in unpersönlichen Wendungen, die

19 Vgl. *Grimm*, Elfes-Urteil (Fn. 7).

»feierliche Formulierung« von Art. 2 Abs. 1 GG sei der Anlass gewesen, ihn im Licht von Art. 1 GG zu sehen und daraus abzuleiten, dass er das Menschenbild des Grundgesetzes präge. Außerdem wird das Bestreben, den im Grundgesetz mehrfach vorkommenden Begriff der »verfassungsmäßigen Ordnung« immer im gleichen Sinn zu interpretieren, dafür verantwortlich gemacht, dass »man« dazu gelangt sei, den engen Begriff der verfassungsmäßigen Ordnung zu wählen; dadurch habe »man« sich wiederum zu dem Rückschluss gezwungen gesehen, nicht die »Handlungsfreiheit des Menschen«, sondern »ein Kernbereich der Persönlichkeit« solle durch Art. 2 Abs. 1 GG geschützt werden. Auch ging das Gericht auf den »in der Literatur« häufig erhobenen Einwand ein, das Grundrecht werde bei dem weit interpretierten Gesetzesvorbehalt »leerlaufen«, und suchte ihn, wieder im Einklang mit Stimmen aus der Lehre, mit dem Wertcharakter der Grundrechte und ihrem unterschiedlichen Rang in der Weimarer Verfassung und dem Grundgesetz zu widerlegen.

Nachdem der Berichterstatter die Passversagung anfänglich im Einklang mit der Lehre, aber abweichend von der Rechtsprechung der Verwaltungsgerichte an Art. 11 GG messen wollte, setzte sich in den Beratungen die Auffassung durch, die klare Formulierung »Freizügigkeit im Bundesgebiet« lasse eine Ausweitung auf die Ausreisefreiheit nicht zu. Die Ausreise werde dadurch aber nicht schutzlos gestellt. Vielmehr sei Art. 2 Abs. 1 GG einschlägig. Das Gericht begründete dies aber nicht damit, dass die Ausreisefreiheit ein integrierender Bestandteil der Persönlichkeitsentfaltung sei, wie es der Berichterstatter hilfsweise vorgeschlagen hatte, sondern ließ sich auf die Debatte in der Staatsrechtslehre über die generelle Bedeutung des Grundrechts ein. Den verschiedenen Deutungen, die dort erwogen worden waren, fügte es keine eigene hinzu, sondern entschied sich mehrheitlich für die allgemeine Handlungsfreiheit, doch ohne auf die unterschiedlichen Hintergrundannahmen der Vertreter dieser Ansicht einzugehen. Stattdessen wurde positivrechtlich von der Schrankenregelung her argumentiert. Sie sei nur verständlich, wenn mit freier Entfaltung der Persönlichkeit die allgemeine Handlungsfreiheit gemeint sei. Die Alternative, die Persönlichkeitskerntheorie von *Peters*, wurde erwähnt, aber verworfen. Der Mittelweg zwischen den beiden extremen Positionen, der sich bei *Dürig* angedeutet hatte, wurde von dem Richter *Erwin Stein* mit dem Argument ins Spiel gebracht, das Grundrecht müsse einen *bestimmten* Schutzbereich haben, vom Senat aber nicht aufgegriffen. Nachdem der extrem weite Schutzbereich beliebigen Verhaltens, soweit es nicht von einem anderen Grundrecht geschützt sei, unter Verweis auf die Schrankenregelung gewählt worden war, schloss das Gericht nun wieder vom Schutzbereich auf den Sinn der verfassungsmäßigen Ordnung zurück: es bleibe nur die Möglichkeit, sie weit zu definieren.

Neu gegenüber dem Schrifttum ist die prozessuale Konsequenz, die das Bundesverfassungsgericht sah und billigte: »Verfahrensrechtlich bedeutet das: Jedermann kann im Wege der Verfassungsbeschwerde geltend machen, ein seine Handlungsfreiheit beschränkendes Gesetz gehöre nicht zur verfassungsmäßigen Ordnung, weil es (formell oder inhaltlich) gegen einzelne Verfassungsbestimmungen oder allgemeine Verfassungsgrundsätze verstoße; deshalb werde sein Grundrecht aus Art. 2 Abs. 1 GG verletzt.«

Anders als bei Elfes finden sich bei Lüth Hinweise auf die wissenschaftliche Literatur. Vordergründig ging es um die Grundrechtswirkung im Privatrecht. Das Bundesverfassungsgericht bezeichnete sie als »umstritten« und verwies zum Meinungsstand in der Literatur auf Aufsätze von *Laufke* und *Dürig* aus dem Jahr 1956. Ähnlich wie in Elfes identifizierte es die äußersten Positionen: einerseits, dass die Grundrechte ausschließlich gegen den Staat gerichtet seien, ohne dafür aber Belege anzuführen, andererseits, dass sie auch im Privatrechtsverkehr gegenüber jedermann gälten. Die letztere Position, für die auf Rechtsprechung des Bundesarbeitsgerichts hingewiesen wurde, die aber mit der wissenschaftlich vertretenen Position seines Präsidenten *Nipperdey* übereinstimmte, gehe zu weit. Ein Grund wurde nicht genannt. Die andere extreme Position wurde nur indirekt aufgenommen, um gleich darauf relativiert zu werden. »Ohne Zweifel« seien die Grundrechte in *erster Linie* »Abwehrrechte des Bürgers gegen den Staat«, aber eben doch nicht nur: sie bildeten auch eine »objektive Wertordnung« und verstärkten als solche die Geltungskraft der Grundrechte. Dafür wurde ein Hauptvertreter dieser Ansicht zitiert, nämlich *Friedrich Klein.* Auf dieser Grundlage entwickelte das Gericht sodann seine Lösung, die mittelbare Drittwirkung, die sich eng an *Dürigs* Schriften anlehnte, ohne dass er an dieser fallentscheidenden Stelle genannt worden wäre. Sein Name taucht erst dort wieder auf, wo das Gericht darlegt, wie die mittelbare Drittwirkung sich vollzieht, nämlich durch die »Ausstrahlung« des Grundrechts auf die Vorschriften des Privatrechts. *Dürig* wurde lediglich bei einem Detail erwähnt, nämlich dass »Einbruchstellen« der Grundrechte hauptsächlich die Generalklauseln des Privatrechts seien.

Das Gericht brachte alle drei innovativen Aspekte in eine logische Abfolge: Aus dem objektiv-rechtlichen Charakter der Grundrechte ergibt sich, dass sie auch für das Privatrecht Bedeutung haben, und zwar im Weg der mittelbaren Drittwirkung. Diese vollzieht sich über die interpretationsleitende Ausstrahlung. Von den philosophischen und ideologischen Wurzeln dieser Vorstellungen bei einzelnen Autoren hielt es sich aber fern. Über das Schrifttum hinausgehend, beschäftigte sich das Gericht mit der von der mittelbaren Drittwirkung aufgeworfenen Frage nach der Reichweite des Grundrechtseinflusses. Es betonte, dass der Rechtsstreit trotz des Grundrechtseinflusses ein Privatrechtsstreit bleibe, in dem Privatrecht zur Anwendung komme, allerdings in derjenigen Auslegung, die sich aufgrund der Ausstrahlung ergebe. Nur das dürfe das Verfassungsgericht überprüfen, »um den Wertgehalt des Verfassungsrechtssatzes auch hier zur Geltung zu bringen«.

Die Innovation der Schutzpflicht des Staates für die grundrechtlich garantierten Freiheiten trat sieben Jahre nach Lüth im Fristenlösungsurteil wie eine Selbstverständlichkeit und ohne Zitate aus der Literatur in Erscheinung. Abschnitt C I 2 des Urteils beginnt mit den Worten: »Die Pflicht des Staates, jedes menschliche Leben zu schützen, lässt sich deshalb bereits unmittelbar aus Art. 2 Abs. 2 Satz 1 GG ableiten. Sie ergibt sich darüber hinaus auch aus der ausdrücklichen Vorschrift des Art. 1 Abs. 1 Satz 2 GG.« Das Wort »deshalb« bezieht sich nicht, wie man annehmen möchte, auf eine zuvor bereits gegebene Begründung für die Schutzpflicht. Der Begriff ist noch gar nicht vorgekommen. Im vorangehenden Abschnitt C I 1 wird nur dargelegt, dass das werdende Leben an dem Grundrechtsschutz teilhat. Auch im nachfolgenden Abschnitt C I 3 findet die Schutzpflicht nur im Zusammenhang mit der Frage Erwähnung, ob der *nasciturus* Grundrechtsträger sei. Sie bedürfe jedoch keiner Entscheidung, denn die Grundrechte seien nicht nur subjektive Abwehrrechte, sondern zugleich eine »objektive Wertordnung«, die für alle Rechtsbereiche und alle Staatsgewalten gelte. Ob und in welchem Umfang der Staat zum Schutz des werdenden Lebens verpflichtet sei, könne deshalb schon aus dem objektiv-rechtlichen Gehalt der Verfassungsnorm erschlossen werden. Wie der Schluss zustande kommt, erfährt man nicht.

Unter C II 1 definierte das Gericht dann den Umfang der Schutzpflicht. Sie ist umfassend und kann, wie die folgenden Abschnitte darlegen, im Prinzip nur durch Strafbarkeit der Abtreibung erfüllt werden. Nur gegen den Umfang der Schutzpflicht, nicht gegen diese selbst, wandte sich das Sondervotum. *Dürig* ist auch hier der nicht zitierte Vater des Gedankens, allerdings vor einem stark naturrechtlichen Hintergrund, den das Bundesverfassungsgericht wiederum nicht übernahm. Es stützte sich aber auch nicht auf *Herzog*, der ohne Naturrechts- und Wertbezug und auch ohne den objektiv-rechtlichen Gehalt der Grundrechte die Schutzpflicht aus dem Staatszweck des Lebensschutzes ableitete und im Gegensatz zu *Dürig* das Strafrecht nicht als verfassungsgebotenes Mittel zum Lebensschutz ansah. Dass die beiden wissenschaftlichen Beiträge dem Gericht bekannt waren, kann als sicher gelten.

Dass die aus der objektivrechtlichen Dimension der Grundrechte abgeleitete Schutzpflicht nicht allein durch materielles Recht, sondern auch durch Verfahrensrecht erfüllt wird, war dem Verfassungsgericht schon vor der Mülheim-Kärlich-Entscheidung geläufig und mehrfach zum Ausdruck gebracht worden. Im Mülheim-Kärlich-Verfahren ging es darum, wann Verfahrensfehler der Verwaltung eine Verletzung desjenigen Grundrechts darstellen, dessen Schutz sie dienen. In der Verwaltungsgerichtsbarkeit hatte sich zu dieser Zeit die Ansicht, Verfahrensvorschriften wie die Partizipation in Massenverfahren dienten auch dem Grundrechtsschutz der durch die endgültige Entscheidung Betroffenen, noch nicht durchgesetzt. Partizipationsrechte wurden nur als Informationsquelle für die Verwaltung verstanden. Die harsche Kritik, die diese Auffassung in der Lehre gefunden hatte, wurde im Urteil zitiert. Das Verfassungsgericht schloss sich der wissenschaftlichen Kritik an. Zu klären war dann, wann ein Verstoß gegen gesetzliche Verfahrensregelungen als Grundrechtsverletzung anzusehen sei. Das Gericht verhielt sich hier aber vorsichtig und vermied eine Grundsatzdiskussion und eine Auseinandersetzung mit der Literatur. Es beschränkte sich auf die Feststellung, eine Grundrechtsverletzung könne jedenfalls in einem Verstoß gegen solche Vorschriften liegen, die in Erfüllung der Schutzpflicht erlassen worden seien. Im vorliegenden Fall glaubte es die Frage nicht entscheiden zu müssen, weil das angegriffene Urteil nicht auf der unrichtigen Anschauung des Bundesverwaltungsgerichts vom Sinn der Verfahrensvorschriften beruhe.

Die dissentierenden Richter hielten nicht nur das Ergebnis für falsch, sondern rügten auch die Zurückhaltung der Mehrheit in der Grundsatzfrage. Sie brachten *Häberles* Referat auf der Regensburger Staatsrechtslehrertagung und *Hesses* Vortrag auf der IV. Konferenz der europäischen Verfassungsgerichte in Erinnerung, um die grundsätzliche Bedeutung des Grundrechtsschutzes durch Verfahren zu bekräftigen und daraus zu folgern, dass der Fehler des Oberverwaltungsgerichts schwerwiegend gewesen sei und mit einer Aufhebung der Entscheidung hätte beantwortet werden müssen.

In den beiden Urteilen zum Grundrechtsschutz durch Organisation ergibt sich die Relevanz der wissenschaftlichen Literatur bereits daraus, dass sie größtenteils im Blick auf die Verfahren zustande gekommen war. Im Fernseh-Urteil wurde zwar im bundesstaatlichen Teil ausgiebig Literatur zitiert, in dem hier interessierenden, wesentlich kürzeren grundrechtlichen Teil dagegen nicht. Gleichwohl hat sich der Zweite Senat erkennbar von der Literatur inspirieren lassen, namentlich von den in das Verfahren eingeführten Gutachten, über die wiederum die frühen Äußerungen von *Ridder* und *Scheuner* zur Geltung kamen. Das Gericht ging von der fundamentalen Bedeutung des Rundfunks »für das gesamte öffentliche, politische und verfassungsrechtliche Leben« aus und schloss daraus, dass die institutionelle Freiheitsgarantie, die bereits zwei Jahre zuvor für die Pressefreiheit entwickelt worden war,[20] auch für den Rundfunk gelte. Er sei mindestens gleich bedeutsam und unentbehrlich für die öffentliche Meinungsbildung wie die Presse. Dabei erweiterte das Gericht die literarische Charakterisierung des Rundfunks als Medium der Meinungsbildung um den Gesichtspunkt des Faktors. Die Medium-und-Faktor-Formel behält Bedeutung für die große Zahl nachfolgender Fernseh-Urteile.

Für die Art des Schutzes knüpfte das Gericht dann, wieder im Einklang mit der Lehre, an die aus dem Finanzaufwand und der Frequenzknappheit resultierende »Sondersituation« des Rundfunks an und leitete daraus den Schluss ab, dass »besondere Vorkehrun-

20 BVerfGE 10,118 (121).

gen« zum Schutz der Freiheit notwendig seien. Dem trage das öffentlich-rechtliche Rundfunkmonopol Rechnung. Mit *Mallmann*, aber im Unterschied zu anderen Stimmen hielt das Gericht diese Form aber nur für verfassungsrechtlich zulässig, nicht für geboten. Rundfunk könne auch von privatrechtlich organisierten Unternehmen betrieben werden, wenn hier ebenfalls alle relevanten gesellschaftlichen Kräfte zu Wort kämen und die Freiheit der Berichterstattung unangetastet bleibe. Art. 5 Abs. 1 Satz 2 GG schließe nur aus, dass der Rundfunk dem Staat oder *einer* gesellschaftlichen Gruppe ausgeliefert werde. Weiter in Abweichung von vielen Literaturstimmen wird das »Zu-Wort-Kommen« jedoch nicht nur auf das Programm bezogen, sondern vor allem auf die Zusammensetzung der Organe der Rundfunkveranstalter. Das müsse durch Gesetz gesichert werden.

Auch das Hochschulurteil verzichtete auf Zitate, ließ aber zugleich durchblicken, warum das geschah: In der Diskussion über die Hochschulreformen sei »nicht überall der Versuchung widerstanden worden, Art. 5 Abs. 3 GG mit hochschulpolitischen Forderungen der verschiedensten Art aufzuladen«, und alles, was diesen Forderungen widerspreche, als verfassungswidrig hinzustellen. Demgegenüber nahm sich das Gericht vor, »den verfassungsrechtlichen Gehalt des Art. 5 Abs. 3 genau zu definieren und den Gestaltungsraum des Gesetzgebers im Hochschulbereich möglichst eindeutig zu bestimmen«. Dieser Bestimmung fiel die alte, schon in der Weimarer Zeit entwickelte Deutung der Wissenschaftsfreiheit als »Grundrecht der deutschen Universität« zum Opfer. Stattdessen nahm das Gericht die beiden wichtigsten Vorschläge der Literatur auf. Das Grundrecht wurde zum einen re-personalisiert, zum anderen, was seinen Inhalt betrifft, funktionalisiert. Aus seiner objektivrechtlichen Dimension wurde geschlossen, dass es auch die organisatorischen und materiellen Bedingungen umfasse, die es den Trägern der Freiheit ermöglichten, diejenige Funktion, welche Art. 5 Abs. 3 GG schützen wolle, zu erfüllen. Zusammengebunden wurden die beiden Stränge durch den Rückgriff auf den Begriff der »wertentscheidenden Grundsatznorm«. Die Subsumtion folgte dann vollkommen dem Gutachten von *Mallmann* und *Strauch*.

Was die neuen Grundrechte angeht, so verzichtete das Volkszählungsurteil vollständig auf Literaturhinweise. Die Anleihen lassen sich aber bis in einzelne Formulierungen hinein verfolgen. Der entscheidende Satz, in dem der technische Wandel mit der freien Entfaltung der Persönlichkeit vermittelt wird, ist von *Adalbert Podlech* übernommen. Im Urteil über die Online-Durchsuchung wurde die an Zahl erheblich geringere Literatur recht ausgiebig erwähnt, besonders dort, wo technischer Sachverstand erforderlich ist. Die wenigen dogmatischen Vorüberlegungen flossen in die Argumentation des Gerichts ein. Das Grundrecht selber war der originäre Beitrag des Gerichts.

Beim Verhältnismäßigkeitsgrundsatz fehlt die markante Zäsur des maßgeblichen Urteils. Er war seit langem eine verwaltungsrechtliche Selbstverständlichkeit, auch wenn die letzte Stufe der Prüfung, die Angemessenheit, Zumutbarkeit, Verhältnismäßigkeit im engeren Sinn des Eingriffs, erst schwach ausgebildet war. Verhältnismäßigkeits-Erwägungen im öffentlichen Recht waren auf diese Weise von Anfang an geteiltes Wissen von Wissenschaft und Praxis. Ohne grundsätzliche Vergewisserung fanden sie nach 1949 allmählich auch Eingang ins Verfassungsrecht. In der Wissenschaft wurden frühzeitig Erwägungen zur Gebotenheit einer Verhältnismäßigkeitsprüfung und ihrer verfassungsrechtlichen Grundlage angestellt. Wie *Peter Staubach* zeigt,[21] gelangten sie von sehr unterschiedlichen Grundlagen und mit sehr unterschiedlichen Anknüpfungspunkten zum Erfordernis der Verhältnismäßigkeit staatlicher Maßnahmen.

Vor dem Inkrafttreten des Grundgesetzes war es ein naturrechtliches Grundverständnis, besonders vorausschauend bei dem Zivilrechtler und Rechtshistoriker *Helmut Coing*, aus den Schranken der Grundrechtsbeschränkung abgeleitet wurden. Nach dem Erlass des Grundgesetzes wurde das Verhältnismäßigkeits-Erfordernis, meist in Gestalt der Notwendigkeit des Eingriffs oder des Übermaßverbots, ohne Rekurs auf Naturrecht, aber auch ohne klaren positivrechtlichen Anknüpfungspunkt angenommen. Es finden sich Ableitungen aus der Menschenwürde, die es verbiete, Menschen zu Objekten zu degradieren, was aber der Fall sei, wenn man ihre Freiheit stärker einschränke, als es der Gemeinwohlzweck verlange. Auch der allgemeine Gleichheitssatz des Art. 3 Abs. 1 GG wurde herangezogen. Manche hielten in Anlehnung an ein

21 *Peter Staubach*, Das Verhältnismäßigkeitsprinzip, in: *Grimm*, Vorbereiter – Nachbereiter? (Fn. 1), S. 131.

Vorlagegutachten des Bundesgerichtshofs Art. 19 Abs. 2 GG für die Grundlage des Verhältnismäßigkeitsprinzips, andere leiteten es aus dem Regel-Ausnahme-Verhältnis von Freiheit und staatlicher Beschränkung, andere aus dem Rang der Grundrechte ab. Wieder andere knüpften ihre Überlegungen an die Berufsfreiheit des Art. 12 GG an und forderten eine Relation zwischen der Gefahr, die einem Gemeinwohlzweck drohe, und der Intensität der Grundrechtsbeschränkung im Interesse des Gesetzeszwecks. Verhältnismäßigkeits-Überlegungen wurden aber auch umgekehrt zur Abwehr übermäßiger Beschränkungen des Gesetzgebers angestellt, etwa wenn *Scheuner* davor warnte, die Grundrechte im Sinn des Wirtschaftsliberalismus zu interpretieren. Vorschläge, wie das Verhältnismäßigkeitsprinzip anzuwenden sei, wurden dagegen kaum gemacht. Eine Differenzierung deutete sich nur in der Dissertation von *Rupprecht von Krauss* von 1955 an.

In der Rechtsprechung schlichen sich Verhältnismäßigkeitserwägungen fallbezogen und ohne grundsätzliche Klärung ihrer Berechtigung neben den Schrankenregelungen der Grundrechte ein. Eine gewisse Zäsur, wenn auch nicht die eine maßgebliche Entscheidung, welche die Entwicklung in ein Davor und ein Danach einteilt, bildet das Apotheken-Urteil von 1958. Das Bundesverfassungsgericht musste sich hier mit dem Wortlaut von Art. 12 GG auseinandersetzen, der den Schluss nahelegt, dass die Berufswahl keinerlei Beschränkungen unterliegt, während die Berufsausübung geregelt werden darf. Das könne aber nicht der Sinn der Bestimmung sein, denn Wahl und Ausübung ließen sich nicht trennscharf voneinander abgrenzen. Dafür wurde Literatur zitiert. Das Gericht trug dann aber der Differenz, die der Wortlaut nahelegte, durch eine Abstufung der Eingriffsschwellen Rechnung, die als ein auf die Besonderheit von Art. 12 GG zugeschnittenes Verhältnismäßigkeitsprinzip gelten kann.

Das Apotheken-Urteil rief die Wissenschaft auf den Plan, teils mit Unterstützung, Rechtfertigung und Ausarbeitung, teils mit fundamentaler Kritik am Ob der Verhältnismäßigkeit, teils mit partieller Kritik am Fehlen einer Begründung oder am Wie der Prüfung. Gleichzeitig nahm in der Rechtsprechung die Anwendung von Verhältnismäßigkeitserwägungen ständig zu. 1961 waren alle Elemente, die später die Verhältnismäßigkeitsprüfung ausmachen, vorhanden. Ihre Abgrenzung und die Reihenfolge ihrer Prüfung blieben noch unbestimmt. 1965 entschloss sich das Gericht erstmals anzudeuten, woher es die Berechtigung zur Verhältnismäßigkeitsprüfung nimmt: es ergebe sich »aus dem Rechtsstaatsprinzip, im Grunde bereits aus dem Wesen der Grundrechte selbst«. Das mag eine Reaktion auf die Kritik der Wissenschaft an der fehlenden Begründung gewesen sein. Wie das Verhältnismäßigkeitsprinzip aus dem Rechtsstaatsbegriff oder den Grundrechten folgt, blieb aber auch jetzt offen. In seiner definitiven Gestalt wurde es erstmals zehn Jahre später vorgestellt – von einem Referendar, *Manfred Gentz*. Ein Jahr nach dem Aufsatz von *Gentz* ist es dann als Prüfungsprogramm abschließend definiert,[22] ob durch *Gentz*' NJW-Aufsatz beeinflusst, lässt sich nicht sagen. Von da an wird diese Definition routinehaft wiederholt, das Gericht verweist auf eigene Vorentscheidungen, die aber exakt nur auf die Entscheidung im 27. Band zutreffen.

Mit der Methode verhält es sich ähnlich wie mit der Verhältnismäßigkeit. Sie war von Anfang an da. Ihre Sonderstellung im Rahmen dieser Untersuchung hat *Michael Wrase* zutreffend beschrieben.[23] Es geht nicht um einzelne Entscheidungen, wie bei den bisherigen Urteilen, sondern generell um den Weg zu solchen Entscheidungen. Diese Frage stellt sich bei jeder Entscheidung und wird in der Regel implizit beantwortet, nämlich durch ein bestimmtes Vorgehen. Nur gelegentlich und dann meist auf einen einzelnen Aspekt bezogen finden sich Ausführungen zur Methode der Verfassungsinterpretation in den Entscheidungen. Sie finden sich freilich von Beginn an, ehe sich die Lehre wieder Methodenfragen zuwandte, die in Weimar eine so große Rolle gespielt hatten.

Weimar war allerdings präsent, negativ wie positiv. Im Methodenstreit waren die Alternativen scharf definiert worden. Verständnis des Rechts aus sich selbst, Suche nach der einzig und ein für alle Mal richtigen Deutung, Begriffs- und Systembildung aus dem vorhandenen positiven Rechtsstoff als höhere Kunst, möglichst formale Begriffsdefinitionen, so dass die Subsumtion wie eine Rechenaufgabe aufging – das war die eine, nach der Reichsgründung von 1871 zur Vorherrschaft gelangte Seite. Verständnis des Rechts nicht nur aus dem Text, sondern auch aus seinem sozialen Kontext,

22 BVerfGE 27,211 (219).

23 *Michael Wrase*, Die Methode der Grundrechtsinterpretation, in: *Grimm*, Vorbereiter – Nachbereiter? (Fn. 1), S. 339.

materielle Sinndeutung der Normen, Begriffe und Prinzipien, Dynamisierung der Interpretation und Anpassung an sozialen Wandel – das war die andere, gegen die herrschende Lehre gerichtete Seite.

So wie das Grundgesetz selbst sich gegen das vorherrschende Grundrechtsverständnis von Weimar mit der Regelung in Art. 1 Abs. 3 GG gewandt hatte, gab es auch in der Verfassungsrechtsprechung eine Wendung gegen den Weimarer Positivismus, die an die Weimarer Antipositivisten, voran *Rudolf Smend*, anschließen konnte. Im Unterschied zu *Smend*, der, von der Integration als Grunderfordernis staatlicher Einheit ausgehend, die Textbindung stark relativierte, war das Bundesverfassungsgericht mit seiner Aufgabe, konkrete Streitfälle anhand der Verfassung zu lösen, nicht bereit, das positive Recht zugunsten anderer Zwecke außer Acht zu lassen. Schon im ersten Monat seiner Tätigkeit stellte es im Südweststaat-Urteil den Grundsatz der Interpretation aus der Einheit der Verfassung auf, keineswegs eine Selbstverständlichkeit, wenn man die Verfassungsinterpretation des amerikanischen Supreme Court zum Vergleich heranzieht. Daran knüpfte später auch die Lehre mit dem Grundsatz praktischer Konkordanz, vom schonenden Ausgleich und der Harmonisierung im Fall von Normkollisionen an. Ebenfalls im ersten Band der Entscheidungen bekannte sich das Gericht zur objektiven Auslegungsmethode und gegen die Suche nach den subjektiven Vorstellungen der an der Gesetzgebung beteiligten Organe oder ihrer Mitglieder.

Die großen Weichenstellungen waren freilich das an die Weimarer Diskussion anknüpfende Verständnis der Grundrechte als rechtlicher Ausdruck von Werten und die Erweiterung der in der Lehre vor allem von *Friedrich Klein* entwickelten Figur der »Grundsatznormen« zu »wertsetzenden Grundsatznormen«. Der im Kaiserreich zum Durchbruch gelangte und in Weimar noch vorherrschende Formalismus wich dadurch einer materialen Verfassungsinterpretation, die unter die Maxime der größtmöglichen Effizienz der Grundrechte gestellt wurde. Diese für die Expansion der Grundrechte höchst folgenreiche Maxime wurde 1957 in Form eines nicht näher belegten Zitats von *Richard Thoma* aufgestellt.[24] Da die Effizienz nicht ohne Rücksicht auf den Wirklichkeitsaus-

24 BVerfGE 6,55 (72). Siehe dazu *Wrase*, Methode (Fn. 23), S. 369 (dort in Fn. 179 auch die Fundstelle des Thoma-Zitats).

schnitt ermittelt werden kann, in dem die Norm ihre Wirkung entfalten sollte, kam in die Verfassungsinterpretation zugleich ein wirklichkeitsbezogener Grundzug, der, ebenfalls in Abkehr von der in Weimar vorherrschenden Methode, die Verfassungsinterpretation dynamisierte. Eine Interpretation, die unter bestimmten Bedingungen Effizienz gesichert hatte, musste durch eine neue ersetzt werden, wenn die Effizienz angesichts von sozialem Wandel nicht mehr gegeben war oder ein Festhalten an der alten Interpretation sogar dysfunktional zu wirken drohte.

Eine grundsätzliche Methodendiskussion der Staatsrechtslehre setzte erst um die Wende von den 50er zu den 60er Jahren ein. Es gab den Frontalangriff auf die Wertorientierung des Bundesverfassungsgerichts und die dadurch geförderte Ausdehnung des Grundrechtsschutzes in gegenständlicher und funktionaler Hinsicht von *Carl Schmitt* und *Ernst Forsthoff* und anders motiviert von *Erhard Denninger, Walter Goerlich, Bernhard Schlink,* auch *Ernst-Wolfgang Böckenförde.* Sie führte aber lediglich dazu, dass der Bezug auf Werte in der Literatur nachließ und stattdessen mehr von Grundsätzen und Prinzipien gesprochen wurde. Anschlussmöglichkeiten boten demgegenüber *Hesses* Freiburger Antrittsvorlesung von 1959 und *Horst Ehmkes* Staatsrechtslehrer-Referat von 1962, erst recht aber *Hesses* 1967 erstmals erschienenes Lehrbuch. Die »praktische Konkordanz«, die *Hesse* von *Richard Bäumlin* übernommen hatte, fand erstmals kurz nach *Hesses* Eintritt in das Bundesverfassungsgericht Eingang in die Rechtsprechung und ist seitdem konstant vorhanden.

Wenn man den Einfluss der Wissenschaft personell fixieren will, muss man für die hier untersuchten Fälle wohl *Dürig* als beachtlichsten Anreger ansehen, weil er den gesamten Komplex der Grundrechtswirkungen unter der neuen Verfassung vorgedacht hatte. Bedeutende Beiträge gingen ferner von *Klein* und *Scheuner* aus. Fallbezogen spielten außerdem *Ridder, Mallmann, Steinmüller, Podlech* eine große Rolle. Für die endgültige Gestalt der Verhältnismäßigkeitsprüfung ragt *Gentz* heraus, auch wenn es ungewiss ist, ob er damit die Rechtsprechung auf ihren definitiven Kurs brachte. Professoren-Richter wie *Hesse* und *Hoffmann-Riem* konnten ihre wissenschaftlich gewonnenen Auffassungen in hier untersuchten Bereichen im Gericht Beachtung verschaffen. Als Antipoden, deren Auffassung dem Gericht zur Schärfung seiner eigenen Position diente, wirkten vor allem *Nipperdey*, *Peters* und *Forsthoff*.

3. Reaktion der Lehre

Vergleicht man die Äußerungen der Staatsrechtslehre vor und nach den hier herangezogenen Entscheidungen des Bundesverfassungsgerichts, so fehlt es keineswegs an Urteilskritik. Man findet aber auch eine hohe Bereitschaft, sich im Weiteren auf die vom Gericht geschaffenen Tatsachen einzustellen. Ein beträchtlicher Teil der Lehre schwenkte auf die Linie der Rechtsprechung ein. Die Zustimmung zu den Innovationen des Gerichts überwog die Kritik. Allerdings verschwand diese nicht. Protagonisten einer Richtung, die von der Rechtsprechung nicht aufgenommen oder ausdrücklich verworfen wurde, beharrten auf ihrer Position, so beispielsweise *Peters* hinsichtlich des Schutzbereichs von Art. 2 Abs. 1 GG, *Nipperdey* hinsichtlich der Drittwirkung. Die Kritik reicht von der Ablehnung der gesamten Richtung, die die Rechtsprechung eingeschlagen hatte, oder gar der Verfassungsgerichtsbarkeit selbst bis zu einzelnen dogmatischen Bedenken bei grundsätzlicher Zustimmung. Dazwischen liegen kritische Auseinandersetzungen mit großen Weichenstellungen, Überzeugungen von der Überflüssigkeit einer Innovation und Bedenken gegen dogmatische Konstruktionen oder unwillkommene Folgen von Urteilen.

Fundamentalkritik, die die Verfassungsgerichtsbarkeit, ihre Rolle im Gefüge der Gewaltenteilung, ihre Interpretationsmethode, ihren Terraingewinn gegenüber Gesetzgeber und Fachgerichtsbarkeit durch extensive Grundrechtsinterpretation, das verfassungsgerichtliche Grundrechtsverständnis überhaupt betrifft, kam vorwiegend von der Carl-Schmitt-Schule, *Carl Schmitt* selbst gab den Ton an. Unter den aktiven Staatsrechtslehrern war *Forsthoff* die maßgebliche Figur. Zur Fundamentalkritik kann man aber auch die Ablehnung des Wertansatzes des Gerichts rechnen, die zwar in diesem Punkt mit *Schmitt* und seinen Anhängern übereinstimmt, aber weder die ideologischen Prämissen der Schmitt-Schule teilt noch die Verfassungsgerichtsbarkeit insgesamt verwirft. Hier finden sich Öffentlichrechtler wie *Böckenförde, Schlink, Denninger, Goerlich* etc. In diese Kritik stimmt auch ein Philosoph wie *Jürgen Habermas* ein,[25] der aber, weil nicht Staatsrechtslehrer, in den Untersuchun-

25 *Jürgen Habermas*, Zwischen Faktizität und Geltung, 1992, Kapitel VI. Siehe dazu *Dieter Grimm*, Habermas zur Verfassungsrechtsprechung, in diesem Band Nr. 9.

gen nicht berücksichtigt worden ist. Wie *Ramadori* zeigt,[26] haben die meisten Kritiker dem Wertansatz des Gerichts auch die philosophischen oder ideologischen Prämissen untergeschoben, die viele Wertbefürworter teilten, naturrechtliche oder der Scheler-Hartmann-Schule entnommene, zu denen sich das Gericht aber gerade nicht verhalten hatte. Von Gewicht ist ebenfalls die Kritik an der letzten Stufe der Verhältnismäßigkeitsprüfung, der Abwägung, die vor allem damit begründet wird, dass die Abwägung rechtlich nicht mehr hinreichend determiniert sei und deswegen der Politik überlassen bleiben müsse.

Ferner gibt es, bei Grundeinverständnis mit der gerichtlichen Interpretation, Kritik an einzelnen Annahmen, dogmatischen Konstruktionen, Schlussfolgerungen. Das lässt sich bei der Schutzpflicht beobachten, wo Gegenstand der Kritik vor allem die Auffassung des Gerichts war, dass die grundrechtliche Schutzpflicht auch die Mittel ihrer Erfüllung bestimme, namentlich dass die Schutzpflicht für das werdende Leben den Einsatz des Strafrechts erfordere. Erst als sich in späteren Urteilen die Schutzpflicht von der Abtreibung löste, entspannte sich das Verhältnis. Ähnliches gilt für die eigentumsanaloge Konstruktion des Rechts auf informationelle Selbstbestimmung, das als solches aber weitgehend akzeptiert wurde. Es gilt auch für die Annahme des Mülheim-Kärlich-Beschlusses, dass die Verletzung solcher Bestimmungen des einfachen Rechts, die in Erfüllung einer grundrechtlichen Schutzpflicht erlassen worden seien, zugleich einen Grundrechtsverstoß darstelle. Hier wurde nicht allein die Unklarheit des Kriteriums moniert, sondern auch die Gefahr der Verkehrung des Rangverhältnisses von Grundrecht und Gesetzesrecht.

Lange hielt sich in der Literatur die Kritik an dem Ausmaß, in dem das Gericht vermittels der Ausstrahlungswirkung der Grundrechte in die Rechtsprechung der Fachgerichte, vor allem der Zivilgerichte, eingreift. Insbesondere nach der Erstreckung des Grundrechtseinflusses auf das Vertragsrecht in den 1990er Jahren lebte die Diskussion um das Verhältnis von Verfassungsgericht und Fachgerichten nochmals stark auf. Einigen Kritikern erschien das Lüth-Urteil nun als Beginn alles Übels.

Zur Kritik an dem Verständnis der Rundfunkfreiheit als Funk-

26 *Ramadori*, Lüth-Urteil (1), (Fn. 10), S. 64ff.

tionsgrundrecht kam es im Zuge der politischen Auseinandersetzung über die Rundfunkordnung. Wer sich in dieser Auseinandersetzung auf die Seite der kommerziellen Rundfunkveranstalter schlug, die nach dem Wegfall der Sondersituation die Rechtfertigung für den öffentlich-rechtlichen Rundfunk entfallen sahen, gab die Rundfunkfreiheit als rein individuelles Abwehrrecht gegenüber dem Staat wie die Meinungsfreiheit aus.

Eine weitere Kritikrichtung fragte bei Grundeinverständnis mit dem Ergebnis verfassungsgerichtlicher Entscheidungen, ob die Innovation zur Erreichung des begrüßten Ergebnisses überhaupt notwendig gewesen sei, so etwa die Literaturströmung, die annimmt, die über das positivrechtliche Grundrechtsverständnis erreichten Wirkungen wären auch und sogar konsistenter mit dem sogenannten klassischen abwehrrechtlichen Verständnis zu erzielen gewesen. Auch das »neue« Grundrecht der Vertraulichkeit informationstechnischer Systeme sah sich der Kritik ausgesetzt, für den Systemschutz hätte es der Neuerung nicht bedurft.

4. Aufnahme von Kritik durch das Gericht

So groß die Bereitschaft des Bundesverfassungsgerichts zur Verwertung der Literatur vor der Entscheidung ist, so gering ist seine Neigung, der an der Entscheidung geäußerten Kritik Rechnung zu tragen. Ausdrückliches Abrücken von einer Entscheidung ist die Ausnahme. Der deutlichste Fall ist der Verzicht auf die im ersten Abtreibungs-Urteil vertretene Auffassung, dass den Grundrechten nicht nur eine Schutzpflicht, sondern auch die Mittel zu ihrer Erfüllung entnommen werden könnten. Die abweichende Meinung aus dem ersten Urteil wurde zur herrschenden im zweiten. Auf die Kritik an der Schutzpflicht überhaupt, an der hinter ihr stehenden objektivrechtlichen Deutung der Grundrechte und den daraus abgeleiteten Wirkungen ging das Gericht in späteren Fällen nicht ein. Auch die Kritik an der Wertejurisprudenz führte lediglich zu einem Verzicht auf den Wertbegriff, nicht zu einer Änderung in der Sache. Die Abwägung wird ständig praktiziert. Auf die Kritik am Mülheim-Kärlich-Beschluss hin, soweit das Kriterium für Grundrechtsverletzungen betroffen ist, kommt das Gericht auf seine ursprüngliche Auffassung später nicht zurück. Doch erscheint dafür die Auseinandersetzung mit dem Zweiten Senat wichtiger gewesen zu sein als die wissenschaftliche Kritik. Die nie verstummte Kritik an der Deutung von Art. 2 Abs. 1 GG als allgemeine Handlungsfreiheit griff das Gericht im »Reiten im Walde« auf, stimmte ihr aber nicht zu. Elfes wurde mit 7:1 Stimmen bestätigt.

III. Resümee

Die hier untersuchten Fälle bestätigen die These, das Bundesverfassungsgericht habe sich bei seinen Entscheidungen nicht auf Vorarbeiten der Wissenschaft stützen können, nicht. Es gab durchweg Vorarbeiten, wenngleich in unterschiedlicher Vielfalt und Dichte. Die Vorarbeiten wurden auch vom Gericht verwertet. Das ist teils direkt, teils indirekt nachweisbar. Was sich dagegen bis zu einem gewissen Grad bestätigt, ist die Bereitschaft der Verfassungsrechtswissenschaft, sich nach einer Entscheidung des Bundesverfassungsgerichts auf den Boden der Rechtsprechung zu stellen und von dieser Ausgangssituation weiterzudenken. Das Meinungsspektrum verengt sich. Umgekehrt ist das Gericht bei anhaltender Kritik, die ebenfalls vorkommt, wenig geneigt, von der einmal gefundenen Rechtsprechungslinie abzuweichen.

Schlinks »Entthronung« besteht also darin, dass die Verfassungsrechtswissenschaft durch den Auftritt des Bundesverfassungsgerichts ihr – vielstimmiges und für niemanden verbindliches – letztes Wort verliert. Das letzte Wort gehört nun dem Gericht, und es ist im Unterschied zu demjenigen der Wissenschaft eindeutig und verbindlich. Diese »Entthronung« durch das Gericht hat allerdings auch eine Kehrseite. Sie geht mit einer außerordentlichen Bedeutungssteigerung der Wissenschaft einher. Da durch das Bundesverfassungsgericht die Verfassung eine unvergleichlich höhere Relevanz für politisches Handeln und gesellschaftliche Verhältnisse gewinnt als vordem, wächst die Bedeutung ihrer professionellen Erklärer ebenfalls. Der Bedarf an verfassungsrechtlicher Expertise ist aufgrund der Möglichkeit, verfassungsrechtliche Zweifels- und Streitfragen gerichtlich klären zu lassen, enorm gewachsen. Davon wird in der Bundesrepublik reichlich Gebrauch gemacht. Politische Auseinandersetzungen münden schnell in Verfassungsdispute und werden mit verfassungsrechtlichen Argumenten ausgetragen. Die Verfassungsrechtswissenschaft rückt unter diesen Umständen zum bevorzugten Auskunftgeber auf. Politik, Medien, gesellschaftliche Akteure aller Art wenden sich mit Bitten um Erläuterung der Verfassungslage, Ratschläge für verfassungskonformes Verhalten, verfassungsrechtliche Gutachten, Prognosen über künftige verfassungsgerichtliche Entscheidungen und Prozessvertretungen an die Staatsrechtslehre.

Die Verfassungsrechtswissenschaft, gleich ob sie forscht oder berät, geht dabei nicht anders vor als das Verfassungsgericht, wenn es urteilt. Die Verfassungsnormen enthalten keine unterschiedlichen Informationen für Wissenschaftler und Richter, und auch die Methoden der Sinnermittlung sind für die Wissenschaft nicht anders als für die Justiz. Beide produzieren und verwerten methodengeleitet Dogmatik. Deswegen können sie sich im Medium der Dogmatik verständigen. Die Dogmatik ist ein »Praxis-Wissenschaft-verklammerndes Kommunikationsformat« oder eine »gemeinsame Kommunikationsplattform«.[27] Wird sie gut genutzt, gereicht das beiden zum Vorteil. Dogmatik ist nichts prinzipiell Fragwürdiges. In Rechtsordnungen, die keine Dogmatik ausgebildet haben, sind die Bedingungen für die Kooperation ungünstiger.[28]

Allerdings bewegen sich beide in unterschiedlichen Institutionen und erfüllen unterschiedliche Funktionen.[29] Die Verfassungsrechtswissenschaft gehört zum Wissenschaftssystem und liefert, soweit sie dogmatisch arbeitet, wissenschaftlich gesicherte *Erkenntnisse* über die Bedeutung von Verfassungsnormen. Die Verfassungsrechtsprechung gehört zum Rechtssystem und fällt verbindliche *Entscheidungen* über die Verfassungsmäßigkeit oder -widrigkeit eines bestimmten Zustands, Handelns oder Unterlassens. Sie muss zu diesem Zweck aber ebenfalls den Sinn der einschlägigen Verfassungsnormen in Bezug auf den zu entscheidenden Streitfall klären. Die Verfassungsrechtswissenschaft ist ein offenes System, dem man durch den eigenen Entschluss, wissenschaftlich zu arbeiten, angehört und in dem wissenschaftsinterne Relevanz- und

27 Die Termini bei *Matthias Jestaedt,* Vom Beruf der Rechtswissenschaft – zwischen Rechtspraxis und Rechtstheorie, in: *Horst Dreier* (Hrsg.), Rechtswissenschaft als Beruf, 2018, S. 236.

28 Vgl. *Dieter Grimm*, Eine unaufgeklärte Kontroverse, in: *ders.*, Vorbereiter – Nachbereiter? (Fn. 1), S. 3.

29 Vgl. *Schulze-Fielitz,* Staatsrechtslehre und Bundesverfassungsgericht (Fn. 18), S. 375.

Qualitätskriterien über die Beachtlichkeit der Wissensproduktion entscheiden. Die Verfassungsrechtsprechung ist ein geschlossenes System weniger autorisierter Amtsinhaber mit vorgegebenen Befugnissen, deren Produktion sich nicht am Wissenschaftscode wahr oder unwahr, sondern am Rechtscode gültig oder ungültig orientiert. Urteile gelten, auch wenn die Wissenschaft sie für falsch oder schlecht begründet hält.

Wenn sich die beiden also im Kernbereich ihrer Tätigkeit, der Verfassungsinterpretation, nicht unterscheiden, bleiben die institutionellen und funktionalen Unterschiede doch nicht folgenlos. Entsprechend seiner Funktion operiert das Verfassungsgericht ausschließlich fall- und entscheidungsbezogen. Es wird überhaupt nur durch reale Fälle in Tätigkeit gesetzt und behandelt sie allein mit dem Ziel der Entscheidung. Verfassungsrechtsprechung ist Fallentscheidung, auch wenn die Wirkungen oft weit über den Anlassfall hinausreichen. Nur der Fall gibt dem Gericht Gelegenheit, Verfassungsfragen zu klären. Von sich aus kann es nichts unternehmen. Außerhalb seiner Funktion ist es ein Teilnehmer am öffentlichen Diskurs wie jeder andere, etwa wenn es meint, sich gegen Missverständnisse seiner Rechtsprechung wehren zu sollen.

Für das Verhältnis zur Verfassungsrechtswissenschaft ist es allerdings von Bedeutung, dass die Falllösung nicht isoliert gesucht wird wie oft im *common law*. Die Richterin am amerikanischen Supreme Court *Sonya Sotomayor* drückte das kürzlich in einem Interview so aus: »Ich komme aus einem Common-Law-Hintergrund, und im Common Law werden Fälle Schritt für Schritt entschieden. Man schaut sich die Fakten des einzelnen Falles an, und man entscheidet nur auf Basis dieser Fakten, und dann lässt man den nächsten Fall kommen und entscheidet, ob die Richtung, in die man geht, Sinn ergibt.«[30] Der von *Oliver Lepsius* so heftig kritisierte Maßstabsteil der deutschen Urteile (»C. I«)[31] ist das Gegenteil des *common-law*-Ansatzes. Dem Bundesverfassungsgericht geht es nicht nur um vernünftige Lösungen von Einzelproblemen, sondern um Entscheidungen, die aus der als Einheit verstandenen Verfassung entwickelt worden sind und sich auch für die nächsten Fälle als brauchbar erweisen.

30 American Academy of Arts and Sciences Bulletin, Bd. LXXII, Nr. 2(2019), S. 41.

31 *Oliver Lepsius,* Die maßstabsetzende Gewalt, in: *Matthias Jestaedt/Oliver Lepsius/Christoph. Möllers/Christoph Schönberger*, Das entgrenzte Gericht, 2011, S. 159.

Gerade in dieser Ambition ist sein Interesse an der Verfassungsrechtswissenschaft begründet. Diese kann zwar ebenfalls bezogen auf hypothetische oder reale Fälle arbeiten und dabei sogar die gerichtliche Entscheidung im Auge haben. Primär geht sie aber nicht fallbezogen, sondern systembezogen vor. Ziel der Tätigkeit sind gesicherte Erkenntnisse über den Sinn der Verfassungsnormen und den Zusammenhang ganzer Normenkomplexe, die gerade fallübergreifend Beachtung verlangen. Die Verfassungsrechtswissenschaft tut das idealerweise auf der Basis von Theoriebildung, die der Einzelarbeit Grundlage und Konsistenz sichert. Sie tritt dabei aber niemals als *die* Verfassungsrechtswissenschaft in Erscheinung, so wie das Bundesverfassungsgericht als Institution in Erscheinung tritt. Was die Verfassungsrechtswissenschaft als die Gesamtheit derer, welche die Verfassung wissenschaftlich bearbeiten, liefert, ist eine Vielzahl von auf wissenschaftliche Weise gewonnenen Aussagen, die von ihren Urhebern für richtig gehalten werden, sich aber gegen andere, ebenso gewonnene Alternativen behaupten müssen.

Bedeutung für die Verfassungsrechtsprechung gewinnen sie vor allem, weil diese zwar auf den Erfahrungsschatz vorangegangener Urteile zurückgreifen, aber nicht auf Vorrat für neuartige Fälle arbeiten kann. Sie hat keine Möglichkeit, sich unabhängig von Fällen auf künftige Herausforderungen vorzubereiten. Selbst wenn einzelne Richter neue Probleme wahrnehmen und auf sich zukommen sehen, hat die Institution kein Format (und in der Regel auch keine Zeit) für Vorausplanungen. Diese fallunabhängige Weitsicht ist aber gerade ein Qualitätskriterium guter Rechtswissenschaft. Sie ist, was die Themenwahl angeht, nicht außengeleitet, sondern wählt sich ihre Gegenstände nach wissenschaftsinternen Relevanzkriterien und kann sie ohne Entscheidungsdruck unter vielfältigen Gesichtspunkten betrachten. Sie ist nicht gehindert, ihre Ableitungen bis zu Letztbegründungen voranzutreiben. Da sie im Unterschied zur Rechtsprechung nichts entscheidet, kann sie es sich im Vertrauen auf die Arbeitsteiligkeit des wissenschaftlichen Prozesses auch leisten, vorläufige Erkenntnisse in Erwartung des folgenden wissenschaftlichen Diskurses zu präsentieren.

Es ist also vor allem der neuartige Fall, der das Verfassungsgericht aufgeschlossen für die Erkenntnisse der Verfassungsrechtswissenschaft macht. Da bei ihrer Verwertung aber Systemgrenzen überschritten werden, wird man selten umstandslose Übernahmen zu erwarten haben. Die Rechtsprechung wendet sich an die Rechtswissenschaft nicht um derentwillen und auch nicht der wissenschaftlichen Dignität ihrer Urteile wegen, sondern im Interesse der Fallentscheidung. Diese steuert die Verwertung wissenschaftlicher Erkenntnisse. Dass es in der Regel nicht *die* Meinung *der* Wissenschaft gibt, macht eine Auswahl nötig. Auch wenn das gesamte Spektrum der wissenschaftlichen Erkenntnisse abgerufen würde, wären nur Teile davon für die Falllösung verwendbar. Welche das sind und inwiefern sie passen, klärt das Gericht im Beratungsprozess. Anschlussfähigkeit an die bisherige Rechtsprechung und Kompatibilität mit ihren Grundprämissen spielen dabei eine erhebliche Rolle.

Es kann folglich sein, dass Übernahmen nicht nur selektiv, sondern auch modifiziert ausfallen. Der Fall grenzt den Wissensbedarf ein und spitzt die Fragen zu. Er muss in vertretbarer Zeit bis zur definitiven Entscheidung vorangetrieben werden. Die Rückführung der Falllösung auf Letztbegründungen ist in der Regel nicht nötig. Die wissenschaftlichen Vorarbeiten können von ihren theoretischen, ideologischen oder philosophischen Hypotheken gelöst werden und dadurch ihre Akzeptanz erhöhen. Zudem drängt der Entscheidungszwang im Richterkollegium zu Kompromissen zwischen unterschiedlichen Rechtsauffassungen der Richter. Im Wissenschaftssystem wären sie eine Untugend, in der Rechtsprechung sind sie es nicht. In Deutschland sind Kompromisse das Ergebnis der Senatsberatung. In den USA, wo sie seltener vorkommen, weil jeder Richter sich zur Mitteilung seiner Meinung verpflichtet fühlt, sind sie eher das Ergebnis von Verhandlungen zwischen einzelnen Richtern.

Da die Entscheidung des Gerichts gilt, stellt sich ferner die Frage nach den Konsequenzen der Lösung dringlicher als für die Wissenschaft. Das Gericht kann keine Versuchsballons steigen lassen. Da die meisten Entscheidungen des Bundesverfassungsgerichts die unteren Gerichte instruieren, ist zudem ihre Praxistauglichkeit ein notwendiger Gesichtspunkt der Falllösung. Argumentationsmuster, die später routinehaft verwendet werden können, sind hilfreich. Selbst Begründungsbestandteile, die weniger auf die Akteure im Rechtssystem als die Öffentlichkeit zielen und für die Wissenschaft redundant wären, können funktionsgerecht sein, weil Verfassungsgerichte wegen des Befolgungsanspruchs ihrer Urteile bei gleichzeitigem Mangel an Zwangsmitteln gegenüber der Politik stärker auf Akzeptanz für ihre Entscheidungen angewiesen sind als die Wissenschaft für ihre Erkenntnisse.

Aus all diesen Gründen scheint die von *Matthias Roßbach* und *Thomas Wischmeyer* in der Einleitung ihres Beitrags vorgeschlagene Transferanalyse[32] zur Aufklärung des Verhältnisses von Verfassungsrechtswissenschaft und Verfassungsrechtsprechung besser geeignet als Ansätze, die das Verhältnis als Dialog auffassen oder als Rezeption oder Migration von Ideen beschreiben. Nicht intellektuelle Übernahmen, sondern institutionelle Anverwandlungen prägen die Beziehung zwischen Wissenschaft und Rechtsprechung.

Am Ende steht freilich eine Entscheidung des Bundesverfassungsgerichts, wie unterschiedlich auch immer die beteiligten Richter anfänglich oder bis zum Schluss über den Fall gedacht haben mögen. Als Einzelne verschwinden sie hinter der Entscheidung der Institution, während der Wissenschaftler nie hinter der Universität oder Forschungseinrichtung verschwindet. Gibt ein Richter eine *dissenting opinion* ab, ist das eine Meinung, aber keine irgendjemanden bindende Dezision. Und schließlich »gilt« die gerichtliche Entscheidung unabhängig davon, was die Wissenschaft von ihr hält, während die Beiträge der Wissenschaft stets im Meinungsmäßigen verharren.

Wissenschaftliche Kritik an der Fallentscheidung bleibt für den entschiedenen Fall folgenlos. Selbst wenn die Richter zu der Überzeugung kämen, sie hätten sich geirrt, wären sie nicht in der Lage, die gefällte Entscheidung zurückzunehmen. Wissenschaftliche Kritik kann immer erst beim nächsten Fall relevant werden. Häufig geschieht das vermittelt über Schriftsätze von Verfahrensbeteiligten, denen die kritische Position der Wissenschaft Vorteile verspricht. Mit Argumenten in den Schriftsätzen oder Stellungnahmen setzt sich das Gericht regelmäßig in der Entscheidungsbegründung auseinander, ohne dass ihre Herkunft aus der Wissenschaft immer kenntlich würde. Wenn Kehrtwenden in der Rechtsprechung gleichwohl selten sind, so hat das nicht nur mit dem Eigensinn der Richter zu tun, sondern auch mit dem Wert von Rechtssicherheit und Vorhersehbarkeit der Entscheidungen.

32 *Roßbach und Wischmeyer*, Grundrechtsschutz durch Organisation (Fn. 17), S. 194 ff.

Wenn *Michael Stolleis* trotz seiner Wertschätzung für die Verfassungsrechtswissenschaft dem Bundesverfassungsgericht letztlich die »führende Rolle« zuschreibt und ihm bescheinigt, es habe die »Hauptarbeit geleistet«,[33] dann liegt die Erklärung dafür also in der Funktion der Rechtsprechung und ihren institutionellen Rahmenbedingungen. Das Gericht sitzt am längeren Hebel. Durch die Verfassungsrechtsprechung ändert sich der Gegenstand der Verfassungsrechtswissenschaft. Es gibt nicht nur Verfassungsänderungen durch politische Entscheidung. Es gibt auch Verfassungswandel durch Verfassungsrechtsprechung. Eine Verfassungsrechtswissenschaft, die das ignorierte, würde ihrer Aufgabe nicht gerecht. Trotz der bekannten Aussage des ehemaligen amerikanischen Chief Justice *Charles Evans Hughes*, »We are under a constitution. But the constitution is what the judges say it is«,[34] und ihrer Abwandlung durch *Rudolf Smend*, das Grundgesetz gelte »praktisch so, wie das Bundesverfassungsgericht es auslegt«,[35] bleibt es aber bei einer Differenz zwischen Verfassung und Verfassungsrechtsprechung. Auf dieser Differenz beruht die Möglichkeit rechtsdogmatischer Rechtsprechungskritik. Gegen den Verfassungsgerichtspositivismus wäre deswegen nur etwas einzuwenden, wenn er mit dem Verzicht auf kritische Distanz zur Verfassungsrechtsprechung einherginge. Auch diese Befürchtung bestätigen die Untersuchungen aber nicht.

33 *Michael Stolleis*, Geschichte des öffentlichen Rechts in Deutschland, Bd. IV, 2012, S. 239, 242.

34 *Charles Evans Hughes*, Addresses and Papers of Charles Evans Hughes, 1908, S. 139.

35 *Rudolf Smend*, Das Bundesverfassungsgericht, 1962, in: *ders.*, Staatsrechtliche Abhandlungen, 4. Aufl., 2010, S. 582.

V.
Institutionelles

12.

Probleme einer eigenständigen Verfassungsgerichtsbarkeit in Deutschland[1]

I. Fragestellungen

Die Schweiz und Deutschland gehen bei der gerichtlichen Durchsetzung der Verfassung unterschiedliche Wege. Während in der Schweiz verfassungsrechtliche Fragen von der ordentlichen Gerichtsbarkeit mitentschieden werden, besteht in Deutschland eine eigenständige Verfassungsgerichtsbarkeit in Gestalt des Bundesverfassungsgerichts. Seine Zuständigkeit ist zwar auf Verfassungsrechtsstreitigkeiten beschränkt, innerhalb dieses Rahmens hat es aber außerordentlich weite Kompetenzen, insbesondere auch solche der Normenkontrolle. Dagegen sind die Kompetenzen des schweizerischen Bundesgerichts auf dem Gebiet des Verfassungsrechts wesentlich enger, namentlich fehlt die Befugnis zur Normenkontrolle von Bundesgesetzen.

Mit der Einrichtung einer eigenständigen Verfassungsgerichtsbarkeit in Deutschland sind Verfassungsfragen allerdings den übrigen Gerichten nicht entzogen worden. Jeder Richter ist verpflichtet, die Verfassungsmäßigkeit des Gesetzes, das er in einem Rechtsstreit anwenden will, zu prüfen. Seine Feststellungskompetenz erstreckt sich aber nur auf die Verfassungsmäßigkeit des Gesetzes. Kommt er zu der Auffassung, das anzuwendende Gesetz sei verfassungswidrig, muss er das Verfahren unterbrechen und diese Frage gemäß Art. 100 GG dem Bundesverfassungsgericht zur Entscheidung vorlegen. Dieses besitzt, wie es heißt, das »Verwerfungsmonopol«.

Ferner haben sämtliche Gerichte bei Auslegung und Anwendung verfassungsmäßiger Gesetze mit Grundrechtsberührung der grundrechtlichen Einwirkung auf die gesetzlichen Vorschriften Rechnung zu tragen. Auf die Einhaltung dieses Erfordernisses kön-

1 Vortrag auf einer Veranstaltung zur Reform der Schweizer Bundesgerichtsbarkeit am 30.9.1994 in St. Gallen. Der dort ebenfalls gehaltene und im Text mehrfach erwähnte Vortrag des Direktors im Bundesamt für Justiz der Schweiz *Heinrich Koller* ist abgedruckt in *Rainer J. Schweitzer* (Hrsg.), Reform der Bundesgerichtsbarkeit, 1995, S. 89.

nen alle Gerichtsentscheidungen, anders als etwa in Österreich, das auch eine verselbständigte Verfassungsgerichtsbarkeit besitzt, überprüft werden. Es ist diese Rechtsanwendungsprüfung, nicht die Gesetzesprüfung, die den weitaus größten Teil der Tätigkeit des Bundesverfassungsgerichts ausmacht.

Daneben gibt es jedoch einige verfassungsrechtliche Fragen, für die eine ausschließliche Kompetenz des Bundesverfassungsgerichts begründet ist. Es sind die typischen Staatsgerichtshofs-Zuständigkeiten wie die Entscheidung von Konflikten zwischen Staatsorganen, etwa Parlament und Regierung oder Bundestag und Bundesrat, oder die Entscheidung von Konflikten zwischen Bund und Ländern, ferner Parteiverbote, Präsidenten- und Richteranklagen usw. Nach Art. 99 GG ist das Bundesverfassungsgericht ferner Verfassungsgericht für diejenigen Bundesländer, die keine eigene Verfassungsgerichtsbarkeit besitzen.

Ich will die Frage nach den Vorzügen und Nachteilen integrierter oder spezialisierter Verfassungsgerichtsbarkeit im Folgenden nicht systematisch aufgreifen, sondern einige Erfahrungen mitteilen, die im deutschen System mit spezialisierter Verfassungsgerichtsbarkeit gemacht worden sind. Zu meiner Beruhigung weiß ich allerdings aus dem Referat, welches Herr *Koller* heute Morgen gehalten hat, dass ich damit nicht völlig an Ihren Interessen vorbeigehe. Bei dem Erfahrungsbericht beschränke ich mich überdies auf zwei der insgesamt vierzehn Verfahrensarten, denen die größte praktische Bedeutung zukommt, nämlich auf die Normenkontrolle und die Verfassungsbeschwerde.

Da die schweizerischen Reforminitiativen zum erheblichen Teil durch die Überlastung des Bundesgerichts angestoßen worden sind, erscheint es mir aber nicht unnütz, zuvor noch kurz auf die Belastung des Bundesverfassungsgerichts einzugehen. Im Jahre 1993 sind beim Bundesverfassungsgericht 5440 Verfahren anhängig geworden. Davon waren 5246, also mehr als 95%, Verfassungsbeschwerden. Erledigt wurden im Jahre 1993 5456 Verfahren, von denen wiederum 5211 Verfassungsbeschwerden waren. Unter diesen hatten 270, also etwa 5%, Erfolg. Die Erfolgsquote lag allerdings über dem Durchschnitt der früheren Jahre, der sich zwischen 2 und 3% bewegt.

Die Belastung des Gerichts hat in den mehr als 40 Jahren seiner Existenz kontinuierlich zugenommen. In der ersten Dekade, den fünfziger Jahren, gingen etwa 1000 Fälle jährlich ein. In der zweiten Dekade stieg die Zahl auf 1500, in den siebziger Jahren bewegte sie sich um 2500. In den achtziger Jahren beliefen sich die jährlichen Eingänge auf rund 3500 Fälle. Die 4000er-Grenze wurde 1991 überschritten, die 5000er-Grenze 1993. Dabei wurden bereits die Folgen der Wiedervereinigung sichtbar, die nicht nur die Zahl potentieller Beschwerdeführer, sondern auch die Zahl neuartiger Verfassungsprobleme beträchtlich erhöht hat.

II. Zur Verfassungsbeschwerde

Die Probleme, die die Verfassungsbeschwerde in Deutschland aufwirft, will ich unter drei Gesichtspunkten schildern, der Zugangsproblematik und der Bewältigungsproblematik, die in der Schweiz ebenfalls von Bedeutung sind, und einer dritten Problematik, die sich nur in einem System spezialisierter Verfassungsgerichtsbarkeit stellt, nämlich der Abgrenzungsproblematik zwischen Verfassungsgericht und Fachgerichten.

1. Die eben erwähnten Zahlen haben schon gezeigt, dass die Tore zum Bundesverfassungsgericht weit offen stehen. Verfassungsbeschwerde kann nach Art. 93 Abs. 1 Nr. 4a Bundesverfassungsgerichtsgesetz (BVerfGG) jedermann mit der Behauptung erheben, dass er durch die öffentliche Gewalt in einem Grundrecht verletzt sei. Prüfungsgegenstand sind also Akte der öffentlichen Gewalt, ohne dass bestimmte Gewalten oder Handlungsformen davon ausgenommen wären. Der angreifbare Akt der öffentlichen Gewalt muss auch nicht notwendig ein aktives Tun sein, es kann sich ebenso um ein staatliches Unterlassen handeln. Prüfungsmaßstab sind die Grundrechte. Andere Verfassungsbestimmungen eröffnen nicht die Möglichkeit der Verfassungsbeschwerde. Ist allerdings ein Grundrechtsverstoß zulässigerweise gerügt worden, muss dieser unter allen verfassungsrechtlichen Gesichtspunkten einschließlich der Verfassungsmäßigkeit des zugrundeliegenden Gesetzes geprüft werden.

Die Verfassungsbeschwerde ist binnen eines Monats nach Zugang der angegriffenen Entscheidung zu erheben, wenn sie sich nicht – was nur ausnahmsweise zulässig ist – unmittelbar gegen ein

Gesetz richtet. In diesem Fall beträgt die Beschwerdefrist ein Jahr. Vor Erhebung der Verfassungsbeschwerde muss der Rechtsweg erschöpft, also Abhilfe vor den Fachgerichten gesucht worden sein. Das führt dazu, dass die Verfassungsbeschwerde, obwohl sie gegen alle Akte der öffentlichen Gewalt gerichtet werden kann, de facto Urteilsverfassungsbeschwerde ist. Nur ausnahmsweise kommen Verfassungsbeschwerden unmittelbar gegen Akte anderer Staatsgewalten in Betracht, wiederum im Unterschied zu Österreich, wo Urteile nur im fachgerichtlichen Rechtszug und Verwaltungsakte nur beim Verwaltungsgerichtshof überprüft werden können, während der Verfassungsgerichtshof auf die Verfassungskontrolle der zugrundeliegenden Normen beschränkt ist.

Die Begründungsanforderungen sind gering. Der Beschwerdeführer muss den Staatsakt bezeichnen, gegen den er sich wendet, und das Grundrecht angeben, das er für verletzt hält. Anwaltliche Vertretung ist nicht erforderlich, Gerichtskosten werden nicht erhoben. Darin kommt die nach der nationalsozialistischen Diktatur herrschende Überzeugung zum Ausdruck, dass für die Geltendmachung von Grundrechten keine hohen Hürden errichtet werden sollten. Die Frage des Anwaltszwangs oder gar einer besonderen Anwaltszulassung beim Bundesverfassungsgericht, wie sie beim Bundesgerichtshof in Zivilsachen besteht, ist gelegentlich aufgeworfen, aber nie ernstlich verfolgt worden.

Nach meinen eigenen Erfahrungen mit Verfassungsbeschwerden darf man auch keine großen Entlastungshoffnungen in eine solche Maßnahme setzen. Eine Statistik, wie viele Beschwerdeführer sich anwaltlich vertreten lassen und wie viele selbst Verfassungsbeschwerde erheben, wird in Karlsruhe nicht geführt. Nach meiner Schätzung dürften aber zwei Drittel der Beschwerdeführer einen Anwalt mit der Erhebung der Verfassungsbeschwerde beauftragen. Das führt aber nicht notwendig zu erheblich besser aufbereiteten Verfassungsbeschwerden. Die Zahl unzulänglicher Beschwerdeschriften ist im Gegenteil recht hoch.

Die Erklärung mag vor allem darin liegen, dass es in Deutschland kaum Anwälte gibt, die auf Verfassungsrecht spezialisiert sind, und es ist fraglich, ob sich im Fall des Anwaltszwangs vor dem Bundesverfassungsgericht eine verfassungsrechtlich ausgerichtete Kanzlei wirtschaftlich trüge. Die Regel ist vielmehr, dass der Beschwerdeführer denjenigen Anwalt, der ihn bereits vor den Fachgerichten vertreten hat, auch mit der Erhebung der Verfassungsbeschwerde beauftragt. Auf die Qualität der Verfassungsbeschwerden wirkt sich das nicht immer günstig aus. In Verfahren von großer Bedeutung kommt es nicht selten vor, dass sich sowohl der Staat als auch die Beschwerdeführer durch Professoren des öffentlichen Rechts vertreten lassen.

2. Wie der kurze Überblick gezeigt hat, gibt es auf der Zugangsebene nur wenig Restriktionen. Anders verhält es sich auf der Bewältigungsebene. Hier empfiehlt sich eine Unterscheidung zwischen den Maßnahmen, die das Gericht im Wege der Interpretation des Bundesverfassungsgerichtsgesetzes ergriffen hat, den Erleichterungen, die der Gesetzgeber dem Gericht im Lauf der Zeit verschafft hat, und der gerichtsinternen Arbeitsorganisationen.

Auf die Interpretation gehe ich nur kurz ein, weil sie in allerjüngster Zeit aufgrund einer Gesetzesnovelle erheblich an Bedeutung verloren hat. Vor dieser Novelle hat sich das Bundesverfassungsgericht durch wachsende interpretatorische Verschärfung der gesetzlichen Zulässigkeitsanforderungen für Verfassungsbeschwerden gegen die steigende Arbeitslast gewehrt. Ansatzpunkt dafür war insbesondere das Erfordernis der Rechtswegerschöpfung in § 90 Abs. 2 BVerfGG. Aus diesem Erfordernis ist der Grundsatz der Subsidiarität der Verfassungsbeschwerde abgeleitet worden und aus diesem Grundsatz wiederum die Regel, dass ein Beschwerdeführer alles ihm Zumutbare tun muss, um dem Verfassungsverstoß schon vor Erhebung der Verfassungsbeschwerde abzuhelfen. Gestützt darauf sind Verfassungsbeschwerden gelegentlich als unzulässig betrachtet worden, weil der Beschwerdeführer nicht schon in der ersten Instanz eines Rechtsstreits die verfassungsrechtlichen Argumente vorgetragen hatte, auf die sich später seine Verfassungsbeschwerde stützte.

Solche auch im Gericht selbst nicht unumstrittenen Überdehnungen der Zulässigkeitsanforderungen haben aber wegen der Novellierung des Bundesverfassungsgerichtsgesetzes im Jahre 1993 an Bedeutung verloren, auf die das Bundesverfassungsgericht selber gedrungen hatte, weil die Belastung nach der Wiedervereinigung Deutschlands erheblich angestiegen war und mit der Gewöhnung an die Institution der Verfassungsbeschwerde und die Möglichkeit, den Rechtsweg in der früheren DDR zu erschöpfen, weiter zuzunehmen drohte.

Bei dieser Gesetzesnovelle handelte es sich freilich nicht um die erste Entlastung, die vom Gesetzgeber ermöglicht wurde. Schon fünf Jahre nach Errichtung des Bundesverfassungsgerichts wurde ein erleichtertes Verfahren eingeführt, das es erlaubte, nicht jede Verfassungsbeschwerde in dem aus acht Richtern bestehenden Senat zu behandeln. Vielmehr wurden sogenannte Vorprüfungsausschüsse aus drei Verfassungsrichtern gebildet, die beschließen konnten, eine Verfassungsbeschwerde nicht zur Entscheidung anzunehmen, wenn sie unzulässig oder offensichtlich unbegründet war. Der Beschluss erforderte Einstimmigkeit. Der Widerspruch eines einzigen Richters genügte, um die Sache in den Senat zu tragen.

Obwohl der Grundsatz, dem diese Regelung folgte, lautete, dass Verfassungsbeschwerden der Annahme bedürften, handelte es sich nicht um ein echtes Annahmeverfahren, denn in jedem Fall musste die Zulässigkeit und die Begründetheit der Verfassungsbeschwerde geprüft werden. Das Verfahren ersparte also weder eine Sachprüfung noch eine Sachentscheidung, es verlagerte diese nur in weitem Umfang in die Vorprüfungsausschüsse, und es lockerte sowohl die Prüfungs- als auch die Begründungsanforderung.

Im Jahre 1985 wurden die Vorprüfungsausschüsse in Kammern umbenannt. Das hing mit einer Ausweitung ihrer Kompetenzen zusammen. Konnten sie bis dahin nur Nichtannahmeentscheidungen fällen, so wurde ihnen nun auch die Befugnis eingeräumt, einer Verfassungsbeschwerde stattzugeben, wenn diese offensichtlich begründet war und die maßgebliche verfassungsrechtliche Frage bereits vom Senat entschieden worden war. Das hat die Erfolgsquote von Verfassungsbeschwerden leicht erhöht, denn bei der chronischen Verstopfung der Senate kam es vor, dass auch Verfassungsbeschwerden mit gewissen Erfolgsaussichten nicht in den Senat gelangten, weil dessen Kapazitäten ausgeschöpft waren.

Im Zuge der erheblichen Steigerung der Eingangszahl nach der Wiedervereinigung ist 1993 ein echtes Annahmeverfahren eingeführt worden, das dem Bundesverfassungsgericht allerdings nicht so viel Freiheit gewährt, wie sie der amerikanische Supreme Court besitzt. Dieser bestimmt die Zahl der anzunehmenden Verfahren im Wesentlichen nach seiner Erledigungskapazität. Er kann erfahrungsgemäß ca. 150 Fälle pro Jahr entscheiden und nimmt ebendiese Zahl zur Entscheidung an, erledigt sie aber auch im Laufe des Jahres. Kontroversen über die Annahmewürdigkeit sind nach Berichten der amerikanischen Richter außerordentlich gering.

Das in Deutschland nunmehr geltende Annahmeverfahren ist demgegenüber kein freies, sondern ein gebundenes Annahmeverfahren. Nach § 93a BVerfGG muss die Verfassungsbeschwerde zur Entscheidung angenommen werden, wenn sie grundsätzliche verfassungsrechtliche Bedeutung hat. Das Gericht versteht darunter – das zeichnet sich inzwischen ab – neue, bisher nicht entschiedene Probleme oder Probleme, die zwar schon Gegenstand einer Entscheidung waren, aber aufgrund veränderter Umstände, namentlich sozialen Wandels, erneut entscheidungsbedürftig erscheinen. Ferner muss die Verfassungsbeschwerde zur Entscheidung angenommen werden, wenn es zur Durchsetzung der Grundrechte angezeigt ist.

Diese Formulierung, bei der das Bundesverfassungsgericht selber Pate gestanden hat, lässt in ihrer geringen Präzision erkennen, dass sie versucht, unterschiedliche Auffassungen zu überbrücken. Für eine Richtung erlaubt es das außerordentlich entwickelte deutsche Rechtsschutzsystem, auf der obersten Ebene der Verfassungsgerichtsbarkeit nicht mehr den subjektiven Rechtsschutz in den Vordergrund zu stellen, sondern nur noch das Ziel objektiver Rechtsdurchsetzung zu verfolgen. Für andere ist der Gedanke subjektiven Rechtsschutzes in der deutschen Gerichtstradition so tief verwurzelt, dass er auch auf der Ebene der Verfassungsgerichtsbarkeit unverzichtbar erscheint.

Unter der gegenwärtigen Formulierung können sowohl objektive wie auch subjektive Gründe zur Annahme einer Verfassungsbeschwerde führen. Objektive Gründe liegen etwa vor, wenn sich die Fachgerichte für ein bestimmtes Grundrecht oder einen bestimmten Grundrechtsaspekt nicht nur im Einzelfall, sondern generell als unsensibel erweisen, aber auch, wenn im Einzelfall ein besonders leichtfertiger Umgang mit einem Grundrecht zu beobachten ist. Subjektive Annahmegründe liegen vor, wenn die behauptete Grundrechtsverletzung die Beschwerdeführer besonders schwer trifft. Was darunter des Näheren zu verstehen ist, wird sich erst nach einiger Zeit der Anwendung dieser Norm herausstellen.

Verfassungsbeschwerden von grundsätzlicher Bedeutung sind vom Senat zu entscheiden. Ob eine Verfassungsbeschwerde ohne grundsätzliche Bedeutung zur Entscheidung angenommen werden soll, können die weiterhin bestehenden Kammern entscheiden. Diese lehnen entweder die Annahme ab oder geben der Verfassungsbeschwerde statt. Ablehnungsentscheidungen bedürfen keiner Begründung mehr. Begründungen sind aber nicht unstatthaft und werden vor allem dann gegeben, wenn in der Tat ein Verfassungsverstoß vorgekommen ist, der aber nicht zur Aufhebung der angegriffenen Entscheidung führt, etwa weil diese nicht darauf beruht.

Eine Kammerentscheidung setzt allerdings weiterhin Einstimmigkeit voraus. Schon der Widerspruch eines Kammermitglieds verlagert die Entscheidung in den Senat. Der Senat hat zwei Möglichkeiten: Die erste besteht darin, dass er selbst eine Nichtannahmeentscheidung trifft. Dazu sind mindestens sechs von acht Stimmen erforderlich. Drei Richter können also eine Sachentscheidung erzwingen. Die zweite Möglichkeit besteht darin, dass der Senat in der Sache entscheidet. Dabei kann es sich um Verwerfung der Verfassungsbeschwerde als unzulässig, um Zurückweisung als unbegründet oder um Stattgabe handeln. Im Jahresdurchschnitt werden rund 30 Verfassungsbeschwerden in den beiden Senaten entschieden, der Rest in den Kammern.

Bei der internen Arbeitsorganisation bringt zunächst das vorgeschaltete Verfahren einer kursorischen Prüfung der Eingänge durch juristisch qualifizierte Beamte eine beträchtliche Erleichterung. Die Zahl der Eingaben an das Bundesverfassungsgericht ist etwa doppelt so hoch wie die Zahl der Verfassungsbeschwerden. Eine Eingabe wird bei Eingang daraufhin überprüft, ob sie die Grundanforderungen an eine Verfassungsbeschwerde erfüllt und die wesentlichen Zulässigkeitsvoraussetzungen eingehalten hat. Fehlt es daran, werden die Einsender darauf hingewiesen und erhalten die Möglichkeit, ihre Eingabe zurückzuziehen, nachzubessern oder auf der Behandlung als Verfassungsbeschwerde zu bestehen.

Für die Bewältigung der Arbeitslast ist ferner die Hilfe der wissenschaftlichen Mitarbeiter wichtig, von denen jeder Richter heute drei hat, die er selbständig auswählt und einsetzt. Die meisten kommen aus der ersten oder zweiten Instanz der Fachgerichte und werden gewöhnlich auf drei Jahre an das Bundesverfassungsgericht entsandt. Stets sind aber auch andere juristische Berufe vertreten, namentlich Universitätsassistenten und Verwaltungsbeamte. Die gewaltige Zahl der Kammerentscheidungen könnte ohne die Tätigkeit der Mitarbeiter nicht ergehen. Sie werden aber auch bei der außerordentlich aufwendigen Vorbereitung von Senatsentscheidungen eingesetzt.

3. Das Abgrenzungsproblem, dem ich mich nun zuwende, kann, wie erwähnt, bei integrierter Verfassungsgerichtsbarkeit nicht auftreten. Es ist ein Sonderproblem der verselbständigten Verfassungsgerichtsbarkeit. In Deutschland ist es durch ein extensives Grundrechtsverständnis noch erheblich verschärft worden. Zur Erklärung muss ich einen kurzen Blick auf die Entwicklung der Grundrechtsdogmatik werfen.

Im Laufe des 19. Jahrhunderts hatte sich in Deutschland die Auffassung durchgesetzt, dass die Grundrechte nur für das Verhältnis zwischen Staat und Bürger maßgeblich seien, aber auch hier nur die staatliche Verwaltung erfassten, nicht den Gesetzgeber. Aus dem Umstand, dass die Grundrechte gesetzlicher Beschränkung zugänglich waren, wurde vielmehr geschlossen, dass sie den Gesetzgeber nicht banden, sondern nur im Rahmen der Gesetze galten. An die Gesetzgebung selber richteten sie keine Anforderungen, und noch weniger kam die Gesetzesanwendung unter den Einfluss der Grundrechte. Ihre Bedeutung beschränkte sich unter diesen Umständen auf die Anforderung, dass Grundrechtseingriffe einer gesetzlichen Grundlage bedürfen. Da dies aber bereits der wesentliche Inhalt des Rechtsstaatsprinzips war, kam die herrschende Lehre zu dem Schluss, dass die Grundrechte im Rechtsstaatsprinzip aufgingen und als solche »leerliefen«.

Mit dieser Auffassung hat das Grundgesetz gebrochen, indem es in Art. 1 Abs. 3 GG feststellte, dass die Grundrechte sämtliche Staatsgewalten als unmittelbar geltendes Recht binden. Die Folge dieser Vorschrift war, dass sich die Gesetzesprüfung nicht mehr in der Kontrolle der formellen Verfassungsmäßigkeit erschöpfen konnte, sondern sich auch auf die materielle Übereinstimmung mit der Verfassung, namentlich mit den Grundrechten, erstreckte. Ungewiss blieb in der Frühphase der Bundesrepublik allerdings, was die Geltung der Grundrechte für die Rechtsprechung bedeutete.

Die Entscheidung dieser Frage erfolgte durch das Lüth-Urteil des Bundesverfassungsgerichts von 1958 (BVerfGE 7,198), dessen Bedeutung gar nicht überschätzt werden kann. Ausgangspunkt war ein Privatrechtsstreit zwischen dem Vorsitzenden des Hamburger

Filmclubs Lüth und den Produzenten und Verleihern des Veit-Harlan-Films »Unsterbliche Geliebte«. Lüth hatte zum Boykott dieses Films aufgerufen, weil er es empörend fand, dass ein Exponent des nationalsozialistischen Films wie Veit Harlan in der Bundesrepublik wieder als Regisseur auftrat. Die Zivilgerichte sahen in Lüths Verhalten eine sittenwidrige Schädigung der Kläger und verurteilten ihn zur Unterlassung. Gestützt auf das Grundrecht der Meinungsfreiheit erhob er Verfassungsbeschwerde.

Die Entscheidung ließ sieben Jahre auf sich warten, hat aber dann die Grundrechtsdogmatik auf ein neues Fundament gestellt und die Rechtspflege insgesamt erheblich verändert. Das Bundesverfassungsgericht stellte fest, dass die Grundrechte nicht allein subjektive Abwehrrechte des Einzelnen gegen den Staat, sondern auch objektive Prinzipien seien, die die gesamte Rechtsordnung durchdringen, das Privatrecht nicht ausgenommen. Das Gericht ging deswegen aber nicht zur unmittelbaren Geltung der Grundrechte in Privatrechtsverhältnissen über. Diese richten sich weiterhin nach Privatrecht. Doch war es nicht damit getan, dass die Privatrechtsgesetze selber grundrechtskonform sein mussten. Privatrechtliche Normen, die ein Grundrecht beschränkten oder im konkreten Fall grundrechtsbeschränkende Wirkung hatten, mussten vielmehr auch im Einklang mit dem betreffenden Grundrecht ausgelegt und angewandt werden. Das grundrechtsbeschränkende Gesetz war also selber wieder im Lichte des eingeschränkten Grundrechts zu deuten. Das Gericht sprach in diesem Zusammenhang von »Wechselwirkung« zwischen beiden und von einer »Ausstrahlung« des Grundrechts auf das sogenannte einfache Recht.

Das Urteil wurde zunächst als Aussage zur Drittwirkungsproblematik verstanden, die ja kürzlich auch in der Schweiz nochmals eine Grundsatzdiskussion ausgelöst hat. Die Ausstrahlungswirkung der Grundrechte beschränkt sich aber nicht auf das Privatrecht. Sie gilt vielmehr für sämtliche Rechtsgebiete, sobald eine gesetzliche Bestimmung Grundrechtsberührung hat. Die Reichweite der neuen Lehre war bereits ein Jahr früher abgesteckt worden, als das Bundesverfassungsgericht im Elfes-Urteil (BVerfGE 6,32) das Grundrecht auf freie Entfaltung der Persönlichkeit in Art. 2 Abs. 1 GG als allgemeines Freiheitsrecht interpretierte, das jedes erdenkliche menschliche Verhalten schützt, das nicht im Schutzbereich eines speziellen Freiheitsrechts liegt. Der damit gewährleistete lückenlose Grundrechtsschutz macht auch die Ausstrahlungswirkung der Grundrechte zu einer flächendeckenden, denn es sind wenig Rechtsnormen vorstellbar, die nicht wenigstens die allgemeine Handlungsfreiheit berühren.

Mit der verfassungsrechtlichen Pflicht der Gerichte, bei Auslegung und Anwendung grundrechtsrelevanten einfachen Rechts den interpretationsleitenden Einfluss der Grundrechte zu beachten, war aber auch die Tätigkeit der Gerichte der Kontrolle des Bundesverfassungsgerichts unterworfen. Mit diesem Instrument hat es die Fachgerichtsbarkeit für die Grundrechte sensibel gemacht. Die Tragweite ist am Beispiel Österreichs abzulesen. Da dort der Verfassungsgerichtshof nicht die Rechtsprechung der Fachgerichte auf Verfassungsverstöße überprüfen kann, sind diese auch weit weniger von den grundrechtlichen Anforderungen durchdrungen, als das in Deutschland der Fall ist.

Als Folge dieser Ausweitung des Geltungsumfangs der Grundrechte tritt allerdings das Abgrenzungsproblem zwischen Verfassungsgericht und Fachgerichten, Verfassungsrecht und einfachem Recht auf. Eine trennscharfe Grenze zwischen beiden lässt sich nicht ziehen. Eingriffe in Grundrechte sind nur auf gesetzlicher Grundlage zulässig. Fehler bei der Gesetzesauslegung haben dann aber grundsätzlich dieselbe Wirkung wie eine fehlende Gesetzesgrundlage überhaupt: Der Eingriff steht außerhalb des gesetzlichen Rahmens. So gesehen ist im Eingriffsbereich jeder Rechtsfehler zugleich Verfassungsfehler. In der Konsequenz dieser Einsicht hätte sich das Bundesverfassungsgericht daher zur, wie es gerne genannt wird, Superrevisionsinstanz der Gerichtsbarkeit entwickeln können.

Um diese Konsequenz zu vermeiden, hat das Gericht es schon frühzeitig abgelehnt, Entscheidungen der Fachgerichte einer umfassenden Nachprüfung zu unterziehen. Nachgeprüft wird vielmehr nur, ob »spezifisches Verfassungsrecht« verletzt ist. Damit ist gemeint, dass diejenigen Verfassungsfehler, die lediglich auf fehlerhafter Auslegung und Anwendung des einfachen Rechts beruhen, verfassungsprozessual irrelevant seien und nur im fachgerichtlichen Rechtszug überprüft werden sollten, während das Verfassungsgericht nur diejenigen Fehler korrigiert, die sich gerade aus der Außerachtlassung oder Fehlgewichtung der Grundrechte ergeben. Das ist der Inhalt der sogenannten Heck'schen Formel, mit der das Bundesverfassungsgericht seit einer frühen Entscheidung (BVerfGE 18,85,92) das Abgrenzungsproblem zu lösen sucht.

Allerdings lässt die Formel beträchtlichen Spielraum. Es ist auch nicht zu verkennen, dass sie in der Praxis außerordentlich unterschiedlich gehandhabt wird und manchmal zu einer weit zurückgenommenen, dann wieder zu einer weit vorgeschobenen Nachprüfung führt, ohne dass die Gründe für den unterschiedlichen Prüfungsumfang immer deutlich gemacht würden. Die Grenzziehung ist auf diese Weise ein Dauerproblem und auch ein häufiger Anlass zu Kritik an der Verfassungsrechtsprechung. Eine überzeugende Lösung steht indessen nicht zur Verfügung. Für die Frage nach integrierter oder verselbständigter Verfassungsgerichtsbarkeit kann das von Bedeutung sein.

III. Zur Normenkontrolle

Auch die Normenkontrolle, der ich mich nun zuwende, wirft Abgrenzungsprobleme auf, allerdings nicht zwischen Verfassungsgerichtsbarkeit und Fachgerichtsbarkeit, sondern zwischen Verfassungsgericht und Gesetzgeber. Allerdings ist dieses Problem von der Frage nach integrierter oder spezialisierter Verfassungsgerichtsbarkeit unabhängig. Es tritt vielmehr überall dort auf, wo man sich entscheidet, die Verfassung auch gegenüber dem Gesetzgeber gerichtlich durchzusetzen. Es stellen sich aber einige andere Fragen, bei deren Erörterung ich in den Bahnen von Herrn *Koller* wandle, denn fast dieselben Gegensatzpaare, von denen er heute Morgen ausgegangen ist, hatte auch ich mir zu diskutieren vorgenommen: monopolisierte oder diffuse, präventive oder repressive, abstrakte oder konkrete Normenkontrolle.

1. Hinsichtlich der monopolisierten oder diffusen Normenkontrolle unterscheiden sich das schweizerische und das deutsche System. Wie eingangs schon angedeutet, gibt es in Deutschland zwar kein Prüfungsmonopol des Bundesverfassungsgerichts, wohl aber ein Verwerfungsmonopol. Ein Grund dafür war der Respekt vor dem demokratisch legitimierten Gesetzgeber, den man nicht der Kontrolle jedes beliebigen Gerichts, sondern nur der des höchsten, selbst auf die Stufe eines obersten Staatsorgans gestellten Gerichts

unterwerfen wollte. Das wird auch daran erkennbar, dass das Verwerfungsmonopol sich weder auf vorkonstitutionelles noch auf untergesetzliches Recht erstreckt.

Ein zweiter Grund, der für die monopolisierte Normenkontrolle sprach, war die Einheitlichkeit der Rechtsprechung und die über sie vermittelte Rechtssicherheit. Diffuse Normenkontrolle bringt im Gegensatz zur monopolisierten die Möglichkeit mit sich, dass ein und dasselbe Gesetz in einem Verfahren für verfassungsmäßig gehalten und angewandt, im anderen für verfassungswidrig gehalten und außer Acht gelassen wird. Bis zu einer definitiven Klärung in der letzten Instanz kann unter Umständen lange Zeit vergehen, binnen deren erhebliche Unsicherheit über den Rechtszustand sowie Ungleichbehandlung der Prozessparteien herrschen.

Zu diesen beiden ursprünglichen Gründen ist im Laufe der Zeit ein dritter hinzugetreten, dessen Bedeutung sich bei der Einrichtung des Bundesverfassungsgerichts noch nicht abzeichnete. So wie die Gesetzgebung in einer immer komplizierter werdenden Gesellschaft selber immer komplizierter wird und so wie die Gesetzgebung angesichts der prospektiven Wende der Staatstätigkeit immer stärker zukunftsgerichtete Züge annimmt, wird auch die Prüfung der Verfassungsmäßigkeit der Gesetze immer schwerer, weil ihre verfassungsrechtliche Beurteilung zu einem erheblichen Teil davon abhängt, ob die Annahmen des Gesetzgebers über die künftige tatsächliche Entwicklung im Regelungsbereich des Gesetzes zutreffen oder nicht.

Der Informationsbedarf, der bei der Beurteilung solcher Fragen anfällt, ist beträchtlich und kann von der Justiz im Allgemeinen nicht gedeckt werden. Sie hat weder das Instrumentarium noch die Zeit, die eine Überprüfung von Prognosen erfordert. Dagegen ist in der Verfassungsgerichtsbarkeit einerseits ein Informationssystem ausgebildet worden, das es ermöglicht, die gesetzgeberischen Annahmen leidlich kompetent zu bewerten, andererseits eine Abstufung der Prüfungsintensität und der Rechtsfolgen entstanden, die dem Gesetzgeber die Einschätzungsprärogative hinsichtlich zukünftiger Entwicklungen belässt und ihn gegebenenfalls zu späterer Korrektur verpflichtet, wenn die Entwicklung abweichend verläuft und das Gesetz dadurch verfassungswidrig wird.

2. Beim zweiten Gegensatzpaar, der Differenz zwischen präventiver und repressiver Normenkontrolle, habe ich nicht den Vergleich zwischen Deutschland und der Schweiz, sondern zwischen Deutschland und Frankreich vor Augen. Der französische Conseil constitutionnel kann sein Gesetzesprüfungsrecht nur in der kurzen Spanne zwischen der Verabschiedung und dem Inkrafttreten des Gesetzes ausüben.[2] Er ist zwar nicht auf eine bloße Gutachterfunktion beschränkt. Sein Spruch hat vielmehr verbindliche Kraft und hindert, wenn er negativ ausfällt, die Inkraftsetzung des Gesetzes. Der zeitliche Entscheidungsspielraum ist aber auf diese Weise außerordentlich begrenzt.

Dieses System hat den Vorteil der Gewissheit für sich. Sobald die Anfechtungsfrist verstrichen ist, kann die Verfassungsmäßigkeit eines Gesetzes nicht mehr in Frage gestellt werden. Mir scheinen aber die Nachteile zu überwiegen. Sie liegen vor allem darin, dass über die Verfassungsmäßigkeit eines Gesetzes geurteilt werden muss, ehe es angewandt worden ist. Das Verfassungsgericht weiß also weder, wie das Gesetz von den jeweiligen Fachgerichten verstanden wird, noch welche Folgen es möglicherweise entfaltet. Ein solcher Fall kann in Deutschland nur dann eintreten, wenn ein Gesetz unmittelbar nach seiner parlamentarischen Verabschiedung im Wege der abstrakten Normenkontrolle angegriffen wird.

Der zweite und womöglich noch gewichtigere Nachteil der präventiven Normenkontrolle besteht darin, dass spätere Einsichten hinsichtlich der Verfassungsmäßigkeit des Gesetzes folgenlos bleiben müssen. Das System der präventiven Normenkontrolle ist nicht lernfähig. Das ist umso misslicher, als das Bundesverfassungsgericht davon ausgeht, dass die Verfassungsmäßigkeit eines Gesetzes nicht ein für alle Mal feststeht. Normen sind stets auf einen bestimmten Zustand der sozialen Wirklichkeit bezogen, in dem sie ihre normative Wirkung entfalten sollen. Veränderungen der Verhältnisse im Regelungsbereich einer Norm können aber dann dazu führen, dass diese ihr Ziel nicht mehr erreicht oder sogar dysfunktionale Folgen verursacht. Es ist daher nicht ausgeschlossen, dass ein Gesetz im Laufe der Zeit verfassungswidrig wird, so dass ungeachtet seiner anfänglichen Verfassungsgemäßheit die Notwendig-

2 Das hat sich inzwischen geändert. Seit 2009 können auch in Kraft befindliche Gesetze auf Vorlage des Conseil d'État oder der Cour de Cassation auf ihre Verfassungsmäßigkeit geprüft werden.

keit besteht, es aufzuheben oder zu korrigieren. Diesem Erfordernis kann nur eine repressive Normenkontrolle Rechnung tragen.

3. Die Frage nach abstrakter oder konkreter Normenkontrolle ist in einer Entscheidung für eine integrierte Verfassungsgerichtsbarkeit, wie sie die Schweiz und die USA kennen, von vornherein mitentschieden. Verfassungsfragen entwickeln sich hier aus dem konkreten Rechtsfall, aus *case* and *controversy*, wie die Amerikaner sagen, und können nicht in abstrakter Form an das Gericht herangetragen werden. In Deutschland gibt es sowohl diese Form, die sogenannte Richtervorlage gemäß Art. 100 GG, aber auch die abstrakte Normenkontrolle auf Antrag der Bundesregierung, einer Landesregierung oder eines Drittels der Mitglieder des Bundestages.[3]

Verfahren dieser Art sind allerdings nicht häufig. Zwischen 1951, dem Gründungsjahr des Bundesverfassungsgerichts, und 1993 hat es 41 Verfahren der abstrakten Normenkontrolle gegeben, dagegen 1724 der konkreten Normenkontrolle. Wird die abstrakte Normenkontrolle beantragt, so handelt es sich allerdings regelmäßig um politisch höchst umstrittene Fragen. Dafür ist gerade diese Verfahrensart besonders anfällig, denn sie eröffnet ja dem Verlierer im parlamentarischen Prozess die Möglichkeit, die Auseinandersetzung sogleich vor dem Bundesverfassungsgericht fortzusetzen. Das geschieht typischerweise in Fällen, in denen erbittert gestritten worden ist, und fast immer impliziert ein solcher Streit, dass auch die Gesellschaft in dieser Frage tief gespalten ist.

Vor dem Verfassungsgericht wird zwar nicht die politische Auseinandersetzung fortgeführt, sondern im verengten Rahmen der juristischen Argumentation gestritten. Die zeitliche Nähe zur politischen Auseinandersetzung und die Identität der Streitparteien droht aber auch das verfassungsgerichtliche Verfahren, zumindest in den Augen der Öffentlichkeit, stark zu politisieren. Der Akzeptanz der Verfassungsgerichtsbarkeit ist es nicht bekömmlich, weil sie ihre Autorität unter anderem daraus bezieht, dass sie vom Publikum nicht als Fortsetzung der politischen Auseinandersetzung, sondern als ein von dieser distanziertes Forum wahrgenommen wird, in dem andere Entscheidungskriterien maßgeblich sind.

Was die konkrete Normenkontrolle angeht, so ist in der zu-

3 Heute eines Viertels.

rückliegenden Phase der Novellierung des Bundesverfassungsgerichtsgesetzes diskutiert worden, ob man die Vorlagebefugnis auf die Höchstgerichte der verschiedenen Gerichtszweige beschränken solle. Der Gesetzgeber hat sich dazu nicht entschlossen, und ich halte eine solche Lösung auch nicht für ratsam. Die Erfahrung zeigt, dass die Höchstgerichte weniger bereit sind, Verfassungsfragen ihres Rechtszweiges dem Bundesverfassungsgericht vorzulegen. Es würde also eine beträchtliche Verengung des Spektrums eintreten, wenn die Gerichte der ersten und zweiten Instanz von der Vorlagemöglichkeit ausgeschlossen würden, die der Durchsetzung verfassungsrechtlicher Anforderungen im einfachen Recht nicht zuträglich wäre.

IV. Integrierte oder spezialisierte Verfassungsgerichtsbarkeit?

Eine abschließende Antwort auf die Frage nach der Vorzugswürdigkeit integrierter oder spezialisierter Verfassungsgerichtsbarkeit ist damit nicht gegeben, und sie kann auch gar nicht ohne Rücksicht auf die Rechts- und Gerichtstraditionen eines Landes sowie seine historischen Erfahrungen gegeben werden. Ohne die Erfahrung totalitärer Herrschaft in der Zeit des Nationalsozialismus wäre das Bundesverfassungsgericht als nachhaltigste Neuerung des westdeutschen Nachkriegssystems kaum denkbar gewesen, und ohne die Erfahrung des Totalitarismus sowjetischer Prägung wäre auch die Blüte, die die Verfassungsgerichtsbarkeit derzeit in Osteuropa erlebt, kaum zustande gekommen.

Gerade aus dem Kontakt mit zahlreichen, nicht allein osteuropäischen Staaten, die jüngst eine Verfassungsgerichtsbarkeit eingerichtet haben und daher auch vor der Frage nach integrierter oder spezieller Form standen, glaube ich aber schließen zu können, dass eine eigenständige Verfassungsgerichtsbarkeit dann eine Vorbedingung des Erfolgs ist, wenn es darauf ankommt, der Verfassung überhaupt erst Respekt im politischen System zu verschaffen. Das ist in jenen Ländern der Fall, die zwar seit langem eine Verfassung gehabt haben mögen, welche jedoch im Konflikt mit der Politik stets den Kürzeren zog. Hier wird eine auf Verfassungsdurchsetzung spezialisierte Institution schon aufgrund ihres institutionellen Eigeninteresses eher willens sein, der Verfassung zur Geltung zu verhelfen, und die Bedeutung der Verfassung auch der Öffentlichkeit eher vermitteln können als eine integrierte Verfassungsgerichtsbarkeit.

In einer solchen Situation befindet sich die Schweiz nicht. Es gibt aber noch einen zweiten Grund, der auf eine verselbständigte Verfassungsgerichtsbarkeit drängt. Er ist quantitativer Natur. Es kann der Fall eintreten, dass die Belastung eines integrierten obersten Gerichts in einem Ausmaß wächst, dass eine Vernachlässigung entweder der verfassungsrechtlichen oder der einfachrechtlichen Probleme droht. Vor eine solche Situation gestellt, hat der amerikanische Supreme Court nach und nach die Behandlung einfachrechtlicher Fragen eingeschränkt und die Verfassungsrechtsprechung in den Vordergrund gerückt. Die Alternative dazu ist eine Ausgliederung der Verfassungsgerichtsbarkeit. Ob die Schweiz bereits an diesem Punkt angelangt ist, vermag ich allerdings auch nach der Diskussion dieser Tage nicht zu sagen.

13.
Zum Verhältnis von Verfassungsgericht und Fachgerichten

I.

Die Entstehung der modernen Verfassung im späten 18. Jahrhundert war nicht sogleich von der Einrichtung einer Verfassungsgerichtsbarkeit begleitet. In dem Ursprungsland der modernen Verfassung, den USA, ging aus dem Verfassungstext nicht hervor, ob Gerichte die Verfassungsmäßigkeit von Gesetzen und sonstigen Staatsakten prüfen durften. Der *Supreme Court* bejahte diese Frage 16 Jahre nach Inkrafttreten der Verfassung in der grundlegenden Entscheidung im Fall *Marbury v. Madison* von 1803.[1] Die Anerkennung des *judicial review* führte aber nicht zur Einrichtung eines Verfassungsgerichts und wurde auch nicht auf den *Supreme Court* beschränkt, sondern allen Gerichten zugebilligt. Daran hat sich bis heute nichts geändert. Auch in den meisten anderen Ländern des *Common Law*, die *judicial review* zulassen, ist das die Sache der allgemeinen Gerichte.

In Frankreich, dem europäischen Ursprungsland des modernen Konstitutionalismus, verbot die Verfassung der Justiz ausdrücklich die Überprüfung von Gesetzen auf ihre Verfassungsmäßigkeit.[2] In einigen europäischen Staaten, deren Verfassung auf französischen Einfluss zurückgeht, ist das bis heute so.[3] In Frankreich selbst erlaubte erstmals die bis heute geltende Verfassung von 1958 die Verfassungskontrolle von Gesetzgebungsakten und übertrug sie einem eigens darauf spezialisierten Organ, dem *Conseil constitutionnel*. Doch wurde dieser auf die Überprüfung von Gesetzen vor ihrem Inkrafttreten beschränkt, und längere Zeit nahm man an, dass nur die Kompetenz- und Verfahrensregeln als Prüfungsmaßstab in Betracht kämen, nicht die Grundrechte. Inzwischen sind die Grundrechte ebenfalls als Maßstab anerkannt, und vor kurzem ist auch

1 5 U. S. 137.

2 Verfassung von 1791, Ch. V Art. 3.

3 Vgl. zum Beispiel die Verfassung der Niederlande von 1815, Art. 120.

die Beschränkung auf noch nicht in Kraft getretene Gesetze aufgegeben worden.[4]

Frankreich war aber keineswegs das Ursprungsland der spezialisierten Verfassungsgerichtsbarkeit, sondern schloss sich einer Tendenz an, die bereits in anderen Ländern zu Verfassungsgerichten geführt hatte. Der erste Versuch war in Deutschland im Zuge der Revolution von 1848 in der Paulskirchen-Verfassung unternommen worden.[5] Doch trat die Verfassung nicht in Kraft, nachdem die Revolution gescheitert war. So vergingen weitere 70 Jahre, ehe das erste spezielle Verfassungsgericht entstand, und zwar nach dem Ende des Ersten Weltkriegs 1920 im demokratisierten Österreich,[6] während im ebenfalls demokratisierten Deutschland die entsprechenden Versuche scheiterten, so dass die Weimarer Verfassung von 1919 nur ein rudimentäres Verfassungsgericht vorsah, das auf die Entscheidung von Streitigkeiten zwischen Reich und Ländern beschränkt war.[7]

Nach dem Zusammenbruch der faschistischen Regime in Deutschland und Italien 1945 gingen diese beiden Länder zur Verfassungsgerichtsbarkeit über, in Deutschland mit einer Kompetenzfülle, die das österreichische Vorbild weit hinter sich ließ. Im Lauf der zweiten Hälfte des 20. Jahrhunderts folgten dem fast alle Länder, die sich von autoritären oder totalitären Regimen befreit hatten und sich demokratische Verfassungen gaben, in Süd- und Osteuropa, in Afrika, in Lateinamerika und in Asien, unter anderem in Korea.[8] Motor für die Gründung spezieller Verfassungsgerichte war dabei oft ein Misstrauen gegen die traditionellen Ge-

4 Art. 61 – 1 C, eingefügt 2008.

5 Vgl. *Dieter Grimm*, Gewaltengefüge, Konfliktpotential und Reichsgericht in der Paulskirchen-Verfassung, in: *Ulrike Müssig* (Hrsg.), Konstitutionalismus und Verfassungskonflikt, 2006, S. 257.

6 Vgl. *Ewald Wiederin*, Der österreichische Verfassungsgerichtshof als Schöpfung Hans Kelsens und sein Modellcharakter als eigenständiges Verfassungsgericht, in: Schutz der Verfassung, Der Staat, Beiheft 22 (2014), S. 283. Das etwa gleichzeitig in der Tschechoslowakei gegründete Verfassungsgericht ist nicht wirklich aktiv geworden.

7 Vgl. *Horst Dreier*, Verfassungsgerichtsbarkeit in der Weimarer Republik, in: Der Staat, Beiheft 22 (Fn. 6), S. 317.

8 Vgl. *C. Neal Tate/Torbjörn Vallinder* (Hrsg.), The Global Expansion of Judicial Power, 1995; *Andrew Harding/Peter Leyland* (Hrsg.), Constitutional Courts: A Comparative Study, 2009.

richte, deren Richter überwiegend nach dem Regimewechsel im Amt blieben. Aus diesem Grund hielt die spezielle Verfassungsgerichtsbarkeit auch in einigen *Common-Law*-Ländern Einzug, so beispielsweise in Südafrika.

II.

Die Entscheidung zugunsten spezieller Verfassungsgerichte bringt ein Folgeproblem mit sich, das in Ländern mit umfassender Zuständigkeit der allgemeinen Gerichte nicht auftaucht, nämlich die Grenzziehung zwischen Verfassungsrecht und Gesetzesrecht («einfachem Recht«, wie in Deutschland meist gesagt wird) sowie zwischen Verfassungsgerichten und anderen Gerichten (den »Fachgerichten« in der deutschen Terminologie). Dieses Problem lässt sich in keinem System mit spezialisierter Verfassungsgerichtsbarkeit umgehen. Es spitzt sich aber in Systemen zu, die die Verfassungsbeschwerde gegen Urteile anderer Gerichte zulassen. In Deutschland war das von Anfang an der Fall, ist aber erst seit 1969 in Art. 93 Abs. 1 GG garantiert. Korea hat bisher auf die Urteilsverfassungsbeschwerde verzichtet.

Die Urteilsverfassungsbeschwerde macht den größten Anteil aller Verfahren beim Bundesverfassungsgericht aus. Von den rund 6000 Verfahren pro Jahr sind etwa 95% Verfassungsbeschwerden, und von diesen sind wiederum die weitaus meisten Urteilsverfassungsbeschwerden.[9] Das hängt damit zusammen, dass die Verfassungsbeschwerde gemäß § 90 Abs. 2 BVerfGG in der Regel erst nach Erschöpfung des Rechtswegs zulässig ist. Auch Verfassungsbeschwerden, die ihre Ursache in Gesetzen haben, werden vom Bundesverfassungsgericht nur behandelt, wenn das Gesetz auf den Beschwerdeführer angewandt und wenn der Anwendungsakt zuvor vor den zuständigen Fachgerichten angefochten worden ist. Es gibt Ausnahmen von dieser Regel. Sie fallen aber zahlenmäßig nicht sehr ins Gewicht.

Regelmäßig wird es bei der Urteilsverfassungsbeschwerde also darum gehen, ob bei der Gesetzesanwendung Verfassungsverstöße vorgekommen sind. Die Grenzziehung zwischen Verfassungsrecht

9 Vgl. die jährliche Statistik auf der Homepage des Bundesverfassungsgerichts.

und einfachem Recht ist daher unvermeidlich. Zum Problem wird die Grenzziehung deswegen, weil der Grenzverlauf nicht von vornherein feststeht. Er wird bestimmt durch die Reichweite der Verfassung, und diese ist wiederum das Ergebnis von Interpretationen der Verfassung bei den Verfassungsbeschwerden, mit denen nur Grundrechtsverstöße geltend gemacht werden können, also von Interpretationen der Grundrechte. Verfassungsgerichte dürfen nur verfassungsrechtliche Fragen entscheiden, aber was verfassungsrechtliche Fragen sind, hängt entscheidend von der Auslegung der Verfassung ab, bei der die Verfassungsgerichte das letzte Wort haben. Sie können von dieser Befugnis extensiven oder restriktiven Gebrauch machen. Für beide Wege finden sich Beispiele.

Das deutsche Bundesverfassungsgericht hat sich frühzeitig für eine extensive Interpretation der Verfassung, namentlich der Grundrechte, entschieden. Dafür waren die Voraussetzungen nach der Erfahrung der nationalsozialistischen Herrschaft mit ihrer vollständigen Negation menschlicher Freiheit und Würde besonders günstig. Begrenzung der Staatsmacht im Interesse individueller Freiheit gehörte zum gesellschaftlichen Konsens der Nachkriegszeit. Das Grundgesetz von 1949 verlieh diesem Konsens juristischen Ausdruck, und das Organ, das den Verfassungskonsens im konkreten Streitfall in freiheitsfreundliche Entscheidungen umsetzte, konnte sich eines weiten Zuspruchs in der Bevölkerung sicher sein. Es stieg schnell zu dem am meisten geachteten Staatsorgan auf.

Die grundlegenden Entscheidungen über die Reichweite des Verfassungsrechts fielen schon bald nach der Gründung des Verfassungsgerichts im Jahr 1951 mit dem *Elfes-Urteil* von 1957 und dem *Lüth-Urteil* von 1958.[10] Elfes, einem ehemaligen CDU-Politiker, der sich von der Politik des Bundeskanzlers Adenauer abgewandt hatte und diese in Reden scharf kritisierte, auch im kommunistischen Ausland, wurde die Verlängerung seines Reisepasses verweigert, weil er mit seinen Auftritten die Interessen der Bundesrepublik schädige. Das Gesetz, auf das sich die Entscheidung stützte, sah die Gefährdung »erheblicher Belange der Bundesrepublik« als Versagungsgrund vor. Die Frage war, ob das Gesetz oder seine Anwendung im konkreten Fall gegen Grundrechte von Elfes verstieß.

Das Bundesverfassungsgericht fand kein spezifisches Grund-

10 BVerfGE 6,32 und 7,198. Vgl. zu Elfes *Dieter Grimm*, Ein Blick hinter die Kulissen: Die Entstehung des Elfes-Urteils, in diesem Band Nr. 10.

recht, das diesen Fall betraf. Insbesondere fand es Art. 11 GG, der die Freizügigkeit *im* Bundesgebiet garantiert, nicht einschlägig, weil er nichts über die Ausreise *aus dem* Bundesgebiet sagt. So blieb die Frage, ob ein sehr weit formuliertes Grundrecht, das Recht auf freie Entfaltung der Persönlichkeit in Art. 2 Abs. 1 GG, auf diesen Fall anwendbar war. Über den Inhalt dieses Rechts herrschte in der Staatsrechtslehre damals Streit. Einige Autoren verstanden es sehr eng, den innersten Kern der menschlichen Persönlichkeit schützend. Andere hielten es für ein allgemeines Freiheitsrecht, das überall dort zum Zuge kam, wo keine spezielle Freiheitsgarantie vorhanden war.

Ohne zu erwägen, ob es zwischen diesen beiden Polen einen Mittelweg gab, entschied sich das Bundesverfassungsgericht für die weite Auslegung. Hier kommt es nicht auf die Begründung, sondern auf das Ergebnis und seine Bedeutung für die Reichweite des Verfassungsrechts an. Art. 2 Abs. 1 GG schützte nach dem Elfes-Urteil jedes erdenkliche menschliche Verhalten, das nicht Gegenstand einer speziellen Freiheitsgarantie im Grundgesetz geworden war. Es wurde als »Auffanggrundrecht« gedeutet, das alle staatlichen Maßnahmen auffing, die durch die Maschen der anderen Grundrechte hindurchfielen, rechtstechnisch gesprochen: deren Schutzbereich nicht berührten.

Die Folgen dieser Entscheidung waren für unser Thema einschneidend. Mit dem Elfes-Urteil war der Grundrechtsschutz gegenüber dem Staat lückenlos geworden. Grundrechtlich geschützt waren nicht einzelne konkret umschriebene Verhaltensweisen oder Sozialbereiche wie die Meinungsäußerung, die Religionsausübung, die Wohnung, das Eigentum, die Kunst etc., sondern ausnahmslos alle Handlungen von Individuen. Das verlangte andererseits, dass auch die Schrankenregelung dieses Grundrechts weit verstanden wurde, weil unter den geschützten Handlungen angesichts der extensiven Interpretation auch viele sein konnten, die höchst schädlich für Dritte oder für die Gemeinschaft waren. Weiter Schutzbereich und leichte Einschränkbarkeit bedingten einander.

Wichtiger als die Schrankenfrage ist in unserem Zusammenhang aber, dass aufgrund der weiten Schutzbereichsdefinition nun jedes staatliche Verhalten, das ein Individuum beschränkte oder belastete, grundrechtsrelevant war. Anders als etwa in den USA, wo die Grundrechte nicht als geschlossenes System, sondern als

Einzelgarantien verstanden werden, gab es in Deutschland keine grundrechtsfreie Zone mehr. Damit wurde die Grenze zwischen Verfassungsrecht und einfachem Recht neu festgelegt und mit ihr auch das Verhältnis von Verfassungsgericht und Fachgerichten. Jeder, der Adressat eines belastenden Staatsakts geworden war, konnte, wenn ihm die Fachgerichte nicht zu seinem Recht verhalfen, Verfassungsbeschwerde erheben und damit das Bundesverfassungsgericht in die Lage versetzen, über die Rechtsprechung der Fachgerichte aus grundrechtlicher Sicht zu urteilen.

Der Elfes-Fall betraf das Staat-Bürger-Verhältnis, in dem die Grundrechte unstreitig zur Anwendung kommen. Ob ihre Wirkung auf dieses Verhältnis beschränkt war oder noch weiter reichte, wurde ein Jahr später im Lüth-Urteil entschieden. Das Ausgangsverfahren war hier im Unterschied zu Elfes ein Zivilrechtsstreit. Lüth, ein Protagonist der deutsch-jüdischen Aussöhnung, war empört, dass Veit Harlan, ein Regisseur antisemitischer Filme in der Nazizeit, wieder mit einem Film an die Öffentlichkeit trat, und rief alle Kinobesitzer auf, den Film nicht zu zeigen, und alle Deutschen, ihn nicht anzuschauen. Die Filmgesellschaften, Produzent und Verleiher, verlangten daraufhin von Lüth die Unterlassung der Äußerung. Die Zivilgerichte beurteilten Lüths Äußerung als sittenwidrigen Boykottaufruf nach § 826 BGB und untersagten ihm die Äußerung.

Dagegen erhob Lüth Verfassungsbeschwerde, gestützt auf sein Grundrecht auf freie Meinungsäußerung, Art. 5 Abs. 1 Satz 1 GG. Damit war die Frage nach der Bedeutung der Grundrechte in Privatrechtsverhältnissen, also nach ihrer »Drittwirkung«, aufgeworfen. Die Frage wurde zu dieser Zeit bereits stark diskutiert, war aber noch nicht Gegenstand verfassungsgerichtlicher Klärung geworden. Wie bei Elfes gab es dazu restriktive und extensive Meinungen. Während einige an der traditionellen Sichtweise festhielten, dass die Grundrechte den Einzelnen nur vor dem Staat schützten, der in seine Freiheiten eingriff, also in der vertikalen Richtung galten, nahmen andere an, die Grundrechte beträfen auch das Verhältnis der Privatleute untereinander, entfalteten also zusätzlich horizontale Wirkung.

Um dieses Problem zu lösen, machte das Bundesverfassungsgericht einen Umweg. Es stellte sich die grundsätzliche Frage, was denn überhaupt Sinn und Rechtsnatur von Grundrechten seien.

Seine Antwort lautete: Primär sind sie Abwehrrechte des Einzelnen gegenüber dem Staat. Damit aber nicht genug: Sie sind darüber hinaus auch die obersten Werte, auf die sich eine Gesellschaft in ihrer Verfassung geeinigt hat. Aus diesem Verständnis zog das Gericht den Schluss, dass die Wirkung der Grundrechte nicht auf das Staat-Bürger-Verhältnis beschränkt bleiben konnte, sondern sämtliche Bereiche des Rechts erfassen musste. Auch die Privatrechtsbeziehungen müssten daher gemäß den Werten geordnet werden, die in den Grundrechten Ausdruck gefunden haben.

Daraus leitete das Bundesverfassungsgericht zwei Konsequenzen ab. Von diesen war die erste unstreitig, weil sie sich unmittelbar aus dem Wortlaut von Art. 1 Abs. 3 GG ergab: Privatrechtliche Gesetze dürfen nicht gegen die Grundrechte verstoßen. Das war in den vorangegangenen Epochen, dem Kaiserreich von 1871 und der Weimarer Republik von 1919, strittig gewesen. Die herrschende Meinung lautete damals, dass die Grundrechte keine Bindungswirkung für den Gesetzgeber besäßen. Die Grundrechte galten nur im Rahmen der Gesetze, nicht umgekehrt.[11] Mit anderen Worten war der Vorrang der Verfassung nicht etabliert. Art. 1 Abs. 3 GG ließ diese Auffassung in der Bundesrepublik nicht mehr zu. Die Ausdehnung der Grundrechte auf den Gesetzgeber war eine Entscheidung der Verfassung selbst.

Offen war aber noch, *wie* die Grundrechte zwischen Privatleuten wirkten, mittelbar oder unmittelbar. Manche Autoren sahen die unmittelbare Drittwirkung als Konsequenz aus der Aufwertung der Grundrechte durch das Grundgesetz an. Die Arbeitsgerichte waren dem vielfach gefolgt, wenn es um Gleichbehandlung ging.[12] Auch vom Bundesgerichtshof finden sich einzelne Entscheidungen, die offenbar von einer direkten Grundrechtswirkung zwischen Privatpersonen ausgingen.[13] Das Bundesverfassungsgericht schloss sich jedoch dieser Auffassung aus guten Gründen nicht an. Ebenso wenig war es aber bereit, der traditionellen Ansicht zu folgen, dass

11 Vgl. *Dieter Grimm*, Die Entwicklung der Grundrechtstheorie in der deutschen Staatsrechtslehre des 19. Jahrhunderts, in: *ders.*, Recht und Staat der bürgerlichen Gesellschaft, 1987, S. 308; *Christoph Gusy*, Die Grundrechte in der Weimarer Republik, ZNR 1993, S. 163.

12 Vgl. BAG 1,185 (193).

13 Vgl. BGHZ 13,334. Dazu *Dieter Grimm*, Schutz der Persönlichkeit, Karlsruher Forum 1996, 1997, S. 3.

die Grundrechte allein in der vertikalen Dimension zur Anwendung kämen.

Sein zweiter Schluss lautete vielmehr, dass die Bedeutung der Grundrechte für das Privatrecht mit der Bindung des Privatrechtsgesetzgebers noch nicht erschöpft sei. Wenn sie die höchsten Prinzipien der Rechtsordnung darstellten, dann müssten sie nicht nur die Gesetzgebung, sondern auch die *Auslegung und Anwendung* der Gesetze beeinflussen. Zusätzlich zu Grenzen für den Gesetzgeber bildeten sie daher auch Auslegungsrichtlinien für den Richter. Der Rechtsstreit blieb dann ein Privatrechtsstreit. Maßstab der Entscheidung war das Privatrecht. Die privatrechtlichen Normen mussten aber im Licht der Grundrechte interpretiert werden. Diese »strahlten« auf das einfache Recht aus, wie sich das Gericht bildhaft ausdrückte. Das Ergebnis war die mittelbare Drittwirkung.

Das Lüth-Urteil war für das Verhältnis von Verfassungsrecht und einfachem Recht, Verfassungsgericht und Fachgerichten nicht weniger einschneidend als das Elfes-Urteil. Elfes hatte den Wirkungsbereich der Grundrechte gegenständlich ausgeweitet, Lüth vertiefte ihn funktional. War bis dahin die Auslegung und Anwendung eines verfassungsmäßigen Gesetzes ausschließlich eine Angelegenheit des einfachen Rechts und damit der Fachgerichte gewesen, so erstreckte sich nun die Wirkung der Verfassung auch auf die Anwendung des einfachen Rechts. Der Richter als Anwender der Gesetze konnte dabei nicht nur einfachrechtliche Fehler machen, er konnte auch einen Verfassungsfehler machen und war insoweit der Kontrolle durch das Bundesverfassungsgericht unterworfen.

Die Ausstrahlungswirkung der Grundrechte blieb nicht auf das Privatrecht beschränkt. Sie wurde schnell auf das gesamte einfache Recht erstreckt. Wenn die Anwendung einfachen Rechts zu einer Beschränkung von Grundrechten führt, dann müssen die betroffenen Grundrechte bei der Auslegung berücksichtigt werden. Außer dem Privatrecht sind also auch das Strafrecht, das Verwaltungsrecht, das Prozessrecht usw. im Lichte der Grundrechte auszulegen und anzuwenden. Man hat darin eine »Konstitutionalisierung der Rechtsordnung«[14] gesehen. Das Verfassungsrecht durchdringt mit seinen Wertentscheidungen das gesamte einfache Recht. Damit war ein erheblicher Reformschub verbunden, der sich besonders

14 Vgl. *Gunnar Folke Schuppert/Christian Bumke*, Die Konstitutionalisierung der Rechtsordnung, 2000.

auf die großen Kodifikationen, das BGB, das StGB und die Prozessordnungen, auswirkte, die allesamt noch aus vordemokratischer Zeit stammten.

Was muss der Richter tun, um den Anforderungen der Grundrechte an die Auslegung und Anwendung des einfachen Rechts zu genügen? In der Regel wird die Figur der mittelbaren Drittwirkung zu einer Abwägung führen. Abzuwägen ist einerseits zwischen dem Gewicht, das derjenige Aspekt des Grundrechts hat, welcher von der Entscheidung berührt wird, und andererseits der Einbuße, die das Rechtsgut, welches von der einfachrechtlichen Norm geschützt wird, bei Berücksichtigung des Grundrechts erleidet.[15] Dabei geht es aber nicht um eine Gegenüberstellung zweier abstrakter Rechtsgüter und die Feststellung, welches von ihnen gewichtiger ist, sondern um eine konkrete Kosten-Nutzen-Analyse, die im Rahmen der Tatbestandsmerkmale des einschlägigen Gesetzes vorzunehmen ist.

Elfes und vor allem Lüth werden gelegentlich unter dem Gesichtspunkt des Verfassungsgerichts-Imperialismus, der Selbstermächtigung eines Gerichts, der Verfolgung institutioneller Machtinteressen diskutiert. Indessen muss hier zwischen Intention und Effekt unterschieden werden.[16] Der Effekt der Urteile ist ohne Zweifel eine Einflusserweiterung des Bundesverfassungsgerichts auf Kosten der Fachgerichtsbarkeit. Es spricht aber wenig dafür, dass diese Erweiterung auch die handlungsleitende Absicht des Verfassungsgerichts war. Dem Gericht ging es vielmehr darum, den Grundrechten zu größtmöglicher Relevanz zu verhelfen, womit es als unvermeidliche Folgewirkung aber zugleich seine eigene Position gegenüber den Fachgerichten verstärkte.

III.

Die Grenze zwischen Verfassungsrecht und einfachem Recht, Verfassungsgericht und Fachgerichten verschwindet durch die Ausstrahlungswirkung nicht. Da das Verfassungsgericht weiterhin nur verfassungsrechtliche Fragen entscheiden darf, behalten das ein-

15 Vgl. etwa BVerfGE 97,391 (401).

16 Vgl. *Dieter Grimm*, Judicial Activism, in: *Robert Badinter/Stephen Breyer* (Hrsg.), Judges in Contemporay Democracy, 2004, S. 17.

fache Recht und die Fachgerichte jedenfalls insofern eine relative Selbständigkeit gegenüber dem Verfassungsrecht, als die Ausstrahlungswirkung dem zugrundeliegenden Rechtsstreit nicht den Charakter eines Zivil-, Straf- oder Verwaltungsprozesses nimmt. Folglich kann das Verfassungsgericht den Rechtsstreit auch nicht selbst entscheiden. Findet es keinen Grundrechtsverstoß, weist es die Verfassungsbeschwerde gegen das fachgerichtliche Urteil zurück. Dieses bleibt also bestehen. Findet es einen Grundrechtsverstoß, hebt es das angegriffene Urteil auf und verweist das Verfahren an das Fachgericht zurück.

Das Fachgericht muss dann unter Beachtung der verfassungsgerichtlichen Entscheidung neu urteilen. Bei der neuen Entscheidung ist es aber nicht auf eine bestimmte Lösung festgelegt. Es muss lediglich die verfassungswidrige Lösung vermeiden. In der Regel bleiben danach noch Interpretationsspielräume offen, die das Fachgericht aufgrund einfachrechtlicher Erwägungen nutzen kann. Es ist höchst selten, dass die Ausstrahlungswirkung des Grundrechts nur noch eine einzige denkbare Auslegungsmöglichkeit übrig lässt. Es kommt freilich vor, dass auch die neue Entscheidung des Fachgerichts wieder mit der Verfassungsbeschwerde angegriffen und dann nochmals auf Grundrechtsverstöße geprüft wird. Doch tritt dieser Fall nicht oft ein.

Die Grenze zwischen Verfassungsrecht und einfachem Recht verschiebt sich aber und ihr Verlauf ist schwerer zu ermitteln. Es wird sogar die Frage gestellt, ob es überhaupt noch ein Halten gibt, wenn Auslegung und Anwendung des einfachen Rechts durch die Fachgerichte erst einmal für verfassungsgerichtliche Nachprüfung geöffnet sind. Es ließe sich ja wie folgt argumentieren: Wenn jede Belastung des Einzelnen durch eine staatliche Stelle (hier die Gerichte) ein Grundrechtseingriff ist und wenn ein Grundrechtseingriff eine gesetzliche Grundlage haben muss, die ihrerseits verfassungsmäßig ist, dann kommt eine falsche Interpretation des einfachen Rechts dem Fehlen einer gesetzlichen Grundlage gleich und ist damit selber ein Verfassungsverstoß. Die Grenze wäre damit eingeebnet. Das Verfassungsgericht würde fachgerichtliche Entscheidungen vollumfänglich nachprüfen.

Diese Folgerung wollte das Bundesverfassungsgericht jedoch nicht ziehen. Es durfte sie aus institutionellen Gründen auch nicht ziehen. Es ist eben kein allgemeiner *Supreme Court* oder, in seiner eigenen Terminologie, keine »Superrevisionsinstanz«.[17] Deswegen hat es sich selbst um eine Begrenzung seiner Kontrollbefugnis bemüht. Das Gericht teilt zunächst mit, was es nicht als seine Aufgabe betrachtet: »Die Gestaltung des Verfahrens, die Feststellung und Würdigung des Tatbestandes, die Auslegung des einfachen Rechts und seine Anwendung auf den einzelnen Fall sind allein Sache der dafür zuständigen Gerichte und der Nachprüfung durch das Bundesverfassungsgericht entzogen; nur bei einer Verletzung von spezifischem Verfassungsrecht durch die Gerichte kann das Bundesverfassungsgericht auf Verfassungsbeschwerde hin eingreifen.«

Mit der Begrenzung auf »spezifisches Verfassungsrecht« soll ausgeschlossen werden, dass jede unrichtige Auslegung des einfachen Rechts als Grundrechtsverletzung angesehen wird. »Spezifisches Verfassungsrecht ist aber nicht schon dann verletzt, wenn eine Entscheidung, am einfachen Recht gemessen, objektiv fehlerhaft ist; der Fehler muss gerade in der Nichtbeachtung von Grundrechten liegen.« Das ist nach Ansicht des Bundesverfassungsgerichts erst dann der Fall, wenn »Auslegungsfehler sichtbar werden, die auf einer grundsätzlich unrichtigen Anschauung von der Bedeutung eines Grundrechts, insbesondere vom Umfang seines Schutzbereichs, beruhen und auch in ihrer materiellen Bedeutung für den konkreten Rechtsfall von einigem Gewicht sind«.[18] Die Formulierung ist als *Hecksche Formel* bekannt, benannt nach dem Berichterstatter in dem Verfassungsbeschwerdeverfahren, in dem sie aufgestellt wurde.

Eine weitere Begrenzung liegt darin, dass die unrichtige Entscheidung des Fachgerichts auf dem Grundrechtsfehler »beruhen« muss. Eine gerichtliche Entscheidung beruht auf dem Grundrechtsverstoß, wenn die Entscheidung bei Beachtung der Grundrechte anders ausgefallen wäre. Der Grundrechtsverstoß muss also ursächlich für das Ergebnis sein. Geht die Entscheidung des Fachgerichts auch bei Vermeidung des grundrechtlichen Fehlers im Ergebnis nicht anders aus, dann besteht kein Grund, sie aufzuheben. Vielmehr würde nur Zeit verloren und zusätzliche Kosten verursacht.

Die Fundstelle für die *Hecksche Formel*, BVerfGE 18,85 (92f.), ist das am häufigsten vorkommende Zitat in der Rechtsprechung

17 Vgl. etwa BVerfGE 7,198 (207); 21,209 (216).

18 Alle Zitate BVerfGE 18,85 (92f.).

des Bundesverfassungsgerichts. Es wird aber schnell sichtbar, dass damit keine prinzipielle, sondern allenfalls eine pragmatische Lösung gefunden ist, die es dem Bundesverfassungsgericht erlaubt, vor einer Vollkontrolle der Rechtsprechung haltzumachen. Auch spätere Präzisierungsversuche haben das nicht wesentlich zu ändern vermocht. Danach ist ein Grundrechtsverstoß bei Auslegung und Anwendung einfachen Rechts anzunehmen, wenn das Fachgericht (1) den Umstand, dass durch seine Entscheidung ein Grundrecht berührt wird, gar nicht bemerkt hat; (2) das betroffene Grundrecht herangezogen, aber seinen Schutzbereich fehlerhaft bestimmt hat; (3) bei der Abwägung das Gewicht des betroffenen Grundrechts grob verkannt hat.[19]

Zwar lassen sich die beiden ersten Fehler verhältnismäßig sicher erkennen. Sie kommen deswegen aber auch nicht allzu oft vor. Häufig tritt dagegen der dritte Fall ein, in dem es um die Nachprüfung von Gewichtungen geht. Hier stehen indes keine scharfen Kriterien mehr zur Verfügung, und auch die Beschränkung auf »grobe« Fehlgewichtungen ändert daran nichts. Es besteht auch keine Hoffnung, das Dilemma durch weitere dogmatische Anstrengungen zu überwinden, denn es geht nicht auf ein Versagen der Dogmatik zurück. Die Grenzverwischung ergibt sich vielmehr aus der Ausstrahlungswirkung selbst und könnte also nur durch deren Preisgabe rückgängig gemacht werden. Damit wäre allerdings auch eine wichtige Errungenschaft der Grundrechtsdogmatik wieder verloren.

Angesichts dieser Schwierigkeiten ist es kein Wunder, dass die Rechtsprechung des Bundesverfassungsgerichts häufig Kritik erfährt, meist weil es zu weit in das einfache Recht und die Domäne der Fachgerichte eingedrungen sei, seltener weil es zu früh haltgemacht und den Grundrechten nicht die gebührende Geltung verschafft habe. Die Kritik kommt sowohl aus der Wissenschaft als auch aus der Praxis und bisweilen der Öffentlichkeit. Es ist aber bemerkenswert, dass sie sich gewöhnlich nicht auf die objektivrechtliche Dimension der Grundrechte und die aus ihr abgeleitete Ausstrahlungswirkung bezieht, sondern auf konkrete Entscheidungen oder bestimmte Rechtsprechungslinien. Sie beeinträchtigt die Wertschätzung des Gerichts nicht nachhaltig.

19 Vgl. etwa BVerfGE 95,28 (37).

Die schärfste Kontroverse zwischen dem Bundesverfassungsgericht und der Fachgerichtsbarkeit betraf allerdings nicht die Ausstrahlung der Grundrechte auf das einfache Recht, sondern die Verfassungsinterpretation selbst, bei der die letztinstanzliche Zuständigkeit des Bundesverfassungsgerichts außer Zweifel steht. Gegenstand der Kontroverse war Art. 14 GG.[20] Er garantiert in Absatz 1 das Privateigentum (und das Erbrecht), gibt dem Gesetzgeber aber zugleich die Befugnis, dem Recht nicht nur Schranken zu ziehen, sondern auch seinen Inhalt zu bestimmen. Das ist bei keinem anderen Grundrecht der Fall. Absatz 2 formuliert sodann eine Richtlinie für den Eigentumsgebrauch: Er soll nicht nur dem Privatnutzen, sondern auch dem Wohl der Allgemeinheit dienen. Absatz 3 regelt die Enteignung. Streitigkeiten über die Entschädigung bei Enteignungen werden den Zivilgerichten zugewiesen.

Der Staat kann nach Art. 14 GG also in zwei Formen auf Eigentum zugreifen. Er kann durch Gesetz Inhalt und Schranken bestimmen und wird dabei von dem Grundsatz in Absatz 2 angeleitet. Für Regelungen dieser Art hat sich der Ausdruck »Sozialbindung« eingebürgert. Und er kann bestimmte Eigentumsobjekte entziehen und auf einen neuen Eigentümer übertragen. Das ist Enteignung. Sozialbindung ist nicht entschädigungspflichtig. Bei Enteignungen muss eine angemessene Entschädigung gezahlt werden. Will ein Eigentümer sich gegen die Enteignung wenden, muss er Klage vor den Verwaltungsgerichten erheben; will er die Enteignung hinnehmen und nur eine höhere Entschädigung einklagen, muss er sich an die Zivilgerichte wenden. Gegen die fachgerichtlichen Entscheidungen steht ihm die Verfassungsbeschwerde offen.

Die Zivilgerichte und an ihrer Spitze der Bundesgerichtshof (BGH) waren bekannt für eine relativ eigentumsfreundliche Rechtsprechung. So kam es, dass sich viele Kläger mit dem Argument an die Zivilgerichte wandten, eine Sozialbindung des Eigentums beschränke sie in ihrem Eigentumsgenuss so weitgehend, dass dies einer Enteignung gleichkomme. Gestützt darauf verlangten sie vom Staat eine Entschädigung. Der BGH, der nur für die Entschädigungsfrage zuständig war, ließ sich auf diese Argumentation ein. Er nahm an, zwischen Sozialbindung und Enteignung bestehe kein

20 Vgl. *Alexander von Brünneck,* Die Eigentumsgarantie des Grundgesetzes, 1984, S. 169 ff.

Gegensatz, sondern ein gleitender Übergang, so dass eine exzessive Sozialbindung in eine Enteignung umschlage und die Entschädigungspflicht auslöse.

Diese Auffassung ließ sich mit der Interpretation von Art. 14 GG durch das Bundesverfassungsgericht nicht vereinbaren. Dieses sah in Sozialbindung und Enteignung zwei selbständige Institute. Eine zu weit gehende Sozialbindung schlägt daher nicht in eine Enteignung um, sondern verstößt gegen das Verhältnismäßigkeitsprinzip und ist daher nichtig. Gleichwohl bekam das Bundesverfassungsgericht keine Gelegenheit, die Urteile des BGH wegen Verstoßes gegen Art. 14 GG aufzuheben, denn der Verlierer im Zivilprozess, der Staat, kann als Grundrechtsverpflichteter keine Verfassungsbeschwerde erheben, während der Gewinner im Zivilprozess, der Eigentümer, kein Interesse an einer verfassungsgerichtlichen Klärung und, als Prozesssieger, auch kein Rechtsschutzinteresse hatte.

Allerdings wäre der BGH nach Art. 100 GG verpflichtet gewesen, die Frage der Verfassungswidrigkeit gesetzlicher Sozialbindungen dem Bundesverfassungsgericht vorzulegen (die sogenannte konkrete Normenkontrolle). Seine Rechtsprechung hätte dann schnell ein Ende gefunden. Er tat es unter Verletzung dieser Pflicht aber nicht, so dass dem Bundesverfassungsgericht nur übrigblieb, in *obiter dicta* auf den Verfassungsverstoß durch den BGH hinzuweisen. Der Streit schwelte mehrere Jahre und wurde erst beigelegt, als der Vorsitz in dem zuständigen BGH-Senat wechselte und der neue Vorsitzende die Erfüllung der Vorlagepflicht aus Art. 100 GG durchsetzte.[21] Die Rechtsprechung des Verfassungsgerichts wird seitdem vom BGH befolgt.

Zu einer intensiven Auseinandersetzung über die Praxis der Ausstrahlungswirkung der Grundrechte auf das einfache Recht kam es Mitte der 1990er Jahre nach einer Reihe verfassungsgerichtlicher Entscheidungen, deren Ergebnis Widerspruch in Fachkreisen, aber auch in der Bevölkerung auslöste. Die Auseinandersetzung weitete sich zu einer Debatte um die richtige Grenzziehung zwischen Verfassungsgericht und Fachgerichten aus und gab der alten Frage neue Nahrung, wer denn die Kontrolleure kontrolliere. Der Streit wurde in Fachzeitschriften und wissenschaftlichen Publikationen, auf Tagungen und in Reden sowie in der Presse ausgetragen. Wie

21 Vgl. BVerfGE 58,300.

sehr er die Gesellschaft bewegte, zeigte sich daran, dass er sogar auf die Tagesordnung des Deutschen Juristentages gesetzt wurde.[22]

Im Wesentlichen waren es zwei Gruppen von Urteilen, an denen sich der Streit entzündete. Die eine Gruppe betraf Verfahren, in denen Personen wegen ehrenrühriger Äußerungen oder wegen ihres Verhaltens bei Demonstrationen verurteilt worden waren, zum Teil strafrechtlich, zum Teil zivilrechtlich, während das Bundesverfassungsgericht diese Urteile wegen Verstößen gegen die Meinungsfreiheit aus Art. 5 Abs. 1 oder die Versammlungsfreiheit aus Art. 8 GG beanstandete.[23] Die zweite Gruppe betraf verfassungsgerichtliche Verfahren gegen zivilgerichtliche Urteile, in denen das Bundesverfassungsgericht die Ausstrahlungswirkung der Grundrechte auch auf vertragliche Beziehungen von Privatrechtssubjekten erstreckte, also Rechtsbeziehungen, die durch freie Willensentschlüsse der Vertragsparteien entstanden waren.[24]

War der Protest gegen die erste Gruppe von Entscheidungen eher durch die Ergebnisse motiviert, die oft politisch kritisiert wurden, so ging es bei der zweiten Gruppe eher grundsätzlich um die relative Autonomie des Zivilrechts und die Freiheit der privaten Willensbestimmung. Die Proteste waren nicht selten heftig, auch von Seiten der Fachgerichte, in denen sich aber auch Befürworter der verfassungsgerichtlichen Rechtsprechung fanden. In den Diskussionen wurden Rufe nach Beschränkungen der Verfassungsgerichtsbarkeit, vereinzelt sogar Forderungen nach einem Oberverfassungsgericht über dem Verfassungsgericht laut. Sie verliefen aber nach einiger Zeit im Sande und zeitigten keine Ergebnisse. Ebenso wenig veranlassten sie das Verfassungsgericht zu einer Änderung seiner Rechtsprechung.

Was unabhängig von diesen Höhepunkten der Auseinandersetzung auf der Tagesordnung bleibt, ist die Aufforderung zum *judicial self-restraint* an die Richter des Bundesverfassungsgerichts. *Self-restraint* ist freilich kein rechtliches Gebot, sondern ein Appell an das Berufsethos des Richters. Daher hat es der Appell schwer,

22 Vgl. Verhandlungen des 61. Deutschen Juristentages; ferner *Robert Alexy/Philip Kunig/Werner Heun/Georg Hermes*, Verfassungsrecht und einfaches Recht – Verfassungsgerichtsbarkeit und Fachgerichtsbarkeit, VVDStRL 61 (2002), S. 7-219.

23 Paradigmatisch BVerfGE 93,266 (»Soldaten sind Mörder«) und 92,1 (Sitzblockaden).

24 Vgl. BVerfGE 81,242 (Handelsvertreter); BVerfGE 89,214 (Bürgschaft).

sich gegen die mit juristischen Mitteln erfolgte Verfassungsinterpretation durchzusetzen. Es ist nicht leicht, einen Richter davon zu überzeugen, dass er eine Entscheidung, die nach seiner fachlich gewonnenen Überzeugung aus der Verfassung folgt, aus Rücksicht auf andere Institutionen nicht treffen soll. Letzten Endes bleibt die Grenzziehung also eine Frage des Verfassungsverständnisses und der Interpretationsmethoden des Verfassungsrechts, die einer gesetzgeberischen Regelung nicht offenstehen.

IV.

Der Verzicht auf eine spezielle Verfassungsgerichtsbarkeit würde diese Abgrenzungsschwierigkeiten vermeiden. Ist das ein Grund, auf das anglo-amerikanische System umzuschwenken und die Durchsetzung der Verfassung der allgemeinen Justiz anzuvertrauen? Solche Fragen ergeben sich oft aus der Rechtsvergleichung. Rechtsvergleichung wird nicht selten in der Absicht betrieben, die beste Lösung für Probleme zu finden, die sich in mehreren Rechtsordnungen stellen. Sie lassen sich aber erst beantworten, nachdem die weitere Frage geklärt ist, worin die Ursachen einer als problematisch empfundenen Regelung liegen und welche Folgen ihre Änderung hätte. Das sind Fragen nach dem Kontext rechtlicher Regelungen und Einrichtungen, und häufig wird sich zeigen, dass die Frage nach besten Lösungen kontextabhängig ist und die Antwort deswegen nicht für jede Rechtsordnung die gleiche sein kann.

Was die Art der Verfassungsgerichtsbarkeit betrifft, so kommt bei einer kontextuellen Betrachtung zunächst die Rolle der Justizorganisation in den Blick. Gibt es eine einheitliche, nicht nach Rechtsgebieten gegliederte Justiz, liegt es nahe, dieser auch die Entscheidung von Verfassungsfragen zu übertragen. Gibt es dagegen ein gegliedertes Gerichtssystem, liegt es näher, auch für Verfassungsfragen einen eigenen Gerichtszweig einzurichten. So verhält es sich in Deutschland mit seinen fünf unabhängigen Gerichtszweigen. Welchem der fünf obersten Bundesgerichte hätte man die Verfassungsfragen zuweisen sollen? Eine Systemänderung kann unter diesen Umständen also gar nicht ohne eine Neuordnung des gesamten Gerichtswesens fallen. Dieses ruht in der Regel aber selbst wieder auf Vorentscheidungen wie zum Beispiel der

Grundeinteilung in öffentliches und privates Recht, die in *Common-Law*-Ländern ohne praktische Bedeutung ist.

Eine erhebliche Rolle spielt ebenfalls der soziale und politische Kontext, in dem die Entscheidung über Verfassungsgerichtsbarkeit fällt. Ist der demokratische Verfassungsstaat eine relative junge Errungenschaft und will man diese im Lichte der Erfahrungen mit einer anderen politischen und gesellschaftlichen Ordnung effektiv sichern, dann liegt es näher, dafür eine spezielle Institution zu schaffen, die sich ganz dieser Aufgabe widmet und dafür die nötige Professionalität entwickelt. So verhält es sich aber mit der großen Mehrzahl der Staaten, die in der zweiten Hälfte des 20. Jahrhunderts zum *judicial review* übergegangen sind. Sie haben es wegen der Bedeutungslosigkeit der Verfassung im früheren Regime getan und deswegen als die beste Lösung empfunden, was in Staaten mit alteingewurzelter Verfassungstradition nicht nötig war.

Auch die Spannungen zwischen Verfassungsgerichten und Fachgerichten haben ihre Kontextbedingungen. Verglichen mit zahlreichen anderen Ländern, die sich für eine spezielle Verfassungsgerichtsbarkeit entschieden haben, spielen sie in Deutschland mittlerweile keine nennenswerte Rolle mehr. Obwohl die Grenzziehung schwierig bleibt, ist das Verhältnis der Gerichte zueinander im Wesentlichen ungetrübt. Dazu trägt sicher die Regel bei, dass in jedem Senat des Bundesverfassungsgerichts drei Richter aus den obersten Bundesgerichten tätig sein müssen. Noch wichtiger mag es sein, dass zahlreiche Richter der obersten Bundesgerichte früher wissenschaftliche Mitarbeiter von Bundesverfassungsrichtern waren und folglich mit dem Einfluss des Verfassungsrechts auf das einfache Recht vollkommen vertraut sind.

Die Abgrenzungsschwierigkeiten sind aber auch kein Grund, die Urteilsverfassungsbeschwerde aufzugeben.[25] Vielmehr sprechen gute Gründe für sie. Sind die Grundrechte in der Tat die für die gesamte Rechtsordnung maßgebenden Werte, dann ist es wichtig, die Fachgerichte für die Berücksichtigung der Grundrechte zu sensibilisieren. Zudem dienen die Grundrechte dem Schutz der Individuen. Das Individuum wird in der Regel aber erst durch die

25 Vgl. *Ulli Rühl*, Die Funktion der Verfassungsbeschwerde für die Verwirklichung der Grundrechte, KritV 1998, S. 156; *Marion Albers*, Das Bundesverfassungsgericht als Hüter eines selbstbestimmten Entscheidungsprogramms, KritV 1998, S. 193.

Anwendung eines Gesetzes betroffen. Außerdem wird die Verfassungsproblematik einer Regelung oft erst im Anwendungsstadium sichtbar. Schließlich kann man feststellen, dass zahlreiche Verfassungsfragen von erheblicher Bedeutung ohne die Urteilsverfassungsbeschwerde nicht an das Bundesverfassungsgericht gelangt wären. Bestrebungen, die Urteilsverfassungsbeschwerde abzuschaffen, hat es daher in Deutschland bisher auch nicht gegeben.

14.
Verfassungsrichterwahlen

Die Wahl Horst Dreiers zum Vizepräsidenten des Bundesverfassungsgerichts ist nicht zustande gekommen. Die SPD hatte ihn als Nachfolger Winfried Hassemers vorgeschlagen. Die CDU war nicht bereit, diesem Vorschlag zu folgen. Wer darin einen unerhörten Vorgang sieht, irrt allerdings. Es ist keineswegs das erste Mal, dass ein Vorschlag der einen Partei an dem Veto der anderen scheitert. Der Unterschied zu den meisten früheren Vetofällen liegt nur darin, dass die Kandidatur nicht im Stillen zwischen den Parteien beratschlagt, sondern in die Öffentlichkeit getragen wurde. Auf den neuen Kandidaten, Andreas Voßkuhle, haben sich die Parteien dagegen geräuschlos geeinigt.

Gibt das Anlass, das Wahlverfahren zu überdenken? Die Vetomöglichkeit ist eine Folge der gesetzlichen Regelung, die für Verfassungsrichterwahlen eine Zwei-Drittel-Mehrheit in den Wahlgremien vorschreibt: dem Richterwahlausschuss des Bundestages, der die eine Hälfte, und dem Bundesrat, der die andere Hälfte der Richter wählt.[1] Dasselbe Quorum ist für Verfassungsänderungen vorgesehen. Das entspricht der Bedeutung des Grundgesetzes. Es bildet die Konsensbasis, auf der die politischen Konkurrenten ihre Gegensätze austragen. Diese Funktion drohte es einzubüßen, wenn es von einer einfachen Mehrheit zu ihren Gunsten geändert werden könnte.

Das Bundesverfassungsgericht wiederum hat die Aufgabe, im Konfliktfall zu entscheiden, welche Anforderungen das Grundgesetz an die Politik richtet. Gäbe es eine solche Instanz nicht – und so war es in Deutschland bis 1951 –, würde sich im Zweifel stets die Auffassung der jeweiligen Mehrheit durchsetzen. Die Konsensfunktion der Verfassung würde nach und nach aufgezehrt. Die Aufgabe des Gerichts ist es demgegenüber gerade, den Sinn einer Verfassungsbestimmung unabhängig von Parteiinteressen zu ermitteln. Deswegen ist es höchst sinnvoll, auch die Wahl der Verfassungsrichter an einen überparteilichen Konsens zu binden.

1 Mittlerweile werden die Richter, welche der Bundestag wählt, vom Plenum auf Vorschlag des Richterwahlausschusses gewählt.

Da keine Partei in der Bundesrepublik je auch nur in die Nähe einer Zwei-Drittel-Mehrheit gekommen ist, zwingt die gesetzliche Vorschrift die beiden großen Parteien dazu, sich über die Kandidaten für das Richteramt zu verständigen. Wer darin bereits einen »Kuhhandel« sehen will, hat den Sinn der Regelung nicht verstanden. Der Vorschlag, dem Veto dadurch zu entgehen, dass Verfassungsrichter künftig mit einfacher Mehrheit gewählt würden, war daher der dümmste, der gemacht werden konnte. Die Folge wäre nur, dass die gerade an der Macht befindliche Partei die Chance erhielte, sich eine gefügige Kontrollinstanz zu schaffen, die die Verfassung stets in ihrem Sinn auslegt.

Das Zwei-Drittel-Erfordernis verhindert dagegen ein einseitig zusammengesetztes Gericht. Es garantiert aber noch lange nicht ein gutes Gericht. Als Konsequenz des Quorums wäre ja auch eine Praxis vorstellbar, bei der die Parteien sich darauf verständigten, die Richterstellen paritätisch aufzuteilen und im Übrigen nach der Maxime zu verfahren: Lässt du meinen Kandidaten durch, lasse ich deinen Kandidaten durch. Damit erübrigte sich zwar das Veto, aber man bekäme mit hoher Wahrscheinlichkeit ein politisiertes Gericht, das nicht in Distanz zur politischen Auseinandersetzung, sondern in Fortsetzung der politischen Auseinandersetzung urteilte.

Man muss für die Möglichkeit des Vetos also dankbar sein, auch wenn es bisweilen den Falschen trifft wie im Fall Dreier oder unterbleibt, wo es angebracht wäre. Es wirkt einer Parteipolitisierung des Gerichts entgegen, indem es verhindert, dass linientreue Parteigänger Verfassungsrichter werden und sich im Gericht politische Fraktionen bilden, wie man es im Obersten Gericht der USA erleben kann. Die Vetomöglichkeit hat auch dazu beigetragen, dass die politischen Parteien in der Regel um eine juristisch qualitätvolle Besetzung des Gerichts wetteifern. Keine Partei will sich nachsagen lassen, einen schwachen Kandidaten nominiert zu haben.

Wenn wir es bei dem Quorum also mit einer sinnvollen Regelung und einer vernünftigen Praxis zu tun haben, so fragt sich, ob das auch für die Intransparenz des Auswahlverfahrens gilt. Sie ist nicht gesetzlich vorgeschrieben, sondern hat sich eingespielt. Diese Frage ist viel schwerer zu beantworten als die erste, weil sie in ein Dilemma führt. Einerseits besteht ein legitimes Interesse der Öffentlichkeit daran, zu erfahren und erörtern zu können, wer als Verfassungsrichter ins Auge gefasst ist. Andererseits ist es nicht leicht, eine Form der Transparenz zu finden, die das öffentliche Interesse befriedigt, ohne die Funktion des Gerichts zu mindern.

Das öffentliche Interesse ist allein deswegen legitim, weil das Verfassungsgericht Anteil an der politischen Herrschaft hat. Es kann Parlament und Regierung an Entscheidungen hindern, weil sie gegen das Grundgesetz verstoßen, oder sie zum Handeln verpflichten, weil das Grundgesetz dies verlangt. Das öffentliche Interesse lässt sich auch nicht mit dem Einwand bestreiten, das Gericht wende ja nur Vorentscheidungen der Verfassung auf konkrete Streitfälle an. Die Anwendung verlangt eine Interpretation der Verfassung, und dafür lassen die Normen mehr oder weniger große Spielräume. Wie sie gefüllt werden, ist von hoher politischer Relevanz.

Es liegt also im öffentlichen Interesse, dass Personen gewählt werden, die geeignet sind, den langfristig gültigen Prinzipien und Normen der Verfassung zur Durchsetzung gegenüber dem meist von der nächsten Wahl diktierten Kurzfristnutzen der Politik zu verhelfen. Diese Funktion kann nur in Distanz zur Politik und in Treue zur Verfassung erfüllt werden. Sie setzt äußere und innere Unabhängigkeit der Richter voraus und Offenheit für die Argumentation der Streitparteien. Sie verlangt erstklassige Rechtskenntnis, gepaart mit Einsicht in die Grenzen des Rechts und den Eigenwert des demokratischen Entscheidungsprozesses, den ein Gericht nicht ersetzen kann.

Das Wahlverfahren soll dafür sorgen, dass die für die Aufgabe geeignetsten Personen ins Amt gelangen. Verfahren haben eine dienende Funktion. Sie sind kein Selbstzweck, sondern legitimieren sich durch ihren Ergebnisbeitrag. Das gilt auch für Transparenzbedürfnisse. Auch sie müssen sich dem Verfahrensziel unterordnen. Die Preisfrage lautet also, wie man ihnen Rechnung tragen könnte, ohne dadurch das Ziel zu gefährden. Meist wird zur Herstellung größerer Transparenz eine öffentliche Anhörung möglicher Kandidaten ins Spiel gebracht, an die dann, vermittelt durch die Medien, eine öffentliche Diskussion anknüpfen könnte, bevor es zu Entscheidung kommt.

Wie hätte man sich eine solche Anhörung vorzustellen? Ein Programm kann ein Richterkandidat nicht verkünden. Sein Programm ist das Grundgesetz. Wie er es auslegen wird, wenn das Stammzellgesetz auf dem gerichtlichen Prüfstand steht oder das

Kopftuch oder der Mindestlohn, darf er nicht sagen, weil er sonst befangen wäre. Ja, er darf es nicht einmal im Voraus wissen, weil er sich für die Argumente beider Seiten offen halten muss. Bei Professoren kann man sich auf ihre Schriften stützen. Aber die Mehrzahl der Richter kommt nicht aus dem Professorenstand. Und welcher Professor hätte wohl die besten Aussichten – vielleicht der, der niemals etwas Widersprucherregendes geäußert hat?

Diese Zweifel rufen freilich die Gegenfrage auf den Plan, ob denn das bisherige intransparente Verfahren eine Garantie für gute Ergebnisse enthält. Garantien kann kein Verfahren bieten. Wohl aber lässt sich feststellen, dass wir in den vergangenen 57 Jahren mit dem Verfassungsgericht gut gefahren sind. Die Bundesrepublik wäre ohne es in schlechterem Zustand. Das kann man sagen, ohne damit jedes einzelne Karlsruher Urteil zu rechtfertigen. In der Welt gehört das Bundesverfassungsgericht zu den angesehensten Gerichten. Viele Länder orientieren sich an seiner Rechtsprechung. Das Verfahren hat sich also bewährt. Man sollte es nicht leichtfertig ungewissen Neuerungen opfern.

Nachtrag 2021

Die im Artikel geschilderte Praxis konnte sich einspielen, weil über viele Jahre hinweg CDU/CSU und SPD zusammen über eine Zwei-Drittel-Mehrheit im Bundestag verfügten, so auch zur Zeit, als der Artikel geschrieben wurde. Das ist nun, wahrscheinlich dauerhaft, zu Ende. Infolgedessen werden mehr Parteien zur Erreichung des Quorums gebraucht, die ihre Zustimmung an personelle Forderungen knüpfen können. Die Gefahr eines Gerichts, das nach dem Parteienproporz zusammengesetzt ist, erhöht sich also. Der Funktion des Gerichts und seinem Ansehen, das gerade auf der Überparteilichkeit beruht, würde das nicht gut bekommen.

VI.
Europa: Gerichtskonkurrenzen

15.
Die Rolle der nationalen Verfassungsgerichte in der europäischen Demokratie

I. Die nationalen Verfassungsgerichte

Die Verfassungsgerichte der Mitgliedstaaten der Europäischen Union sind die Hüter der nationalen Verfassungen. Diese richten sich wiederum an die nationalen Staatsorgane. Die Organe der EU sind ihnen nicht unterworfen. Wenn die nationalen Verfassungsgerichte eine Rolle in der europäischen Demokratie spielen, dann also vermittels der nationalen Staatsorgane. Sofern die nationalen Verfassungen Regeln für deren Verhalten zur EU aufweisen, können die nationalen Verfassungsgerichte diese gegenüber den nationalen Staatsorganen zur Geltung bringen, vorausgesetzt, das nationale Recht verleiht ihnen entsprechende Zuständigkeiten. Das kann dann freilich Auswirkungen auf das Unionsrecht haben, möglicherweise auch auf die europäische Demokratie.

In der Tat enthalten mehrere nationale Verfassungen Bestimmungen, die sich auf die Mitgliedschaft ihres Landes in der EU beziehen, besonders ausführlich die französische und die österreichische Verfassung. Andere begnügen sich mit Vorschriften über die internationalen Beziehungen, die in der Regel auf die EU anwendbar sind. Die meisten dieser Vorschriften betreffen die nationale Willensbildung hinsichtlich europäischer Rechtsakte, an denen der Mitgliedstaat mitwirkt. Aussagen zur europäischen Demokratie sind dagegen selten. Insofern bildet das Grundgesetz mit seinem in Art. 23 Abs. 1 enthaltenen Katalog von Grundsätzen, die in der EU verwirklicht sein müssen, damit Deutschland sich an der europäischen Integration beteiligen kann, eine Ausnahme.

Die Auswirkungen auf EU-Recht, welche die Anforderungen der nationalen Verfassungen an die nationalen Staatsorgane haben, soweit diese europäische Entscheidungen mitgestalten oder vollziehen, können auf drei Ebenen auftreten: erstens auf der Ebene des Vertragsschlusses, also bei der Übertragung nationaler Kompetenzen auf die EU und der Regelung, wie diese die Kompetenzen ausübt; zweitens auf der Ebene der Wahrnehmung der übertragenen

Kompetenzen durch die EU, soweit daran nationale Staatsorgane beteiligt sind; drittens auf der Ebene der Anwendung europäischer Rechtsakte im nationalen Rechtsraum, weil die EU dabei mangels eigener Vollzugsorgane auf die Kooperation der Mitgliedstaaten angewiesen ist.

1. Ebene des Vertragsschlusses

Der Wirkungskreis der nationalen Verfassungsgerichte wird durch das nationale Verfassungsrecht definiert. Soweit es Bestimmungen über den Beitritt zur Europäischen Union oder den Verbleib in ihr enthält oder Voraussetzungen für die Übertragung von Hoheitsrechten auf internationale Organisationen im Allgemeinen oder die EU im Besonderen aufstellt, fungieren die nationalen Verfassungen als Filter für die Entstehung europäischen Primärrechts.[1] Das kann in unterschiedlichem Ausmaß geschehen. Filterwirkungen entfalten die nationalen Verfassungen jedenfalls in prozeduraler Hinsicht. Sie pflegen vorzuschreiben, welche Organe an der Aushandlung und Ratifikation der europäischen Verträge beteiligt sind und welche Verfahrensregeln sie dabei zu beachten haben. Materiellrechtliche Anforderungen sind dagegen seltener.

In Deutschland zählt allerdings der 1990 in das Grundgesetz eingefügte Art. 23 Abs. 1 eine Reihe materieller Grundsätze auf, deren Geltung und Beachtung in der EU Voraussetzung für die deutsche Beteiligung an der europäischen Integration sind. Sie umfassen die obersten Ordnungsprinzipien, wie sie für die Bundesrepublik in Art. 20 und 28 GG festgelegt und von Art. 79 Abs. 3 GG für unabänderlich erklärt worden sind, unter ihnen die Demokratie. Zusätzlich wird auf der europäischen Ebene ein dem deutschen adäquater Grundrechtsschutz gefordert, der über Art. 1 Abs. 1 GG ebenfalls Rückhalt in Art. 79 Abs. 3 GG hat. Schließlich muss das Subsidiaritätsprinzip beachtet werden. Art. 79 GG wird von Art. 23 Abs. 1 Satz 3 GG ausdrücklich ins Spiel gebracht, indem er anordnet, dass für Vertragsänderungen oder vergleichbare Regelungen, durch die das Grundgesetz seinem Inhalt nach geändert oder ergänzt wird, die Absätze 2 und 3 gelten.

1 Vgl. *Dieter Grimm*, Zur Bedeutung nationaler Verfassungen in einem vereinten Europa, in: *ders.*, Die Zukunft der Verfassung II, 2012, S. 92.

Damit werden auch der Verfassungsänderung zur Ermöglichung weiterer Integrationsschritte Grenzen gezogen. Der Identitätskern des Grundgesetzes in Art. 79 Abs. 3 GG darf der europäischen Einigung nicht geopfert werden. Ein Mandat dazu habe das deutsche Volk seinen Vertretern und Organen nicht erteilt, stellt das Bundesverfassungsgericht fest. In einer Verletzung von Art. 79 Abs. 3 GG sieht es daher zugleich einen Eingriff in die verfassungsgebende Gewalt des Volkes. Insbesondere gebe es keine Ermächtigung, durch einen Eintritt in einen europäischen Bundesstaat das Selbstbestimmungsrecht des deutschen Volkes in Gestalt der völkerrechtlichen Souveränität Deutschlands aufzugeben. Das Grundgesetz setze die Souveränität Deutschlands nicht nur voraus, es garantiere sie auch. Die Entscheidung, die Bundesrepublik in einen europäischen Bundesstaat einzugliedern, sei daher »allein dem unmittelbar erklärten Willen des Deutschen Volkes vorbehalten«.[2]

Anhaltspunkte dafür, dass die Anforderungen von Art. 23 Abs. 1 und 79 Abs. 3 GG nicht justiziabel seien oder der Jurisdiktion des Bundesverfassungsgerichts entzogen worden wären, bestehen nicht. Habermas' Auffassung, die nationalen Gerichte seien »nicht dazu autorisiert (wie das Bundesverfassungsgericht fälschlicherweise meint), die Grenzen der Übertragung nationaler Hoheitsrechte auf die europäische Ebene zu kontrollieren«,[3] findet im Verfassungsrecht keine Bestätigung. Da Habermas aber im selben Satz die verfassungsgerichtliche Prüfung der »Unversehrtheit derjenigen nationalen Verfassungsprinzipien, die für den demokratischen und rechtsstaatlichen Aufbau des jeweiligen Mitgliedstaates konstitutiv sind«, bejaht, geht es ihm möglicherweise nicht um Hoheitsrechte überhaupt, sondern um die Liste von Gesetzgebungsmaterien, die das Bundesverfassungsgericht im Lissabon-Urteil für besonders nations-affin erklärt hat.[4]

Ob diese Liste als Grenze für die Übertragung von Gesetzgebungskompetenzen zu verstehen ist, erscheint jedoch fraglich. Das Bundesverfassungsgericht gelangt zu der Aufzählung über Art. 38 Abs. 1 GG. Das Wahlrecht ist seiner Ansicht nach nicht auf die Teilnahme an der Wahl beschränkt. Es garantiert auch, dass das ge-

2 BVerfGE 123,267 (347 ff., Zitat 348).

3 *Jürgen Habermas,* Zur Verfassung Europas, 2011, S. 60.

4 BVerfGE 123,267 (358 f.).

wählte Organ genügend Befugnisse hat, dem Volkswillen Ausdruck zu geben und ihn in politische Maßnahmen umzusetzen. Daher darf die Übertragung von Hoheitsrechten nicht zu einer Situation führen, in der dem Deutschen Bundestag so wenig Regelungsgegenstände belassen würden, dass das Wahlrecht seine Substanz verlöre. Diese Gefahr sieht es besonders bei den aufgelisteten Gegenständen. Von einem Übertragungsverbot ist aber nicht die Rede, und auch eine Rechtsfolge für den Fall, dass die EU auf einem dieser Felder tätig wird, fehlt. Das Urteil verneint im Gegenteil, »dass eine von vornherein bestimmbare Summe oder bestimmte Arten von Hoheitsrechten in der Hand des Staates bleiben müssten«.[5]

Die Prüfungsaufgabe, die sich dem Bundesverfassungsgericht damit stellt, führt freilich in die Grenzbereiche richterlichen Vermögens. Mag es für den Übergang zu einem europäischen Bundesstaat noch relativ klare Kriterien in Gestalt der Abtretung der verfassungsgebenden Gewalt und der Kompetenz-Kompetenz geben, so ist das bei den anderen Grenzen nicht der Fall. Zur Konkretisierung des Aushöhlungsverbots aus Art. 38 Abs. 1 GG bleibt dem Gericht nur eine Art gewichteter Bilanz der im Entscheidungszeitpunkt beim Staat verbliebenen und an die EU abgetretenen Kompetenzen. Nicht weniger schwer ist die Bestimmung der aus Art. 23 Abs. 1 GG folgenden Anforderungen an die europäische Demokratie. Auch hier lässt sich der erforderliche Demokratiegrad nicht generell und abstrakt festlegen, sondern hängt »vom Umfang der übertragenen Hoheitsrechte und vom Grad der Verselbständigung europäischer Entscheidungsverfahren ab«, wie das Gericht selber feststellt.[6]

2. Ebene der Ausübung von EU-Kompetenzen

In ihrer Entscheidung, welche Kompetenzen sie der EU übertragen wollen, sind die Mitgliedstaaten frei von europarechtlichen Vorgaben. Hier zählen nur die Vorschriften der nationalen Verfassungen. Kein Mitgliedstaat muss sich der Mehrheit der übrigen Staaten beugen. Es gibt auch keinen Folgezwang. Dass ein Teilgebiet übertragen ist, begründet keine Pflicht, weitere Teile folgen zu lassen. Sobald eine Kompetenz wirksam übertragen worden ist, unterliegt

5 BVerfGE 123,267 (357).
6 BVerfGE 123,267 (364).

ihre Ausübung durch die europäischen Organe aber nicht mehr den Anforderungen der nationalen Verfassungen, sondern denen der Europäischen Verträge. Deswegen sind die nationalen Verfassungen jedoch noch nicht völlig aus dem Spiel. Das hängt mit der Regelung der europäischen Rechtsetzung zusammen.

Die Setzung von europäischem Sekundärrecht ist auf drei Organe verteilt: Die Kommission hat das Initiativrecht, der Rat fasst den Gesetzesbeschluss, das Europäische Parlament hat abgestufte Mitwirkungsrechte. Die zentrale Rolle ist vom Primärrecht also dem Rat zugewiesen, einem Organ, das sich aus Vertretern der Regierungen der Mitgliedstaaten zusammensetzt. Er ist freilich keine Staatenkonferenz, sondern ein Unionsorgan. Was rechtliche Geltung erlangt, bestimmt sich folglich nach Unionsrecht. Davon ist aber das Verhalten der nationalen Regierungen bei Ratsbeschlüssen zu unterscheiden. Als nationale Regierungen sind sie ihrem nationalen Verfassungsrecht verpflichtet. Was das im Einzelnen bedeutet, lässt sich allerdings nicht unabhängig von den Bedingungen bestimmen, unter denen Gesetzgebung im Rat vor sich geht.

Gesetzgebung im Rat ist keine Sache der Deliberation zwischen unterschiedlichen politischen Richtungen wie in den nationalen Parlamenten, sondern eine Sache der Negotiation zwischen unterschiedlichen nationalen Interessen. Das setzt für die Regierungsvertreter Verhandlungsspielräume und Kompromissfähigkeit voraus. Eine vollständige Verfassungsbindung wäre hinderlich und könnte der Verfassung im Ergebnis mehr schaden als nutzen. Deswegen kann es sich bei der Verfassungsbindung der Regierungsvertreter nur um eine abgestufte handeln. Wo das Unionsrecht Einstimmigkeit verlangt, ist die Bindung hoch, wo nach Unionsrecht das Mehrheitsprinzip herrscht, ist sie geringer. In keinem Fall darf der deutsche Regierungsvertreter jedoch einem europäischen Gesetz seine Zustimmung geben, das mit Artikel 23 Absatz 1 GG unvereinbar wäre. Die Einhaltung dieser Bindungen kann das Bundesverfassungsgericht nachprüfen.

3. Ebene der Rechtsanwendung

Es gehört zu den Eigenarten der EU, dass die Durchführung des europäischen Rechts im Wesentlichen in den Händen der Mitgliedstaaten, ihrer Regierungen, Verwaltungen und Gerichte liegt.

Die daraus resultierende Gefahr uneinheitlicher Rechtsanwendung wird durch den Vorrang von Europarecht vor nationalem Recht gebannt. In den Römischen Verträgen war das nicht vereinbart. Er war auch nicht stillschweigend vorausgesetzt. Der EuGH hat den Vorrang vielmehr gegen mitgliedstaatlichen Widerstand aus dem Zweck der Vergemeinschaftung abgeleitet, der sonst nicht erreichbar wäre.[7] Im Kern ist das heute nicht mehr strittig. Das Protokoll zum Amsterdamer Vertrag von 1997 hat es bestätigt. Strittig ist aber noch, ob der Vorrang unbedingt gilt oder Grenzen hat und wer im Streit um den Vorrang das letzte Wort spricht.

Unumstritten ist freilich, dass die Europäische Union keine potentielle Allzuständigkeit besitzt wie ein Staat, sondern auf dem Prinzip der begrenzten Einzelermächtigung beruht. Daher gibt es keine Zuständigkeitsvermutung zu ihren Gunsten. Jede ihrer Entscheidungen mit Wirkung für die Mitgliedstaaten bedarf einer ausdrücklichen Kompetenzgrundlage. Wo diese fehlt, handelt die EU *ultra vires*. Die Handlung ist rechtswidrig. Im Streit ist allein, wer im Konfliktfall letztverbindlich darüber entscheidet, ob ein europäischer Rechtsakt durch eine Ermächtigung seitens der Mitgliedstaaten gedeckt ist oder nicht. Der EuGH nimmt diese Befugnis für sich in Anspruch, aber auch verschiedene nationale Verfassungsgerichte tun es, darunter das Bundesverfassungsgericht.

Der EuGH kann sich auf seine vertraglich begründete Kompetenz zur Vertragsauslegung berufen. Das Bundesverfassungsgericht kann ins Feld führen, dass Unionsrecht in Deutschland nur aufgrund des nationalen Rechtsanwendungsbefehls gilt, und daraus das Recht zur Prüfung ableiten, ob Deutschland diesen Befehl im Ratifikationsgesetz erteilt hat. Beide Gerichte müssen zur Beantwortung der Kompetenzfrage die Verträge auslegen. Es lässt sich nicht ausschließen, dass sie dabei zu verschiedenen Ergebnissen kommen, ohne dass zwischen diesen immer eindeutig nach richtig und falsch unterschieden werden könnte. Widersprechende Urteile in ein und derselben Sache sind also denkbar, wenn auch bisher nicht vorgekommen.[8]

Sollte der Konfliktfall eintreten, gibt es dafür keine juristische Lösung. Das ist eine Folge des Umstandes, dass sich im Verhältnis

7 EuGH, Costa v. ENEL, Slg. 1964, 1125.

8 Das hat sich 2020 geändert, siehe BVerfGE 154,17. Siehe dazu *Dieter Grimm*, Karlsruhe v. Luxemburg, in diesem Band Nr. 16.

von EU und Mitgliedstaaten keine geschlossene Hierarchie herausgebildet hat, wie das in einem Bundesstaat der Fall ist. Allerdings sind Auflösungsmöglichkeiten im Gespräch. Eine Möglichkeit wird in einem vom EuGH und den nationalen Höchstgerichten paritätisch besetzten Kompetenzkonfliktgericht gesehen, eine andere in der Befugnis des Rates, Entscheidungen des EuGH in Kompetenzstreitigkeiten nach Art der kanadischen *override clause* an sich ziehen und unter bestimmten Voraussetzungen außer Kraft zu setzen.[9] Beide Möglichkeiten könnten jedoch nur durch einstimmige Vertragsänderung erreicht werden.

Die Kompetenzproblematik ist genau besehen keine Frage der Grenze des Vorrangs. Vorrang hat jedenfalls nur der rechtmäßige Unionsrechtsakt. Der Streit betrifft lediglich die Befugnis, über die Rechtmäßigkeit zu entscheiden. Das ist anders bei dem vom Bundesverfassungsgericht in Anspruch genommenen Recht, europäischen Rechtsakten die Anwendung in Deutschland zu versagen, welche die Verfassungsidentität der Bundesrepublik beeinträchtigen.[10] Einige andere Verfassungsgerichte verhalten sich ebenso. Im Unterschied zur *ultra-vires*-Kontrolle knüpft die Identitätskontrolle nicht an die Frage der Kompetenzwidrigkeit europäischer Akte an. Das Identitätsproblem stellt sich erst, wenn ein europäischer Akt in kompetenzieller Hinsicht nicht zu beanstanden ist.

Verfassungsrechtlich ist die Befugnis zur Identitätskontrolle darauf gestützt, dass das Grundgesetz den deutschen Staatsorganen keine Ermächtigung zur Preisgabe seiner eigenen Identität erteilt. Art. 79 Abs. 3 GG schließt das aus. In diesem Punkt kann es nicht zu einer Rivalität zwischen den Gerichten kommen. Dass über die Identität des Grundgesetzes nur national entschieden werden kann, steht außer Streit. Fraglich ist, ob der Identitätsvorbehalt auch eine

9 Vgl. zum einen *Joseph H. H. Weiler*, The Constitution of Europe, 1999, S. 322, sowie *Roman Herzog/Lüder Gerken*, Stoppt den Europäischen Gerichtshof, FAZ vom 8. 9. 2008, S. 8; zum anderen *Fritz Scharpf*, Legitimacy in the Multi-level European Polity, European Political Science Review 2009, S. 173 (198 ff.). Diskussion bei *Juliane Kokott*, Der EuGH – eine neoliberale Institution?, in: Festschrift für Renate Jaeger, 2010, S. 115 (S. 132 ff.) Die *override clause* lautet: »Parliament or the legislature of a province may expressly declare in an Act of Parliament or of the legislature, as the case may be, that the Act or a provision thereof shall operate notwithstanding a provision included in section 2 or sections 7 to 15 of this Charter« (Canadian Charter of Rights and Freedoms, 1982, section 33.1).

10 Vgl. BVerfGE 37, 271 (279 f.); 73, 339 (375 f.); 89, 155 (184); 123 (343 ff., 353 ff.).

europarechtliche Grundlage hat. Dafür kommt Artikel 4 Absatz 2 EUV in Betracht, in dem es heißt, dass die Union die nationale Identität der Mitgliedstaaten achtet, »die in ihren grundlegenden politischen und verfassungsmäßigen Strukturen« zum Ausdruck kommt. Hätten die Verträge selbst den Vorrang des Unionsrechts insoweit eingeschränkt, wäre das Konfliktpotential beseitigt. Der EuGH müsste seinen unbedingten Vorranganspruch für das Unionsrecht zurücknehmen.[11]

Während die Wahrscheinlichkeit eines Konflikts im Kompetenzbereich durch den Honeywell-Beschluss des Bundesverfassungsgerichts erheblich gesunken ist,[12] könnte sie im Identitätsbereich wachsen, auch wenn man einen Übergang zu einem europäischen Bundesstaat für die nähere Zukunft ausschließt. Einen naheliegenden Konfliktherd bilden vielmehr die Grundrechte. Das mag angesichts der Solange-II-Entscheidung von 1986 überraschen, mit der das Bundesverfassungsgericht den europäischen Grundrechtsschutz für befriedigend erklärt hat, so dass es seine – fortbestehende – Prüfungskompetenz seitdem ruhen lässt.[13] Mittlerweile macht sich aber eine Kluft zwischen der Auslegung der nationalen Grundrechte durch die Verfassungsgerichte und derjenigen der wirtschaftlichen Grundfreiheiten in Art. 26 Abs. 2 AEUV durch den EuGH bemerkbar, die der Identitätsfrage Nahrung geben könnte.[14]

II. Die europäische Demokratie

1. Monistische Legitimation am Anfang

Die Europäischen Gemeinschaften traten als Zweckschöpfung von Staaten zur Schaffung eines einheitlichen Wirtschaftsraums ins Leben. Damit verband sich zugleich die Erwartung, dass die

11 Vgl. *Franz C. Mayer*, Verfassungsgerichtsbarkeit, in: *Armin von Bogdandy/Jürgen Bast* (Hrsg.), Europäisches Verfassungsrecht, 2. Aufl. 2009, S. 589.

12 BVerfGE 126,286 (2010). Dazu *Dieter Grimm*, Von Lissabon zu Mangold, in: *ders.*, Zukunft II (Fn. 1), S. 178.

13 BVerfGE 73,339 (378 ff., 387).

14 Vgl. *Fritz Scharpf*, Das Bundesverfassungsgericht als Hüter demokratischer Selbstgestaltungsfähigkeit, in: *Michael Stolleis* (Hrsg.), Herzkammern der Republik, 2011, S. 131.

wirtschaftliche Interessenverflechtung künftig Kriege zwischen den Nationalstaaten verhindern werde. Da die Staaten zur Erreichung dieses Zwecks Teile ihrer öffentlichen Gewalt auf die Gemeinschaft übertrugen und diese mit Organen versahen, die die Gemeinschaftsinteressen gegenüber den Staaten selbständig wahrnahmen, entstand ein Bedarf an demokratischer Legitimation in Europa, der mit jedem Integrationsschritt wuchs. Legitimationsbedürftig war sowohl die Institution als ganze wie auch ihr Output, die kollektiv verbindlichen Entscheidungen, welche nun nicht mehr in den demokratisch organisierten nationalen Verfahren fielen, sondern aus einem übernationalen Entscheidungsprozess hervorgingen.

Zwischen diesen beiden Aspekten sollte unterschieden werden. Dass die Gründung einer überstaatlichen Einrichtung mit hoheitlichen Befugnissen demokratisch legitimiert ist, heißt noch nicht, dass auch die hoheitlichen Akte, die von ihr ausgehen, demokratischen Anforderungen genügen. Das hängt vielmehr von der Ausgestaltung der Organe und Verfahren dieser Einrichtung ab. Die demokratische Legitimation der EU als Organisation ergibt sich daraus, dass die Staaten, welche sie 1957 gründeten, und diejenigen, welche ihr später beitraten, selbst demokratisch sind und die Gründung oder den Beitritt in demokratischen Verfahren nach den Vorschriften ihrer jeweiligen Verfassungen beschlossen. Die Schaffung einer europäischen öffentlichen Gewalt, die folglich die nationale öffentliche Gewalt beschränkte, entsprach dem demokratisch gebildeten Willen der Mitgliedstaaten.

Auch für die Ausübung der öffentlichen Gewalt zehrten die Europäischen Gemeinschaften anfänglich allein von der demokratischen Legitimation, welche die Mitgliedstaaten ihren Akten verliehen. Europäisches Sekundärrecht kam bis 1986 nur durch einstimmigen Beschluss im Rat zustande. Unter diesen Umständen war es ausgeschlossen, dass ein Mitgliedstaat einem Recht unterworfen war, dem er nicht durch seine nationale Regierung zugestimmt hatte, die zu Hause wiederum demokratisch gewählt und demokratisch verantwortlich war, auch für ihr Abstimmungsverhalten im Rat. Auf der Rechtsanwendungsebene stellte sich, wie es schien, kein Demokratieproblem, weil die Anwendungsorgane, Kommission und EuGH, strikt an das von den Staaten vereinbarte Primärrecht und das von ihnen im Rat gesetzte Sekundärrecht gebunden waren.

2. Zwischenzeitliche Veränderungen

Darin sind im Lauf der Zeit Änderungen eingetreten. Auf der *Rechtsetzungsebene* betreffen sie allerdings nicht das europäische Primärrecht. Die Rechtsgrundlage der EU wird nach wie vor von den Mitgliedstaaten im Wege des Abschlusses völkerrechtlicher Verträge bestimmt. Nur für das Vorbereitungsstadium von Vertragsänderungen hat der Lissabon-Vertrag zusätzliche Akteure eingeschaltet, deren Entscheidungen die Mitgliedstaaten beim Vertragsschluss aber nicht binden. Auch im vereinfachten Änderungsverfahren, das allein für den dritten Teil des AEUV zur Verfügung steht, bleiben die Mitgliedstaaten tonangebend. Lediglich im Brückenverfahren, in dem es um den Übergang von Einstimmigkeit zur qualifizierten Mehrheit bei Abstimmungen im Rat sowie vom besonderen zum ordentlichen Gesetzgebungsverfahren geht, ist der Europäische Rat zuständig und bedarf der Zustimmung des Europäischen Parlaments, während den nationalen Parlamenten eine Vetomöglichkeit eingeräumt ist.

Anders aber bei der Setzung europäischen Sekundärrechts. Die Einheitliche Europäische Akte von 1986 hat das Einstimmigkeitsprinzip im Rat aufgelockert. Durch den Lissabon-Vertrag ist das Mehrheitsprinzip zur Regel, das Einstimmigkeitserfordernis zur Ausnahme geworden. Seitdem ist den Mitgliedstaaten nur noch die Beteiligung an Gesetzesbeschlüssen zugesichert, nicht mehr das Recht, sie zu verhindern. Vielmehr besteht die Möglichkeit, dass ein Mitgliedstaat einem Recht unterworfen ist, das seine demokratisch gewählten Repräsentanten ausdrücklich abgelehnt haben. Insoweit reicht also die staatlich vermittelte Legitimation nicht mehr. Mit dem Übergang zum Mehrheitsprinzip entstand ein Bedarf nach europäischer Eigenlegitimation. Folgerichtig wurde das Europäische Parlament, das bereits seit 1979 direkt gewählt wird, an der Setzung von Sekundärrecht in wachsendem Umfang beteiligt. Die monistische Legitimation ist einer dualistischen gewichen.

Auf der *Rechtsanwendungsebene* setzten die Veränderungen schon wesentlich früher ein, und zwar durch die Rechtsprechung des EuGH. Am Beginn stehen die beiden fundamentalen Entscheidungen Van Gend & Loos von 1963 zur direkten Geltung des Gemeinschaftsrechts in den Mitgliedstaaten und zur Umwandlung der vier wirtschaftlichen Grundfreiheiten von Handlungsvorgaben für die Rechtsetzung zu subjektiven Rechten der Einzelnen sowie Costa v. ENEL von 1964 zum Vorrang des Gemeinschaftsrechts vor dem nationalen Recht, wie in Internationale Handelsgesellschaft und pointiert in Simmenthal klargestellt wurde, auch vor dem nationalen Verfassungsrecht.[15] Diese Gerichtsentscheidungen haben diejenige Entwicklung eingeleitet, welche die Sonderstellung der Europäischen Gemeinschaften unter den internationalen Organisationen begründete.

Die Bedeutung dieser Entwicklung ist in ihrem vollen Ausmaß lange nicht erkannt worden, und zwar wohl gerade deswegen, weil sie auf judikativen Pfaden ablief, das heißt in Gestalt richterlicher Entscheidungen, bei denen bestehendes Recht auf Einzelfälle angewandt wurde. Zwischen die Norm und ihre Anwendung schiebt sich freilich die juristische Interpretation. Keine Anwendung einer generellen und abstrakten Norm auf einen konkreten Sachverhalt ohne vorgängige Überbrückung dieser Differenz mittels Interpretation. Die Ebene der juristischen Interpretation entgeht oft der verdienten Aufmerksamkeit, weil sie als bloßer Nachvollzug längst getroffener Entscheidungen angesehen wird. Interpretation ist aber mehr als nur Ermittlung eines im Normtext immer schon deponierten Sinns, sie konstruiert diesen Sinn vielmehr mit. Die Interpretationsmethode bildet dabei einen eigenständigen Faktor. In der Methodenwahl fallen Vorentscheidungen für das Ergebnis.[16]

3. Die Folge: Ein Demokratieproblem

Deswegen ist nicht nur die Rechtsetzung, sondern auch die Rechtsanwendung von demokratischem Interesse. Um Rechtskonflikte unbeeinflusst von außerrechtlichen Kriterien oder gar Pressionen entscheiden zu können, genießt die Rechtsprechung Unabhängigkeit. Sie ist aus dem demokratischen Zusammenhang von politischer Wahl und politischer Verantwortung für die Aufgabenerfüllung herausgenommen. Das ist demokratisch akzeptabel, weil sie keine freien politischen Entscheidungen fällt, sondern strikt rechtsgebunden ist. Wenn sich aber herausstellt, dass die Rechtsbindung

15 EuGH, Slg. 1963, 1; 1964; 1970, 1125; 1978, 629.

16 Vgl. *Dieter Grimm*, Methode als Machtfaktor, in: *ders.*, Recht und Staat der bürgerlichen Gesellschaft, 1987, S. 347.

nur begrenzte Determinationskraft entfaltet und die Gerichte den Sinn der Normen, welche sie anwenden, zum Teil selbst generieren, entsteht insoweit eine demokratische Lücke. Das Problem spitzt sich zu, wenn Gerichte befugt sind, Entscheidungen der demokratisch gewählten Mehrheit für ungültig zu erklären.

Das Problem ist freilich kein spezifisch europäisches, sondern ein allgemeines. Im Allgemeinen wird es indessen dadurch entschärft, dass die Politik, wenn sie die mit dem Gesetz verbundenen Absichten in der Interpretation der Gerichte nicht wiedererkennt, diese durch Gesetzesänderungen für die Zukunft umprogrammieren kann. Die Möglichkeit politischer Korrektur einer Rechtsprechungslinie ist so ein notwendiges Korrelat der unvollkommenen Rechtsbindung der richterlichen Gewalt. Im Fall der Verfassungsgerichtsbarkeit sind politische Korrekturen allerdings schwieriger als gegenüber der gewöhnlichen Justiz. Verfassungsrechtsprechung lässt sich nicht wie Gesetzesanwendung durch Gesetzesänderung mit einfacher Mehrheit umsteuern, sondern nur durch Verfassungsänderung, die in aller Regel von erhöhten Anforderungen abhängt.

Die Bindung an das Gesetz ist zudem nicht die einzige Bindung, der Richter bei der Rechtsanwendung unterliegen. Zur Entschärfung des Demokratieproblems trägt auch der Kontext bei, in dem sich Rechtsprechung gewöhnlich vollzieht. Zwei Faktoren spielen hier eine Rolle. Zum einen operieren Gerichte in einem rechtskulturellen Umfeld, in dem sich überindividuelle Verständnisse über die Grenzen der richterlichen Gewalt, die Arbeitsteilung zwischen Judikative und Legislative, die Rationalitätskriterien der Rechtsanwendung, die Begründung juristischer Entscheidungen etc. herausbilden, die eher still, aber deswegen umso nachhaltiger wirken und sich nicht von einem Tag auf den andern ändern lassen. Sie flankieren die Gesetzesbindung und verringern den Entscheidungsspielraum, den diese offenlässt.

Zum anderen vollzieht sich Rechtsprechung unter ständiger Beobachtung durch eine allgemeine Öffentlichkeit und eine spezielle juristische Fachöffentlichkeit. Die Reaktionen der allgemeinen Öffentlichkeit auf die Entscheidungen der Justiz mögen überwiegend ergebnisgeleitet sein, bringen darin aber durchaus ein vorherrschendes Rechtsempfinden zum Ausdruck. Die Fachöffentlichkeit, namentlich die Rechtswissenschaft, sieht ihre Aufgabe sowohl in der fallübergreifenden, systematischen Entfaltung und Erläuterung des Rechtsstoffs, deren sich die Justiz bedient, als auch in der fallbezogenen Diskussion anhängiger Rechtsfragen und der Kritik juristischer Entscheidungen und ihrer Begründungen. Beide Diskurse tragen in schwer bestimmbarem, aber gleichwohl wirksamem Maß dazu bei, die rechtsprechende Gewalt im Kontakt mit der Gesellschaft zu halten, für die sie Recht spricht, und so die Akzeptanz ihrer Entscheidungen zu erhöhen.

4. Zuspitzung in Europa

Das Besondere an der EU ist, dass einerseits der Bereich, in dem die Justiz politisch umprogrammiert werden kann, hier erheblich enger ausfällt als im Staat, andererseits aber die Mechanismen, die im Staat das demokratische Dilemma der Rechtsprechung entschärfen, weitgehend außer Kraft gesetzt sind. Der EuGH ist auf diese Weise erheblich freier als nationale Gerichte. Das ergibt sich aus einer Kumulation von Faktoren, die ihre Ursachen teils in Eigenarten des Unionsrechts, teils in der Art und Weise seiner Interpretation durch den EuGH, teils in dem Kontext europäischer Rechtsprechung haben. Das Demokratieproblem der Rechtsprechung spitzt sich in der EU also zu. Da es oft übersehen oder in seiner Bedeutung unterschätzt wird, muss es etwas näher erläutert werden, ehe das Verhältnis von nationaler Verfassungsgerichtsbarkeit und europäischer Demokratie aufgegriffen wird.

Ausgangspunkt ist eine grundlegende methodologische Weichenstellung des EuGH. Was die Interpretationsmethoden angeht, bestehen zwischen Völkerrecht und nationalem Recht Unterschiede. Im Völkerrecht kommt es für die Ermittlung des Sinns einer Norm in Bezug auf ein konkretes Problem vor allem auf den Willen der vertragschließenden Parteien an. Souveränitätsbeschränkende Normen werden eng ausgelegt. Im nationalen Recht herrscht dagegen eine Auslegung nach dem objektiven Zweck einer Norm vor. Die nationale Rechtsanwendung emanzipiert sich also tendenziell stärker von dem politischen Normsetzer, ist dafür aber stärker von dem nationalen rechtskulturellen Kontext und der Möglichkeit politischer Rechtsänderung abhängig als die internationale Rechtsanwendung. Obwohl die Europäischen Verträge ihrer Rechtsnatur nach völkerrechtliche Verträge sind, hat sie der EuGH von Beginn an aber nicht wie internationales Recht, sondern wie nationales Recht ausgelegt.

Die Bedeutung von Van Gend & Loos erschöpfte sich nicht darin, dass zur Anwendbarkeit vom Gemeinschaftsrecht in den Mitgliedstaaten keine Transformation nötig ist. Das ließ sich bereits den Verträgen selbst entnehmen. Die eigentliche Neuerung lag vielmehr darin, dass die vier wirtschaftlichen Grundfreiheiten (freier Verkehr von Waren, Personen, Dienstleistungen und Kapital), die im Vertrag als verbindliche Vorgaben formuliert waren, welche durch Gesetzgebung verwirklicht werden sollten, als unmittelbar geltende subjektive Rechte der privaten Wirtschaftsakteure interpretiert wurden, die diese vor den nationalen Gerichten gegen ihre Staaten einklagen können. Gesetzgeberische Maßnahmen waren dadurch nicht ausgeschlossen, aber zur Herstellung des Binnenmarktes nicht mehr nötig. Über das Vorabentscheidungsverfahren konnte der EuGH allein bestimmen, wie die Grundfreiheiten zu verstehen waren und welches nationale Recht ihnen widersprach.

Die Bedeutung von Costa v. ENEL lag darin, dass nationales Recht, wenn es nach Auffassung des EuGH im Widerspruch zum Gemeinschaftsrecht stand, ohne weiteres seine Anwendbarkeit verlor. Der nationale Gesetzgeber war dagegen machtlos. Auch das Verwerfungsmonopol des Bundesverfassungsgerichts aus Art. 100 GG war unterlaufen. Die Feststellung, dass ein demokratisch beschlossenes Gesetz gegen höherrangiges Recht verstößt, die das Grundgesetz aus Respekt vor dem demokratischen Gesetzgeber allein dem Bundesverfassungsgericht vorbehalten wollte, durfte nun, gestützt auf Europarecht, jedes Gericht, ja, jede Behörde treffen. Die vom EuGH in Gang gesetzte Entwicklung wurde alsbald als Konstitutionalisierung der Verträge gedeutet: Obwohl ihrer Entstehung nach Völkerrecht, wirkten sie aufgrund der Rechtsprechung wie eine Verfassung, und der EuGH stand auch nicht an, sie ausdrücklich als solche zu bezeichnen.[17]

Sein volles Gewicht gewann dieser Vorgang aber erst im Zusammenhang mit einem weiteren Umstand: dem Umfang der Verträge. Sie wirken zwar nun wie eine Verfassung, gleichen aber nicht einer Verfassung. Während die Verfassung auf der nationalen Ebene das-

17 Vgl. *Joseph H.H. Weiler*, The Transformation of Europe, Yale Law Journal 100 (1991), S. 2403; *ders.*, A Quiet Revolution, Comparative Political Studies 26 (1994), S. 510; EuGH, Les Verts, Slg. 1986, S. 1339 (1365).

jenige Gesetz ist, welches die Gesetzgebung regelt, die Entscheidung über den Inhalt der Gesetze aber den politischen Organen überlässt und auf diese Weise vom Wahlausgang abhängig macht, sind auf der europäischen Ebene viele Materien bereits umfassend im Vertrag geregelt und also dem gesetzgeberischen Zugriff entzogen. Das heißt aber zugleich, dass auch die Vertragsinterpretation des EuGH vom Gesetzgeber nicht korrigiert werden kann, selbst wenn er meint, dass sie den Intentionen, die mit der Regelung ursprünglich verbunden waren, widerspricht.

Der EuGH ist also wegen des Verfassungsrangs in Verbindung mit Umfang und Inhalt der Verträge viel stärker gegenüber demokratischen Einflüssen immunisiert als nationale Gerichte. Korrekturen der Rechtsprechung setzen Vertragsänderungen voraus. Dazu genügt aber nicht, wie in den Mitgliedstaaten, eine qualifizierte Mehrheit, die gewöhnlich eine Einigung zwischen wenigen nationalen Parteien erfordert. Erforderlich ist vielmehr die Einstimmigkeit von 27 Staaten. Da auch die kontextualen Bindungen angesichts des Zusammentreffens vieler Rechtskulturen und einer rudimentären europäischen Öffentlichkeit schwach sind, ist das Demokratieproblem der Gerichtsbarkeit in der EU größer als in jedem Nationalstaat einschließlich den von diesem Problem geradezu besessenen USA.

5. Der unpolitische Entscheidungsmodus

Die Folgen der Konstitutionalisierung der Verträge bei gegebenem Umfang des Primärrechts enden hier aber nicht. Sie wirkten sich auch auf den Entscheidungsmodus aus. Was vom Primärrecht schon geregelt ist, hängt nicht mehr von der gesetzlichen Umsetzung ab, kann durch Gesetz aber auch nicht mehr geändert werden. Hier geht es nur noch um Rechtsverwirklichung. Dabei sind die nichtpolitischen Organe Kommission und Gerichtshof unter sich. Die auf demokratischen Wahlen beruhenden Organe Rat und Parlament haben dagegen mit der Auslegung und Anwendung von Unionsrecht nichts zu tun. Auf diese Weise ist im Anwendungsbereich des Primärrechts auch das einzige Unionsorgan, das mitgliedstaatliche Interessen vertritt, aus dem Spiel. Weitreichende Entscheidungen für die Mitgliedstaaten fallen so auf administrativen und judikativen Wegen in einem unpolitischen Modus.

Der unpolitische Entscheidungsmodus ist indessen nicht auf Gegenstände von geringem politischen Gewicht beschränkt. Viele Entscheidungen, die auf diese Weise fielen, waren im Gegenteil politisch außerordentlich folgenreich. Nach der Vollendung der Zollunion als erster Etappe bei der Herstellung der Wirtschaftsgemeinschaft ging die Kommission in einem zweiten Schritt zur Verwirklichung des Binnenmarkts über. Als wichtigster Hebel fungierte der seinerzeitige Art. 28 EGV (heute Art. 34 AEUV), der mengenmäßige Einfuhrbeschränkungen sowie »Maßnahmen gleicher Wirkung« zwischen den Mitgliedstaaten verbietet. Diese Worte interpretierte der EuGH nicht im ursprünglich gemeinten Sinn des Antiprotektionismus, sondern im Sinn der Antiregulierung. Gleiche Wirkung wie Einfuhrquoten wurde allen Maßnahmen zugeschrieben, die geeignet waren, den innergemeinschaftlichen Handel unmittelbar oder mittelbar, tatsächlich oder potentiell zu behindern.[18] Die Vorschrift war damit fast völlig entgrenzt.

Umgekehrt wurden die Ausnahmebestimmungen zugunsten von Maßnahmen, die legitime staatliche Ziele verfolgten, eng interpretiert und staatliche Regelungen einer strikten Verhältnismäßigkeitsprüfung unterzogen. Die wichtigste Folge dieser Rechtsprechung bestand darin, dass Produkte, die in ihrem Ursprungsland legal hergestellt worden waren, auch in allen anderen Mitgliedstaaten ungeachtet der dort geltenden Regelungen in Verkehr gebracht werden durften.[19] Die Mitgliedstaaten verloren auf diese Weise die Befugnis, ihre Schutzstandards, etwa im Umweltrecht, im Gefahrenabwehrrecht, im Konsumentenschutzrecht, auf ihrem Territorium durchzusetzen. Zwar hätten sie für inländisch produzierte und vertriebene Waren beibehalten werden können, wären dann aber in Inländer-Diskriminierung umgeschlagen und hätten die einheimischen Wettbewerber belastet.

Seit der Vollendung des Binnenmarkts konzentriert sich die Politik der Kommission in einer dritten Integrationsstufe vor allem auf eine möglichst umfassende Durchsetzung des Wettbewerbsprinzips. Als Hebel fungiert hier vor allem das Beihilfeverbot des seinerzeitigen Art. 80 EGV (heute Art. 107 AEUV). Danach sind staatliche Beihilfen gleich welcher Art, die durch Begünstigung be-

18 EuGH, Dassonville, Slg. 1974, 837.

19 EuGH, Cassis de Dijon, Slg. 1979, 649.

stimmter Unternehmen oder Produktionszweige den Wettbewerb verfälschen, verboten, soweit sie den zwischenstaatlichen Handel beeinträchtigen. Auch hier herrscht eine weite Definition des Beihilfebegriffs vor, die zum Beispiel die Rundfunkgebühr als Beihilfe erscheinen lässt. So verstanden trifft das Verbot nicht nur private Unternehmen, die staatliche Hilfen erhalten, sondern zunehmend öffentliche Einrichtungen, die Dienstleistungen für die Bewohner erbringen. Sofern es private Konkurrenten gibt, erscheint die öffentliche Finanzierung oder Risikoabsicherung als Beihilfe, die rechtfertigungsbedürftig ist.

Welche Leistungen vom öffentlichen, welche vom privaten Sektor erbracht werden, hängt stark von nationalen Traditionen ab und variiert daher von Mitgliedstaat zu Mitgliedstaat. Die Gründe für öffentliche Dienstleistungen sind mannigfach. Häufig steht hinter der Entscheidung für die öffentliche Aufgabenerledigung die Erfahrung, dass das fragliche Gut vom Markt nicht oder nicht in der erwünschten oder sogar verfassungsrechtlich gebotenen Art bereitgestellt werden kann. Dem trägt zwar eine Reihe von Ausnahmetatbeständen Rechnung. Doch drohen die Gemeinwohlgründe der Mitgliedstaaten hinter der Wettbewerbsfixierung der EU zu verkümmern. Die Entscheidung, welche Leistungen dem Markt überlassen, welche in öffentlicher Regie erledigt werden sollen, ist den Mitgliedstaaten aufgrund der Vertragsauslegung durch Kommission und EuGH weithin aus der Hand genommen.

6. Strukturelle Begünstigung der Liberalisierung

Die Wirkungen beschränken sich aber nicht auf die Verlagerung von Entscheidungen hohen politischen Gewichts in einen unpolitischen Entscheidungsmodus. Der unpolitische Entscheidungsmodus begünstigt auch strukturell die Liberalisierung der Wirtschaft. Die Erklärung dafür liegt in der Differenz zwischen positiver und negativer Integration, die das Gemeinschaftsrecht durchzieht.[20] Negative Integration, das heißt die Deregulierung auf der nationalen Ebene zum Zweck der Marktöffnung, konnte im unpolitischen

20 Vgl. *Fritz Scharpf*, Governing in Europe, 1999, S. 42-83; *Susanne K. Schmidt*, Europäische Integration zwischen judikativer und legislativer Politik, in: *Martin Höpner/Armin Schäfer* (Hrsg.), Die Politische Ökonomie der europäischen Integration, 2008, S. 101.

Entscheidungsmodus ungehindert vonstattengehen. Positive Integration, das heißt die Re-Regulierung auf der europäischen Ebene zur Korrektur von Marktversagen, war auf politische Entscheidungen angewiesen, die aber wegen der Konsenserfordernisse im Rat, vor allem vor dem Erlass der EEA, wesentlich schwerer zu erreichen waren.[21] Ein Ausgleich auf europäischer Ebene für die Abschaffung nationaler Schutzstandards unterblieb daher häufig.

In der Öffentlichkeit wird gewöhnlich die europäische Überregulierung als Problem wahrgenommen. Nicht weniger problematisch ist jedoch die europäische Unterregulierung in Bereichen, die auf der Ebene der Mitgliedstaaten aus Gründen des Gemeinwohls reguliert worden waren. Auch die im unpolitischen Modus vorangetriebene Privatisierung ehedem öffentlich erbrachter Leistung weist in Richtung auf Marktsteuerung statt staatlicher Daseinsvorsorge, ohne dass sich dadurch die Versorgungsbedingungen in jedem Fall verbessert hätten. Auch wenn in etlichen Bereichen die Konsumenten finanziell günstiger dastehen als vorher, ist die flächendeckende und sozial verträgliche Versorgung ohne staatliche Gewährleistung gefährdet, die ihrerseits aber wieder ins Visier der Europäischen Kommission zu geraten droht.

Vor allem aber verschlechtert die Liberalisierung die Bedingungen für eine sozialstaatlich orientierte Politik der Mitgliedstaaten. Zwar bleibt die Sozialpolitik auch nach dem Vertrag von Lissabon im Wesentlichen ihnen vorbehalten. Doch verengt die auf Wettbewerb gerichtete Wirtschaftspolitik der EU im Verein mit den Auswirkungen der Globalisierung die tatsächlichen Spielräume staatlicher Sozialpolitik. Je intensiver sie betrieben wird, desto mehr Wettbewerbsnachteile bringt sie der einheimischen Wirtschaft. Die staatliche Sozialpolitik gerät daher unter Druck. Für eine Kompensation auf europäischer Ebene fehlen dagegen nicht nur die rechtlichen Voraussetzungen, sondern angesichts der ausgeprägten Disparität der Systeme sozialer Sicherheit in den Mitgliedstaaten auch die politischen Möglichkeiten. Was wie eine sozialfreundliche Rechtsprechung des EuGH erscheint, wie etwa die Inklusion von Personen in die nationalen Sozialversicherungssysteme, die der Solidargemeinschaft nicht angehören und zu ihr auch nicht bei-

21 Zur nicht grundlegend geänderten Situation nach dem Übergang zu Mehrheitsentscheidungen vgl. *Gerda Falkner* (Hrsg.), The EU's Decision Traps (2011).

tragen, wirkt sich langfristig eher als Desintegration dieser Systeme aus.[22]

Schließlich führt die im unpolitischen Entscheidungsmodus vorangetriebene Liberalisierung oft zu Abwägungssituationen zwischen den grundrechtlich uminterpretierten wirtschaftlichen Grundfreiheiten der Europäischen Verträge auf der einen und nationalen Grundrechten auf der anderen Seite. Tendenziell überwiegen dabei auf der europäischen Ebene die wirtschaftlichen Grundfreiheiten die personalen, kommunikativen, sozialen und kulturellen Grundrechte der nationalen Verfassungen, die dort in der Regel stärker ausgebildet sind als die wirtschaftlichen Grundrechte. Eine ungleichmäßige Anwendung des Verhältnismäßigkeitsprinzips: streng gegenüber nationalem Recht, großzügig gegenüber Unionsrecht, verstärkt die Tendenz.[23] Zusammengenommen geht das über einen diskriminierungsfreien Binnenmarkt weit hinaus und zielt auf ein System allgemeiner Wirtschaftsfreiheit, das vom nationalen Verfassungsrecht gerade ausgeschlossen werden sollte.[24]

7. Demokratieminderung

Die Ausgestaltung und Handhabung des europäischen Primärrechts entfaltet indessen nicht nur eine strukturell begründete wirtschaftsliberale Schlagseite, sondern hat auch eine entdemokratisierende Wirkung. Soweit die Entscheidungen von Kommission und Gericht im Gewand der Vertragsinterpretation ergehen, sind sie dem demokratischen Prozess entzogen. Die demokratisch legitimierten Instanzen sind daran weder beteiligt noch können sie sie im Weg der Gesetzgebung korrigieren. Dem steht der Verfassungsrang der Verträge entgegen. Dagegen ist die Ersetzung nationaler Regulierungen, die für unvereinbar mit Unionsrecht erklärt wurden, durch europäische Regeln möglich. Doch bilden das alleinige Initiativrecht der Kommission und die Konsensanforderungen für europäische Gesetze eine beträchtliche Hürde.

22 Vgl. *Fritz Scharpf*, Community and Autonomy, 2010, bes. S. 221 ff., 353 ff.; *Christian Joerges/Florian Rödl*, Informal Politics, Formalized Law and the »Social Deficit« of European Integration, European Law Journal 15 (2009), S. 1.

23 Vgl. *Christian Calliess*, Europäische Gesetzgebung und nationale Grundrechte, JZ 2009, S. 113.

24 Vgl. *Scharpf*, Bundesverfassungsgericht (Fn. 14).

Die Ursachen des europäischen Demokratiedefizits werden überwiegend auf der institutionellen Ebene gesucht: Die Rechtsgrundlage der Europäischen Union komme ohne Mitwirkung der Unionsbürger zustande; das Europäische Parlament sei nicht das Entscheidungszentrum der EU, sondern bleibe hinter dem gouvernemental besetzten Rat zurück. Die Umwandlung der Verträge in eine Verfassung durch ein Verfassungsreferendum sowie die Ausstattung des Europäischen Parlaments mit den üblichen Befugnissen nationaler Parlamente und die Umgestaltung des Rats in eine zweite Parlamentskammer sind die geläufigen Antworten darauf. Dagegen wird seit längerem eingewandt, dass das Demokratiedefizit seine Wurzeln nicht so sehr in der Organstruktur der EU als vielmehr in den gesellschaftlichen Voraussetzungen von Demokratie und Konstitutionalismus hat,[25] die sich nicht kurzfristig ändern lassen.

Gleichzeitig wird das Demokratieproblem, das in der Kluft zwischen demokratischer Legitimation und politischer Entscheidungsmacht besteht, vernachlässigt. Wie sich gezeigt hat, ist die Entscheidungsmacht der demokratisch legitimierten Organe Europäisches Parlament und Rat in den von den Europäischen Verträgen geregelten Bereichen gering, während hier die Entscheidungsmacht derjenigen Organe besonders hoch ist, deren demokratische Legitimation erheblich schwächer ist. Legitimation und Verantwortung driften so auseinander. Diese Kluft könnte zum Teil durch institutionelle Veränderungen wie die Ausweitung der Parlamentsbefugnisse verkleinert werden. Vor allem würde sie aber eine strukturelle Veränderung der Verträge verlangen.

Was in den Verträgen steht, ist ebenso wie das, was in einer Verfassung steht, der politischen Entscheidung entzogen. Wahlen bewirken insoweit nichts. Deswegen ist es eine Forderung der Demokratie, die Differenz zwischen Verfassung und Gesetz zu wahren und die Verfassungsebene nicht mit Gesetzgebungsmaterien zu überfrachten. Wenn die Verträge schon konstitutionalisiert worden sind, so sollten sie auch verfassungsmäßig ausgestaltet, also um jene Materien, die im Staat Sache der Gesetzgebung sind, erleichtert

25 Vgl. *Dieter Grimm*, Braucht Europa eine Verfassung?, 1995; *Rainer Wahl*, Die Rolle staatlicher Verfassungen angesichts der Europäisierung und Internationalisierung, in: *Thomas Vesting/Stefan Korioth* (Hrsg.), Der Eigenwert des Verfassungsrechts, 2011, S. 355.

werden. Wahrscheinlich ist das freilich ebenso wenig wie eine Verwirklichung des Vorschlags von Scharpf, den im Rat versammelten Mitgliedstaaten Verteidigungsmöglichkeiten zu geben, die über das Recht, Nichtigkeitsklage zu erheben, hinausgingen, das sich wegen der relativ geringen Sensibilität des EuGH für die Rechte der Mitgliedstaaten als wirkungsarm erwiesen hat.[26]

III. Europäische Demokratie und nationale Verfassungsgerichte

Die Rolle der nationalen Verfassungsgerichte für die europäische Demokratie kann nicht ohne Rücksicht auf Eigenart und Zustand dieser Demokratie bestimmt werden. Allerdings dürfen dabei keine falschen Erwartungen an die EU gerichtet werden. Zum einen ist die EU kein Staat und europäische Demokratie deswegen nicht dasselbe wie staatliche Demokratie. Dessen ungeachtet liegt vielen Beschreibungen des europäischen Demokratiedefizits und vielen Vorschlägen zu seiner Behebung gerade die staatliche Demokratie als Maßstab zugrunde. Die europäische Demokratie kann dann nur schlecht abschneiden. Zum anderen darf nicht außer Acht gelassen werden, dass die staatlichen Demokratien ihrerseits nicht frei von Defiziten sind. Ein Vergleich europäischer Realitäten mit staatlichen Idealen wäre methodologisch fragwürdig, sein Ergebnis von geringem Nutzen.

Die europäische Demokratie, ursprünglich allein durch die Mitgliedstaaten vermittelt, ruht heute auf zwei Pfeilern. Zu der demokratischen Legitimation durch die Mitgliedstaaten als »Herren der Verträge« und als maßgebliche Akteure im Europäischen Rat und im Rat ist eine Eigenlegitimation der Union getreten, die von den Unionsbürgern ausgeht und durch das von ihnen gewählte Europäische Parlament wirksam wird. Auch wenn man dem Parlament nicht die Repräsentativität für die Unionsbürgerschaft abspricht, bleibt die von ihm vermittelte Legitimation doch in mehrfacher Hinsicht hinter der von den Mitgliedstaaten vermittelten Legitimation der EU zurück. Die beiden Pfeiler sind ungleich tragfähig.

Die Eigenlegitimation erstreckt sich nicht auf die Rechtsgrund-

26 Vgl. *Fritz Scharpf*, Individualrechte gegen nationale Solidarität, in: *Höpner/Schäfer*, Politische Ökonomie (Fn. 20), S. 96 f.

lage der EU, sondern erfasst nur Akte, die auf der Basis dieser Grundlage ergehen. An der »verfassunggebenden Gewalt« haben die Unionsbürger trotz Habermas' Konstruktion einer europäischen Volkssouveränität[27] keinen Anteil, weil ihr Repräsentant, das Europäische Parlament, an Vertragsschluss und Ratifikation nicht mitwirkt. Die Eigenlegitimation der EU leidet ferner darunter, dass die Bedingungen, unter denen das Europäische Parlament gewählt wird, nicht dazu beitragen, die unionsbürgerschaftliche Rolle ins Bewusstsein zu heben. Gewählt wird getrennt nach Mitgliedstaaten, es gilt das nationale Wahlrecht, es kandidieren die nationalen Parteien, der Wahlkampf wird von den nationalen Themen beherrscht und das Wahlergebnis vornehmlich in Bezug auf seine nationale Bedeutung gewürdigt.

Des Weiteren kann sich die demokratische Legitimation, die die Unionsbürger den Entscheidungen der EU vermitteln, nur im Rahmen der Befugnisse entfalten, über die das Europäische Parlament verfügt. Wo es keine Mitsprache hat, kommt auch die europäische Eigenlegitimation nicht zum Tragen. Das Europäische Parlament verfügt mittlerweile über weitgehende Mitwirkungsrechte an der Rechtsetzung, steht aber nach wie vor nicht mit dem Rat auf gleichem Fuß. Ähnlich verhält es sich mit der Feststellung des Budgets. Sein Einfluss erstreckt sich mittlerweile jedoch auf die Kommission. Es wählt den Präsidenten auf Vorschlag des Europäischen Rats. Die Kommission als ganze bedarf der Zustimmung des Europäischen Parlaments. Durch Misstrauensvotum kann es sie wiederum zum Rücktritt zwingen. Insofern partizipiert sie an der Eigenlegitimation. Das bewirkt aber noch nicht, dass die Kommission bei ihrem Handeln die Europawahl im Blick haben müsste wie eine nationale Regierung. Der Wahlausgang bleibt für ihre Politik relativ folgenlos.

Allein ein Vergleich der beiden Legitimationsstränge, die unterschiedlichen gesellschaftlichen Voraussetzungen demokratischer Herrschaft nicht mitgerechnet, offenbart also, dass die europäische Demokratie immer noch stärker von der Legitimation zehrt, die ihr die Mitgliedstaaten vermitteln. Unter diesen Umständen liegt aber eine funktionstüchtige nationale Demokratie, die den

27 *Habermas*, Verfassung Europas (Fn. 3), S. 62 ff.; siehe dazu *Dieter Grimm*, Wer ist souverän in der Europäischen Union?, in: *ders.*, Zukunft II (Fn. 1), S. 275.

Staatsbürgern den Eindruck von Responsivität der Politik für ihre Bedürfnisse geben kann, im Eigeninteresse der EU. Ihre Liberalisierungspolitik lässt das jedoch nicht erkennen. Sie greift tief in nationalstaatliche Strukturen ein, und zwar gerade in solche, in denen sich lang verwurzelte gesellschaftliche Vorstellungen von Solidarität, staatlicher Daseinsvorsorge, Produktion öffentlicher Güter etc. niedergeschlagen haben. Die Auszehrung der staatlichen Politikebene ist eine wesentliche Quelle der Euroskepsis.[28]

Dass über die Liberalisierungspolitik ohne Mitwirkung der Mitgliedstaaten im unpolitischen Modus der Vertragsdurchsetzung entschieden wird, führt zu einer weiteren Belastung der nationalen Demokratie. Zu vollziehen sind die Entscheidungen mangels europäischer Vollzugsinstanzen von den mitgliedstaatlichen Regierungen. Diese werden vom Publikum in der Regel für die Folgen politisch verantwortlich gemacht, obwohl sie ihnen nicht zugerechnet werden können, während die europäischen Entscheidungsinstanzen, Kommission und Gerichtshof, weder demokratisch zur Verantwortung gezogen werden können noch zur Zielscheibe organisierten Protestes aus den Mitgliedstaaten werden. Die Delegitimation der mitgliedstaatlichen Institutionen, die daraus erwächst, trifft nicht nur die gerade an der Macht befindliche Regierung, sondern das demokratische System.

Soweit europäische Entscheidungen im unpolitischen Modus fallen, können sich die Mitgliedstaaten dagegen nur mit der Nichtigkeitsklage verteidigen, deren Erfolgsaussichten aber erfahrungsgemäß gering sind. Gegenbeispiele aus der Rechtsprechung des EuGH, die es gibt, leiten noch keine Tendenzwende ein.[29] Demgegenüber greift die Kommission häufig zum Mittel des Vertragsverletzungsverfahrens, um ihre Politik gegenüber den Staaten zur Geltung zu bringen. Da die Kommission es vorzieht, jeweils gegen einzelne Mitgliedstaaten Verfahren einzuleiten, und da der EuGH stets den Einzelfall entscheidet, kommt es auch in der Regel nicht zum gemeinsamen Vorgehen ganzer Gruppen von Mitgliedstaaten. »Eine solidarische Reaktion aller Mitgliedstaaten, oder auch nur derer mit ähnlichen institutionellen Bedingungen und politischen

28 Vgl. *Fritz Scharpf*, Reflections on Multilevel Legitimacy, EUSA Review 20 (2007), S. 2.

29 Vgl. *Rudolf Streinz*, Die Rolle des EuGH im Prozess der Europäischen Integration, AöR 135 (2010), S. 1.

Präferenzen, ist also so gut wie ausgeschlossen. Vor der Kommission und dem Gericht steht jeder allein und verliert jeder für sich«.[30]

Wenn es um die Gefahren geht, die der nationalen Demokratie von der Auslegung und Anwendung des Unionsrechts drohen, darf sich der Blick nicht allein auf die schleichende Kompetenzausweitung richten. Die einst vom Bundesverfassungsgericht selbst geförderte Grundrechtsjudikatur des EuGH kehrt sich mittlerweile tendenziell gegen das hochentwickelte, nicht auf wirtschaftliche, sondern personale Freiheit gegründete Karlsruher Grundrechtsverständnis, das die Identität und Legitimität der bundesrepublikanischen Ordnung wesentlich mitgeprägt hat. Die Charta der Grundrechte hat viel davon aufgenommen. Sie verdrängt die Grundrechte der Mitgliedstaaten auch nicht, sondern bindet diese gemäß Art. 51 Abs. 1 Satz 1 nur bei der Durchführung von Unionsrecht. Durchführung von Unionsrecht ist allerdings kein geringfügiger Teil des Rechtsvollzugs in den Mitgliedstaaten, und der EuGH schickt sich auch bei diesem Begriff zu einer extensiven Auslegung an. Vor allem gilt diese Einschränkung aber nicht für die wirtschaftlichen Grundfreiheiten des AEUV. Ob sich der EuGH durch die Charta zu einer Modifikation seiner Rechtsprechung zu den wirtschaftlichen Grundfreiheiten veranlasst sieht, ist ungewiss.

Wenn es um die Rolle der nationalen Verfassungsgerichte in der europäischen Demokratie geht, muss all dies mitbedacht werden. In der gegenwärtigen Konstellation sind die Verfassungsgerichte die einzigen Institutionen, die ein Gegengewicht gegen die demokratie-mindernden Mechanismen bilden, welche in der EU am Werk sind. Die Schwächung der nationalen Demokratie ist kein abstraktes Risiko, sondern eine konkrete Gefahr. Die Demokratiesorge des Bundesverfassungsgerichts im Lissabon-Urteil sollte deswegen nicht als Souveränitätsversessenheit missdeutet werden. Staatliche und europäische Demokratie hängen zusammen, indes nicht nach Art kommunizierender Röhren. Die Verluste der staatlichen Demokratie schlagen nicht als Gewinne der europäischen zu Buche. Solange die europäische Eigenlegitimation die staatliche Legitimationszufuhr nicht ersetzen kann, muss der EU an dieser gelegen sein.

Der Beitrag der nationalen Verfassungsgerichte zur europäi-

30 *Scharpf*, Indiviualrechte (Fn. 26), S. 97.

schen Demokratie besteht unter den jetzigen Umständen vor allem darin, dass sie die Auszehrung der nationalen Demokratie durch Europarecht in Grenzen halten und die europäischen Institutionen zu verstärkter Achtung der aus den nationalen demokratischen Prozessen hervorgehenden Entscheidungen anhalten. Das sollte nicht nur als Integrationsbedrohung, sondern auch als Demokratiebeitrag verstanden werden. Kompetenz- und Identitätskontrolle sind die Hebel der Verfassungsgerichte. Die Frage, ob sie diese Befugnisse zu Recht beanspruchen, ist ebenfalls in ihrem Demokratiebezug zu sehen: Jede vertragswidrige Inanspruchnahme von Kompetenzen bedeutet Demokratieschwächung. Das gilt freilich in beiden Richtungen. Das Bundesverfassungsgericht hat dem im Honeywell-Beschluss Rechnung zu tragen versucht. Der reziproke Schritt des EuGH, der bei der Bekräftigung des Prinzips der begrenzten Einzelermächtigung und des Achtungsgebots für nationale Identitäten des Art. 4 EUV ansetzen müsste, steht noch aus.

16.
Karlsruhe v. Luxemburg
Das EZB-Urteil des Bundesverfassungsgerichts

Liest man die Kommentare, vor allem die ausländischen, zum Urteil des Bundesverfassungsgerichts über die Anleihekäufe der Europäischen Zentralbank, gewinnt man den Eindruck, dass etwas Unvorstellbares passiert ist. Das deutsche Gericht verweigert dem europäischen die Gefolgschaft und legt damit eine »Bombe unter die europäische Rechtsordnung« (Financial Times). Indessen ist das Risiko eines Konflikts zwischen den beiden Gerichten alt. Der Europäische Gerichtshof hat es heraufbeschworen, als er 1963 implizit annahm und 1964 explizit aussprach, dass europäisches Recht dem nationalen Recht vorgeht, selbst dem nationalen Verfassungsrecht. Alternativlos war das nicht, denn in den Römischen Verträgen sucht man den Vorrang des Gemeinschaftsrechts vergeblich. Die Mitgliedstaaten, welche sich an dem Rechtsstreit beteiligten, bestritten, etwas Derartiges in den Verträgen vereinbart zu haben. Selbst der Generalanwalt des EuGH vermochte in den Verträgen keine Grundlage für den Vorrang des Europarechts zu erkennen. Der EuGH leitete ihn aus dem Zweck der europäischen Wirtschaftsgemeinschaft ab. Es könne keinen gemeinsamen Markt geben, wenn jeder Mitgliedstaat europäisches Recht nach seinem Gutdünken anwende und auslege.

Das Argument lässt sich nicht von vornherein von der Hand weisen. Das Bundesverfassungsgericht hat den Vorrang des Gemeinschaftsrechts daher im Grundsatz anerkannt, übrigens als erstes nationales Höchstgericht. Es beharrt aber im Gegensatz zum EuGH darauf, dass das Gemeinschaftsrecht diese Eigenschaft nicht aus sich heraus besitzt, sondern nur, weil der deutsche Gesetzgeber seine vorrangige Geltung in Deutschland im Zustimmungsgesetz zu den Verträgen angeordnet hat. Das sieht wie ein Theorienstreit aus, hat aber praktische Folgen. Der Vorrang des Gemeinschaftsrechts reicht dann nämlich nur so weit, wie die Bundesrepublik tatsächlich Kompetenzen an die EU abgegeben hat. Kompetenzlose europäische Rechtsakte entfalten keine Bindungswirkung. Ob Deutschland eine Kompetenz wirksam übertragen hat, richtet sich nach deutschem Verfassungsrecht, und das kann nur das Bundesverfassungsgericht beurteilen, kein europäischer Gerichtshof.

Dass jeder europäische Rechtsakt auf einer übertragenen Kompetenz beruhen muss, um rechtswirksam zu sein, bestreitet freilich auch der EuGH nicht. Auf der Basis seiner Annahme, das europäische Recht habe sich vom Willen der Mitgliedstaaten emanzipiert und gelte nun unabhängig davon, besteht er aber darauf, dass nur er zu beurteilen hat, ob die EU eine Kompetenz besitzt und ob ein europäischer Rechtsakt von der Kompetenz gedeckt ist. Demgegenüber geht das Bundesverfassungsgericht davon aus, dass die Kontrollbefugnis geteilt ist. Der EuGH prüft die Vertragsmäßigkeit europäischer Rechtsakte mit Wirkung für die gesamte EU. Das Bundesverfassungsgericht prüft für die Bundesrepublik, ob eine zulässige Kompetenzübertragung stattgefunden hat. Kommt es zu dem Schluss, dass ein europäischer Rechtsakt kompetenzwidrig ist, darf er in der Bundesrepublik nicht angewandt werden.

Das Bundesverfassungsgericht steht mit dieser Auffassung keineswegs allein. Die meisten Verfassungsgerichte der Mitgliedstaaten sind ihm gefolgt. Einige haben sogar schon vor dem Bundesverfassungsgericht Europarecht für unanwendbar in ihrem Staat erklärt. Die Karlsruher Entscheidung zum PSP-Programm ist also kein Novum. Sie findet nur mehr Aufmerksamkeit, zum einen, weil es das deutsche Verfassungsgericht ist, ohne Zweifel das einflussreichste in der EU, zum anderen, weil es um einen spektakulären Fall mit dem Risiko erheblicher wirtschaftlicher Folgen geht, vielleicht auch, weil die Entscheidung in eine Zeit dramatischer Krisen fällt, deren Bewältigung enorme finanzielle Aufwendungen erfordert, obwohl das Urteil mit den Corona-Hilfsmaßnahmen nichts zu tun hat und ausdrücklich nicht auf sie gemünzt ist.

Um die Situation zu beurteilen, muss man einen Blick hinter den nunmehr ausgebrochenen aktuellen Konflikt werfen. Warum liegt dem Bundesverfassungsgericht so viel an seiner Kontrollbefugnis? Die geläufige Antwort, weil es seine Machtposition wahren wolle, ist vorschnell und verharmlost das Problem. Im Zentrum steht für das Bundesverfassungsgericht, dass die Europäische Union ein Verbund souverän gebliebener Staaten ist, der von diesen Staaten getragen wird und ihre Identität, wie sie sich vor allem in den nationalen Verfassungen ausdrückt, zu achten hat. Diese Eigenart der EU wird durch das Prinzip der begrenzten Einzelermächtigung gesichert. Danach hat die EU nur diejenigen Kompetenzen, welche ihr die Mitgliedstaaten übertragen haben. Nicht darf sie sich Kompetenzen, die sie gern hätte, von den Mitgliedstaaten nehmen. Auch im Wege der Vertragsinterpretation dürfen nur die übertragenen Kompetenzen ausgelegt, nicht neue begründet werden.

Damit steht das Bundesverfassungsgericht vollkommen auf dem Boden der Verträge. Genauso ist es dort geregelt. Das will auch der EuGH nicht bestreiten und legt Wert darauf, dass er sich in seiner Rechtsprechung daran hält. Dessen ist sich das Bundesverfassungsgericht aber nicht so sicher. Es stellt fest, dass Verstöße gegen die Kompetenzordnung nicht nur vom Rat und von der Kommission oder dem Europäischen Parlament ausgehen können, sondern auch vom Hüter der Verträge, dem EuGH selbst. Das ist theoretisch ganz unbestreitbar, ohne dass man dahinter gleich willentliche Rechtsverletzungen wittern müsste. Aber auch praktisch hat der EuGH dieser Besorgnis viel Nahrung gegeben. In äußerst extensiver Auslegung der Verträge hat er das Prinzip der begrenzten Einzelermächtigung, auf dem das gesamte europäische Gebäude beruht, beträchtlich aufgeweicht und tiefe Breschen in die Rechtsordnungen der Mitgliedstaaten geschlagen, meist im Interesse der vier wirtschaftlichen Grundfreiheiten, also mit einer liberalisierenden Tendenz.

Darauf geht die Aussage des Bundesverfassungsgerichts im Lissabon-Urteil von 2009 zurück, dass die Organe der EU, auch die gerichtlichen, »eine Tendenz zu ihrer politischen Selbstverstärkung« aufweisen. Da aber mit jeder Kompetenzanmaßung der EU die Bedeutung der nationalen Verfassung schrumpft, müssen es die Mitgliedstaaten der EU verwehren, »sich der Kompetenz-Kompetenz zu bemächtigen« oder die »Verfassungsidentität« der Mitgliedstaaten zu verletzen. Weil der EuGH bei der schleichenden Kompetenzaushöhlung selbst als Motor gewirkt hat, bleiben insoweit als Gegengewicht nur die nationalen Verfassungsgerichte übrig. Das Bundesverfassungsgericht müsse daher die Möglichkeit zur Sicherung der vertraglichen Kompetenzordnung und der Identität der nationalen Verfassung haben. »Anders können die von Art. 4 Abs. 2 Satz 1 EUV-Lissabon anerkannten grundlegenden politischen und verfassungsmäßigen Strukturen souveräner Mitgliedstaaten bei fortschreitender Integration nicht gewahrt werden.«

In vollem Umfang lässt sich die Karlsruher Sorge aber erst begreifen, wenn man sie im Licht der europäischen Demokratie-Problematik betrachtet. Die EU bezieht ihre demokratische Legitimation vorwiegend von den ihrerseits demokratisch organisierten Mitgliedstaaten, die im Europäischen Rat und im Ministerrat die zentrale Position im europäischen Institutionengefüge einnehmen. Demgegenüber ist die Eigenlegitimation, die der EU über die Wahl des Europäischen Parlaments zufließt, relativ schwach, zum einen, weil das Parlament an Befugnissen den nationalen Parlamenten nachsteht, vor allem aber, weil die Beteiligung der Unionsbürger an Europawahlen dürftig ist und man in dieser Wahl auch nur wenig Einfluss auf die europäische Politik nehmen kann. Das hängt wiederum damit zusammen, dass bei der Europawahl nur nationale Parteien wählbar sind, die im Parlament aber keine eigenständige Rolle spielen. Als Akteure treten dort vielmehr die europäischen Fraktionen auf, die jedoch nicht zur Wahl stehen, in keiner Gesellschaft verwurzelt sind und sich erst nach der Wahl programmatisch festlegen.

Nun verschärft sich das Demokratieproblem aber durch den oft übersehenen Umstand, dass das Legitimationsniveau der EU gerade durch den Einfluss beeinträchtigt wird, den sich der EuGH durch die Erklärung des Vorrangs von Europarecht selbst verschafft hat. Die EU ist über das anfängliche Ziel der Wirtschaftsgemeinschaft längst hinausgewachsen und zu einer politischen Union geworden, ohne dass die Entscheidungsstrukturen dem entsprächen. Der erreichte Integrationsstand ist nämlich nur zum Teil das Ergebnis von Beschlüssen der demokratisch legitimierten und verantwortlichen Organe der Mitgliedstaaten und der EU, sondern in erheblichem Maß das Ergebnis der Rechtsprechung des EuGH. Entscheidungen von höchstem politischen Gewicht fallen auf diese Weise in der EU in einem unpolitischen Modus, der sowohl die demokratisch legitimierten und verantwortlichen Organe als auch die Öffentlichkeit von der Beteiligung ausschließt.

Durch den Vorrang sind die Verträge mit der Wirkung einer Verfassung versehen worden. Was auf der Verfassungsebene geregelt ist, ist damit dem demokratischen Prozess entzogen. Es bildet die Grundlage politischer Entscheidungen, ist aber nicht mehr Thema politischer Entscheidungen. Das ist der Sinn von Verfassungen. Dazu sind sie da. Wegen dieser Wirkung beschränken sie sich aber auf einige Grundprinzipien der politischen und gesellschaftlichen Ordnung sowie auf die Bestimmung der Organe des Gemeinwesens und ihre Kompetenzen und Verfahren. Sie regeln mit anderen Worten die Herstellung politischer Entscheidungen, überlassen diese Entscheidungen selbst aber dem demokratischen Prozess. In der EU ist das anders, denn die Verträge sind, im Unterschied zu staatlichen Verfassungen, voll von Vorschriften, die in jedem Staat gewöhnliches Gesetzesrecht wären und deswegen jederzeit der demokratischen Veränderung offenstehen.

Alle diese Policy-Bestimmungen der Verträge nehmen nun aber am Vorrang der Verträge, also an ihren verfassungsgleichen Wirkungen teil. Sie sind dem demokratischen Prozess entzogen. Wahlen bleiben insoweit folgenlos. Der EuGH kann hier frei schalten. So weit die Verträge reichen, sind die demokratisch legitimierten und verantwortlichen Organe an den Entscheidungen nicht nur nicht beteiligt, sie können sie auch nicht ändern. Die sogenannte Konstitutionalisierung der Verträge, die nicht als Verfassung gedacht waren, führt folglich zu einer Entpolitisierung der EU. Die Organe, welche mittelbar oder unmittelbar aus Wahlen hervorgehen und deswegen die öffentliche Meinung beachten müssen, haben in den vertraglich geregelten Bereichen nichts zu sagen. Der Gerichtshof, der etwas zu sagen hat, ist gegen Wahlergebnisse und öffentliche Meinung immunisiert. Die europäische Integration konnte auf diese Weise auf leisen Sohlen vorangetrieben werden und einen Stand erreichen, hinter dem kein demokratischer Wille steht. Das ist die eigentliche Demokratieproblematik der EU, und sie hat gerade mit der Rechtsprechung des EuGH zu tun.

Wie kaum bezweifelt wird, ist das demokratische Legitimationspotential von Staaten erheblich höher als das der EU, von supranationalen Einrichtungen auf der globalen Ebene ganz zu schweigen. Es lässt sich auch nicht, wie viele meinen, durch institutionelle Reformen, insbesondere die Umwandlung der EU in ein parlamentarisches System nach staatlichem Muster, bessern. Deswegen bleibt die EU noch auf lange Sicht auf die Legitimationszufuhr aus den Mitgliedstaaten angewiesen. Sie kann die staatlichen Legitimationsressourcen nicht einfach durch weitere Ausdehnung ihrer Befugnisse auf sich umlenken. Sie müsste deswegen im eigenen Interesse auf eine starke mitgliedstaatliche Demokratie bedacht sein, statt diese immer weiter auszuzehren. Das 1992 in die Verträge eingefügte Subsidiaritätsprinzip, das die Auszehrung verhindern sollte, ist ohne jede Wirkung geblieben.

Die Diskussion über das jüngste Urteil des Bundesverfassungsgerichts sieht von diesen Rahmenbedingungen ab. Sie greift daher zu kurz. Die eng begrenzte Kontrollkompetenz, die das Bundesverfassungsgericht gegenüber europäischen Rechtsakten in Anspruch nimmt, kann sich auf gute Gründe stützen, ihre Notwendigkeit wird durch den stark justizlastigen Verlauf der Integration und seine entdemokratisierenden Folgen bestätigt. Fragen kann man freilich, ob es seine immer wieder bekräftigte Kontrollbefugnis gerade an diesem Gegenstand und gerade in dieser Zeit erstmals ausüben musste. Das Gericht hatte Gelegenheiten, seine Vorbehalte womöglich überzeugender und weniger kritikanfällig zur Geltung zu bringen, insbesondere im OMT-Streit (Draghis Ankündigung »whatever it takes«).

Auch hier geht es jedoch nicht ohne eine Vorgeschichte ab. Der OMT-Fall war der erste, in dem das Bundesverfassungsgericht dem EuGH die Frage vorlegte, ob ein Rechtsakt der EU auf einer von den Mitgliedstaaten übertragenen Kompetenz beruht und vertragsgemäß vorgenommen wurde. Der EuGH hatte sich lange nach einer Vorlage aus Karlsruhe gesehnt. Nun war sie da, der viel berufene »Dialog der Gerichte« hätte beginnen können. Aber die Bereitschaft zum Dialog war auf Seiten des EuGH recht gering. Wenn man seine Antwort auf die Karlsruher Vorlage liest, gewinnt man nicht den Eindruck einer ernstlichen Auseinandersetzung mit den Bedenken des Bundesverfassungsgerichts. Er hat Karlsruhe kühl beschieden, dass seine Bedenken unbegründet seien.

Das Bundesverfassungsgericht fühlte sich durch die Luxemburger Antwort nicht beruhigt. Dennoch fügte es sich, weil zumindest so viel aus der Entscheidung des EuGH hervorging, dass die EZB nicht im rechtsfreien Raum operiere, sondern rechtliche Grenzen zu respektieren habe. Im jetzigen PSPP-Verfahren gab es eine erneute ausführlich begründete Vorlage, und wieder kann man nicht feststellen, dass sich der EuGH mit ihr in einer Weise auseinandergesetzt habe, die einem Dialog entspräche. Sie war jedenfalls nicht dazu angetan, die Bedenken des Bundesverfassungsgerichts zu zerstreuen. Es kommt vielmehr zu dem Schluss, dass der EuGH auf eine effektive Kontrolle der EZB verzichtet habe und ihr erlaube, Umfang und Reichweite ihres Mandats frei zu bestimmen.

Gleichwohl ist der Karlsruher Einspruch in der Sache zurückhaltend ausgefallen und eröffnet Lösungswege. Das Bundesverfassungsgericht hat nicht zum großen Schlag ausgeholt und der EZB vorgeworfen, sie habe die Grenzen zwischen Währungspolitik (die ihre Aufgabe ist) und Wirtschaftspolitik (die ihr verwehrt ist) überschritten. Eine offensichtliche Umgehung des Verbots ließ sich nicht feststellen. Die EZB hat ihre Kompetenz nach der Annahme des Bundesverfassungsgerichts aber ausgeübt, ohne die Verhältnismäßigkeit ihres Ankaufsprogramms zu prüfen, wie es Art. 5 des EU-Vertrages verlangt. Es hat der EZB Gelegenheit gegeben, diese Prüfung nachzuholen und sich je nach dem Ergebnis entweder zu rechtfertigen oder zu korrigieren. Die Unabhängigkeit der EZB wird dadurch nicht in Frage gestellt. Das Karlsruher Urteil ist keine Anweisung, wie häufig zu lesen. Die EZB untersteht nicht dem Grundgesetz.

Gegenüber dem EuGH fällt der Karlsruher Spruch dagegen weniger moderat aus. Ihm wird der Vorwurf nicht erspart, er habe *ultra vires* gehandelt, indem er die rechtlichen Grenzen, die der EZB gezogen seien, so weit zurückgenommen habe, dass die Bank frei sei, Wirtschaftspolitik zu betreiben und damit in den Zuständigkeitsbereich der Mitgliedstaaten einzugreifen. Dafür finden sich in dem Urteil gute Gründe. Unter anderem belegt das Bundesverfassungsgericht minutiös, dass der EuGH in Bezug auf die EZB von seinen eigenen Maßstäben zur Anwendung des Verhältnismäßigkeitsprinzips abgewichen ist. Dass das Bundesverfassungsgericht in der Form moderat gewesen sei, kann man erst recht nicht sagen. Kein Gericht lässt sich gern vorwerfen, sein Urteil sei »schlechterdings nicht mehr nachvollziehbar« und insofern »objektiv willkürlich«. Der Schluss folgt dann freilich zwangsläufig: »Da es sich selbst als Ultra-vires-Akt darstellt, kommt ihm insoweit keine Bindungswirkung zu.«

Allerdings muss man auch hier noch einmal den Gründen nachspüren. Dann kommt zum Vorschein, dass sich das Bundesverfassungsgericht in einer aus bester, nämlich europafreundlicher Absicht selbstgestellten Falle gefangen hat. In einem Beschluss von 2010 hat es seine stets geäußerte Absicht, nur in extremen Ausnahmefällen einem Urteil des EuGH die Gefolgschaft zu versagen, präzisiert und dabei die Hürden für sich selbst außerordentlich hoch gelegt. Erstens werde es eine solche Entscheidung nur nach Einholung der Rechtsmeinung des EuGH fällen; zweitens reichten Meinungsverschiedenheiten über die richtige Auslegung der

Verträge nicht, die Auffassung des EuGH müsse sich vielmehr als schlechterdings nicht mehr haltbar und insofern als willkürlich erweisen; drittens müsse es als Folge eines solchen EuGH-Urteils zu einer strukturellen Gewichtsverlagerung von den Mitgliedstaaten zur EU kommen. Danach blieb ihm nicht viel mehr übrig, als diese zum Schutz des EuGH gedachte Sprache nun gegen ihn zu wenden.

Lässt sich der Konflikt lösen? Die Frage verlangt zwei Antworten, eine grundsätzliche zum Verhältnis der beiden Gerichte und eine fallbezogene zu den Folgen für das EZB-Programm. Was das Grundsätzliche angeht, stößt das Recht hier an Grenzen. Da beide Gerichte von ihrer jeweiligen Prämisse aus folgerichtig argumentieren, ist eine Lösung nicht in Sicht. In ein und derselben Sache gibt es zur selben Zeit zwei einander widersprechende Urteile, und da die EU kein Staat mit geschlossener Hierarchie ist, kann kein Gericht das Urteil des anderen aufheben. Es hängt dann von der Politik ab, wie sie sich verhält. Die Rechtswissenschaft gewinnt der Situation sogar positive Seiten ab: Die fehlende Hierarchie zwingt die Gerichte, aufeinander Rücksicht zu nehmen. Diese Rücksicht hat das Bundesverfassungsgericht bis zum 5. Mai unter mancher Selbstüberwindung geübt. Vom EuGH ist das nicht honoriert worden. Es wäre ein Gewinn, wenn es künftig eine wechselseitige Rücksicht gäbe.

Fallbezogen genügt eine wie immer übermittelte Erklärung der EZB, wieso ihr Programm des Ankaufs von Staatsanleihen auf dem Sekundärmarkt den Anforderungen des Verhältnismäßigkeitsprinzips entspricht. Dann kann die Deutsche Bundesbank sich an diesem Programm weiter beteiligen. Als Schaden bliebe dann vor allem die ermutigende Wirkung, die das Urteil auf Mitgliedstaaten der EU haben könnte, die sich vom Rechtsstaat immer weiter entfernen. Darauf weisen fast alle Kritiker hin, und es kann als sicher gelten, dass sich Ungarn und Polen in ihrer Auseinandersetzung mit der Kommission auf das deutsche Vorbild berufen werden, auch wenn Karlsruhe die Exzeptionalität seiner Entscheidung so klar wie möglich gemacht hat. Aber soll man sich von Richtern, denen es doch ums Recht gehen muss, wünschen, dass sie eine nach ernsthafter Prüfung rechtlich gebotene Entscheidung unterlassen, weil sie von anderen missbraucht werden kann?

VII.
Gegner

17.
Neue Radikalkritik an der Verfassungsgerichtsbarkeit

I.

Vor dreißig Jahren sah es so aus, als habe sich die Verfassung als Mittel zur Legitimierung und Regulierung politischer Herrschaft universal durchgesetzt. In vielen Teilen der Welt mündete die Überwindung autoritärer, diktatorischer, militärischer oder rassistischer Regime in neue oder modifizierte Verfassungen auf demokratischer Grundlage. Aber nicht nur die Verfassung, sondern auch die Verfassungsgerichtsbarkeit als Mittel, dem Anspruch der Verfassung Achtung zu verschaffen, breitete sich aus.[1] In den Verfassungen, die in der zweiten Hälfte des 20. Jahrhunderts, besonders nach 1989, entstanden, gehörten Verfassungsgerichte oder Gerichte mit verfassungsrechtlichen Kompetenzen zum Standard, der nicht unterschritten werden durfte, wenn man es mit der Verfassung ernst meinte oder zumindest diesen Anschein erwecken wollte.

Heute sieht die Verfassungswelt anders aus. Das Projekt des Konstitutionalismus ist in vielen Ländern, die es noch kurz zuvor ersehnt hatten, unter populistischen Druck geraten.[2] Zu den ersten Opfern der Kehrtwende gehören Verfassungsgerichte. Sie werden personell auf Regierungslinie gebracht oder in ihren Kompetenzen beschnitten. Zwar heißt es in Bruce Ackermans neuestem Buch,

1 Vgl. *C. Neal Tate/Torbjörn Vallinder* (Hrsg.), The Global Expansion of Judicial Power, 1995; *Maartje de Visser*, Constitutional Review in Europe, 2014; *Wojciech Sadurski*, Rights Before Courts. A Study of Constitutional Courts in Postcommunist States of Central and Eastern Europe, 2005; *Stephen Gardbaum*, The New Commonwealth Model of Constitutionalism, 2013; *Rachel Sieder/Line Schjolden/Alan Angell* (Hrsg.), The Judicialization of Politics in Latin America, 2005; *Tom Ginsburg*, Judicial Review in New Democracies. Constitutional Courts in Asian Cases, 2003; *Albert H.Y. Chen*, Constitutional Courts in Asia, 2018; *Yvonne Tew*, Constitutional Statecraft in Asian Courts, 2020; *Charles M. Fombad* (Hrsg.), Constitutional Adjudication in Africa, 2017.

2 Vgl. *Samuel Issacharoff*, Fragile Democracies. Contested Power in the Era of Constitutional Courts, 2015; *Steven Levitsky/Daniel Ziblatt*, Wie Demokratien sterben, 2018; *Mark A. Graber/Sanford Levinson/Mark Tushnet* (Hrsg.), Constitutional Democracy in Crisis?, 2018.

das schon unter dem Eindruck des Populismus geschrieben wurde, in Staaten mit Verfassungsgerichtsbarkeit werde es Jahre dauern, bis eine Systemtransformation Erfolg habe, weil sich die Verfassungsgerichte diesen Bestrebungen in den Weg stellten.[3] Aber wie, wenn die Transformation mit der Lahmlegung der Verfassungsgerichte beginnt? Staaten wie Ungarn und Polen haben dafür wenige Monate genügt.[4]

Die Verfassungsgerichtsbarkeit steht allerdings nicht nur unter politischem Druck. Auch in der Wissenschaft regt sich seit einiger Zeit eine verstärkte Gegnerschaft. Sie kommt vorwiegend, aber nicht nur aus den USA, wo die Vorbehalte gegenüber *judicial review* eine lange Tradition haben.[5] Der traditionelle Argwohn gegenüber der Verfassungsgerichtsbarkeit hat in jüngster Zeit jedoch eine radikale Zuspitzung erfahren. Die aktuelle Kritik richtet sich nicht gegen eine bestimmte Rechtsprechungspraxis. Es geht ihr auch nicht um eine methodologische Neuorientierung, etwa im Sinn von *original intent* oder *original meaning*, wie sie in Reaktion auf die liberale Rechtsprechung des Warren-Court angemahnt wird. Ebenso wenig begnügt sie sich mit Warnungen vor *judicial activism* und Appellen zu richterlicher Selbstbeschränkung.

Gefordert wird vielmehr eine Abschaffung des *judicial review*. Der Supreme Court der USA, um den es vorwiegend geht, wäre dann nur noch oberstes Appellationsgericht, verlöre aber seine verfassungsgerichtlichen Funktionen. Die Forderung ist nicht populistisch oder gar anti-konstitutionell motiviert, sondern wird im Namen des westlichen Demokratieverständnisses erhoben. Auch sind die Autoren, von denen die Forderung stammt, nicht etwa Randfiguren der amerikanischen Rechtswissenschaft, sondern anerkannte Gelehrte erstrangiger Law Schools, politisch eher der liberalen Seite zuzurechnen, aber darauf bedacht, dass ihre Kritik prinzipiell und nicht politisch verstanden wird. Sie gelte unabhängig davon, wer gerade mit welcher Tendenz oder Methode in Verfassungsfragen urteile.

3 *Bruce Ackerman*, Revolutionary Constitutionalism, 2019, S. 226.

4 Vgl. die Berichte der Venedig-Kommission des Europarats, für Ungarn Opinion 621/2011; 665/2012, 683/2012, 720/2013; für Polen Opinion 833/2015; 860/2016.

5 Vgl. *Barry Friedman*, The Birth of an Academic Obsession: The History of the Countermajoritarian Difficulty, 112 Yale Law Journal (2002), S. 153.

II.

Am Beginn der Radikalkritik steht ein Buch mit dem bezeichnenden Titel »Taking the Constitution Away from the Courts«.[6] Die Forderung des Autors, Mark Tushnet, den Gerichten die Verfassung aus der Hand zu nehmen, gründet sich auf ein bestimmtes Verständnis der Verfassung, das er »populist constitutional law« nennt.[7] Tushnet ist allerdings nicht des Populismus verdächtig, so wie dieser heute überwiegend in Erscheinung tritt, also als eine Vorstellung von Volksherrschaft, in der eine Partei oder Bewegung sich mit dem Volk gleichsetzt und daraus den Anspruch ableitet, den von ihr definierten Volkswillen ungehindert von verfassungsrechtlichen Schranken durchzusetzen. Vielmehr sollen über die Bedeutung der Verfassung und die Anforderungen, welche sie an die Politik richtet, nicht Juristen und Gerichte entscheiden, sondern »the people themselves«.[8]

Diese Redewendung ist in den USA ikonisch. Die Founding Fathers haben sie wieder und wieder verwendet. Bei Thomas Jefferson kann man lesen: »I know of no safe depository of the ultimate powers of the society but the people themselves.«[9] James Madison fragt: »Who Are the Best Keepers of the People's Liberties?« und antwortet: »The People themselves.«[10] Die Vorstellung, »the people themselves« sollten entscheiden, wird nicht nur auf die Verfassungsgebung bezogen, die in allen demokratischen Verfassungen dem Volk zugeschrieben wird, sondern auch auf den politischen Betrieb unter der Verfassung. Die Forderung Tushnets lautet: »Return all constitutional decision-making to the people, acting politically«, mit anderen Worten: »We all ought to participate in creating constitutional law through our actions in politics.«[11]

Diese Ausführungen könnten die Annahme nahelegen, dass es um die Einführung plebiszitärer Elemente, namentlich von Verfassungsreferenden, gehe, wie sie sich in den Verfassungen der ame-

6 *Mark Tushnet*, Taking the Constitution Away from the Courts, 1999.

7 Ebenda, S. 177 ff.

8 Ebenda, S. 182.

9 *Thomas Jefferson*, in: *Paul Leicester Ford* (Hrsg.), The Writings of Thomas Jefferson, Bd. X, 1894, S. 162.

10 *James Madison*, National Gazette vom 22. 12. 1792.

11 *Tushnet* (Fn. 6), S. 154, 157.

rikanischen Einzelstaaten finden, in der Verfassung der USA aber gänzlich fehlen. Was Entscheidungen angeht, ist das amerikanische Volk auf die Wahl des Präsidenten und des Kongresses beschränkt. Indessen mündet die Argumentation nicht in die Forderung nach Volksentscheiden. Es geht vielmehr darum, die Gerichte als Hindernis für ein »populist constitutional law« zu entmachten. Auf diese Weise soll »space for politics«[12] geschaffen und der Grundsatz des *self-government* gegenüber Fehlentwicklungen wiederhergestellt werden. *Self-government* des Volkes ist *government* durch seine gewählten Repräsentanten.

Zur Begründung trifft Tushnet eine Unterscheidung zwischen »the thick Constitution and the thin Constitution«.[13] »Thick« und »thin« bedeuten hier nicht so viel wie »gehaltvoll, anspruchsvoll« einerseits und »dürftig, unambitioniert« andererseits. Vielmehr handelt es sich um eine reine Umfangsbezeichnung. Die »dünne« Verfassung besteht aus den wenigen Fundamentalprinzipien, die »dicke« aus dem gesamten Rest. Genau genommen, befindet sich die »dünne Verfassung« sogar außerhalb der Verfassung. Sie ist für Tushnet mit den Grundaussagen der Declaration of Independence identisch und wird gelegentlich noch um die Präambel der Verfassung ergänzt, also »equality, freedom of expression, liberty«, aber ausdrücklich nicht um das First Amendment oder die »equal protection clause« des Fourteenth Amendment.[14]

Die »dünne« Verfassung ist diejenige, welche das Volk kennt, die seine »vital interests« aufnimmt und zu Herzen geht, die eigentliche »populist Constitution«.[15] Das heißt nicht, dass ihr Sinn unbestritten ist, aber der Streit über die jeweilige Bedeutung ist nicht vom Supreme Court zu entscheiden, sondern im politischen Prozess zu klären. Die »dicke« Verfassung ist nicht etwa unwichtig. Ohne sie gäbe es das Regierungssystem nicht. Unter Berufung auf die »dünne« Verfassung darf man aber die »dicke« außer Acht lassen. Die Frage, wie viel von der »dicken« man den Gerichten

12 Ebenda, S. 187.

13 Ebenda, S. 9 ff.

14 Ebenda, S. 11. Die Vorstellung von der eigentlichen Verfassung außerhalb des Verfassungsdokuments erinnert an die Unterscheidung von Verfassung und Verfassungsrecht bei *Carl Schmitt*, Verfassungslehre, 1928, S. 20. Es spricht aber nichts dafür, dass Schmitt hier Pate gestanden hat.

15 Ebenda, S. 13.

entziehen kann, wird gestellt. Die Antwort lautet am Ende aber: Jede Staatsgewalt entscheidet über den Sinn der Verfassung selbst. In Umdrehung des bekannten Wortes von Chief Justice Hughes ist die Verfassung »what a majority of Congress says it is«.[16]

Tushnet illustriert seine Überlegungen anhand einer Entscheidung des Supreme Court, der zufolge die gesetzliche Anordnung, dass Kinder illegaler Immigranten keinen Anspruch auf freien Schulbesuch haben, mit der US-Verfassung unvereinbar ist.[17] Einige Jahre später wurde in Kalifornien eine inhaltsgleiche Regelung durch Volksentscheid eingeführt. Die kalifornische Legislative musste sie nun umsetzen, die Schulleiter mussten sie anwenden. Ein Bundesgericht erklärt die kalifornische Regelung unter Berufung auf das Urteil des Supreme Court in Plyler für verfassungswidrig. Die kalifornischen Abgeordneten schwören, Verfassung und Gesetze Kaliforniens sowie die Verfassung der USA zu achten. Tushnet fragt: Verhalten sich die Abgeordneten und die Schulleiter rechtswidrig, wenn sie die Gerichtsentscheidung ignorieren?

Seine Antwort ist es wert, zitiert zu werden. Sie lautet: »Of course not.« Und wieso? »Legislators took an oath to support the Constitution – *the Constitution* – not the Supreme Court. What the Constitution means is not necessarily what the Supreme Court says it means. If legislators think the Court misinterpreted the Constitution, their oath allows them – indeed, it may *require* them – to disregard *Plyler*.«[18] Tushnet scheint davon auszugehen, dass die Verfassung eine bestimmte Bedeutung besitzt, die der Supreme Court verfehlen kann oder jedenfalls nach Meinung der Parlamentarier verfehlt hat. Daraus folgt aber noch nicht zwingend, dass das Gerichtsurteil unbeachtlich ist. Ebenso wie der Supreme Court sich irren kann, können sich auch die kalifornischen Abgeordneten irren. Wie gelangt Tushnet zu seinem Schluss?

Tushnet verkennt nicht, dass *self-government* durch gewählte Repräsentanten ein voraussetzungsvoller Vorgang ist. Er nennt drei Bedingungen, die erfüllt sein müssen, damit man von *self-government* durch gewählte Repräsentanten sprechen kann: Es muss allgemeine freie Wahlen geben, Regierungskritik muss erlaubt sein,

16 Ebenda, S. 52.

17 Plyler v. Doe, 457 U.S. 202 (1982).

18 *Tushnet* (Fn. 6), S. 6.

und ungehinderte Meinungsbildung im vorpolitischen Raum muss möglich sein, was eine geschützte Privatsphäre voraussetzt.[19] Daraus könnte man schließen, dass die Verfassungsgerichtsbarkeit auf die Wahrung dieser Bedingungen beschränkt werden sollte. Eine solche demokratie-akzessorische Funktionsbestimmung liegt in der Tat einem einflussreichen älteren Werk zur Verfassungsgerichtsbarkeit zugrunde, nämlich John Hart Elys »Democracy and Distrust«.[20] Doch ist das nicht Tushnets Vorstellung.

Tushnet fürchtet vielmehr, dass es bei einer solch punktuellen Erlaubnis von *judicial review* nicht bei diesen Fällen bleiben werde. Diese Gefahr lasse sich nur durch einen völligen Verzicht auf *judicial review* bannen. Das führe aber nicht zu einem anarchischen System, »in which the law is whatever anyone thinks it ought to be«.[21] Die Verfassung behalte vielmehr ihre orientierende Bedeutung, aber nicht als justiziable Norm. »Instead, it sets the terms of discourse.«[22] Im Diskurs müsse von Fall zu Fall verhandelt und entschieden werden, was sie bedeute. »Populist constitutional law« meint eine Verfassung, die nicht bestimmt, wer in politischen Kontroversen recht hat. Sie mischt sich nicht gebietend oder verbietend in den demokratischen Prozess ein, sondern »orients us as we think about and discuss where our country ought to go«.[23]

Die Bill of Rights der amerikanischen Verfassung bleibt von dieser Neubestimmung nicht ausgenommen. Das heißt aber nicht, dass Tushnet Freiheitsrechte des Einzelnen gegenüber dem Staat geringschätzte. Er beschreibt »populist constitutional law« vielmehr als »a law committed to the principle of universal human rights justifiable by reason in the service of self-government«.[24] Aber das *self-government* soll nicht mehr durch die Grundrechtsrechtsprechung des Supreme Court beschränkt sein. Tushnet meint, man könne Rechte als Beschränkung der Staatsgewalt haben, ohne dass sie von einem Verfassungsgericht gegenüber den obersten Staatsorganen durchgesetzt würden. Sie könnten ihre Dienste auch tun,

19 Ebenda, S. 157 f.

20 *John Hart Ely*, Democracy and Distrust. A Theory of Judicial Review, 1980.

21 *Tushnet* (Fn. 6), S. 14.

22 Ebenda, S. 185.

23 Ebenda, S. 194.

24 Ebenda, S. 181.

wenn sie nicht auf der Verfassungsebene gesichert seien, sondern im Rang von Gesetzen stünden.[25]

Dem Einwand, dass die Verfassung beim Supreme Court besser aufgehoben sei als beim Kongress und dass Stabilität und Rechtssicherheit eine einheitliche Antwort auf Verfassungsfragen verlangten, die nur von einer Stelle gegeben werden könne, begegnet Tushnet mit dem Argument, Parlament und Gericht seien Institutionen, die gleichermaßen institutionelle Eigeninteressen verfolgten.[26] Außerdem würden die Richter von den politischen Organen ernannt. Tushnet glaubt nicht, dass ein System, in dem eine einzige Instanz in Verfassungsfragen das letzte Wort habe, stabiler sei und für mehr Rechtssicherheit sorge als ein System, in dem jede Staatsgewalt für sich entscheide, was die Verfassung bedeute. Und er hegt die Erwartung, dass der Kongress die Verfassung ernster nehme, wenn er Verfassungsfragen nicht mehr auf den Supreme Court abschieben könne.[27]

Tushnet rundet sein Plädoyer gegen *judicial review* mit der Beschwichtigung ab, der Verzicht bedeute keinen wesentlichen Verlust. »Judicial review is a marginal institution.«[28] Seine Bedeutung »amounts to noise around zero«.[29] Das wird einerseits mit der Aussage belegt, der Supreme Court entscheide ohnehin meistens im Sinn der jeweiligen Mehrheit. Zum anderen legt er dar, dass Liberale und Konservative in etwa gleichem Umfang Positionen gewännen und verlören. Man könne auch nicht sagen, dass das Regierungssystem ohne *judicial review* Qualitäten einbüße. Manchmal seien die gerichtlichen Entscheidungen besser als die parlamentarischen, manchmal schlechter. Klar sei dagegen der positive Effekt des Verzichts: »It would make populist constitutional law the only constitutional law there is.«[30]

Larry Kramer macht die ikonischen Worte »The people themselves« sogar zum Titel seines Buches. Der Untertitel verrät, dass es ihm ähnlich wie Tushnet um »popular constitutionalism« geht.[31]

25 Ebenda, S. 163 ff.
26 Ebenda, S. 26.
27 Ebenda, S. 163.
28 Ebenda, S. 174.
29 Ebenda, S. 153,
30 Ebenda, S. 154.
31 *Larry Kramer*, The People Themselves. Popular Constitutionalism and Judicial Review, 2004.

Anders als Tushnet stützt er sich aber auf eine historische Untersuchung der Rolle des Supreme Court. Die amerikanische Geschichte wird als ständige Auseinandersetzung zwischen *judicial supremacy* und *departmentalism* beschrieben. *Supremacy* bedeutet die Verbindlichkeit der Urteile des Supreme Court für sämtliche Staatsgewalten. Unter *departmentalism* wird verstanden, dass jede der drei Staatsgewalten für sich selbst bestimmt, wie Verfassungsnormen zu verstehen sind. Dafür hätten sich gewöhnlich die progressiven politischen Kräfte eingesetzt, während die konservativen zur *judicial supremacy* neigten. Erst jüngst habe sich das umgekehrt.

Am Anfang der amerikanischen Verfassungsgeschichte und über viele Jahre hinweg sei es undenkbar gewesen, dass das Volk die Verantwortung für die Bedeutung der Verfassung an die Justiz abgetreten hätte. Für verfassungsrechtliche Konflikte zwischen den Staatsgewalten sei vielmehr ein Appell an das Volk vorgesehen gewesen. Dafür beruft sich Kramer auf Madison: Solche Konflikte könnten nicht gelöst werden »without an appeal to the people themselves, who, as the grantors of the constitution, can alone declare its true meaning«.[32] Das lässt wieder an Volksbefragungen oder Volksentscheide denken, die Jefferson tatsächlich im Sinn hatte, während Madison sie zwar nicht ausschloss, aber vor ihrem Gebrauch warnte, weil sie die Autorität der Verfassung beschädigen könnten.[33] Jedenfalls fanden sie keinen Eingang in die Verfassung.

Auch Kramer geht es nicht um Plebiszite, sondern um die Entmachtung des Supreme Court. Er sei nicht dazu da, die Verfassung vor der Legislative zu schützen. Die Verantwortung dafür falle dem Volk zu, welches sie mittels Wahlen wahrnehme, »but also, if necessary, by other, extralegal means«.[34] Kein Staatsorgan sei befugt, die Verfassung authentisch zu interpretieren, »because the interpretative authority remained with the people«.[35] Nach Kramers Rückblick ist das Bewusstsein, dass die Verfassung Sache des Volkes sei,

32 *Kramer* (Fn. 31), S. 45 f. Das Madison-Zitat wird sogar zu einer Kapitelüberschrift im Buch, S. 39. Kramer gibt aber nicht zu erkennen, dass Madison hier einen anderen Autor referiert, mit dem er sich kritisch auseinandersetzt, s. Federalist Nr. 47; s. dazu auch *Jack N. Rakove*, Original Meanings, S. 140 ff., 280 ff.

33 *Jefferson*, Proposed Constitution for Virginia, in: Writings (Fn. 9), Bd. III, 1894, S. 332; *James Madison*, Federalist Nr. 47.

34 *Kramer* (Fn. 31), S. 58.

35 Ebenda.

erst in der zweiten Hälfte des 20. Jahrhunderts verloren gegangen. Seitdem werde sie für eine Sache von juristischen Experten gehalten. Das Ergebnis sei die Monopolisierung der Verfassungsinterpretation beim Supreme Court, in allem das Gegenteil von »popular constitutionalism«.

Kramers Untersuchung zielt darauf, den *popular constitutionalism* wiederherzustellen. Er geht dabei aber nicht so weit, die Abschaffung des *judicial review* zu verlangen. Sein Angriffsobjekt ist nur die *judicial supremacy*. Der Supreme Court darf dann weiterhin die Verfassung auslegen und anwenden, hat im Streitfall mit den anderen Staatsgewalten aber nicht mehr das letzte Wort. Gerade das hatte der Supreme Court unter Berufung auf Marbury v. Madison jedoch ausdrücklich beansprucht, als der Gouverneur von Arkansas, Faubus, sich weigerte, die Anordnung in Brown v. Board of Education zu vollziehen, und die Nationalgarde anwies, schwarze Schüler am Betreten des Schulhauses zu hindern. In einem außergewöhnlichen, von allen neun Richtern des Supreme Court unterzeichneten Beschluss erklärte er, das Gericht sei »supreme in the exposition of the law of the Constitution«.[36]

Der Schluss, der daraus gezogen wurde, war das Gegenteil von Tushnets Behauptung, Abgeordnete und Staatsbedienstete hätten auf die Verfassung, nicht auf den Supreme Court geschworen, und von Kramers Behauptung, die Befugnis zur authentischen Interpretation liege nicht bei ihm, sondern beim Volk. »The interpretation of the Fourteenth Amendment enunciated by this Court in the Brown case is the supreme law of the land.« Die Verfassung und ihre Interpretation durch den Supreme Court könnten nicht getrennt und gegeneinander ausgespielt werden. »Every state legislator and executive and judicial officer is solemnly committed by oath taken pursuant to Art. VI ›to support this Constitution‹.« Das hätten das Gericht und das Land stets so gehalten, es sei ein »indispensable feature of our constitutional system«.

Für Kramer ist diese Aussage »just bluster and puff«, nicht einmal auf Marbury v. Madison könne sich der Supreme Court zu Recht berufen.[37] *Judicial supremacy* wird als Berufsideologie

36 Cooper v. Aaron, 358 U.S. 1 (1958), dort auch die folgenden Zitate.

37 *Kramer* (Fn. 31), S. 221. Zur Verteidigung von Cooper v. Aaron s. *Larry Alexander/Frederick Schauer*, On Extrajudicial Constitutional Interpretation, 110 Harvard Law Review (1997), S. 1359.

der Richter bezeichnet. »Supremacy is an ideological tenet whose whole purpose is to persuade ordinary citizens that, whatever they may think about the Justices' constitutional rulings, it is not their place to gainsay the Court. It is a device to deflect and dampen the energy of popular constitutionalism.«[38] Damit sei das Gericht nicht immer erfolgreich gewesen. Die Behauptung einer *judicial supremacy* habe aber den Zweck, den »breaking point« so weit wie möglich hinauszuschieben und die Autorität des Gerichts dadurch zu maximieren, dass sich in der Bevölkerung eine Haltung von »deference and submission to its judgments« ausbreite.[39]

Kramer erblickt hinter dieser Entwicklung die Annahme, dass Gerichte vertrauenswürdiger seien als Parlamente. Das hält er für empirisch fragwürdig. Was den Umgang mit der Verfassung angehe, bestehe keine Gewissheit. Dem Kongress werde die Fähigkeit, in verantwortlicher Weise Verfassungsinterpretation zu betreiben, jedenfalls voreilig bestritten. Er sei dem Supreme Court allemal darin überlegen, dass im parlamentarischen Prozess mehr Stimmen Gehör fänden und mehr Informationen verarbeitet würden. Bei der Gegenrechnung, die er aufmacht, steht die deliberative Schwäche des Supreme Court im Zentrum. Außerdem werde der Großteil der Arbeit von den *law clerks* erledigt. Auch deswegen müsse die Verfassung wieder zur Sache des Volkes werden. »The Supreme Court is not the highest authority in the land on constitutional law. We are.«[40]

Die Frage lautet dann freilich, wie man dem Supreme Court die Autorität entwinden könne. In Anspielung auf die Präsidentenwahl von 2000 und das Urteil Bush v. Gore[41] überlegt Kramer, was wohl in der ähnlichen Situation des Jahres 1876 geschehen wäre, wenn der Supreme Court den Streit um den Wahlsieg zwischen den Kandidaten Hayes und Tilden entschieden hätte. Unter Heranziehung historischer Präzedenzfälle zählt er Möglichkeiten auf: die Richter anklagen; ihr Leben durch neue Bedingungen »miserable« machen; das Urteil ignorieren oder für unbeachtlich erklären; die Kompetenzen des Gerichts beschränken; zusätzliche Richter ernennen. Bei der Frage, was man heute tun könne, um den Supreme Court

38 *Kramer* (Fn. 31), S. 233.

39 Ebenda.

40 Ebenda, S. 248.

41 Bush v. Gore, 531 U.S. 98 (2000).

in seine Grenzen zu weisen, kommt er auf diesen Katalog zurück: »The means are available.«[42]

Von Kramers vorwiegend historischer und Tushnets vorwiegend politischer Argumentation grenzt sich Jeremy Waldron dadurch ab, dass er philosophisch vorgehen und ein »core argument against judicial review« formulieren will.[43] Es soll unabhängig davon sein, wie man zu den Urteilen der Gerichte stehe, und auch gelten, wenn man die denkbar besten Richter habe. Auch solle es nicht nur für die USA und ihren Supreme Court gelten, sondern generell und also »uncontaminated by culture, history, political preoccupation of each society«.[44] Seine Überlegungen beschränken sich aber auf die inhaltliche Seite der Verfassung, die Grundrechte. Zum Organisationsteil der Verfassung nimmt er nicht ausdrücklich Stellung. Es gibt aber Passagen, die darauf hindeuten können, dass er einer prozeduralen Kontrolle nicht von vornherein ablehnend gegenübersteht.[45]

Die gerichtliche Prüfung von Gesetzen am Maßstab der Grundrechte wird für philosophisch unbegründbar erklärt. Dahinter steht aber keine Kritik an Grundrechten überhaupt, wie sie radikale Demokratietheoretiker üben, für die es nur ein Grundrecht gibt, nämlich das Recht auf Teilhabe an der Willensbildung des Volkes. Waldron tritt für Grundrechte ein, die dem demokratischen Gesetzgeber Schranken ziehen, und beschränkt seine Bejahung auch nicht auf diejenigen Grundrechte, welche als unabweisbare Voraussetzung von demokratischer Willensbildung gelten können. Zwischen Grundrechten und Demokratie besteht für ihn kein Widerspruch, wohl aber zwischen *judicial review* und Demokratie. Nur wenn es *judicial review* nicht mehr gäbe, entschieden »the people themselves«, und zwar »by ordinary legislative procedures«.[46]

Ausgangspunkt für Waldrons Begründung ist die Uneinigkeit der Gesellschaft über eine gerechte Ordnung. Diese Uneinigkeit erstreckt sich auch auf die Rechte der Einzelnen.[47] Einer Gesellschaft

42 *Kramer* (Fn. 31), S. 231, 249.

43 *Jeremy Waldron*, The Core of the Case Against Judicial Review, 115 Yale Law Journal (2006), S. 1346 (1351). S. vorher schon *Jeremy Waldron*, Law and Disagreement, 1999.

44 *Waldron*, Core (Fn. 43), S. 1352.

45 Ebenda, insbesondere S. 1371.

46 Ebenda, S. 1349.

47 *Waldron*, Law and Disagreement (Fn. 43), S. 1 ff., 211 ff; *ders.*, Core (Fn. 43), S. 1366 ff.

sei es zwar vielleicht möglich, Einigkeit darüber zu erzielen, dass Menschen fundamentale Rechte haben oder haben sollten. Die Einigkeit höre aber schon bei der Frage auf, was die Anerkennung als Recht verdiene und wem die Rechte zustünden. An Einigkeit fehle es ferner hinsichtlich der Grenzen der Rechte sowie des Umgangs mit Kollisionen zwischen ihnen und erst recht ihrer Bedeutung für konkrete Anwendungsfälle. Wissenschaftlich sei der Dissens nicht überwindbar. Auf dieser empirischen Feststellung baut seine normative Einstellung zur verfassungsgerichtlichen Normenkontrolle auf.

Die Uneinigkeit ist die Grundbedingung politischen Handelns. Aufgabe der Politik ist die Ermöglichung gemeinsamen Handelns unter der Voraussetzung unüberwindbarer Divergenzen. Das Mittel ist das Recht. Die Bestimmung des Rechts muss in einem politischen Prozess erfolgen. Das Subjekt dieses Prozesses ist das Volk. In seiner Grundentscheidung über die Organisation der Politik ist es frei. Waldron unterscheidet zwischen Volkssouveränität und Demokratie. Als Souverän kann sich das Volk gegen Demokratie aussprechen. Ebenso kann es sich für *judicial review* entscheiden. *Judicial review* ist deswegen aber noch nicht demokratisch. So wie die Tyrannei sich nicht in eine Demokratie verwandele, weil sie demokratisch beschlossen wurde, werde *judicial review* nicht dadurch demokratisch, dass das Volk ihn wolle.

Dagegen sei die Überwindung der gesellschaftlichen Uneinigkeit durch gerichtliche Entscheidungen das Gegenteil von *self-government*. Demokratisch lasse sie sich nicht rechtfertigen. Waldron verwendet viel Mühe darauf zu zeigen, dass es sich bei der Einführung von *judicial review* nicht wie häufig angenommen um Selbstbindung des Volkes (*precommitment* – die im Zustand der Nüchternheit getroffene Vorkehrung dagegen, im »trunkenen« Zustand das Unvernünftige zu tun) handelt, sondern um Unterwerfung (*submission*). Angesichts der fortbestehenden Uneinigkeit ist *judicial review* nicht die Durchsetzung des eigenen Willens des Volkes mittels eines Dritten, des Richters, sondern die Auslieferung an einen fremden Willen.[48] Das Volk begibt sich damit, wenn auch aus freiem Entschluss, der Selbstbestimmung.

Auf die Frage, ob die Bedingungen für eine Wahrung der

48 *Waldron*, Law and Disagreement (Fn. 43), S. 255 ff.

Grundrechte im gerichtlichen Prozess nicht besser seien als im parlamentarischen, antwortet er unter Rückgriff auf die Unterscheidung zwischen ergebnisbezogenen (*outcome-related*) und verfahrensbezogenen (*process-related*) Gründen.[49] Die ersteren betreffen die inhaltliche Bedeutung der Grundrechte, über die es per se keinen Konsens gibt. Es kann daher nur auf die verfahrensbezogenen Gründe ankommen. Für diese trifft er im Parlament aber die besseren Voraussetzungen an, selbst wenn Defizite, etwa was die Freiheit der Wahl angeht, zugestanden werden. Das parlamentarische Verfahren ist »evidently superior as a matter of democracy and democratic values to the indirect and limited basis of democratic legitimacy for the judiciary«.[50]

Die Entscheidungen fallen freilich angesichts der unüberwindlichen Uneinigkeit stets gemäß dem Mehrheitsprinzip. Darin unterscheiden sich Parlamente nicht von Gerichten. Das Zahlenverhältnis von neun Richtern und 500 Abgeordneten schrumpft gemessen an der Zahl der Wahlberechtigten. Für Waldron kann das aber keine Rolle spielen, denn die Parlamentarier repräsentieren das Volk, die Richter repräsentieren niemanden. »Their claim to participation is functional, not a matter of entitlement.«[51] Wenn nur verfahrensbezogene Gründe Geltung beanspruchen können, seien alle Vorteile auf Seiten der Legislative. Da es um Entscheidungen unter der Bedingung von Uneinigkeit gehe, bestehe kein Bedarf an einer zusätzlichen judikativen Entscheidungsinstanz. »Legislation just *is* the adjudication of those controverses.«[52]

Obwohl Waldron für seine Ausführungen zur Unvereinbarkeit von Demokratie und *judicial review* allgemeine Gültigkeit beansprucht hatte, endet seine Beweisführung aber nicht mit dieser Feststellung. Vielmehr stellt er sie in dem Aufsatz unter eine Bedingung, die an die konkreten Bedingungen eines Landes anknüpft und in »Law and Disagreement« noch nicht vorkam. Der kategorische Ausschluss der Normenkontrolle soll danach nur dann gelten, wenn die demokratischen Institutionen eines Staates leidlich funktionierten, die Gerichte ihre Funktion erfüllten, die Bevölkerung im Großen und Ganzen für Grundrechte sei, ohne sich aber über

49 *Waldron*, Core (Fn. 43), S. 1372 ff.

50 Ebenda, S. 1391.

51 Ebenda, S. 1392.

52 *Waldron*, Law and Disagreement (Fn. 43), S. 309.

deren Inhalt einigen zu können. Wo es an diesen Voraussetzungen fehle, sei es nicht ausgeschlossen, dass *judicial review* sinnvoll sein könne.[53]

III.

Alle drei Autoren verwerfen die Verfassungsgerichtsbarkeit oder zumindest ihre *supremacy*, weil zur Klärung von Verfassungsfragen »the people themselves« berufen seien. Dass das Volk diese Aufgabe in der Verfassung einem Gericht übertragen haben könnte, zieht nur Waldron in Betracht.[54] Als Ausdruck des Volkswillens nimmt er es hin, betrachtet es aber als Verzicht auf Demokratie. Die Zahl der Staaten, die sich demokratisch nennen können, schrumpft dann allerdings beträchtlich, denn gewöhnlich ist die Befugnis zur Normenkontrolle den Gerichten ausdrücklich in der Verfassung erteilt. Tushnet und Kramer beziehen sich in ihren Büchern nur auf die USA und müssen sich daher der Frage nicht stellen, denn in der amerikanischen Verfassung fehlt eine ausdrückliche Ermächtigung zum *judicial review*.

Fragt man die Autoren, auf welche Weise »the people themselves« Verfassungsfragen klären sollen, erweist sich die Rückgabe der Verfassung an das Volk als leeres Versprechen. Es geht nur darum, sie den Gerichten wegzunehmen. Das Volk darf nach Abschaffung des *judicial review* nicht mehr als vorher. Es darf über die Bedeutung von Verfassungsnormen diskutieren und tut es vielstimmig, ganz wie Waldron annimmt: für oder gegen das Abtreibungsverbot, für oder gegen *affirmative action*, für oder gegen *same sex marriage*, für oder gegen den Waffenbesitz etc. Zu alldem können sich die Bürger eine Meinung bilden, auch Druck auf Parteien und Parlamentarier ausüben, aber keine Mehrheitsentscheidung darüber herbeiführen, wie die Verfassung zu verstehen ist. Nicht einmal bei Verfassungsänderungen werden sie ins Spiel gebracht.[55]

Bestimmend wird das Volk allein in der Wahl tätig, bei der es unmittelbar um Personen geht, die mit der Wahrnehmung öffent-

53 *Waldron*, Core (Fn. 43), S. 1359 ff.

54 Ebenda, S. 1392.

55 Die Möglichkeit, bei Verfassungsänderungen gemäß Art. V eine »Convention« einzuschalten, ist – abgesehen davon, dass auch diese nur eine repräsentative Versammlung wäre – noch nie genutzt worden.

licher Gewalt betraut werden, mittelbar um die politischen Einstellungen und Absichten, für welche sie stehen. Dazu kann auch das Verständnis gehören, das die Kandidaten und Parteien von bestimmten Verfassungsartikeln in Bezug auf bestimmte Streitfragen haben. Aber Wahlen sind hoch generalisierte Vertrauensvorschüsse für einzelne Kandidaten und politische Richtungen und eignen sich nicht dazu, ein bestimmtes Verfassungsverständnis durchzusetzen. Ebenso wenig lässt sich eine Wahl verlässlich als Stellungnahme des Volkes zu einer bestimmten Verfassungsfrage deuten. Selbst wenn das möglich wäre, bliebe aber immer noch offen, wie man die Gewählten dazu anhalten kann, anschließend gerade dieser Auffassung zu folgen.

Wer ohne *judicial review* mehr darf als mit *judicial review*, sind die gewählten Personen in denjenigen Staatsorganen, welche auf Volkswahlen beruhen, weil es beim *judicial review* im Kern um die Normenkontrolle geht, also vor allem das Parlament. Es darf gemäß seinem Verständnis der Verfassung handeln, ohne dass ihm eine andere Instanz vorhalten könnte, sein Verfassungsverständnis sei ein Missverständnis, der darauf gestützte Gesetzgebungsakt ein Verfassungsverstoß, der folglich für »null and void« erklärt werde. Schon gar nicht darf dies das Volk, weder aus eigener Initiative mittels Volksentscheiden noch aufgrund einer etwa vom Kongress oder vom Präsidenten angeordneten Volksbefragung. Die Verfassung sieht solche Volksbeteiligungen nicht vor und hält daher auch keine entsprechenden Verfahren bereit.

Entscheidungsbefugt treten »the people themselves« also zwischen den Wahlen nur in Gestalt ihrer gewählten Repräsentanten in Erscheinung. Diesen wird es überlassen, die Anforderungen der Verfassung an den politischen Prozess im konkreten Streit- oder Zweifelsfall zu bestimmen. Wenn die Autoren gleichwohl darauf bestehen, dass nach der Abschaffung des *judicial review* nunmehr »the people themselves« das Geschäft der Verfassungsdeutung übernehmen, wollen sie damit nicht ausdrücken, die Deutungen sowie die auf ihnen beruhenden Handlungen der Repräsentanten würden dem Volk zugerechnet, wie das der Repräsentationstheorie entspräche. Die Redeweise, »the people themselves« entschieden, ergibt nur Sinn, wenn die Repräsentanten mit dem Volk identifiziert werden. Der Wille der Repräsentanten *ist* für die Autoren der Volkswille.

Den Verfassungsvätern lag eine solche Identifikation indessen fern. Sie hatten nicht nur die Konsequenzen der englischen Parlamentssouveränität zu spüren bekommen, sondern auch die Exzesse ihrer einzelstaatlichen Parlamente in der kurzen Phase zwischen Unabhängigkeit und Gründung der Vereinigten Staaten erlebt. Die Antwort darauf war die Abkehr vom englischen Modell und die Differenzierung zwischen Volk und Parlament.[56] Das Volk, nicht wie in England das Parlament, sollte souverän sein, während das Parlament nur im Volksauftrag handelt: »master and servant«, wie es damals hieß. Organstellung und Souveränität schließen einander aus. Diese Auffassung zieht sich durch die gesamte Verfassungsdebatte. Sie war die große Neuerung der Amerikanischen Revolution, die dann zur modernen Verfassung führte.

Zur Verfassung kam es, weil als Konsequenz der Unterscheidung von Volk und Repräsentanten das Volk nicht selbst regiert. Es vergibt nur den Auftrag zu regieren und kann ihn in regelmäßigen Abständen neu vergeben. Damit stellte sich den Revolutionären aber das Problem jeder politischen Repräsentation, dass sich die Repräsentanten von ihren Auftraggebern verselbständigen und nicht mehr deren Vorstellungen und Bedürfnissen Ausdruck verleihen, sondern ihren eigenen Vorteil suchen. Zur Lösung dieses Folgeproblems repräsentativer Demokratie diente die Verfassung als nächste ingeniöse Erfindung der Amerikanischen Revolution.[57] In der Verfassung setzt das Volk die Bedingungen fest, unter denen seine Repräsentanten handeln und für ihr Handeln Beachtung verlangen dürfen. Handlungsfreiheit gibt es nur im Rahmen der Verfassung.

Die Verfassung geht deswegen dem Regierungshandeln notwendig vor, und zwar in dem doppelten Sinn, dass sie diejenigen Organe, welche die Staatsgewalt ausüben, allererst hervorbringt,

56 Vgl. *Gordon S. Wood*, The Creation of the American Republic 1776-1787, 1998, S. 344 ff.; *Edmund S. Morgan*, Inventing the People, 1988; *Beatrice Brunhöber*, Die Erfindung »demokratischer Repräsentation« in den Federalist Papers, 2010.

57 Vgl. *Dieter Grimm*, Entstehungs- und Wirkungsbedingungen des modernen Konstitutionalismus, in: *ders.*, Die Zukunft der Verfassung, 1991, S. 31; Ursprung und Wandel der Verfassung, in: *Josef Isensee/Paul Kirchhof* (Hrsg.), Handbuch des Staatsrechts, Bd. I, 3. Aufl. 2003, S. 3; *ders.*, Die Errungenschaft des Konstitutionalismus und ihre Aussichten in einer veränderten Welt, in: *ders.*, Die Zukunft der Verfassung II, 2012, S. 315.

also nicht von diesen ausgehen kann, und dass sie deren Entscheidungen im Rang vorgeht. Die Urheberschaft wird für das Volk reklamiert. Bei ihm liegt die verfassungsgebende Gewalt. Wie es sie nützt, steht ihm frei. Damit ist nicht gesagt, dass es die Verfassung selbst macht. Im technischen Sinn der Ausarbeitung eines Textes ginge das gar nicht. Aber auch Volksabstimmungen über den Entwurf von *constituent assemblies* sind keine zwingende Bedingung für die Legitimität der Verfassung. Zur Erfüllung der Verfassungsfunktion genügt es, dass dem Volk die Urheberschaft mit Hilfe der Figur der verfassungsgebenden Gewalt zugeschrieben wird.

»Verfassung« wandelt sich mit der Amerikanischen Revolution vom deskriptiven zum präskriptiven Begriff.[58] Sie beschreibt nicht die Wirklichkeit, sondern richtet Anforderungen an sie. Sie tritt ihren Adressaten mit Geltungsanspruch entgegen. Geltung ist jedoch nicht dasselbe wie Wirksamkeit. Die Verfassung verwirklicht sich nicht aus eigener Kraft. Sie ist auf Befolgung durch die Bindungsadressaten und notfalls auf Durchsetzung angewiesen.[59] Das gilt nicht nur für die Verfassung, sondern für alles Recht. Beim Verfassungsrecht lässt es sich aber schwerer bewerkstelligen als beim Gesetzesrecht. Hinter diesem steht der staatliche Machtapparat, dem die Einzelnen unterworfen sind. Bei der Verfassung sind Adressaten dagegen die Machthaber selber. Es fehlt also an einer überlegenen Macht, die der Verfassung Beachtung verschafft.

Dass aus dieser Konstellation die Versuchung der Machthaber erwachsen kann, sich den verfassungsrechtlichen Bindungen zu entziehen, liegt auf der Hand. An Motiven dafür fehlt es nicht. Es kann sich bei prinzipieller Verfassungstreue um eine einmalige Übergehung der Verfassung zugunsten eines plausibel erscheinenden höheren Zwecks handeln. Es kann darum gehen, die Durchsetzung eines politisch für unerlässlich gehaltenen Programms nicht an verfassungsrechtlichen Bedenken scheitern zu lassen. Es kann

58 Vgl. *Heinz Mohnhaupt/Dieter Grimm*, Verfassung. Zur Geschichte des Begriffs von der Antike bis zur Gegenwart, 2. Aufl. 2002.

59 Das ist die Grundeinsicht, auf der die Verfassungstheorie und Interpretationslehre Konrad Hesses aufbaut, vgl. *Konrad Hesse*, Die normative Kraft der Verfassung, 1959. Siehe dazu *Julian Krüper/Mehrdad Payandeh/Heiko Sauer* (Hrsg.), Konrad Hesses normative Kraft der Verfassung, 2019; *Rainer Wahl*, Die normative Kraft der Verfassung. Die Antrittsvorlesung Konrad Hesses in ihrem historischen Kontext, Der Staat 58 (2019), S. 195.

sich um absichtliche und kalkulierte Verfassungsverstöße handeln, um den Machterhalt zu sichern. Es kann zu schleichenden Aushöhlungen verfassungsrechtlicher Vorgaben ohne offenkundige Verfassungsverletzungen kommen. Es kann um Schritte zu einem Regimewechsel weg von der Verfassungsstaatlichkeit gehen.

Aber selbst eine verfassungstreu gestimmte Politik steht in der Gefahr, die Bindungen der Verfassungen durch die Brille ihrer politischen Vorhaben zu interpretieren. Politik erschöpft sich ja nicht im Verfassungsvollzug. Sie ist ein eigenständiger Prozess, der zwar von einem gewissen Punkt an durch die Verfassung kanalisiert ist, aber ergebnisoffen bleibt. Gewöhnlich wird er nicht von der Verfassung in Gang gesetzt, sondern durch politische Ziele, Wahlkampfversprechen, auftretende Probleme, Interessentendruck, das Bestreben, die Chancen für die nächste Wahl zu verbessern, etc. Die Verfassung tritt meistens erst nach der Bildung des politischen Willens als Korrektiv hinzu, wenn gefragt wird, ob das politisch Gewollte auch rechtlich erlaubt ist. Dass dabei der politische Wille auf die Deutung der rechtlichen Schranken abfärben kann, liegt auf der Hand.

Angesichts dieser offenkundigen Gefährdungen drängt es sich auf, bei der Ausarbeitung der Verfassung Überlegungen zu ihrer Gewährleistung anzustellen. Die US-Verfassung sieht dafür den Verfassungseid und das Impeachment vor, das aber nicht auf Verfassungsverletzungen spezialisiert ist, sondern auch aus anderen Gründen eingesetzt werden kann. Die meisten europäischen Verfassungen des 19. Jahrhunderts setzten dagegen auf die Möglichkeit der Anklage von Regierungsmitgliedern wegen vorsätzlicher Verfassungsverstöße. Die Mittel erwiesen sich jedoch als verhältnismäßig wirkungslos. Insbesondere waren sie als strafrechtlich oder strafrechtsähnlich konzipierte Verfahren nicht geeignet, konkrete verfassungswidrige Akte zu kassieren. Überdies wurde das Parlament als Quelle von Verfassungsverstößen gar nicht in Betracht gezogen.

Die wirkungsvollere Antwort auf die Gefährdung der Verfassung war deswegen die Verfassungsgerichtsbarkeit. Sie hat die Verfassung auf eine neue Entwicklungsstufe gehoben.[60] Innerhalb der

60 Vgl. *Rainer Wahl*, Die praktische Wirksamkeit der Verfassung. Festschrift für Klaus Stern, 2012, S. 233.

staatlichen Strukturen selbst wird ein von der Politik unabhängiger Kontrollmechanismus installiert, der sowohl intern von Staatsorganen oder deren Teilen wie extern von Privatpersonen in Gang gesetzt werden kann. Auch hier gingen die USA voran und begründeten damit die dritte große Innovation auf dem Feld der politischen Ordnung. Allerdings hatte sie in der Verfassung selbst keinen Niederschlag gefunden, sondern war, abgeleitet aus dem Vorrang der Verfassung, durch Richterspruch eingeführt worden und ist seitdem Bestandteil des amerikanischen Verfassungsverständnisses, wenngleich ihre Legitimität nie unbestritten war.[61]

Wenn die drei Autoren nun dieses wirksame, inzwischen weltweit verbreitete Mittel aufgeben wollen, fragt sich, wie die Verfassung dann gesichert wird. Die Antwort, durch »the people themselves«, hat sich als Fehlinformation entpuppt. Nicht das Volk, sondern seine Repräsentanten im Parlament sorgen für die Verfassungsmäßigkeit ihrer Entscheidungen und bestimmen dabei den Sinn der Verfassung selbst. Der Akteur, der den auf das Volk zurückgeführten verfassungsrechtlichen Bindungen unterliegt, wird also zugleich deren Garant. Es handelt sich um einen Fall der Selbstkontrolle. Das Gleiche gilt, wenn man mit einigen der Autoren der Theorie des *departmentalism* folgt, für den Präsidenten. Falls das Volk andere Vorstellungen von der Verfassung hat, kann es seinen Unwillen nur in der Wahl zum Ausdruck bringen.

Von Selbstkontrollen, namentlich im unternehmerischen Bereich, weiß man, dass sie im Allgemeinen nicht weiter reichen, als es im Eigeninteresse der Unternehmen liegt. Die Ausgliederung der Kontrolle aus dem operativen Geschäft kann eine gewisse Eigendynamik entfalten, ist aber von der Kontrolle durch ein unabhängiges Gericht immer noch weit entfernt. Sie entkommt nicht der Bindung an den Unternehmenszweck und entbehrt in der Regel auch der Entscheidungsbefugnis gegenüber der Unternehmensleitung. Das Parlament ist freilich kein Unternehmen. Sein Produkt sind

61 Marbury v. Madison, 5 U.S. (1 Cranch), 137 (1803). *Kramer* (Fn. 31), S. 114 ff. In der amerikanischen Rechtswissenschaft ist eine Umwertung von Marbury v. Madison zu beobachten, vgl. *Michael J. Klarman*, How Great Were the ›Great‹ Marshall Court's Decisions? 87 Virginia Law Review (2001), S. 1111; *James O'Fallon*, Marbury, 44 Stanford Law Review (1992), S. 219; *Mark A. Graber*, The Problematic Establishment of Judicial Review, in: *Howard Gillman/Clayton Cornell* (Hrsg.), The Supreme Court in American Politics, 1999, S. 28.

Gesetze, und Gesetzgebung steht unter Gemeinwohlerwartungen, die jedenfalls zum Teil in der Verfassung formuliert sind. Eine umstandslose Übertragung der Erfahrungen mit Selbstkontrolle im wirtschaftlichen Bereich auf die Politik ist daher nicht angebracht.

Allerdings ist auch die Politik wie jedes Subsystem der Gesellschaft eigensinnig. Sie hat sich zwar an die Vorschriften der Verfassung zu halten, aber sie folgt nicht primär der Funktionslogik des Rechtssystems, sondern der des politischen Systems. Im alltäglichen Politikbetrieb nimmt sie die Vorschriften der Verfassung gewöhnlich als Beschränkungen wahr. Wenn das Parlament selbst die Verfassungsmäßigkeit seines Handelns prüft, muss es sich also auf die systemfremde Logik des Rechtssystems einlassen. Das ist der tiefere Grund für die Schwäche der Selbstkontrolle, auch angesichts einer Politik, die ihre Verfassungsbindung grundsätzlich nicht in Frage stellt. Wie im unternehmerischen Bereich gilt auch hier, dass die Selbstkontrolle anhand eines systemfremden Kriteriums nur gedeiht, wenn im Hintergrund die Fremdkontrolle droht.

Zwar wird sich die Politik in leidlich funktionierenden Verfassungsstaaten auch ohne Verfassungsgerichtsbarkeit überwiegend in den verfassungsrechtlich vorgezeichneten organisatorischen und prozeduralen Bahnen bewegen. Doch sind Kompetenzstreitigkeiten in gewaltenteilenden und föderalen Systemen unvermeidlich. Ohne Verfassungsgerichtsbarkeit setzt sich hier die Auffassung der jeweiligen Machthaber durch. Vermehrt gilt das hinsichtlich der inhaltlichen Bindungen der Staatsgewalt in Form der Grundrechte. Ihre Relevanz für politisches Verhalten verdankt sich in den allermeisten Staaten erst der Verfassungsgerichtsbarkeit. Sie erschöpft sich nicht in der ex-post-Kontrolle, sondern bewirkt auch, dass die Verfassungsfrage im politischen Willensbildungsprozess relativ frühzeitig und relativ neutral gestellt wird.[62]

Das sind verhältnismäßig banale, historisch vielfach bestätigte Einsichten. Den Autoren erscheinen sie aber unerheblich. Für Waldron erledigen sie sich mit seiner Ausgangsthese, dass es in Fragen der Grundrechtsbedeutung kein richtig oder falsch gebe. Kramer pflichtet ihm darin ausdrücklich bei. Die Entscheidung hat dann dort zu fallen, wo sie durch die öffentliche Meinung be-

62 Vgl. zum Unterschied von politischen Systemen mit und ohne Verfassungsgerichtsbarkeit *Dieter Grimm*, Verfassungsgerichtsbarkeit im demokratischen System, in diesem Band Nr. 2.

einflusst werden kann und vor den Wählern verantwortet werden muss. Das ist bei der Justiz nicht der Fall, wohl aber beim Parlament. Gleichwohl treten beide der Eignungsfrage näher, weil sie für die Befürworter der Normenkontrolle großes Gewicht hat.[63] Im Ergebnis erscheint ihnen das parlamentarische Verfahren, was den Informationsreichtum, die Verarbeitungskapazität und die Partizipationschancen angeht, dem gerichtlichen überlegen.

Tushnet wiederum meint das Problem mit der Feststellung erledigen zu können, beide Institutionen, Kongress und Supreme Court, seien gleichermaßen »self-interested«.[64] Das Problem sei daher nur »one of choice between self-interested institutions«.[65] In der zugehörigen Fußnote erklärt er, es scheine, als werde zwar dem Supreme Court zugebilligt, dass sein »good faith« das self-interest überwinde, dem Kongress aber nicht. »I know of no reason to adopt the assumption with respect to Congress, but not with respect to the courts.« Selbst wenn der Supreme Court sich bemühe, nur die Beschränkungen durchzusetzen, welche die Verfassung dem Kongress auferlege, helfe das nichts. »Its interest in maximizing its power will induce it to err on the side of limiting Congress too much.«[66] Das Ergebnis ist dann dasselbe wie bei Waldron und Kramer.

Auch wenn die Verfassung der Justiz entwunden wird, wie die Autoren fordern, und nur noch das Parlament oder für seinen Bereich der Präsident die Anforderungen der Verfassung bindend feststellen, bleibt es doch dabei, dass sie zu diesem Zweck den Sinn der Verfassung in Bezug auf einen konkreten Streit- oder Zweifelsfall auffinden müssen, um zu erfahren, was rechtlich geboten oder verboten ist. Der Sinn liegt in der Regel aber nicht offen zutage. Er muss ermittelt werden. Dafür gibt es nur einen Weg, die Interpretation des Verfassungstextes, also das typische Geschäft des

63 Vgl. etwa *Joseph Raz*, Disagreement in Politics, 43 American Journal of Jurisprudence (1998), S. 25; *Aileen Kavanagh*, Participation and Judicial Review: A Reply to Jeremy Waldron, 22 Law and Philosophy (2003), S. 451; *dies.*, Constitutional Review, the Courts, and Democratic Scepticism, 62 Current Legal Problems (2009), S. 102; *Erwin Chemerinsky*, In Defense of Judicial Review: The Perils of Popular Constitutionalism, University of Illinois Law Review (2004), S. 673.

64 *Tushnet* (Fn. 6), S. 26.

65 Ebenda, S. 27.

66 Ebenda, Fn. 58 auf S. 199.

professionellen Juristen. Wenn nun Politiker dieses Geschäft erledigen, ist der Vorgang doch kein anderer. Die Norm enthält nicht verschiedene Informationen für Juristen und Politiker, und auch die Interpretationsmethode ist für beide dieselbe.

Gleichwohl spielt die Verfassungsinterpretation in den Werken der Autoren keine Rolle. Waldron kommt unter dem Stichwort »legal reasoning« kurz darauf zu sprechen, weil die Befürworter der Normenkontrolle in der Pflicht der Gerichte, rechtliche Begründungen für ihre Urteile zu geben, einen Vorteil der Verfassungsgerichtsbarkeit sehen. Waldron kann sich darüber nur lustig machen. »In the United States, what is called ›reason-giving‹ is usually an attempt to connect the decision the court is facing with some antique piece of ill-thought-through eighteenth- or nineteenth-century prose.«[67] Vergleiche man das gerichtszentrierte amerikanische System mit dem parlamentszentrierten britischen, dann sei *judicial reasoning* »mostly concerned with interpretation and doctrine«, während es im britischen Parlament um die wirklichen »issues« gehe.[68]

Könnte es sein, dass es hier unter der Hand zu einer Verwechselung gekommen ist? Die Ausgangsfrage lautete ja, welche Institution besser geeignet ist, den Anforderungen der Verfassung an die Politik Beachtung zu verschaffen. Waldrons und Kramers Antworten beziehen sich aber darauf, wer das Sachproblem besser löst. Dass hier das Parlament im Vorteil ist, bezweifelt indessen niemand. Der wahre Grund scheint daher zu sein, dass dem »legal reasoning« kein Mehrwert zuerkannt wird, da es nicht zu objektiven Aussagen führen kann, entweder weil keine allgemein gültigen Kriterien für Richtigkeit existieren oder weil jede Interpretation nur institutionsintern richtig ist, nicht institutionenübergreifend. Unter diesen Umständen ist es aber unerheblich, *wie* eine Norm interpretiert wird, es kommt darauf an, *wer* sie interpretiert.

Mit dieser Auffassung stehen die Autoren keineswegs allein. Es gehört vielmehr zu den grundlegenden Differenzen zwischen der amerikanischen Rechtswissenschaft, so wie sie heute vorwiegend betrieben wird, und der europäischen, dass die erstere die relative Autonomie der Rechtsanwendung bestreitet, während die letztere

67 *Waldron*, Core (Fn. 43), S. 1383.

68 Ebenda, S. 1385.

sie annimmt.[69] In den USA werden beide Vorgänge, die politische und die rechtliche Entscheidungsfindung, vorzugsweise mit dem Rational-choice-Ansatz erklärt. Danach sind nicht nur Politiker, sondern auch Richter strategische Akteure, die ihren Nutzen zu maximieren suchen. Für die Rechtsfindung sind dann persönliche Präferenzen oder institutionelle Interessen maßgeblich, während die Ableitung der Urteile aus der Verfassung mittels juristischer Argumentation nur vorgespiegelt wird.

Das ist eine empirische Feststellung über richterliches Verhalten. Aber ein Blick auf den Vorgang der Auslegung und Anwendung der Verfassung zeigt, dass die Beobachtung hier an Grenzen stößt. Die richterliche Beratung eines Falles findet fast überall unter dem Schutz des Beratungsgeheimnisses statt und ist für Öffentlichkeit und Wissenschaft gleichermaßen unzugänglich. Selbst wenn die Gerichtsakten nach Jahren eingesehen werden können und Aufzeichnungen über den Gang der Beratung enthalten, was freilich keineswegs sicher ist, offenbaren sie doch nie den gesamten Vorgang.[70] Wie die Interaktion verläuft und was sich in den Köpfen der Beteiligten abspielt, kann höchstens durch Selbstzeugnisse bekannt werden, denen aber stets Argwohn entgegenschlägt. Welcher Richter wird sagen, dass er sich nicht ans Recht halte?

Offenkundig ist dagegen, dass es mit der Erhebung einer Verfassungsklage gegen eine politische Entscheidung zu einem Arenenwechsel kommt.[71] Es wechseln die Akteure, die Maßstäbe und das Verfahren. Die Politik wird vom Subjekt zum Objekt. Wo vorher Politiker unter sich waren, geht die entscheidende Rolle nun auf Richter über, während die Politik auf die Rollen von Antragstellern, Antragsgegnern und Äußerungsberechtigten zurückfällt. Wo vorher politische Kriterien der Zweckmäßigkeit, Finanzierbarkeit, Mehrheitsfähigkeit einer Maßnahme, ihrer Auswirkung auf Wahlchancen ausschlaggebend waren, sind es nun Kriterien der Verfas-

69 Vgl. *David Robertson*, The Judge as Political Theorist. Contemporary Constitutional Review, 2010, S. 5 ff., 13 ff.

70 Ein Versuch, Licht in das Dunkel zu bringen, aber bei *Uwe Kranenpohl*, Hinter dem Schleier des Beratungsgeheimnisses. Der Willensbildungs- und Entscheidungsprozess des Bundesverfassungsgerichts, 2010; vgl. auch *Getrude Lübbe-Wolff*, Wie funktioniert das Bundesverfassungsgericht?, 2015.

71 Ich greife hier teilweise auf frühere Ausführungen zurück, s. Was ist politisch an der Verfassungsgerichtsbarkeit?, in diesem Band Nr. 4.

sungsmäßigkeit. Wo vorher das Verfahren auf Willensbildung ausgerichtet war, ist es nun auf Erkenntnis dessen ausgerichtet, was die Verfassung für den zur Prüfung stehenden Fall sagt.

Wie genau die Erkenntnis gewonnen wird, entzieht sich dagegen der Beobachtung. Öffentlich ist erst wieder das Ergebnis. Gerichte sind allerdings gehalten, dieses zu begründen. In der Begründung soll gezeigt werden, wie sich die Entscheidung über Verfassungsmäßigkeit oder Verfassungswidrigkeit politischer Maßnahmen aus der Verfassung ergibt. Insofern ist zumindest ein mittelbarer Einblick in die Entscheidungsfindung möglich. Der Einblick erweitert sich noch in Rechtsordnungen, die es Richtern gestatten, abweichende Meinungen zu veröffentlichen. Es ist allerdings auch bekannt, dass Herstellung und Darstellung von Entscheidungen auseinanderfallen können.[72] Man kann daher nicht von vornherein ausschließen, dass für die Entscheidung andere Gründe maßgeblich waren als die in der Urteilsbegründung mitgeteilten.

Die Möglichkeit ist auch nicht nur hypothetisch. Es gibt Gerichte, die von vornherein nicht im Interesse wirksamer Politikkontrolle gegründet wurden und so eingerichtet sind, dass den Machthabern kein Widerspruch droht. Es gibt auch Richter, die sich zum Zweck der Konfliktvermeidung den explizit geäußerten oder antizipierten Erwartungen der Politik fügen. Es gibt schließlich Richter, die ihre eigenen Vorstellungen oder Interessen über die Vorschriften der Verfassung setzen. Die Frage ist nur, ob ein solches Verhalten justiztypisch oder gar justizinherent ist. Die Realisten, die das annehmen, können sich ja nicht auf überlegene oder exklusive Einsichten in den Vorgang der richterlichen Rechtsanwendung berufen. Sie besitzen nur eine Theorie, den Rational-choice-Ansatz, dessen Erklärungswert und Reichweite indessen keineswegs feststehen.

Unterschätzt wird demgegenüber, dass auch das Rechtssystem eine Eigenlogik oder ein spezifisches Rationalitätskriterium besitzt, wie es anderen Systemen, etwa dem politischen oder dem wirtschaftlichen, ohne weiteres zugestanden wird. Das Recht ist zwar seit seiner Positivierung ein Produkt der Politik. Im Rechtsstaat emanzipiert es sich aber im Moment des Inkrafttretens von seinem

72 Vgl. *Sabine Müller-Mall*, Interpretation und Urteil im Juridischen, in: *Dieter Grimm/Christoph König* (Hrsg.), Lektüre und Geltung, 2020, S. 27.

Urheber. Auslegung und Anwendung rechtlicher Normen vollziehen sich durch professionelle Stäbe nach rechtlichen Kriterien. Verfassungsgerichte sind deliberative Institutionen.[73] Sie pflegen einen spezifisch rechtlichen Umgang mit Normtexten, der die Rechtsanwendung vor der Indienstnahme für außerrechtliche Zwecke schützen soll. Insofern genießt das Rechtssystem ebenso eine relative Autonomie wie andere gesellschaftliche Teilsysteme.

Damit ist aber nicht geleugnet, dass die Verfassungsgerichtsbarkeit ein Demokratieproblem aufwirft. Nur liegt es an anderer Stelle als in den USA gemeinhin angenommen. Problematisch in demokratischer Hinsicht ist nicht schon die *counter-majoritarian difficulty*.[74] Denn die Aufgabe von Verfassungsgerichten ist die Durchsetzung des in der Verfassung zum Ausdruck gekommenen Volkswillens gegenüber dem Willen der Mehrheit seiner Repräsentanten.[75] Wegen der zeitlichen Differenz kann es zu Spannungen zwischen dem historischen Volkswillen und dem aktuellen Mehrheitswillen kommen. Diese sind aber, wenn man an der Funktion der Verfassung als Maßstab politischen Handelns festhalten will, nicht durch Überordnung des Mehrheitswillens zu beseitigen. Sie müssen ausgehalten oder durch Verfassungsänderung aufgelöst werden.

Das demokratische Problem der Verfassungsgerichtsbarkeit besteht vielmehr darin, dass gerichtliche Entscheidungen durch den Verfassungstext nicht vollständig determiniert sind. Das ist freilich unvermeidlich, weil in der Eigenart von Rechtsnormen angelegt. Rechtsnormen sind dazu bestimmt, eine Vielzahl künftiger Fälle zu regeln, auch solcher, an die beim Erlass der Norm nicht gedacht war oder gedacht werden konnte. Sie sind deswegen mehr oder weniger generell und abstrakt formuliert, während die Fälle, auf die sie

73 Vgl. *John Ferejohn/Pasquale Pasquino*, Constitutional Courts as Deliberative Institutions: Towards an Institutional Theory of Constitutional Justice, in: *Wojciech Sadurski* (Hrsg.), Constitutional Justice, East and West, 2003, S. 21. Wenn *Kramer* (Fn. 31, S. 240) dem amerikanischen Supreme Court vorwirft, nicht zu deliberieren, so trifft das seit einiger Zeit zu, kann aber nicht verallgemeinert werden.

74 Der Ausdruck zuerst bei *Alexander Bickel*, The Least Dangerous Branch, 1962, S. 16.

75 Deswegen sprechen *John Ferejohn* und *Pasquale Pasquino* von der *countermajoritarian opportunity*, s. The Judiciary and the Popular Will, 13 University of Pennsylvania Journal of Constitutional Law (2011), S. 353.

angewendet werden, stets individuell und konkret sind. Zwischen Norm und Fall öffnet sich also eine Kluft, die durch Interpretation der Norm überbrückt werden muss. Das geschieht, indem aus der generellen und abstrakten Norm ein konkreterer Rechtssatz abgeleitet wird, der die Norm erst für die Falllösung tauglich macht.

Die Kluft kann je nach Alter und Präzision der Norm und je nach Komplexität und Neuartigkeit des Falles größer oder kleiner sein. Keine Norm ist aber so präzise, dass ihr Sinn niemals Zweifel aufwirft. Interpretation ist deswegen nicht bloß die Aufdeckung eines in der Norm von Anfang an deponierten Sinns. Der Sinn wird vielmehr im Vorgang der Interpretation zu einem größeren oder kleineren Teil erst konstituiert. Die Norm vollendet sich sozusagen im Anwendungsakt. Das gilt im Prinzip für alles Recht, für das Verfassungsrecht aber besonders, weil hier die Grundprinzipien der Staats- und Gesellschaftsordnung festgelegt sind und also häufiger mit vagen Normen zu rechnen ist als im Gesetzesrecht. Auf die Grundrechte mit ihrer lapidaren Formulierung von Schutzobjekt und Schutzumfang trifft das in besonders hohem Maß zu.

Je unbestimmter die Norm, desto mehr rechtlich mögliche Deutungen lässt der Wortlaut zu, wenngleich nicht beliebig viele. Es gibt eindeutig falsche Interpretationen. Aber innerhalb des Interpretationsspielraums kann es über die richtige Lösung zum Dissens kommen. Das bedeutet jedoch nicht, wie bei Waldron, dass die rechtliche Diskussion damit ihre Grenzen erreicht. Im Interpretationsspielraum geht es vielmehr rechtlich weiter. Wie der Bereich der Unbestimmtheit gefüllt wird, ist nicht dem richterlichen Belieben überlassen, sondern wird selbst wieder rechtlich gesteuert. Juristische Dogmatik[76] und juristische Methode, zum Teil auch Präzedenzien verengen ihn in einem Maß, das allen Untersuchungen über richterliches Verhalten entgeht, die sich nicht auf den Vorgang der Auslegung und Anwendung von Rechtsnormen einlassen.

Mit der juristischen Dogmatik steht dem Rechtsanwender ein Speicher anerkannter und bewährter Interpretationen von Rechts-

76 Für Dogmatik gebe es in den USA kein Äquivalent und deswegen auch kein Verständnis, argumentiert *Alexander Somek*, Zwei Welten der Rechtslehre und die Philosophie des Rechts, JZ 2016, S. 481. S. auch *P.S. Atiyah/Robert S. Summers*, Form and Substance in Anglo-American Law. A Comparative Study in Legal Reasoning, Legal Theory and Legal Institutions, 1987.

normen, Rechtsbegriffen, sogar ganzen Normenkomplexen zur Verfügung, auf den er für die Lösung wiederkehrender Rechtsprobleme zurückgreifen kann, anstatt bei jedem Fall ab ovo beginnen zu müssen. Auch sind gänzlich neuartige Fälle relativ selten, so dass man an vorangegangene Urteile anknüpfen kann, unabhängig davon, ob Präzedenzien verbindlich sind wie in Common-Law-Systemen oder nicht. Juristische Methoden zeigen Wege auf, wie unbestimmt formulierte Normen rational konkretisiert werden können, ohne dass dabei die Normbindung verloren geht. Eine der wichtigsten Aufgaben von Methodenlehren ist es, juristische von nicht-juristischen Argumenten zu scheiden.

Bei so hochgradig unbestimmten Rechtsnormen wie den Grundrechten tritt überdies ein beträchtlicher Theoriebedarf hinzu.[77] Bevor ein Grundrecht auf einen Fall angewandt werden kann, muss Klarheit bestehen, welche Funktion Grundrechte im Rahmen der Rechtsordnung haben. Sind sie nur subjektive Rechte der Individuen oder prägen sie auch als objektive Prinzipien die Rechtsordnung insgesamt? Gelten sie nur vertikal, also in der Staatsrichtung, oder entfalten sie auch horizontal Wirkung im Verhältnis der Privatrechtssubjekte untereinander? Vermitteln sie den Einzelnen nur Abwehransprüche gegen staatliche Eingriffe oder folgen aus ihnen auch Ansprüche auf staatliches Tun? Diese theoretischen Klärungen gehen Dogmatik und Methode voran und leiten diese bei der Erfüllung der Konkretisierungsaufgabe an.

Allerdings binden Theorie, Dogmatik und Methode den Richter nicht in derselben autoritativen Weise wie der Normtext.[78] Sie sind das Ergebnis einer permanenten Arbeit am Recht, an der Wissenschaft und Praxis teilhaben.[79] Dieser Prozess ist selten unumstritten und nie abgeschlossen. Gleichwohl können Theorie, Dogmatik und Methode über längere Zeiträume relativ stabil bleiben, zu Zei-

77 Vgl. *Ernst-Wolfgang Böckenförde*, Grundrechtstheorie und Grundrechtsinterpretation, NJW 1974, S. 1529; *Uwe Volkmann*, Rechts-Produktion oder: Wie die Theorie der Verfassung ihren Inhalt bestimmt, Der Staat 54 (2015), S. 35.

78 Präzedenzienbindung (*stare decisis*) gibt es nur im Common Law.

79 Vgl. *Helmuth Schulze-Fielitz*, Staatsrechtslehre und Bundesverfassungsgericht – prozedural gesehen, in: *ders.*, Staatsrechtslehre als Mikrokosmos, 2013, S. 394; *Matthias Jestaedt*, Vom Beruf der Rechtswissenschaft – zwischen Rechtspraxis und Rechtstheorie, in: *Horst Dreier* (Hrsg.), Rechtswissenschaft als Beruf, 2018, S. 236; *Dieter Grimm* (Hrsg.), Vorbereiter – Nachbereiter? Studien zum Verhältnis von Verfassungsrechtsprechung und Verfassungsrechtswissenschaft, 2019.

ten aber auch Gegenstand heftiger Auseinandersetzungen werden, gerade in Phasen gesellschaftlicher Umbrüche, die das traditionelle Rechtsverständnis als nicht mehr problemadäquat erscheinen lassen. Nicht selten werden Methodendiskussionen schärfer geführt als dogmatische Auseinandersetzungen, weil mit ihnen nicht nur über bestimmte Fallgruppen, sondern über den Umgang mit Recht überhaupt entschieden wird.

Auch wenn das Recht also über Instrumente und Praktiken verfügt, welche die vom Normtext gelassenen Interpretationsspielräume einengen und konsensstiftend wirken, kann man doch nicht ausschließen, dass es am Ende der richterlichen Beratung bei verschiedenen Auffassungen bleibt. Die Frage ist dann nicht zu umgehen, was letztlich den Ausschlag für die Wahl zwischen diesen gibt. Schlagen nun doch weltanschauliche oder politische Überzeugungen, Parteiaffinitäten oder Eigeninteressen ungehindert durch? Eher sind es Hintergrundannahmen und Vorverständnisse, die hier ins Spiel kommen.[80] Manche sind selbst rechtlicher Natur, so das Verständnis der Verfassung als Rahmenordnung oder Handlungsanleitung für Politik oder die Grenze zwischen Rechtsetzung und Rechtsanwendung, die für die Frage nach *judicial activism* oder *restraint* bedeutsam sind.

Sie können sich aber auch aus bestimmten Grundvorstellungen von einer gerechten Sozialordnung ergeben, die dann Parallelen zu den Zielen politischer Parteien haben mögen, so etwa die Frage, was dem Markt überlassen werden kann und was der Staat in eigene Regie nehmen muss, die bei der Beurteilung von Beschränkungen der wirtschaftlichen Grundrechte Bedeutung gewinnen kann. Häufig geht es auch um Wertvorstellungen, an die rechtliche Regeln anknüpfen. Das wird gerade in Zeiten des Wertewandels in der Gesellschaft relevant und kann – progressiv oder konservativ – etwa die Einstellung zu Geschlechterrollen oder sexueller Orientierung betreffen, die dann die Interpretation des besonders offenen Gleichheitssatzes beeinflussen kann, der für alle erdenklichen Benachteiligungen einen juristischen Anknüpfungspunkt bietet.

80 Vgl. *Josef Esser*, Vorverständnis und Methodenwahl in der Rechtsfindung, 1970; *Uwe Volkmann*, Rechtsgewinnung aus Bildern – Beobachtungen über den Einfluss dirigierender Hintergrundvorstellungen auf die Auslegung des heutigen Verfassungsrechts, in: *Julian Krüper/Heike Merten/Martin Morlok* (Hrsg.), An den Grenzen der Rechtsdogmatik, 2010, S. 77.

All das ist angesichts der unvollständigen Determination richterlicher Entscheidungen unvermeidlich und im Verfassungsrecht nur auffälliger als in anderen Rechtsgebieten. Aber selbst diese Vorverständnisse und Hintergrundannahmen bestimmen die Falllösung nicht unmittelbar und ohne Verbindung zu Dogmatik und Methode. Sie gehen vielmehr nur normvermittelt und normüberformt in den Anwendungsprozess ein. Verfassungsrechtsprechung ist dann zwar kein rein kognitiver Akt der Rechtserkenntnis, der, wenn er regelgerecht ausgeführt wird, jedes eigene Zutun der Richter erübrigte. Er ist aber auch nicht das Gegenteil, nämlich reine Dezision, bei der es auf die normativen Vorgaben nicht ankommt. Es bleibt der spezifischen Rationalität des Rechtssystems verpflichtet und folgt nicht den Rationalitäten anderer Systeme oder gar subjektiver Willkür.

Dem Demokratieproblem, das in der unvollständigen Determination richterlicher Entscheidungen durch die Verfassung liegt, entkommt man nur bei völligem Verzicht auf die Verfassungsgerichtsbarkeit. Allerdings stellt es sich bei Weitem nicht so radikal als Wahl zwischen Volksherrschaft und Richterherrschaft dar, wie die Autoren es konstruiert haben. Ob man sich zum Verzicht entschließt, ist deswegen eine Frage der Abwägung mit den Problemen, welche anfallen, wenn hinter dem Geltungsanspruch der Verfassung keine Durchsetzungsinstitution steht, so dass jedes oberste Staatsorgan selbst entscheidet, welche Bindungen ihm die Verfassung auferlegt. Dann lässt sich allerdings die Frage nach der Eignung der verschiedenen Institutionen zur Deutung und Durchsetzung der verfassungsrechtlichen Anforderungen nicht umgehen.

Wenn man davon ausgeht, dass sowohl in den politischen Organen wie in der Justiz die Verfassung gedeutet wird und die Regeln des Textverständnisses für beide dieselben sind, können sich die Unterschiede nur aus den Bedingungen ergeben, unter denen die Institutionen agieren. Wie im Zusammenhang mit der Frage, warum das Bedürfnis nach Verfassungssicherung zur Verfassungsgerichtsbarkeit geführt hat, schon angeklungen,[81] geht es zum einen darum, dass bei der parlamentsinternen Prüfung der Verfassungsmäßigkeit von Gesetzen Akteur und Kontrolleur in eins fallen, es also an der Distanz zum Objekt der Kontrolle fehlt, die eine unvor-

81 Oben S. 374 ff.

eingenommene Prüfung ermöglicht, während Verfassungsgerichte gerade aus der Position des externen, am Gesetzgebungsprozess unbeteiligten Beobachters urteilen.

Zum anderen operieren beide in verschiedenen Funktionssystemen, Verfassungsgerichte im Rechtssystem und gemäß seiner Logik, für die es nur auf rechtmäßig oder rechtswidrig ankommt, Parlamente im politischen System und gemäß dessen Logik, nach der politische Erfolgskriterien maßgeblich sind. Im Verfassungsstaat gilt freilich, dass politische Entscheidungen überdies verfassungsmäßig sein müssen. Um dieser Anforderung zu genügen, muss das Parlament also ein systemfremdes Kriterium anlegen, das mit den systemeigenen Kriterien in Widerspruch geraten kann. Darin liegt die Gefahr begründet, dass sich bei der parlamentarischen Prüfung der Verfassungsmäßigkeit von Gesetzen das systemeigene Rationalitätskriterium gegen das systemfremde behauptet. Das spricht für die Externalisierung der Verfassungskontrolle.

Die Prämissen, von denen die Autoren ausgehen, hindern sie daran, diese Unterschiede in den Blick zu nehmen oder gar ihnen Bedeutung beizumessen. Was hier als professioneller Umgang mit der Verfassung charakterisiert und als Vorzug der Verfassungsgerichtsbarkeit bezeichnet wurde, ist für sie vielmehr das Übel, das es zu beseitigen gilt. Da sie die Möglichkeit objektiver, das heißt an rechtlichen Kriterien ausgerichteter Ableitungen von Urteilen aus der Verfassung bestreiten, ist das, was Richter als Anforderung der Verfassung ermitteln, in Wahrheit nur die interessenbestimmte, jedenfalls nicht authentische Ansicht demokratisch unzureichend legitimierter und politisch nicht verantwortlicher Personen, die keine Überlegenheit gegenüber den Verfassungsvorstellungen des Parlaments als Repräsentant des Volkes beanspruchen kann.

Nun werden aber seit längerem erhebliche Mängel der parlamentarischen Repräsentation beklagt, welche die Annahme, der parlamentarisch gebildete Wille sei der Wille des Volkes, erschüttern. Der Grund dafür war schon im 19. Jahrhundert mit dem Aufkommen der politischen Parteien gelegt, auf welche die Verfassungsväter nicht vorbereitet waren. Zwischen Wähler und Gewählte schieben sich seitdem Organisationen, die funktional auf den Erwerb oder Erhalt der politischen Macht in der Wahl spezialisiert sind und ihre Handlungen primär an diesem Ziel ausrichten. In einer pluralistischen Demokratie mit allgemeinem Wahlrecht sind sie zwar zur Ermöglichung der Wahl und zur Aufrechterhaltung der Verbindung von Wählern und Gewählten auch zwischen den Wahlen unverzichtbar, aber gleichzeitig in Gefahr, sich von den Wählerinteressen zu verselbständigen.

Das Argument, gerade die Abhängigkeit vom Wahlerfolg erzwinge die Berücksichtigung der Vorstellungen und Bedürfnisse großer Bevölkerungsteile, ist nur bedingt richtig. Nicht alle Interessen sind repräsentationsfähig, und nicht alle repräsentationsfähigen sind gleich stark. Diese Unterschiede werden noch verschärft, wenn sich einige Interessen mit Medienmacht verbinden können und andere nicht. Erst recht kommt es zu Verzerrungen, wenn die Parteien- und Wahlkampffinanzierung finanzstarke Interessen privilegiert. Vollends versagt die Repräsentation vor strukturellen Minderheiten, die keine Chance haben, selber zur Mehrheit zu werden, oder wenn der Basiskonsens zwischen den Konkurrenten derart aufgezehrt ist, dass das Mehrheitsprinzip seine Legitimationskraft für die Rechtsetzung verliert.

All das ist so offenkundig und gerade für die USA so vielfältig diskutiert und belegt,[82] dass man eine Befassung mit dem Problem erwarten konnte. Soweit die Autoren überhaupt darauf eingehen, vermischen sie aber die Repräsentationsfähigkeit der Parlamente mit der Frage nach ihrer Eignung zur Verfassungsdeutung und -durchsetzung. Waldron, der das Problem immerhin benennt, schiebt es sofort wieder mit dem Hinweis beiseite, dass seine Ablehnung des *judicial review* nur für politische Systeme gelte, in denen die demokratischen Mechanismen funktionierten. Daran dürfe man freilich keine überzogenen Maßstäbe anlegen. In der Realität sei die Verwirklichung von politischer Gleichheit durch Wahlen, Repräsentation und parlamentarisches Verfahren unvollkommen. Es gehe aber nicht um »perfect fairness«, sondern um »reasonable fairness«.[83]

Die Beweisführung der Autoren hinterlässt insgesamt so viele Zweifel, dass die Annahme, sie hätten bei der Abwägung lediglich die Gefahren des *judicial review* zu hoch und die Schwächen der parlamentarischen Repräsentation zu gering veranschlagt, zu einfach erscheint. Deswegen soll in der Hoffnung auf genauere Auf-

82 Vgl. etwa *Lawrence Lessig*, Republic, Lost: How Money Corrupts Congress, 2011; *Robert Post*, Citizens Divided, 2014.

83 *Waldron*, Core (Fn. 43), S. 1389.

klärung am Ende nochmals das Konzept des *popular* oder *populist constitutionalism* in den Blick genommen werden, dem alle hier behandelten Werke anhängen. Ziel dieses Konzepts ist es ja, in Verfassungsfragen das Volk (wieder) zum entscheidenden Akteur zu machen. Da das, wie sich herausgestellt hat, nicht im wörtlichen Sinn gemeint ist, muss man es derart übersetzen, dass bei Zweifeln oder Konflikten über die Bedeutung der Verfassung im demokratischen Prozess entschieden werden soll, nicht im juristischen.

Nun kann aber die Verfassung die ihr zugedachte Funktion nur erfüllen, wenn sie für diejenigen, welche im Namen des Volkes und mit Wirkung für es handeln, verbindlich gilt. Andernfalls wäre das Repräsentationsverhältnis gestört. Bedingung ihrer Wirkung ist daher ihre Normativität. Bei allen drei Autoren ist die Normativität der Verfassung aber eine Leerstelle. Die Verfassung ist vielmehr nur der Ausgangspunkt eines Diskurses über die Erwartungen, welche in ihr formuliert sind, aber erst in der Situation, welche die Frage aufwirft, ad hoc bestimmt werden. Das ist etwas anderes als die Konkretisierung einer textlich, wenn auch unvollkommen, fixierten Norm durch Interpretation, die sich dadurch legitimiert, dass sie einen Ableitungszusammenhang zwischen Norm und Entscheidung aufweisen kann, während ein solcher Nachweis dem Parlament nicht abverlangt wird.

Bei den Autoren wird dagegen das strukturbestimmende Ereignis der Verfassungsgebung auf Permanenz gestellt, die Verfassung in ein prozesshaftes Geschehen aufgelöst. Alles kann im politischen Prozess je neu definiert werden. Was sie verlangt, ist stets nur die Resultante dieses Prozesses. Damit verliert die Verfassung aber die Fähigkeit, dem demokratischen Prozess eine Struktur zu geben und Ziele und Grenzen zu setzen. Sie wird von einer Maßgabe und Garantie für den demokratischen Prozess in einen Teil dieses Prozesses verwandelt. Sie weist nicht über den Moment hinaus und hat insofern keine Geltung. Es ist letztlich die Normativität der Verfassung, welche vom *popular* oder *populist constitutionalism* preisgegeben wird. Die Verfassung ist nur ein Gesichtspunkt bei der politischen Willensbildung, kein Gebot.[84]

Deswegen fehlt den Autoren das Bewusstsein dafür, dass die

84 Eine Verteidigung der Normativität und aus ihr entwickelt der »judicial supremacy« bei *Alexander/Schauer* (Fn. 37).

Preisgabe des *judicial review* Kosten hat. Für sie bedarf die Frage nach der Verfassungsgerichtsbarkeit keiner Abwägung der Vorzüge und Nachteile, es handelt sich vielmehr um ein Nullsummenspiel. Erst unter dieser Voraussetzung wird ihr Konzept stimmig. Verliert die Verfassung ihre Normativität und ihren Vorrang, ist die Politik verfassungsrechtlich nur soweit gebunden, wie sie selbst es bestimmt. Ein Gericht, das die Verfassung auf politische Entscheidungen anwendet, setzt dann nicht die den obersten Staatsorganen vom Volk auferlegten Bindungen durch, sondern hindert die jeweilige Mehrheit daran, ihrem maßgeblichen Verfassungsverständnis zu folgen. Obwohl damit die Autoren die Gründungsidee der USA wiederherstellen wollen, geben sie sie in Wirklichkeit preis.[85]

Nirgends wird das deutlicher als an Tushnets Vorschlag, die Grundrechte von der Verfassungsebene auf die Gesetzesebene herabzustufen. Es war freilich gerade die Erfahrung der amerikanischen Kolonisten gewesen, dass die »rights of Englishmen«, weil nur auf der gesetzlichen Ebene garantiert, lediglich die monarchische Exekutive banden, aber keinen Schutz vor dem souveränen Parlament boten. Das Revolutionäre an den amerikanischen Rechteerklärungen war daher nicht ihr Inhalt. Er wich nicht wesentlich von den »rights of Englishmen« ab. Das Neue war vielmehr die Hebung auf die Verfassungsebene und damit ihr Vorrang vor dem Parlamentsgesetz. Bei Tushnet wird nun der prä-konstitutionelle englische Rechtszustand zum Zeitpunkt der Amerikanischen Revolution, gegen den sich die Kolonisten auflehnten, zum Vorbild für die USA im 21. Jahrhundert erklärt.

IV.

Neben den Radikalgegnern des *judicial review* gibt es eine Reihe von Kritikern der Verfassungsgerichtsbarkeit, die die Normenkontrolle zwar nicht abschaffen, aber abschwächen oder gegenständlich beschränken wollen. Als Vorbild dafür dient einigen das sogenannte »New Commonwealth Model of Constitutionalism«. Die Bezeichnung geht auf den kanadischen Verfassungsvergleicher

85 Vgl. *Ronald Dworkin*, A Matter of Principle, 1985, S. 6, 71.

Stephen Gardbaum zurück.[86] Andere sprechen von »weak form of judicial review«.[87] Sie hat ihren Ursprung in Kanada. Ausschlaggebend dafür waren allerdings nicht die Ideen eines *popular constitutionalism*, wie Tushnet, Kramer und Waldron sie vertreten. Es ging vielmehr um das politische Anliegen, den kanadischen Föderalismus vor den Unitarisierungstendenzen zu bewahren, die man von einem Grundrechtskatalog erwartete.

Die kanadische Verfassung von 1867, The British North America Act, war ein reines Organisationstatut. 1982 wurde ihr eine Charter of Fundamental Rights and Freedoms hinzugefügt. Diese Charter traf jedoch in einigen kanadischen Provinzen auf Widerstand, weil man in ihr ein Instrument der Zentralisierung witterte. Besonders Québec wandte sich vehement gegen die Charter. Ihr Zustandekommen ließ sich unter diesen Umständen nur um den Preis der sogenannten *override clause* erreichen. Danach können sich das Parlament des Bundes und die Parlamente der Provinzen über Urteile des Supreme Court, durch die ein Gesetz für unvereinbar mit der Charter erklärt wird, hinwegsetzen. Das verfassungswidrige Gesetz bleibt dann für weitere fünf Jahre in Kraft. Abermalige Verlängerungen sind möglich.

Als »Commonwealth Model« kann die kanadische Lösung bezeichnet werden, weil Neuseeland und Großbritannien selbst ihr mit Abwandlungen gefolgt sind. Ihnen ging es freilich nicht um die Verteidigung des Föderalismus, sondern der Parlamentssouveränität. Die 1990 eingeführte Bill of Rights von Neuseeland hat keinen Verfassungsrang, sondern lediglich Gesetzesrang. Die Gerichte dürfen Gesetze nicht annullieren, haben aber die Pflicht, sie so weit wie möglich verfassungskonform auszulegen. In Großbritannien führte der Versuch, den Human Rights Act von 1998 mit dem obersten Verfassungsgrundsatz, der Parlamentssouveränität, zu versöhnen, dazu, dass Urteile des Supreme Court, die ein Gesetz für verfassungswidrig befinden, nur deklaratorisch wirken. Dem Parlament steht es frei, ein solches Gesetz in Geltung zu belassen.

Gemeinhin wird diese Art des *judicial review* als eine Minder-

86 *Stephen Gardbaum*, The New Commonwealth Model of Constitutionalism, 2013. S. zuvor schon den gleichnamigen Aufsatz in 49 American Journal of Comparative Law (2001), S. 707.

87 Vgl. die Beiträge zu dem Symposium »Weak-form Review in Comparative Perspective«, 17 I-CON (2019), S. 807-942.

form der Verfassungsgerichtsbarkeit angesehen, die den besonderen Umständen der betreffenden Länder geschuldet ist. Nun mehren sich aber die Stimmen, welche darin die bessere Lösung sehen.[88] Stephen Gardbaum ist ihr Protagonist. Er kehrt das Regel-Ausnahme-Verhältnis um und hält die starke Form von *judicial review* für eine europäische Nachkriegsbesonderheit, die aber in das Paradox von »perfecting democratic procedures by disabling the democratic institutions« münde.[89] Demgegenüber weise die schwache Form einen Weg, das Problem der *counter-majoritarian difficulty* zu beheben. Das Parlament werde nicht beschädigt; die Institutionen würden zum Dialog gezwungen; die Legitimität der Gerichte werde gestärkt; es komme zu einem Ausgleich zwischen Grundrechten und Demokratie.

Andere Autoren verwerfen die Verfassungsgerichtsbarkeit nicht, sehen aber erhebliche Fehlentwicklungen und wollen sie deshalb begrenzen. Insbesondere ist es Ran Hirschl, der 2004 mit dem Buch »Towards Juristocracy« hervorgetreten ist und dem eine erhebliche Zahl von Artikeln hat folgen lassen, die vor einer exzessiven Verfassungsgerichtsbarkeit warnen.[90] Den Sündenfall sieht er darin, dass die Gerichte den *judicial review* auch auf Fälle von »megapolitics« erstreckt haben. Darunter versteht er »core political controversies that define the boundaries of the collective or cut through the heart of the entire nation«.[91] Als Beispiele nennt er makroökonomische Planung, nationale Sicherheit, Wahlverfahren, Regimetransformation, transitorische Gerechtigkeit, kollektive Identität, *nationbuilding*, *raison d'être* des Staates.

88 Auch *Tushnet* und *Waldron* lassen erkennen, dass sie gegen die schwache Form des *judicial review* keine Einwände haben, s. *Tushnet* (Fn. 6), S. 127 (»ingenious device«), S. 175; *Waldron*, Core (Fn. 43), S. 1354. Auch in Deutschland gibt es erste Stimmen, die dieses Modell für eine erwägenswerte Alternative halten, vgl. *Roman Kaiser/Daniel Wolff*, »Verfassungshütung« im Commonwealth als Vorbild für den deutschen Verfassungsstaat?, Der Staat 56 (2017), S. 39.

89 *Gardbaum*, American Journal (Fn. 86), S. 754.

90 *Ran Hirschl*, Toward Juristocracy, 2007; *ders.*, The New Constitutionalism and the Judicialization of Pure Politics Worldwide, 75 Fordham Law Review (2006), S. 721; *ders.*, The Judicialization of Mega-Politics and the Rise of Political Courts, 11 Annual Review of Political Science (2008), S. 94; *ders.*, The Realist Turn in Comparative Constitutional Politics, 62 Political Science Quarterly (2009), S. 825.

91 *Hirschl*, Mega-Politics (Fn. 90), S. 94.

Hirschl beurteilt dieses Phänomen »from a participatory democracy standpoint« und kommt zu dem Schluss, dass es sich um eine »intrusion of the judiciary into the prerogatives of legislatures and executives« handele.[92] Es gehe um eine »inherently and substantively political exercise«, nicht um juristische Fragen.[93] Probleme dieser Art dürften nur »by the populace itself, through its elected and accountable representatives« entschieden werden.[94] Darin stimmt er mit Tushnet, Kramer und Waldron überein. Die Gerichte eigneten sich demgegenüber besonders für Beweisaufnahmen und -würdigungen. Gegenständlich sollen sie auf die Verantwortlichkeit für Fehlverhalten und die Durchsetzung prozeduraler Garantien und Fairness-Kautelen beschränkt werden.

Zur Stützung seiner Annahme breitet Hirschl eine imponierende Zahl von Urteilen aus aller Welt aus, die Streitfragen von hoher politischer Brisanz oder großer politischer Wirkung entschieden. Beachtenswert erscheinen ihm aber nur die Themen dieser Urteile, nicht ihre Begründungen. Wie die Radikalgegner des *judicial review* ist er an Verfassungsinterpretation nicht interessiert. Es wird nicht einmal die Frage gestellt, ob die jeweiligen Verfassungen Aussagen zu den Gegenständen der Urteile enthielten. Auf die Eignung der Politik, die Wahrung der verfassungsrechtlichen Anforderungen zu garantieren, kommt es dann nicht an. Die Normativität der Verfassung ist auch bei Hirschl eine Leerstelle. Die verfassungsgerichtliche Tätigkeit wird nicht als verfassungsabhängig wahrgenommen. Er hält sie für reine Politik und hat damit ihre Illegitimität schon besiegelt.

Zur Beschränkung der Verfassungsgerichtsbarkeit rät auch Richard Fallon, im Unterschied zu den übrigen Autoren aber, um sie desto besser verteidigen zu können. Seine Abhandlung ist eine Antwort auf Jeremy Waldron, wie schon ihr Titel zu erkennen gibt.[95] Er widerspricht Waldron in fast allen Punkten, die für diesen zentral sind. Waldrons Aufsatz habe ihn aber davon überzeugt, dass der *judicial review* im Interesse seiner Legitimität revidiert werden müsse. Fallons Vorschlag beruht auf der Unterscheidung von *errors*

92 Ebenda, S. 95.

93 *Hirschl*, Pure Politics (Fn. 90), S. 727.

94 Ebenda, S. 99.

95 *Richard H. Fallon*, The Core of an Uneasy Case for Judicial Review, 121 Harvard Law Review (2008), S. 1693.

of underprotection und *errors of overprotection* von Grundrechten. Die ersteren wögen schwerer als die letzteren. »Legislative action is more likely to violate fundamental rights than legal inaction.«[96] Daher solle sich die Überprüfung auf Fälle von *underprotection* beschränken.

Welche Arten von Gesetzen würden dadurch keiner gerichtlichen Prüfung mehr unterzogen? Fallon erwägt mehrere Konstellationen. Keine Notwendigkeit für *judicial review* sieht er bei grundrechtsschützenden Gesetzen, die kein anderes Grundrecht beeinträchtigen. Hier stellt sich aber schon die Frage, welcher Grundrechtsträger ein Rechtsschutzinteresse gegenüber solchen Gesetzen haben könnte. Die wichtigste Gruppe bilden diejenigen Fälle, in denen der Gesetzgeber eine Kollision verschiedener Grundrechte auflöst (»accommodations«). Wie immer das geschieht, durch Abwägung oder Hierarchisierung, es soll nicht revisibel sein. Nullsummen-Konstellationen, die er ebenfalls anführt, also Fälle, in denen der Schutz eines Grundrechts nur auf Kosten eines anderen erreichbar ist, können als Unterfall dieser Gruppe gelten.

Fallon nimmt an, dass es sich bei den der Nachprüfung entzogenen Fällen um seltene Ausnahmen handele. Daraus spricht jedoch ein amerikanisch verengter Blick. Die amerikanische Verfassung enthält nur relativ wenig Grundrechte, darunter kein dem Art. 2 Abs. 1 GG vergleichbares allgemeines Freiheitsrecht. Außerdem ist keinem Grundrecht ein Schrankenvorbehalt beigegeben. Zur Bewältigung dieser Schwierigkeit wird der Anwendungsbereich der Grundrechte schon auf der Eingriffsebene durch enge Schutzbereichsdefinitionen begrenzt. Auch haben sich bisher weder die Prinzipien der praktischen Konkordanz und der Verhältnismäßigkeit noch die grundrechtliche Schutzpflicht durchgesetzt. Dem Bundesverfassungsgericht würde, wenn man Fallons Vorschlag folgte, die Mehrzahl der Grundrechtsverfahren entzogen.

Nicht der Intention, aber dem Effekt nach trägt zur Schwächung der Verfassungsgerichtsbarkeit auch eine Reihe von Arbeiten bei, die man als »Entzauberung« bezeichnen kann. Im Unterschied zu den bisher erörterten Werken sind sie nicht auf eine Entmachtung der Verfassungsgerichte aus. Sie verfolgen keine normativen Ziele, sondern nähern sich dem Phänomen empirisch. In erster Li-

96 Ebenda, S. 1700.

nie ist hier Tom Ginsburg zu nennen, der angesichts des rapiden Wachstums der Verfassungsgerichtsbarkeit in der zweiten Hälfte des 20. Jahrhunderts, besonders aber nach 1989 die naheliegende, aber vernachlässigte Frage stellt: »Why would self-interested governments willingly constrain themselves by constitutional means? And why would democratic majorites restrict their future political choices by putting their faith in the hands of unelected judges?«[97]

Ginsburg unterteilt die bisherigen Erklärungen in vier Gruppen ein.[98] Für die erste, idealistische, hat das Bewusstsein von der Verführbarkeit der Regierenden oder die Erfahrung der Umwandlung liberaler Demokratien in autoritäre Regime den Boden für die Verfassungsgerichtsbarkeit bereitet. Sie solle *limited government, rule of law* und Grundrechte gegen Umsturzversuche abschirmen. Die funktionale Erklärung stellt darauf ab, dass Kompetenzprobleme, wie sie Föderalismus und Gewaltenteilung mit sich bringen, spezifische Entscheidungsmechanismen nötig machten. Die realistische Erklärung sieht die Ursache im Interesse von Politikern an der Machterhaltung. Die imitatorische Erklärung geht schließlich davon aus, dass für bewährt gehaltene Institutionen anderer Länder bei Neukonstitutionen kopiert würden.

Eine ähnliche Typologie findet sich bei Hirschl, der ebenfalls nach den Gründen für das Phänomen der »juristocracy« sucht.[99] Er unterscheidet funktionale, grundrechtsbezogene, institutionelle und gerichtszentrierte Erklärungen. Die funktionale deckt sich in etwa mit der von Ginsburg. Der grundrechtliche Ansatz beruht auf der Annahme, dass Grundrechtsschutz bei gerichtlichen Institutionen besser aufgehoben sei als bei politischen. Die institutionelle Erklärung knüpft vor allem an die wachsende internationale Gerichtsbarkeit an. Der gerichtszentrierte Ansatz unterscheidet sich von den anderen dadurch, dass er nicht auf die Einrichtung von Verfassungsgerichten, sondern deren Tätigkeit abstellt. »Machtgierige« Richter und »imperialistische« Gerichte eigneten sich die Verfassung an, um politische und moralische Fragen entscheiden zu können.

Ginsburg bleibt seiner empirischen Methode treu und stellt

97 *Tom Ginsburg/Mila Versteeg*, Why Do Countries Adopt Constitutional Review?, 30 The Journal of Law, Economics and Organization (2013), S. 588. Vgl. auch *Ginsburg*, Judicial Review (Fn. 1), S. 21 ff. (»Judicial Review as Insurance«).

98 *Ginsburg/Versteeg* (Fn. 97), S. 592 ff.

99 *Hirschl*, Mega-Politics (Fn. 90), S. 106 ff.

unter Auswertung der von ihm aufgebauten Datenbank sämtlicher Verfassungen der Welt fest, dass die Statistik die realistische Erklärung stütze, während sich für die anderen Erklärungen weniger Belege fänden. Hirschl gelangt auf anderen Wegen zu einem ähnlichen Ergebnis. Er verwirft alle vier von ihm referierten Erklärungsversuche als unzureichend und lässt nur einen fünften gelten, den er als »a more strategic and realistic approach to the judicialization of politics« beschreibt und der dem realistischen Typus Ginsburgs gleicht.[100] Danach sind es nicht primär die Richter, sondern die Politiker bei der Verfassungsgebung, die ein Interesse an der Verfassungsgerichtsbarkeit haben. Die Annahme, dass die Politik ohne die Rückendeckung durch die Politiker juridifiziert werden könne, sei naiv.

Es ist erneut der Rational-choice-Ansatz, mit dem hier der Aufstieg der Verfassungsgerichtsbarkeit erklärt wird. Hirschl fordert wieder und wieder, Verfassungsgerichte als politische Institutionen und Richter als politische Akteure zu begreifen, ohne eine Differenzierung zwischen Gegenstand, Wirkung und Vorgang der Verfassungsrechtsprechung vorzunehmen.[101] Die Leistung, die sich die Politik von den Verfassungsgerichten verspreche, sei nicht die Machtkontrolle, sondern im Gegenteil die Machtverstärkung, und zwar gerade wenn Vormachtstellungen bedroht seien. Gefestigte Mehrheiten hätten weniger Interesse an *judicial review*. »In short, it is the arrival of political competition, or the emergence of a new constellation of power, that makes threatened elites discover the charme of constitutional protection and powerful courts.«[102]

Dass die realistische Erklärung, die die Verfassungsgerichtsbarkeit um ihren Nimbus bringt, Entsprechungen in der Realität hat, ist nicht zu bestreiten. Ginsburg und Hirschl tragen genügend Beispiele dafür zusammen. Die Frage ist nur, ob damit das Phänomen in seiner Gesamtheit erfasst ist, wie Hirschl im Gegensatz zu Ginsburg annimmt. Der realistischen Betrachtung entgeht von vornherein die Möglichkeit, dass Ideen wirkmächtig werden können und insofern selber Teil der Realität sind. Der von Ginsburg immerhin erwähnte »idealistische« Erklärungsansatz kommt bei Hirschl gar

100 Ebenda, S. 97. Auch *Tushnet* (Fn. 1, S. 173) scheint dem zuzuneigen: »Judicial review may serve politicians ›interests, not their constituents‹.«

101 S. oben S. 379 mit Fn. 71.

102 *Hirschl*, Mega-Politics (Fn. 90), S. 108.

nicht vor. Demgegenüber zeigt eine Untersuchung wie die schon erwähnte von Bruce Ackerman, wie charismatische Revolutionsführer von Ideen beseelt sind, für die sie unter Einsatz ihres Lebens eintreten, und gerade daraus ihre Legitimität ziehen.[103]

Ein tieferer Einstieg in die Entstehungsgeschichte von Verfassungen könnte überdies zeigen, dass neue Verfassungen keineswegs immer das Diktat einer Mehrheit sind, sondern oft ein Kompromiss rivalisierender Kräfte, die den Basiskonsens für den künftigen Wettbewerb absichern wollen. Oft ist es der gemeinsame Wille, die Wiederholung überwundener Übel zu verhindern, der Anlass zu der verstärkten Absicherung durch Verfassungsgerichte gibt. So wie die Rechtsprechung von Gerichten nicht auf die Einflussmaximierung der Richter reduziert werden kann, kann auch die Entscheidung zugunsten der Verfassungsgerichtsbarkeit nicht allein aus Machterhaltungsinteressen der Politik erklärt werden. Man muss in Rechnung stellen, dass sie zweckentfremdet werden können, aber man muss die Zweckentfremdung nicht als ihren eigentlichen Sinn verstehen.

V.

Zwischen Verfassungsgerichtsbarkeit und Demokratie gibt es keinen notwendigen Zusammenhang, weder in positiver noch in negativer Hinsicht. Verfassungsgerichtsbarkeit und Demokratie widersprechen einander ebenso wenig, wie sie einander bedingen. Vorausgesetzt ist in dieser Aussage ein Demokratieverständnis, das einerseits nicht auf das Mehrheitsprinzip verkürzt, andererseits nicht mit einem absolut gesetzten, wahren Volkswillen aufgeladen ist. Selbst in diesen beiden Extremen sind Verfassungsgerichte aber nicht undenkbar. Sie müssten sich jedoch im ersten Fall auf die Prüfung beschränken, ob der Mehrheitswille formell korrekt gebildet wurde, im zweiten Fall der Instanz unterstellen, die den wahren Volkswillen zu verkörpern beansprucht. In beiden Fällen wären sie freilich in unterschiedlicher Weise marginalisiert.

Zwischen den beiden Polen gibt es viele Schattierungen von Demokratie und Verfassungsgerichtsbarkeit und dementsprechend

103 *Ackerman* (Fn. 3).

des Verhältnisses zwischen beiden. Man wird vergleichsweise gelingende pluralistische Demokratien ohne Verfassungsgerichtsbarkeit finden. Die Beachtung der demokratischen Spielregeln, des Rechtsstaatsprinzips sowie der Grundrechte müssen dann einen relativ starken kulturellen Rückhalt genießen, der eine gerichtliche Kontrolle entbehrlich macht. Man wird andererseits schlecht funktionierende oder dem populistischen Modell angenäherte Demokratien finden, die Verfassungsgerichte haben. Auf diese dürfte dann aber die sogenannte realistische Erklärung zutreffen, die Verfassungsgerichte würden keine starke Stellung in diesem System einnehmen.

Die Entscheidung für oder gegen Verfassungsgerichtsbarkeit ist also eine pragmatisch zu treffende, bei der das demokratische Risiko mit dem rechtsstaatlichen und demokratischen Gewinn abgewogen wird.[104] Die Entscheidung steht der verfassungsgebenden Gewalt zu. Einer vorrangigen Bindung unterliegt sie nicht. Wo das Gegenteil behauptet wird, handelt es sich um eine überpositive Bindung. Eine solche wird allerdings zunehmend postuliert.[105] Grundlage ist die vorgängige Ausstattung der Individuen mit Rechten. Entweder wird angenommen, dass diese nur von Wert seien, wenn der Einzelne sie auch vor einer von der Politik unabhängigen Instanz einklagen kann; oder es wird jedem Einzelnen ein Recht auf Rechtfertigung der ihn betreffenden Hoheitsakte zugebilligt, das seinerseits wiederum eine gerichtsförmige Durchsetzungsinstanz verlange.

Es gibt allerdings Fälle, in denen es an einem Entschluss der verfassungsgebenden Gewalt fehlt und Höchstgerichte sich selbst zur Normenkontrolle ermächtigt haben. Marbury v. Madison ist das bekannteste Beispiel.[106] Aber das Urteil des israelischen Supreme

104 Vgl. *Dieter Grimm*, Weder Widerspruch noch Bedingung: Verfassungsrechtsprechung und Demokratie, in diesem Band Nr. 3.

105 *Jacob Weinrib*, Dimensions of Dignity, 2016, S. 17f., 156f., 167f.; *ders.*, The Modern Constitutional State: A Defence, 40 Queens Law Journal (2014), S. 166; *Alon Harel*, Wozu Recht?, 2018, S. 243-284; *Mattias Kumm*, The Idea of Socratic Contestation and the Right to Justification, 4 Law and Ethics of Human Rights (2010), S. 141; *ders.*, The Turn to Justification, in: *Adam Etinson* (Hrsg.), Human Rights: Moral or Political?, 2018, ch. 7.

106 Marbury v. Madison (Fn. 61).

Court im Fall Mizrahi Bank steht ihm nicht wesentlich nach.[107] Ähnlich verhält es sich mit dem Urteil des indischen Supreme Court, in dem dieser die Prüfung der Verfassungsmäßigkeit von Verfassungsänderungen beanspruchte.[108] Alle haben die Befugnis indessen aus dem Sinn und der Funktion von Verfassungen abgeleitet. Dennoch ist der Status der Verfassungsgerichtsbarkeit in diesen Fällen prekärer, und letztlich hängt es von rechtskulturellen Faktoren ab, ob die Selbstermächtigung in der Gesellschaft akzeptiert oder als Usurpation bekämpft wird.

Die neue Radikalkritik an der Verfassungsgerichtsbarkeit, so wenig überzeugend sie auch ausgefallen sein mag, ist ein Indikator für einen rechtskulturellen Umschwung nach einer Epoche verfassungsgerichtlicher Euphorie und teilweise auch verfassungsgerichtlicher Überaktivität. Die Kritik ist demokratietheoretisch motiviert, trifft aber mit einer Tendenz zu tatsächlicher Entmachtung oder Gleichschaltung von Verfassungsgerichten zusammen, hinter der eine Abkehr von der pluralistischen Demokratie steht. Da die populistischen Regimetransformationen, jedenfalls soweit sie in der Europäischen Union stattfinden, unter Rechtfertigungsdruck stehen, würde es nicht verwundern, wenn sie die hier erörterten Autoren für sich in Anspruch zu nehmen versuchten. An diesen wäre es dann herauszustellen, was sie trennt.

107 United Mizrahi Bank v. Migdal Village, CA 6821/93 (1995).
108 Kesavananda Bharati v. State of Kerala, 4 SCC 225 (1973).

Nachweise

1. Das Bundesverfassungsgericht im Überblick
»The Federal Constitutional Court«, in: *Max Planck Encyclopedia of Comparative Constitutional Law (MPECCol)*, 2017, ⟨https://oxcon.ouplaw.com/page/mpeccol-articles⟩ (eigene Übersetzung, geringfügig erweitert und aktualisiert).

2. Verfassungsgerichtsbarkeit im demokratischen System
»Verfassungsgerichtsbarkeit im demokratischen System«, in: *Juristenzeitung*, 31. Jahrg. 1976, S. 697-703.

3. Weder Widerspruch noch Bedingung: Verfassungsrechtsprechung und Demokratie
»Constitutional Adjudication and Democracy«, in: M. Andenas (Hrsg.), *Judicial Review in International Perspective. Liber Amicorum in Honour of Lord Slynn of Hadley*, Band II, Den Haag 2000, S. 103-120 (eigene Übersetzung).

4. Was ist politisch an der Verfassungsgerichtsbarkeit?
»Was ist politisch an der Verfassungsgerichtsbarkeit?«, in: *Zeitschrift für Politik* 66 (2019), S. 86-97.

5. Recht oder Politik? Die Kelsen-Schmitt-Kontroverse zur Verfassungsgerichtsbarkeit und die heutige Lage
»Recht oder Politik? Die Kelsen-Schmitt-Kontroverse zur Verfassungsgerichtsbarkeit und die heutige Lage«, Berlin 2020 (mit freundlicher Genehmigung des Verlags Duncker & Humblot).

6. Politikdistanz als Voraussetzung für Politikkontrolle
»Nicht den Parteien, sondern der Verfassung dienstbar. Ansprache aus Anlass der Verabschiedung aus dem Bundesverfassungsgericht am 11. Februar 2000«, in: *Europäische Grundrechte-Zeitschrift*, 27. Jahrg. (2000), S. 1-3.

7. Verfassung, Verfassungsgerichtbarkeit, Verfassungsinterpretation an der Schnittstelle von Recht und Politik
»Constitutions, Constitutional Courts and Constitutional Interpretation at the Interface of Law and Politics«, in: B. Iancu (Hrsg.), *The Law/Politics Distinction in Contemporary Adjudication*, Utrecht 2009, S. 21-34 (eigene Übersetzung).

8. Zum Verhältnis von Interpretationslehre, Verfassungsgerichtsbarkeit und Demokratieprinzip bei Kelsen
»Zum Verhältnis von Interpretationslehre, Verfassungsgerichtsbarkeit und Demokratieprinzip bei Kelsen«, in: *Rechtstheorie* Beiheft 4 (1982), S. 149-157.

9. Habermas zur Verfassungsrechtsprechung
»Justiz und Gesetzgebung. Zur Rolle und Legitimität der Verfassungsrechtsprechung«, in: P. Koller/C. Hiebaum (Hrsg.), *Jürgen Habermas: Faktizität und Geltung*, Berlin 2016, S. 99-116.

10. Ein Blick hinter die Kulissen: Die Entstehung des Elfes-Urteils
»Das Elfes-Urteil«, in: F. Meinel (Hrsg.), *Verfassungsgerichtsbarkeit in der Bonner Republik*, Tübingen 2019, S. 155-185.

11. Verfassungsrechtsprechung und Verfassungsrechtswissenschaft
»Vorbereiter – Nachbereiter: Bilanz«, in: D. Grimm (Hrsg.), *Vorbereiter – Nachbereiter? Studien zum Verhältnis von Verfassungsrechtsprechung und Verfassungsrechtswissenschaft*, Tübingen 2019, S. 397-421.

12. Probleme einer eigenständigen Verfassungsgerichtsbarkeit in Deutschland
»Probleme einer eigenständigen Verfassungsgerichtsbarkeit in Deutschland«, in: R. Schweizer (Hrsg.), *Reform der Bundesgerichtsbarkeit*, Zürich 1995, S. 161-175.

13. Zum Verhältnis von Verfassungsgericht und Fachgerichten
»Die Urteilsverfassungsbeschwerde und das Verhältnis von Verfassungsgericht und Fachgerichten in Deutschland«, in: *Seoul Law Journal* 55 (2014), S. 339-359 (deutsch), S. 360-376 (koreanisch).

14. Verfassungsrichterwahlen
»Gute Wahl. Das Verfahren zur Ernennung der Verfassungsrichter ist wenig transparent – hat sich aber bewährt«, in: *Die ZEIT* vom 24. April 2008, S. 15.

15. Die Rolle der nationalen Verfassungsgerichte in der europäischen Demokratie
»Die Rolle der nationalen Verfassungsgerichte in der europäischen Demokratie«, in: C. Franzius/F. C. Mayer/J. Neyer (Hrsg.), *Grenzen der europäischen Integration*, Baden-Baden 2014, S. 27-47.

16. Karlsruhe v. Luxemburg – Das EZB-Urteil des Bundesverfassungsgerichts
»Jetzt war es so weit«, in: *Frankfurter Allgemeine Zeitung* vom 18. Mai 2020, S. 9.

17. Neue Radikalkritik an der Verfassungsgerichtsbarkeit
»Neue Radikalkritik an der Verfassungsgerichtsbarkeit«, in: *Der Staat* 59 (2020), S. 321-353.

Sachregister

Rechtswissenschaft im Suhrkamp Verlag
Eine Auswahl

Robert Alexy
- Theorie der Grundrechte. stw 582. 548 Seiten
- Theorie der juristischen Argumentation. Die Theorie des rationalen Diskurses als Theorie der juristischen Begründung. Mit einem Nachwort (1990): Antwort auf einige Kritiker. stw 436. 435 Seiten

Ernst-Wolfgang Böckenförde. Staat, Nation, Europa. Studien zur Staatslehre, Verfassungstheorie und Rechtsphilosophie. stw 1419. 290 Seiten

Ernst-Wolfgang Böckenförde/Dieter Gosewinkel. Wissenschaft, Politik, Verfassungsgericht. Aufsätze von Ernst-Wolfgang Böckenförde. Biographisches Interview von Dieter Gosewinkel. stw 2006. 492 Seiten

Hauke Brunkhorst/Wolfgang R. Köhler/Matthias Lutz-Bachmann (Hg.). Recht auf Menschenrechte. Menschenrechte, Demokratie und internationale Politik. stw 1441. 352 Seiten

Hauke Brunkhorst/Peter Niesen (Hg.). Das Recht der Republik. stw 1392. 403 Seiten

Ronald Dworkin. Bürgerrechte ernstgenommen. Übersetzt von Ursula Wolf. stw 879. 592 Seiten

Andreas Fischer-Lescano/Gunther Teubner. Regime-Kollisionen. stw 1803. 230 Seiten

NF 124/1/8.12

Stanley Fish. Das Recht möchte formal sein. Essays. Herausgegeben und eingeleitet von Heinz Bude und Michael Dellwing. Aus dem Amerikanischen von Klaus Binder. stw 2008. 279 Seiten

Günter Frankenberg
- Autorität und Integration. Zur Grammatik von Recht und Verfassung. stw 1622. 418 Seiten
- Die Verfassung der Republik. Autorität und Solidarität in der Zivilgesellschaft. stw 1331. 264 Seiten

Johan Galtung. Menschenrechte – anders gesehen. stw 1084. 235 Seiten

Ute Gerhard/Jutta Limbach (Hg.). Rechtsalltag von Frauen. es 1423. 251 Seiten

Oliver Gerstenberg. Bürgerrechte und deliberative Demokratie. Elemente einer pluralistischen Verfassungstheorie. stw 1298. 143 Seiten

Stefan Gosepath/Georg Lohmann (Hg.). Philosophie der Menschenrechte. stw 1338. 417 Seiten

Dieter Grimm.
- Die Zukunft der Verfassung. stw 968. 447 Seiten
- Die Zukunft der Verfassung II. Auswirkungen von Europäisierung und Globalisierung. stw 2027. 400 Seiten

Jürgen Habermas. Faktizität und Geltung. Beiträge zur Diskurstheorie des Rechts und des demokratischen Rechtsstaats. stw 1361. 704 Seiten

NF 124/2/8.12

H. L. A. Hart. Der Begriff des Rechts. Mit dem Postskriptum von 1994 und einem Nachwort von Christoph Möllers. Aus dem Englischen von Alexander von Baeyer. stw 2009. 395 Seiten

Georg Wilhelm Friedrich Hegel. Die Philosophie des Rechts. Vorlesung von 1821/22. Herausgegeben von Hansgeorg Hoppe. stw 1721. 237 Seiten

Materialien zu Hegels Rechtsphilosophie. Herausgegeben von Manfred Riedel. Band 1: stw 88. 437 Seiten

Otfried Höffe
- Gibt es ein interkulturelles Strafrecht? Ein philosophischer Versuch. stw 1396. 180 Seiten
- Kategorische Rechtsprinzipien. Ein Kontrapunkt der Moderne. stw 1170 und kartoniert. 431 Seiten
- Strategien der Humanität. Zur Ethik öffentlicher Entscheidungsprozesse. Mit einem neuen Nachwort. stw 540. 373 Seiten
- Vernunft und Recht. Bausteine zu einem interkulturellen Rechtsdiskurs. stw 1270. 296 Seiten

Herbert Jäger. Verbrechen unter totalitärer Herrschaft. Studien zur nationalsozialistischen Gewaltkriminalität. Mit einem Nachwort zur Neuauflage von Adalbert Rückerl. stw 388. 410 Seiten

Hans Joas. Die Sakralität der Person. Eine neue Genealogie der Menschenrechte. 303 Seiten. Gebunden

Wolfgang Kersting (Hg.). Gerechtigkeit als Tausch? Auseinandersetzungen mit der politischen Philosophie Otfried Höffes. stw 1297. 375 Seiten

NF 124/3/8.12

Klaus Lüderssen
- Abschaffen des Strafens? es 1914. 427 Seiten
- Erfahrung als Rechtsquelle. Abduktion und Falsifikation von Hypothesen im juristischen Entscheidungsprozeß. Eine Fallstudie aus dem Kartellstrafrecht. 259 Seiten. Gebunden
- Genesis und Geltung in der Jurisprudenz. es 1962. 365 Seiten
- Kriminalpolitik auf verschlungenen Wegen. Aufsätze zur Vermittlung von Theorie und Praxis. stw 347. 483 Seiten
- Rechtsfreie Räume? stw 2042. 694 Seiten

Klaus Lüderssen/Fritz Sack (Hg.)
- Seminar: Abweichendes Verhalten
  Band 1: Die selektiven Normen der Gesellschaft.
  stw 84. 508 Seiten
  Band 2: Die gesellschaftliche Reaktion auf Kriminalität.
  Band 1. Strafgesetzgebung und Strafrechtsdogmatik.
  stw 85. 387 Seiten

Niklas Luhmann
- Ausdifferenzierung des Rechts. Beiträge zur Rechtssoziologie und Rechtstheorie. stw 1418. 459 Seiten
- Das Recht der Gesellschaft. stw 1183. 598 Seiten

Christoph Menke/Francesca Raimondi (Hg.). Die Revolution der Menschenrechte. Grundlegende Texte zu einem neuen Begriff des Politischen. stw 1988. 498 Seiten

Bernhard Peters. Rationalität, Recht und Gesellschaft. 366 Seiten. Gebunden

Ulrich K. Preuß. Die Internalisierung des Subjekts. Zur Kritik der Funktionsweise des subjektiven Rechts. 356 Seiten. Kartoniert

NF 124/4/8.12

John Rawls

- Gerechtigkeit als Fairneß. Ein Neuentwurf. Herausgegeben von Erin Kelly. Übersetzt von Joachim Schultze. 316 Seiten. Gebunden
- Eine Theorie der Gerechtigkeit. Übersetzt von Hermann Vetter. stw 271. 674 Seiten

Karl F. Schumann. Der Handel mit Gerechtigkeit. Funktionsprobleme der Strafjustiz und ihre Lösungen – am Beispiel des amerikanischen plea bargaining. stw 214. 264 Seiten

Alexander Somek. Rechtliches Wissen. stw 1802. 240 Seiten

Rudolf Steinberg. Der ökologische Verfassungsstaat. 480 Seiten. Gebunden

Michael Stolleis. Recht im Unrecht. stw 1155. 342 Seiten

Gunther Teubner. Verfassungsfragmente. Gesellschaftlicher Konstitutionalismus in der Globalisierung. stw 2028. 291 Seiten

Rainer Wahl. Verfassungsstaat, Europäisierung, Internationalisierung. stw 1623. 442 Seiten

Uwe Wesel

- Juristische Weltkunde. Eine Einführung in das Recht. stw 467. 213 Seiten
- Der Mythos vom Matriarchat. Über Bachofens Mutterrecht und die Stellung von Frauen in frühen Gesellschaften vor der Entstehung staatlicher Herrschaft. stw 333. 168 Seiten

NF 124/5/8.12